普通高等教育"十二五"规划教材

全国高等院校旅游系列规划教材

现代旅游心理学

（第二版）

薛群慧　主　编

罗美娟　陈晓梅　副主编

科学出版社

北　京

内 容 简 介

本书在借鉴国内外旅游心理学研究成果的基础上,从我国旅游业的实际出发,把旅游心理学的理论与实践融为一体,全面、系统地介绍了旅游心理学的基本原理以及解决旅游实践中有关心理学问题的方法。

本书可作为高等院校旅游专业本科生教材,也可以供旅游工作者、旅游爱好者参考。

图书在版编目(CIP)数据

现代旅游心理学/薛群慧主编. —2 版. —北京:科学出版社,2011.6
(普通高等教育"十二五"规划教材·全国高等院校旅游系列规划教材)
ISBN 978-7-03-031690-5

Ⅰ.①现… Ⅱ.①薛… Ⅲ.①旅游心理学-高等学校-教材 Ⅳ. F590

中国版本图书馆 CIP 数据核字(2011)第 119098 号

责任编辑:朱大益 王彦刚 / 责任校对:柏连海
责任印制:吕春珉 / 封面设计:耕者设计工作室

斜 学 出 版 社 出版
北京东黄城根北街 16 号
邮政编码:100717
http://www.sciencep.com

三河市铭浩彩色印装有限公司印刷
科学出版社发行 各地新华书店经销
*
2005 年 8 月第 一 版 开本:B5(720×1000)
2011 年 7 月第 二 版 印张:24
2019 年 7 月第十次印刷 字数:432 000

定价:55.00 元

(如有印装质量问题,我社负责调换〈铭浩〉)

销售部电话 010-62134988 编辑部电话 010-62138978-8305(HF09)

第二版前言

本书自 2005 年出版后，得到了广大读者的认可和社会的广泛好评，先后 4 次印刷，被许多兄弟院校选为专业课教材。

此次修订，作者征求了相关院校师生的意见和建议，在第一版的基础上进行了较大篇幅的改动，主要体现在如下几个方面：

第一，长期工作在旅游心理学教学、科研第一线，同时又具备较强的理论基础、实践能力和创新意识，掌握旅游心理学的发展动态的罗美娟博士、陈小梅老师的加入，使本书在创新性和时代气息上得到了很大提升。

第二，对旅游心理学的一些理论、知识点、案例、思考题等进行了部分更新和完善，吸收了普通心理学、社会心理学、管理心理学、行为科学和社会学等学科的新成果，参阅了大量旅游心理学现有的文献。因而理论联系实际，分析问题力求深入浅出，使本版更加突出了对旅游工作的指导性和应用性。

第三，修正了第一版中存在的一些小纰误，使本书更致完善。

本书在修订过程中，广泛吸收了国内外现有的研究成果，引证了其中有关的文献，谨向这些作者致以诚挚的感谢！

第一版前言

　　法国浪漫主义作家雨果曾说过:"世界上最浩瀚的是海洋,比海洋更浩瀚的是天空,比天空更浩瀚的是人的心灵。"心灵和意识是如此复杂、神秘莫测,人类对于它的探究从古至今就没有停止过。心理学自成为一门学科不过100多年的历史,但它已渗透到了各个行业。旅游业是一个具有综合性、服务性、所提供产品就地消费性的行业,所以,提供个性化、情感化的旅游产品更需要心理学的理论和原则作指导,无论是实践还是理论界都急需旅游业与心理学的结合,两者走到一起是必然的选择。

　　人类进入21世纪以后,旅游市场的竞争越来越激烈,如何赢得旅游者,如何增加旅游者的体验,如何让旅游者故地重游,如何给旅游者留下良好的印象……这一切都成为旅游企业所关注的问题。要解决这些问题的关键是把握旅游者和旅游工作者的心理活动。

　　首先,旅游者的心理活动主要由旅游知觉、旅游需要、旅游动机、旅游态度、旅游者的学习、旅游者个性、旅游审美、旅游活动中的情绪情感等元素组成。作为旅游企业经营者,必须关注旅游者心理活动的规律和需求,谁把握了旅游者心理,谁就可以把握旅游市场的变化,谁就可以抢占市场先机,甚至还可以开发新的市场。我们常常可以看到,若违背了旅游者心理需求,虽有巨大的人力物力投入的策划却收效甚微,而一个符合旅游者心理需求的小小创意,却获利丰厚,原因就在于前者没有把握旅游者的心理需求而失去市场;后者却因把握了旅游者的心理需求而获得市场。我国许多人造景区景点,动辄投资几百万、几千万元,甚至上亿元,如各地相互模仿建造的西游记宫、民俗文化村、神话园等,既不符合旅游者的心理需求,又无特色、知识和科技含量,景区景点建成之日,就是被判死刑之日。而率先在全国自发兴起的成都市郊农家乐旅游,几乎没有大的投入,却成为都市居民节假日旅游、周末度假的方兴未艾的选择。

　　在任何一个旅游景区,旅游景观与旅游服务都是旅游者所无法带走的。旅游者花钱最终所能得到的主要就是精神上的愉悦,自然美、艺术美的享受和社会、文化、自然知识的充实与丰富。旅游作为文化商品这一特性,就要求我们的旅游经营者具有一般形象艺术所特有的审美感染力,具有特有的文化品位,以满足旅游者多种文化层次的需要和大众审美的一般化心理需求。一曲优美的歌曲、一幅美丽的照片、一部撼人心灵的影片、一个动人的传说……都会激发人们的旅游动机。旅游与审美是密切相关的,人们的出游过程就是一种追求美、享受美、创造美的过程。研究旅游审美,对于旅游景区景点的开发与规划,对于旅游产品的开发与宣传、旅游市场的开拓与旅游服务质量的提高至关重要。

　　旅游活动是人们的社会活动之一。在旅游活动中，既有旅游者之间的交往，又有旅游者同旅游工作者之间的交往；既有个人之间的交往，又有团体之间的交往；还有旅游者与当地居民的关系，旅游工作者之间的关系；人际关系的好坏直接关系到旅游活动的成败。

　　旅游工作者的心理状态，也是本书关注的重点。伴随着社会的发展和进步，人的社会交往和社会需求更加复杂，生活也更加紧张。现代人必须应付交通堵塞、噪音、拥挤、竞争和其他人为的紧张环境。旅游企业是一个精神压力大、工作时间长、劳动强度大的企业，旅游工作者面临着很多压力，很多冲突。为了让员工高效率地愉快地工作，让员工发挥其积极性、创造性，就需要为他们创造一个良好的工作氛围，使他们调节好自身的心理状态，克服工作中的挑战、困难、挫折。本书深入地探讨了这些问题。

　　本书还阐述了旅游地居民心理，填补了我国旅游心理学教科书对此类问题论述的空白。旅游业发展的不同阶段会造成旅游地居民不同的心理影响和行为，这些心理影响和行为又会影响当地旅游业的发展，因此，对旅游地居民心理进行分析和研究是十分必要的。

　　本书有以下几个特点：

　　一是有较强的理论性、系统性，全面介绍了旅游心理学概念、理论和方法。

　　二是全书具有较强的实践性。本书注重理论与实践相结合，书中探讨的很多问题都是实践中迫切需要解决的问题，如旅游者消费心理、旅游服务心理、旅游工作者的心理健康与挫折心理、旅游活动中的人际关系、旅游审美心理等，是每一个旅游企业和旅游工作者以及学习旅游管理专业的学生必须掌握的知识，这些方面的内容在本书中都进行了深入探讨，提供了有价值的解决问题的方法和理论依据。

　　三是书中引用的是最新的国内外资料。书中的大量案例、心理实验和相关知识都是精心选择的新资料、新数据、新观点。

　　四是各章都附有案例分析及问题讨论，其目的在于让阅读者提高发现问题、分析问题、解决问题并做出决策的能力。我们精选了40多个典型案例，每一个案例都能提供从特殊到一般、从个性到共性、从个别到普遍的理论联系实际的演练，让阅读者有所收获。

　　本书之所以得以问世，是集体共同努力的结果。本书的编写分工如下：薛群慧编写第1章和第2章，张要民编写第3章，冯俊强编写第4章，文鲁元编写第5章和第6章，沈超编写第7章，邓安娜编写第8章，陈晓梅编写第9章，蒋素梅编写第10章，李红梅编写第11章，罗美娟编写第12章。本书最后由薛群慧、文鲁元统稿，并得到了罗美娟的鼎力支持和帮助。

目　　录

第1章 绪 论

智 慧 之 果

上帝闲极无聊、心血来潮,第一天创造了日月星辰、第二天创造了山川河流、第三天创造了植物、第四天创造了飞禽走兽、第五天……,第六天用泥土按照自己的形象创造了世界上第一个男人亚当,并从亚当身体里取出了一根肋骨,创造了世界上第一个女人夏娃。

亚当和夏娃被上帝创造出来以后,他们就生活在伊甸园里,过着无忧无虑的日子。一天,在蛇的引诱下,夏娃偷吃了禁果,在夏娃的引诱下,亚当也偷吃了禁果。忽然间,他们有了意识,有了羞耻之心,觉得赤身裸体很难为情,于是,两人躲了起来。上帝知道了以后,一怒之下,把他们贬到了大地。后来,他们结为夫妻,繁衍着子子孙孙,成为人类的始祖。

问题讨论:

这个故事含蓄地解释了哪两个问题?

从刚刚出生的婴儿到老态龙钟的长者,从简单的动作到复杂的思维活动以及人类的一系列发明创造,可以说,人类每一件实践活动都闪烁着人类心灵之光。因此,揭示人类心灵的奥秘,研究人类的心理活动,是人们认识世界和认识自己的一项重要任务。诚如古希腊先哲苏格拉底所言:"要认识你自己!"

1.1 旅游心理学概述

由于旅游体验是旅游者的终极目标,旅游业从诞生之日起就注定了要与心理学结成联盟。旅游心理学是两者结合的产物,它以旅游者、旅游工作者、旅游地居民等在旅游活动中产生的特有心理现象为研究对象。

1.1.1 旅游心理学的产生

心理学的历史源远流长,但它又是一门很年轻的学科。黄河流域、印度河流域、尼罗河流域、两河流域是古代文明的发祥地,同时也是心理学思想的发源地。

> 人脑是大自然盛开的最美丽的花朵。
>
> ——恩格斯

公元前 6 世纪至 4 世纪，我国的儒家、墨家、道家、法家对人的意识、行为与物质的关系都有不同的看法，并形成各自的心理观。儒家认为"生死由命、富贵在天"；墨家提出"非命"，认为寿夭、安危、治乱由人力所决定；道家主张"天道"、自然无为，否认上帝和鬼神主宰一切，认为人是自然界的一部分，人的行为遵循"道"；法家以性恶论为其依据，认为没有"自善之民"，主张以严刑峻法维护统治秩序。

古希腊是西方心理学的发源地。苏格拉底、柏拉图等主张灵魂论，认为灵魂独立于肉体，灵魂由理性、意志、情欲三部分组成。有的学者认为，亚里士多德所著的《论灵魂》是人类史上较早的一部心理学专著。在此书中，他提出人体的每一部位都有心理，其核心是心脏。他把认识的过程分为感觉、想象和思维三个阶段。他认为，人的一切知识都产生于感官知觉，大量的感官知觉又通过想象而融合在一起，再通过记忆把它固定下来，然后通过理性见诸行动。

补充阅读

1920 年印度发现的狼孩，取名为卡玛拉。她也有人脑这个精致复杂的器官，但由于她从小脱离了人的社会生活，没有言语交际，没有家具、工具，处在狼的生活条件下，到了 8 岁被发现回到人们中间来时，只有相当于 6 个月的婴儿的心理发展水平。她用四肢行走，用双手和膝盖着地歇息，她舔食流质的东西，只吃扔在地板上的肉，从不吃人手里的东西。她害怕强光，夜间视觉敏锐，每天夜里嚎叫。她怕火，也怕光，从不洗澡，即使天气寒冷，她也撕掉衣服，摆脱毯子。经过牧师辛格的悉心照料与教育，她两年学会了站立，四年学会了 6 个单词，六年学会走，七年学会了 45 个词，同时学会了用手吃饭，用杯子喝水。到十七岁临死时只具有相当于 4 岁儿童的心理发展水平。

离开人类社会并被野兽哺养大的野生儿自 18 世纪中叶以来，在罗马、瑞典、比利时、立陶宛、德国、荷兰、法国、肯尼亚等地都有发现，单是有案可考的就有 30 多例。所有这些孩子都只能发出不清楚、不连贯的声音，不能直立行走，具有强大的体力，活动敏捷，跑得很快，跳跃攀登很出色。他们也有发展得很好的听觉、视觉和嗅觉，然而即使经过很长的时间，他们也都没能学会说话。可见，从小脱离人的社会生活条件便不能形成人的心理，人的心理基础是社会实践。

总之，古代学者关于心理、意识的学说错综复杂、莫衷一是，只能说具备某些心理学思想，未成体系。1879 年，德国的生理学家、心理学家在莱比锡（Leipzig）建立了世界上第一个专门的心理实验室，这标志着心理学成为了一门独立的科学。

回顾旅游业的发展历史，有一个重要人物不得不提及——托马斯·库克

（Thomas Cook）。蒸汽机车的发明使人们可以进行无法想象的长途旅行，而且价格空前的便宜。铁路对旅游最初的影响是增加短途一日游，库克进一步发展了火车游览事业。1841 年 7 月 5 日，他第一次公开登广告组织人们乘车游览。火车将旅游者从英格兰的莱斯特运送到拉夫巴勒去观看禁酒示威游行。从此，库克建立了一个家喻户晓的旅游机构，旅游业由此而诞生。

这两件相距 38 年而又似乎毫无联系的事情，却在一个世纪后一起成为一门新的心理学分支学科——旅游心理学研究的理论基础。为什么旅游业会与心理学发生联系并由此形成一门新的学科呢？这就要从旅游业的形成和发展谈起。

旅游活动并非始于今日，中外历史上都有很多关于旅行活动的记载。例如，我国西汉的司马迁 20 岁就开始漫游全国，为写作《史记》而积累资料；明代的徐霞客周游全国，写下有重要科学、历史和文学价值的《徐霞客游记》；意大利的马可·波罗游历中国；哥伦布环球航行；英国的达尔文也曾进行过为期 5 年的探险考察旅行，在旅行中搜集的科学资料证据导致了生物进化论的诞生等。然而，旅游成为一种社会行业则是从库克时代才开始的。

20 世纪 50 年代以后，旅游业得到了飞速发展。这首先是由于世界经济、科学技术、交通运输和文化的迅速发展；其次是由于旅游业得到各国政府的重视和鼓励；再次是由于上述社会、经济原因造成了人们心理上的变化，越来越多的人认为旅游是人们重要的精神享受，是现代文明生活的一个标志；此外，现代化大工业日益发展，生活节奏加快，城市环境污染严重，工作紧张单调，人们承受着巨大的身心紧张，这种状况也促使人们在紧张的工作之余，离开"水泥森林"外出旅游，以消除身心疲劳。其他如家庭结构变小、教育水平提高、旅游宣传的刺激等因素，也是旅游日益普及的原因。

总之，旅游已成为人民群众物质文化生活需要中不可缺少的内容之一。而心理因素对旅游业的发展起着重要作用。这就提出了研究旅游心理的客观要求。

对旅游活动中的心理现象进行探讨，几乎在旅游业形成之时就开始了。许多旅游管理人员和服务人员从实践中注意到了心理因素在旅游服务中的作用，开始探索针对旅游者心理搞好服务工作的措施，从而积累了大量的经验素材，只是缺乏系统的理论论证和深化。每一门新的学科都是适应客观的需要而出现的。随着旅游业的发展，心理学家及其他领域的学者逐渐开始从不同的角度来研究旅游心理。同时，旅游业本身的发展也迫切要求系统地、深入地研究旅游活动中各种复杂的心理现象，为发展旅游业、提高旅游服务质量和效率、培养优秀的旅游从业人员提供心理学依据。20 世纪 70 年代末至 80 年代初，就陆续有相关的论文、著作发表。在这种背景下，旅游心理学应运而生了。

旅游心理学作为心理学的一门分支学科，是以研究旅游活动中人们(包括旅游者、旅游工作者、旅游地居民)的心理活动和旅游过程中的各种心理现象及其规律为主的科学。在旅游过程中，旅游者及潜在旅游者需要什么、他们在想什么、他们怎么娱乐、个体和群体对旅游消费决策产生怎样的影响、旅游决策是如何做出的、影响旅游行为及心理的环境因素有哪些、导致旅游者满意或不满意的原因是什么……旅游心理学就是试图解决上述问题的。

旅游心理学尽管还很年轻，但它的作用和意义已开始为人们普遍承认和重视，它的各种理论观点在旅游学科的研究中会大有作为。在我国的旅游事业中，旅游心理学也应该，而且必然会发挥日益重要的作用。

1.1.2　什么是旅游心理学

要了解旅游心理学，必须从人的心理活动、旅游心理和心理学开始。

人的心理活动多种多样，它们之间的关系也是非常复杂的。处于清醒状态的每一个人都对它十分熟悉，比如，我们听到"树"的沙沙声，看到光亮、颜色，尝到滋味，闻到气味，摸到物体的软硬或冷热等都是感觉。在这些感觉的基础上，能辨认出这是刮风、阳光，那是花朵，大理石等，这就是知觉。在离开了刺激物的作用之后，原来听过的话语，看过的某些图形、物象仍"话犹在耳"、"历历在目"，这就是记忆。人不仅仅能通过记忆把经历过的事物回想起来，而且还能想出自己从未经验过的事物，如形成小说里所描写的人物形象和场面，这就是想象。凭借人所特有的语言，通过分析、综合、判断事物的本质及其发生、发展的规律，例如医生根据病人的体温、脉搏、舌苔、血液或排泄物的化验结果，推断出他某一内部器官发生病变的这个思索过程，就是思维。

感觉、知觉、记忆、想象、思维都属于对客观事物的认识活动，是为了弄清客观事物的性质和规律而产生的心理活动，这种心理活动在心理学上统称为认识过程。

人在认识客观事物时，并非是无动于衷的，常常会产生满意或不满意，愉快或不愉快等态度体验，这在心理学上叫做情感或情绪。

人不仅能认识客观事物，对它产生一定的感受，而且还能根据对客观事物及其规律的认识自觉地改造世界。人能够根据自己的认识确定行动目的，拟定计划和步骤，克服各种困难，最后把计划付诸行动，这种自觉地确定目标并力求加以实现的心理过程，叫做意志过程。

所有这些心理现象、认识、情感、意志过程统称为心理过程。心理过程是心理学研究对象的一部分。认识、情感、意志这三个心理过程是互相联系、互相促进，统一在一起的。

由于各个人的先天因素不同，生活条件不同，所受的教育影响不同，所从事的实践活动不同，因此，这些心理过程在每个人身上产生时又总是带有个人特征的，这样就形成了各人不同的个性。其中包括每个人所不同的个性倾向性需要、动机、兴趣，理想、信念、世界观和个性的心理特征（能力、气质和性格）。如各人的兴趣倾向性、兴趣的广度、兴趣的中心、兴趣的稳定性不同；各人的观察力、注意力、记忆力、想象力、思考力不同；能力高低不同；在同一种情境下，各人的反应不同。如当诗人看到一棵挺直的青松时，他会把这棵青松人格化，会写出青松赞的诗歌；画家看到这棵青松时，更多注意它的外形；生物学家看到这棵青松时，会关注它生长的环境和它生长的年代；棺材店里的老板看到这棵青松时，心里盘算的是能做几口棺材。此外，各人的理想和信念，各人的情感体验的深浅度，情感表现的强弱，以及克服困难的决心和毅力的大小也不相同。所有这些都是个性的不同倾向和不同特点。

在一定的社会历史条件下人的个性倾向性和个性心理特征的总和，统称为个性心理或人格。个性心理是一个人相对稳定、平衡的动态系统。

心理现象的各个方面并不是孤立的，而是彼此互相联系着的。不仅在认识、情感、意志过程之间，而且在个性心理和心理过程之间也是密切联系着的。没有心理过程，个性心理就无由形成，如表 1.1 所示。人的个性心理的形成和发展，是在一定的社会影响和教育下通过心理过程反映客观现实而逐渐定型化的结果，是个体社会化的过程。同时，已经形成的个性心理倾向和个性心理特征又制约着心理过程，在心理过程中表现出来。因此，具有不同兴趣和能力的人，对同一首歌，同一幅画，同一出戏的评价水平、欣赏水平是不同的；一个具有先人后己，助人为乐性格特征的人，往往会表现出坚强的意志行动。

表 1.1　心理现象的构成

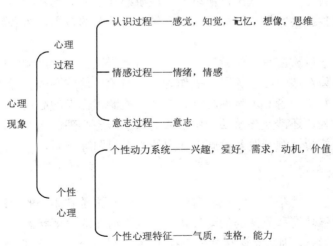

事实上，既没有不带个性倾向和个性特征的心理过程，也没有不表现在心理过程之中的个性倾向和个性心理特征，二者是同一现象的两个不同方面。虽然我们在深入地了解人的心理活动时，必须分别地对这两个方面加以研究，但在掌握一个人的心理全貌时，必须把这两个方面结合起来进行考察。

总之，心理学是研究心理过程发生、发展的规律性，研究个性心理形成和发展的过程，研究心理过程和个性心理相互关系的规律性的科学。

旅游心理是旅游者、旅游工作者和旅游地居民在旅游活动过程中表现出来的特有的心理活动。旅游活动的主体即旅游者，吸引物就是旅游景区景点、旅游酒店、旅游服务等，而使旅游活动得以实现的条件有旅游交通、旅游接待机构等。旅游者的旅游活动的外在表现行为，是在主体的内部因素和外部条件相互作用下产生和进行的。在两者的相互作用中，心理因素是旅游者的内在因素，旅游者的心理特点、心理状态决定着其感知到了哪些旅游条件；选择什么样的旅游活动内容和方式，同时还影响着旅游者在旅游活动中的感受、体验的性质和程度。旅游吸引物的特点及建设、发展状况，对旅游行为的激发，旅游目的地的选择及旅游心理感受、体验，直接产生积极或消极的作用。因此，旅游心理学就是要对旅游活动中产生的心理现象进行研究，从而发现旅游活动中的心理规律。

综上所述，旅游心理学是一门新兴的学科，是一门介于旅游学和心理学之间，并有自己独立研究的边缘学科，也是一门应用性很强的学科。它的起步与发展，一方面是因为旅游的普及、旅游人数的激增和旅游业的兴旺，一方面也得益于相关学科的研究成果。

1.1.3　旅游心理学的研究对象

关于旅游心理学研究对象的问题，从旅游心理学诞生到现在，几乎一直延续着仁者见仁、智者见智的状况，所以界定旅游心理学的研究对象具有重要意义，这涉及学科的独立性、学科性质以及研究领域所涉的范围，势必影响学科的发展前景。

旅游心理学以旅游者、旅游工作者和旅游地居民在旅游活动中的心理和行为现象、旅游客体对旅游心理的影响等作为分析对象。这些心理和行为现象的表现形式多样，涉及旅游者心理特性与行为方式、旅游工作者的心理与行为、旅游地居民心理与行为，还涉及旅游活动中形成的旅游服务心理、旅游管理心理、各种人际关系以及旅游资源开发及设施设计中的心理问题等方面。

1. *旅游者心理*

旅游者心理活动是旅游者在旅游活动过程中对旅游刺激物的反映活动，是人脑所具有的特殊功能和复杂的活动方式。它处于内在的隐蔽状态，不具有可以直接观察的现象形态，因而无法从外部直接了解。但是心理活动可以支配人的行为，决定人们做什么，不做什么，以及怎样做。换言之，人的行为尽管形形色色，千变万化，但无一不受人的心理支配。因而，观察一个人的行为表现，即可间接了解他的心理活动状态。

同样，人作为旅游者在旅游活动中的各种行为也无一不受到心理活动的支配。

例如选择哪个地方作为旅游目的地，采取何种方式旅游，逗留多长时间，确定什么样的旅游内容，选购何种旅游商品等等，其中每一个环节、步骤都需要旅游者做出相应的心理反应，进行分析、比较、选择、判断。所以，旅游者的旅游行为都是在一定心理活动支配下进行的。旅游心理是其根据自身需要与偏好，选择和评价消费对象的心理活动。它支配着旅游者的旅游行为，并通过旅游行为加以外现。

相应地，旅游者心理与行为则是指旅游者在一系列心理活动支配下，为实现预定旅游活动目标而做出的各种反应、动作、活动和行动。这些反应活动包括：旅游知觉、旅游动机、旅游态度、旅游学习、旅游活动中的情绪情感、旅游者人格、旅游审美心理等。作为旅游活动的主体——旅游者的这些心理活动与行为是旅游心理学研究的主要内容。

首先，旅游者的心理活动主要由旅游知觉、旅游需要、旅游动机、旅游态度、旅游者的学习、旅游者个性、旅游审美、旅游活动中的情绪情感等组成。作为旅游企业经营者必须关注旅游者心理活动的规律和需求，谁把握了旅游者心理，谁就可以把握旅游市场的变化，就可以抢占市场先机，甚至还可以开发新的市场。我们常常可以看到，违背旅游者心理需求的巨大人力物力投入收效甚微，一个符合旅游者心理需求的小小创意或策划，却获利丰厚。原因在于前者没有把握旅游者的心理需求而失去市场；后者把握旅游者的心理需求而获得市场。我国，许多人造景区景点，动则投资上百万、千万，甚至上亿，如各地相互模仿建造的西游记宫、民俗文化村、神话园等，既不符合旅游者的心理需求，又无特色、知识和科技含量。而率先在成都市郊自发兴起的农家乐旅游，几乎没有大的投入，却得到都市居民旅游度假的青睐。

旅游知觉是旅游者对旅游信息、在旅游过程中对旅游景区景点、旅游服务质量、旅游企业形象等的感知以及旅游活动结束后，所形成的旅游印象等的心理活动。旅游的终极产品就是一种印象、一次体验、一次经历，在旅游活动开始前、在旅游活动过程中、在旅游活动之后，旅游的各种信息、刺激、经历与体验，都会影响着旅游者的心理和行为。随着体验经济时代的到来，旅游市场的营销、旅游景区景点的开发、旅游线路的推出等都需要旅游业人员关注旅游者的心理感受和体验。如随着休闲旅游的增加，酒店因其自身提供的休闲服务而成为旅游目的地和景点。费尔蒙（Fairmont）酒店利用景点创造一种顾客体验，把其所在地的景点最大化利用。又如，班夫泉城堡酒店是滑雪时居住的绝好去处。如果你是一个浪漫的人，悦榕（BanyanTree）连锁提供"亲密时刻套餐"，浪漫被作为一种酒店体验很巧妙地打包到了一起。当你在吃饭的时候，酒店用 50 支蜡烛装点你的单间。为你的户外沐浴防水，放一盘香油准备供你按摩，随时可以提供按摩服务或教会你的伴侣如何按摩，也可以让自己单独享用。旅游知觉伴随旅游者一次旅游的全过程，以及旅游结束后对此次旅行经历的心理评价。即从开始对旅游信息的收集、旅游决策、旅游行为的实现到对此次旅行经历所产生的美好回忆或是大失所望的情绪。

旅游需求和旅游动机是旅游行为的驱动力量。把握住了潜在的旅游需求和旅游动机，必然可以把握未来的旅游市场和引导人们的旅游消费行为，赢得旅游市场。否则，旅游企业就会失去旅游市场。

旅游态度表明了旅游者行为的一种趋向。"态度决定一切"已成为我国大部分人认可的格言。旅游景区的开发建设、新的旅游产品和旅游线路的推出都有必要了解旅游者的态度。著名洋快餐肯德基 20 世纪 80 年代进入中国前，就是否能打开素以"民以食为天"的饮食大国的市场，抱着怀疑的态度，首先，西餐和中餐的饮食文化差别很大；其次，封闭了多年的中国人会不会因为意识形态方面的原因抵制快餐。因此，他们对此进行了大规模的市场调查，他们在北京、上海、广州等地的商场、公园摆放了肯德基快餐品尝点，让客人免费品尝后，就口感、味道等提出意见与评价。调查结果表明，大部分中国人特别是青少年、儿童可以接受洋快餐，中国市场完全可以打开。所以，当肯德基在北京开店时顾客盈门的盛况就是预料中的事了。而出乎预料的是肯德基快餐成为当时青年人的一种时尚、浪漫情调的象征，朋友聚会、恋人相邀、家庭聚餐等都到肯德基快餐店。20 世纪 80 年代末，笔者到北京，一位亲戚邀请我到肯德基吃饭时，排长队买餐票和座无虚席的餐厅以及站在餐桌旁等待进餐的人群，实在让我惊讶不已，然而，餐厅淡雅的色调、干净整洁的环境、井然有序的餐饮服务，优雅的背景音乐、安静进餐的客人，与中餐馆喧嚣、热闹的进餐环境反差很大，给我留下了深刻印象。一般而言，有什么样的旅游态度，就会有什么样的旅游行为。

心理学家们通过研究发现，人类绝大部分行为都包含了某种形式的学习，也就是说，人类行为的许多变化都要受到学习过程的影响。旅游者行为，作为人类行为的一种表现形式，如同人类其他行为一样，必然要受到学习因素的影响。对旅游者来说，旅游动机的产生，旅游态度的形成，旅游目的地的选择，旅游路线的确定，旅游行程的安排等等，都需要一个学习而后决策的过程。对于旅游服务企业来说，也需要通过学习来分析、判断旅游者的旅游需求，从而为旅游者提供满足其旅游需求的旅游产品或服务。因此说，旅游学习活动，在很大程度上决定着旅游者消费行为的产生和行为趋向的选择，决定着旅游企业提供旅游产品或服务的具体方式和方法。

旅游者生活在不同的社会条件下，其所处的经济地位、所属的民族、阶层、所受的教育程度、所从事的职业各有不同，每个人所具有的知识、经历也各不相同，除了形成各自不同的需要和动机以外，也形成各自不同的态度。这种态度影响着他们的行为和生活方式，当然也影响着旅游者的行为，通过对关于态度的研究，不仅更容易理解人们选择旅游消费的思想和情感，同时也就有可能通过改变人们的思想和情感来改变其行为。因此，了解旅游者的态度对旅游工作者来说是非常重要的。

关于旅游者人格，"人格"词来自拉丁文"persona（面具）"。面具是在戏台上扮演角色所戴上的特殊面目，它表现剧中人物的身份。我国京剧的脸谱也代表人物性格和角色特点，把面具称为人格，有以下两种含义：一是指一个人在生活舞台上演出的种种行为；二是指一个人真实的自我。因此，这种包括外部的自我和内部的自我，就是真实的人——人格。旅游者人格对旅游者的旅游种类的选择、采取的旅游方式等都有影响，这就可以解释有的旅游者爱好探险旅游、有的旅游者选择休闲度假旅游；有的旅游者喜欢背包旅游，有的喜欢团队旅游。

需要是有机体对延续和发展它的生命所必需的客观条件的需求的反映。对于人来说，它在主观上通常以愿望、意向的形式而被人所体验。人对客观事物采取怎样的态度，要以某事物是否满足人的需要为中介；客观事物对人的意义，也往往与它是否满足人的需要有关。同人的需要毫无关系的事物，人对它是无所谓情感的；只有那种与人的需要有关的事物，才能引起人的情绪和情感。而且，依人的需要是否获得满足，情绪和情感具有肯定或否定的性质。凡能满足人的需要的事物，会引起肯定性质的体验，如快乐、满意、爱等；凡不能满足人的渴求的事物，或与人的意向相违背的事物，则会引起否定性质的体验，如愤怒、憎恨等。情绪和情感的独特性质正是由这些需要、渴求或意向所决定的。旅游行为是旅游者在旅游活动过程中满足某些需求的高级享受性活动。情绪情感影响着旅游行为，旅游行为又制约着旅游者的情绪，两者有着互动的相连关系。研究人们需求满足的情绪情感变化，分析旅游行为与情绪情感的互动关系。

旅游心理学能为旅游体验提供理论依据。旅游体验项目可以从旅游者知觉、旅游动机、旅游态度、旅游者人格、旅游学习、旅游活动中的情绪情感、旅游活动中的人际关系的理论和知识中获得指导和启迪。

2. 旅游工作者心理

在了解旅游者心理活动规律的基础上，旅游心理学要在酒店服务、导游服务、旅游商品服务和交通服务及旅游资源的开发等方面进行研究。即在旅游过程中的食、宿、行、游、购、娱几个方面，总结出迎合旅游者心理的服务规律，帮助旅游工作者有效地开展工作，争取最佳的服务效果。这就需要对以下具体问题进行研究。

旅游服务工作具有工作时间长、负荷量大、突发事件多、心理压力大、与旅游者处于互动关系中等特点，旅游工作者的心理素质、工作效率和工作技术技巧等综合能力的好坏直接关系到旅游服务质量、旅游者的心理感受、旅游产品创新等问题，因此，旅游心理学必须研究导游人员和酒店包括前厅、客房、餐厅、商场服务员等从事具体工作的旅游工作者的心理活动特点、应具备的心理品质，以及怎样锻炼和培养良好的心理品质。如何呵护旅游工作者的心理健康、提高旅游工作者心理健康水平，探究旅游工作者心理疲劳的种类原因及表现，了解心理疲劳的生理学研究与心理学因素、心理疲劳的预防和消除以及工作疲劳的测定方法等都是旅游心理学关注的问题。

因此，旅游工作者的心理状态，也是旅游心理学关注的重点。伴随着社会的发展和进步，人的社会交往和社会需求更加复杂，生活也更加紧张。现代人必须应付交通堵塞、噪音、拥挤、竞争和其他人为的紧张环境。中国社会和中国的企业正面临着前所未有的剧变，这个巨大的压力源对人们的影响是毋庸置疑的。调查和研究发现，在美国和一些发达国家中，由压力造成的精神失调已成为企业经营管理人员发展最快的职业病。每年，公司中有 25% 的劳动力会出现焦虑症或在受到压力后感到紧张有关的疾病。旅游企业是一个精神压力大、工作时间长、劳动强度大的企业，旅游工作者面临着很多压力，很多冲突，如何让员工高效率地工作、愉快地工作，如何让员工发挥其积极性、创造性呢？这就需要为他们创造一个良好的工作氛围，使他们调节好自身的心理状态，迎接工作中的挑战，这就需要我们深入地探讨这些问题。

3. 旅游服务心理

旅游心理学将从旅游服务工作的角度出发，对旅游者在旅游活动中的心理发展历程进行剖析，探讨旅游业服务对象的特点及其心理需求。旅游工作者的心理素质对服务质量至关重要，旅游工作者要克服来自内部和外部的各种困难，完善自己的心理素质，遵循"顾客至上"等一系列旅游服务心理原则。只有这样，才能吸引客源，提高旅游企业的社会效益和经济效益。

旅游服务心理要研究的是以旅游者为研究对象，在旅游业的主要工作范围内，如何根据旅游者的心理和行为特点出发，提供符合旅游者心愿的最佳服务。研究旅游工作或服务对象是做好服务工作的前提；旅游业的宗旨是"顾客至上，宾至如归"。

旅游工作者首先要对服务对象有深刻的认识，并在工作实践中不断去发现和了解旅游者的心理需求，去迎合和满足旅游者的需求，才能保证应有的服务质量。旅游企业对旅游者的服务不是抽象的，而是通过导游、前厅服务、客房服务、餐厅服务、交通服务、商场服务等具体环节实现的。因此，必须研究旅游者在游览过程中，在前厅、客房、餐厅、商场等场所的心理特点以及我们所应采取的相应的心理服务措施。旅游服务心理通过分析存在于旅游业服务过程中旅游者的心理因素，旨在揭示并遵循旅游者的心理和行为规律，采取相应的积极的服务措施，从而不断改进和提高质量。旅游心理学为有针对性的旅游服务提供了理论基础。

4. 旅游管理心理

旅游心理学虽然不专门研究管理，但它的研究内容要涉及到管理心理。

旅游业服务质量的提高和工作成败的关键，在于科学的管理。旅游心理学应在管理工作方面研究如何遵循人的心理和行为方面的特点而采取有效的措施。管理最重要的职能是调动员工的工作积极性，创造性地去实现组织的目标。旅游心理学要研究组织内成员在心理和行为方面的特点，在个体行为、团体行为、领导行为方面应该怎样调节和控制，从而发挥管理的最佳效能。

旅游业服务本体的"顾客第一"向"员工第一"转化。在旅游管理实践中，管理者逐渐认识到了，"快乐的员工是具有生产效率的员工"，员工心存不满，怒气冲冲，是不可能为旅游者提供尽善尽美服务的。旅游工作者能否积极主动、创造性地为顾客服务，也是能否提高旅游服务质量的关键。因此，要使旅游者得到最佳服务，在于拥有一支高水准、高素质的员工队伍。这就需要管理者将员工的利益放在首位，关爱下属、尊重下属。只有对员工的思想、感受和需要深入地了解，才能使员工获得提供优质服务所不可缺少的精神力量。旅游心理学正是从旅游管理心理、员工心理的角度，研究如何调动员工工作的积极性、如何引导员工培养良好的心态，克服挫折感、与旅游者建立良好的关系等，可以使旅游管理工作更加科学化、人性化。同时，还可为旅游企业员工培训提供理论原则与方法。

5. 旅游地居民心理

旅游地居民心理指旅游地居民因其居住地作为旅游地后，当地居民与旅游者的人际互动中出现的特有的心理现象。这种心理是动态变化的，而非静止不动的。它会随着旅游地的外部环境变化以及旅游地居民内在认知等各方面的变化而发生变化。

旅游地居民心理又包括旅游地居民的社会心理和旅游地居民的文化心理。旅游地居民社会心理是指人在旅游环境中心理活动的发展和变化的规律；旅游地居民的文化心理是指此地因作为旅游地后，旅游地文化环境发生了巨大变化，这一变化促使当地居民所产生的不同于过去的文化心理。

在旅游发展过程中，旅游地居民的心理会发生很大的变化，从开始积极支持旅游开发，热情地欢迎旅游者的到来，到后来的反对旅游开发，形成与旅游者的敌对心理。旅游心理学应对这一心理发展历程关注、研究，找出其发生、发展、变化的规律。为政府制定旅游政策、旅游开发商决策、旅游地构建和谐稳定的社会秩序等提供理论依据。

旅游地居民心理是旅游心理研究中一个比较薄弱的环节，然而也正是因为研究的较少，就更需要我们的关注。在旅游业蓬勃发展的今天，各种问题也应运而生。比如，如何正确处理旅游地居民、旅游者、旅游开发商以及政府之间的关系等。通过对研究旅游地居民心理的理论依据以及研究方法、旅游地居民分类、旅游地居民心理的影响因素、国内外不同的旅游地居民分类等问题的研究，我们能找到解决这些问题的理论依据和方法。

6. 旅游活动中的人际关系

旅游活动是人们的社会活动之一。在旅游活动中，既有旅游者之间的交往，又有旅游者同旅游工作者之间的交往；既有个人之间的交往，又有团体之间的交往；还有旅游者与当地居民的关系，旅游工作者之间的关系；人际关系的好坏直接关系到旅游活动的成败。

在旅游活动中，会形成各种人际互动关系。如个体之间的关系包括旅游者之间的关系、旅游者与旅游工作者的关系、旅游工作者之间的关系、旅游者与当地居民的关系等；群体之间的关系包括旅游者与旅游企业之间的关系、当地居民与政府之间的关系、开发商与当地居民的关系、旅游企业之间的关系等。各种人际关系所产生的心理影响以不易被人觉察的方式对旅游活动的效果发生重大的影响。

旅游者的种种人际关系，都是影响旅游行为产生，影响旅游选择和对旅游活动的评价的重要因素。在旅游服务中，处理好人际关系不仅是一个能力问题，而且是一个艺术问题。由于旅游工作者既会受到对方积极的心理影响，又可能受到某些消极的心理影响，还会由于接待对象的不断变化而到来的人际关系的变化，在这种复杂的人际环境中要能妥善而巧妙地处理好人际关系，给旅游者以积极、良好的心理影响，这是旅游心理学研究不可缺少的重要论题。

7. 旅游资源开发及设施设计中的心理问题

从分析旅游者对旅游资源的开发及设施建造的需求入手，研究旅游者的心理需求与旅游资源开发、旅游设施设计的关系等问题；研究怎样运用心理学原理精心考虑和安排旅游设施、开发旅游资源，使旅游者更舒适、更愉快。

旅游设施是旅游者赖以休息、娱乐的物质条件，游客对旅游设施的感觉如何，对他们的旅游行为和消费动机有着直接的影响，这一重要论题应该纳入到旅游心理学的研究领域。

对正常人来说，视觉是最重要也是使用最充分的感觉系统，人们对世界的感知70%以上都是通过双眼得到的。旅游设施给人的视觉形象，很大程度上决定于设施的形状、结构、材料和色彩。在旅游资源开发及旅游设施设计时，若能综合考虑不同材料的特性，巧妙地运用材质的特征，会丰富旅游者的知觉。材料表面的精与粗、光与涩，会使人感到寒与暖或深与浅的变化。质地的松软与挺括、柔韧与坚硬，也易引起人的凝重和明快的感受。材料本身所具有的独特的纹理质感，赋形的粗细疏密和自然风韵，都能给旅游者带来迥异的情趣。

在旅游景区和设施建设中，利用色彩的各种特性，使旅游者产生冷与暖、轻与重、强与弱、进与退、膨胀与收缩、兴奋与宁静等不同的联想知觉，创造旅游设施的不同气氛，提高旅游设施的质量和美学效果等。

听知觉在人们的感知中占有重要的地位，人们 20% 左右的感知是通过听知觉获得的。在旅游景点、旅游设施中，不同的声音可以创造不同的环境气氛，给旅游者不同的心理感受。乐声使人心旷神怡，精神舒畅；噪音使人烦躁不安，身心受损，是一种较严重的空气污染。所以，旅游景区往往追求一种自然、宁静、怡人的环境气氛，通过泉响、鸟鸣、蝉噪等各种天籁之音，给人一种回归大自然的心理感受也是旅游心理学关注的问题。

旅游心理学还应注意旅游设施、环境等给旅游者所造成的味觉、触觉、嗅觉诸方面的心理感受的研究。一般地，旅游者觉得最舒适的温度是在 20℃ 左右，这就要求各种旅游设施在设计建筑时，应处理好门、窗、天窗的设置，房间的日照，阳光的辐射，以设备、空调来创造舒适的温度条件。对客用毛巾、浴巾、床垫、毛毯等，要求柔软舒适。整个旅游设施不能有异味，特别是卫生间，要注意通风设施的性能，在清洗打扫时，经常要喷洒空气清新剂等。总之，旅游设施在设计、建设、保养、布置等各方面都要考虑到旅游者的各种感知因素，使旅游者有一个良好的知觉效果。

旅游心理学还是一门年轻的学科，科学地界定、深入地探讨旅游心理学的研究对象，无疑将会充实和提高旅游心理学的理论水平，不断完善和发展旅游心理学的理论体系。

1.2 旅游心理学的研究方法

旅游心理学是一门应用性极强的学科，它研究的对象是旅游活动中活生生的人，这些人又生活在不同的社会环境和文化背景之下，他们无不打上了社会和文化的烙印。旅游活动又表现出了空间上的流动性、时间上的短暂性与构成上的复杂性等特点。因此，在研究方法上它综合运用了心理学、社会学、人类学、社会心理学、统计学、经济学方法；此外还表现出了很强的应用性，着眼于解决旅游实践活动中亟待解决的问题。所以，只要研究方法正确，运用得当，就可以获得科学的研究结论。

1.2.1 旅游心理学研究的方法论

旅游心理学的研究始终具有多学科参与的特点。在不同学科参与的条件下，形成了不同的方法论体系。而不同的方法论体系都会提出关于旅游心理学研究的方法论的基本假设。目前的旅游者心理研究中，实证主义、阐释主义和行为主义的研究范式最具影响力。

1. 实证主义方法论

实证主义（positivism）也叫现代主义（modernism），它强调人类的理性至高无上，认为存在单一的客观真理，可以用科学来发现。实证主义鼓励人关注客体的功能，运用技术，把世界看成理性的、有秩序的场所；具有可清晰界定的过去、现在和未来。基于现代主义的假设而从事旅游心理学研究的人员，则一般被称为"实证主义者"。

根据这一范式，旅游者一般被视为问题的解决者或决策者。旅游者的购买行为被看作一个理性的问题解决过程，并将这一过程分为收集信息、评估筛选、购买和购买后行为等几个阶段。其重点在于如何形成购买决策、在不同产品和品牌之间做出选择的过程。因此，称为信息处理范式（information processing paradigm）。采用这一范式需要大量汲取认知心理学的研究成果，也部分地依赖实验心理学的研究成果。它的研究方法则主要来自自然科学领域，包括实验方法、调查技术和观察方法。其研究结论是描述性和经验性的，并被推广应用于较大规模的群体。

补充阅读

1995 年，Schering-Plough 公司开始着力于对紫外线指数的宣传，并希望国家气象中心、环境保护署、疾病控制中心及其他一些健康组织与之共同努力，将该指数作为当地的天气预报的内容之一。该指数表明了当地的紫外线侵害的程度，包括人们在不采取任何防护措施的情况下被晒伤的时间。最初的调查结果表明，在被实验的城市中有 70%的旅游者知道了该指数并由此带来了防晒品销量的大幅度上升。

众多的公司不仅使旅游者认识到与紫外线侵害相关的问题，同时也积极开发相应的产品来解决这些问题。Schering-Plough 公司了解到许多旅游者喜欢在阳光下把皮肤晒成褐色，于是便研制出了"Protect&Tan"这一产品——一种褐色且防水的防晒液。

问题认识是旅游者决策过程的第一阶段。Schering-Plough 公司等各种组织希望旅游者意识到暴露于阳光之下的风险，并在此基础上采取措施以使自己免受不合适的阳光侵害。

2. 阐释主义方法论

阐释主义（interpretism）又被称为后现代主义或经验主义（experientialism）。阐释主义者（interpretivist）对实证主义范式提出了质疑，他们声称现代社会中的科学过度了，而且实证主义者们有关理性旅游者的假设忽视了现实社会和文化世界的复杂性。因此，阐释主义强调旅游者心理的主观性和象征性，把研究重点放在产品所提供的情感利益或旅游体验之上。

阐释主义者认为，旅游者有时并不一定经过理性的购买决策过程而购买产品，相反，他们却经常为了获得情绪或情感上的某种体验而购买产品。例如，寻求多样性（variety-seeking）的购买行为就解释了这一决策过程。旅游者为消除厌恶感或得到新鲜感而转移品牌的购买行为就是寻求多样性的购买决策。阐释主义者的研究方法包括人类学方法、符号学方法和深度访谈。由于研究人员在访谈过程中演着积极的角色，因此阐释主义的研究结论往往取决于特定研究人员与旅游者的互动过程。

补充阅读

投射技术是指引入对一种模糊的、无结构的物体、活动或者是一个人的展现，旅游者以某种方式对这种展示做出反应。被试可能会被要求去解释这种物体是什么、讲一个故事或画一幅画。气泡画是投射技术中的一种方法。气泡画描绘的是处于一般情势下的人（旅途中或购物场所），要求被试用文字对图画做出说明或者说明图画中的旅游者可能遇到什么新情况。例如一种新产品或产品包装发生了变化，然后要求被试在气泡画里写下图片中人物的感想。

要求被试者替图画中的购物者做出评论，见图 1.1。

资料来源：Wendy Gordon and Roy Langmaid. 1988. Qualiative Market Research. England: Gower. PP. 104, By permission of Gower Publishing Group

图 1.1　心理气泡图

3. 行为主义方法论

由华生（Watson）所创、经过斯金纳（Skinner）发展而成的行为主义心理学，基本上否定了对人类意识、情绪和情感等心理过程和状态的研究，坚持只有能被观察到的、可以客观记录和量化的行为才是心理学的研究对象。这种源自行为主义心理学的研究范式强调，旅游者在外部环境因素的刺激下直接产生购买行为的反应，而不一定在经过了理性的决策过程之后才采取购买行动。因此，从行为主义的立场出发，研究人员在分析旅游者行为时更强调通过营销工具或刺激手段直接影响旅游者的行为，而不一定采取先影响情感、认知和态度，再通过这些中间变量来影响旅游者的行为的一种比较间接的影响方式。

实证主义、阐释主义和行为主义的方法对于旅游者行为研究都是有价值的。实际上，上述三种研究理论相互之间并不矛盾，而是相互补充的。对于旅游者的心理和行为，三种角度的研究都是必要的。例如，实证主义的研究使预见旅游者的行为反应成为了可能；阐释主义的研究则为更深刻地洞察、理解旅游者行为提供了帮助；行为主义的研究则在改变和维持旅游者的行为方面能起到很好的作用。

1.2.2　旅游心理学研究的方法

旅游心理学的研究方法是综合了社会学、人类学、心理学等学科的研究方法，形成了一套研究体系。

旅游心理学研究方法是研究旅游心理学问题所采用的各种具体途径和手段，包括仪器和工具的利用。旅游心理学的研究方法很多，例如观察法、调查法、个案研究法、心理测验法、档案法等。

1. 观察法

观察法是研究人员凭借自己的观察能力而非与被观察者直接交流而获取信息的一种研究方法。通过观察、记录和分析，可以了解被观察者的行为反应特点，用以分析被观察者心理活动的规律，并且还可以直接为刺激观察者的行为反应提供策略选择的依据。一般有四种观察方法可供研究人员选择：

（1）直接观察法与间接观察法

直接观察法是指观察那些正在发生的行为；间接观察法是指对一些隐蔽行为（如过去行为）的观察，在采用间接观察法时研究人员注意某一行为造成的影响或结果多于注意行为本身。

（2）隐蔽观察与非隐蔽观察

在隐蔽观察中，被观察者不知道自己正在被观察；无法避免使被观察者意识到他正被观察的情况，则被称为非隐蔽观察。

（3）结构观察与非结构观察

结构观察将事先确定观察的范围；而非结构观察对观察范围不加任何限制。

（4）人工观察与机器观察

在人工观察中，观察者是研究人员雇用的人员或其本人；用非人工的形式，如自动记录仪器进行观察，就是机器观察。

2. 调查法

调查法的基本做法是研究者拟定一系列问题，向被调查者提出，要求他们做出回答，然后整理所得的资料，从中得出结论。它分为访谈法和问卷法两种形式：

（1）问卷法

问卷法指在通过对一组具有代表性的样本采取问卷调查的形式收集研究所需的资料。根据调查所需资料和条件的不同，可以区分出人工操作调查（由调查者提出问题并记录答案）、计算机操作调查（计算机技术在整个调查中发挥重要作用）

和自我管理调查（由被调查者阅读问卷并直接将答案写在问卷上）三种基本的调查法。在实际调查时，研究人员还可以采用拦截访问、办公室访问、传统意义上的电话访问、集中电话访问、计算机辅助电话访问、全电脑化访问、小组自我管理调查、留填问卷调查、邮寄调查等具体调查技术来获得第一手的资料。例如，如果中国移动要确定旅游者对全球通品牌的知名度，它可以将涉及对全球通和中国联通有关品牌的态度的问题编制成一张问卷，并向一组有代表性的全球通用户（包括现实和潜在用户）提出这些问题。从而中国移动就可以确认为什么有些潜在用户选择中国联通而不接受全球通的原因、持这种否定态度的移动通信用户的特点以及能否制定有效的营销策略改变这种态度等问题。

（2）访问法

访谈是通过一个经过训练的访问者，针对某一论点以一对一的方式提出一系列探究性问题，用以得知被访问者对某事的看法，或为什么做出某种行为。它有可能在被访问者家中或在一个集中的访问地点进行，目的是获得不受限制的评论或意见，并进行提问，帮助研究者更好地理解这些想法的不同方面和原因。访谈在理解个人如何做出决定、对旅游产品的评价以及旅游者生活中的情绪和个人倾向等方面尤为有用。新的概念、新的产品设计、广告和促销信息往往由这种方法形成。进行访谈时，一般由训练有素的访问者携带一张有话题的清单或一些开放式的问题，如"你能详细阐述你的观点吗？"、"为什么是那样呢？"、"你能给我们一些特别的理由吗？"等等。这些问题的提出是为了帮助研究人员了解被访问者的真实想法。

3. 个案研究法

研究者深入旅游业，对旅游企业、旅游者以及旅游工作人员进行全面的、较长时间的连续的观察、调查、了解，研究其心理发展的全过程，在掌握各方面情况的基础上进行分析整理，这种方法称为案例研究法。使用案例研究法得到的结果对教学、科研以及指导旅游实际工作都有很大意义，它可以使人们通过典型的案例了解旅游活动中人的心理、行为及其发展规律。

4. 实验法

实验法是有目的地严格控制或创造一定条件来引起某种心理现象以进行研究的方法。实验研究的目的是在可控制的条件下验证因果关系。它分为实验室实验法和自然实验法两种。

实验室实验法通常是在实验室内借助各种仪器进行的，它较多地运用于对心理过程的研究和对心理现象的生理机制的研究。例如，在实验室中模拟各种自然环境条件和各种工作环境条件，然后研究人在这些条件下与技术条件相互作用过程中的心理活动的各种成分包括运动的、感觉的、知觉的、记忆的、智力的、意志和性格的成分。

自然实验法是由实验者有目的创造一些条件在比较自然的情况下进行。它既可以用于一些比较简单的旅游心理现象，又可以用于研究旅游者和旅游工作者的个性特征。自然实验法的特点是把科学研究与旅游工作结合起来，其研究结果具有直接的实践指导意义。自然实验法在真实的环境中进行，研究者在旅游活动中有目的、有计划地适当控制某些条件，在被试没有觉察的情况下，记录他们的行动并分析其心理状态。

使用实验法研究旅游者的心理和行为时，应该注意三个方面的问题：第一，实验必须设立对照组。实验结果如何最终取决于实验组与对照组被试反应的比较。两组被试的有关实验的条件应完全相同或相似，所不同的是实验组接受了特殊的实验处理，而对照组没有接受。如果两组被试的反应之间出现了差别，就可以归因为特殊的实验处理所致；第二，需要对被试进行精确的事前测验和事后测验。研究者要在对被试实施实验处理之前，就研究的指标对他们进行测验，然后在实施实验处理之后再就相同的指标进行测验，比较两次测验的结果，这样就可以确认研究指标与实验处理之间是否存在因果关系。第三，被试取样随机化。研究者不能主观任意地挑选被试，而应该使在某个范围内的每个人都具有均等的机会成为被试，这就是被试取样随机化。随机取样可以减少实验结果的偶然性和特殊性，增加其可靠性和普遍性。

5．心理测试法

心理学的研究成果表明，通过一些心理测试量表，可以测试出被试有关的心理品质，这种方法被称为心理测试法。这一方法往往用在对旅游业工作人员的心理测试上，用以研究员工的心理品质（能力、人格等方面）与服务行为的关系，对研究旅游管理心理具有积极作用。测量是根据一定的法则用数字对客观事物进行确定，或者说是把数字分配到客观事物上。

在旅游心理学这样的心理学应用领域，使用心理测量法时研究者通常不会花费时间、精力去编制测验量表，而是以拿来主义的态度，使用那些标准化的测验量表来测量旅游者或旅游工作者的心理和行为特征。例如：要了解旅游者的智力，可以使用韦克斯勒（Wechsler）的儿童与成人的智力量表进行测量。要了解旅游者的各项人格因素，可以使用明尼苏达大学的明尼苏达多项人格调查表，也可以采用卡特尔（Cattell）16 项人格因素问卷。除此之外，还有许多其他的人格测验量表可供使用。如果想了解旅游者的价值观，不妨采用莫里斯（Morris）13 种生活方式量表。当然，也可以使用阿尔伯特（Albert）等人的价值研究量表。在心理测量领域，用来测量人的心理现象的量表越来越多，举凡态度、兴趣、偏爱、需要、动机、能力、情绪、记忆、气质、性格等等方面，都有相应的测验量表，有时还往往不止一个。这些测验量表，可以说没有一个不能被旅游心理学研究所用。

心理测量法的优点是：能够对定性变量进行定量处理，使研究结果更加科学、直观、实用；可以进行团体测验，提高研究工作的效率；心理测量的结果既可以描述现象，又可以对现象的发展进行预测。它的缺点是：理论基础不够坚实，如人们还在对什么是人格进行争论，因而那些人格测验量表的效度就令人怀疑；对测量结果进行统计的方法尚不完善，可能存在因为统计处理的问题而导致错误结论的现象；对测量环境和实施测量人员提出了很高要求，在实施测量过程中难以保证满足那些要求；任何量表都有其适用的人群，对其他人群使用时必须进行修订，如果没有修订就使用，测量结果可能不真实、不可靠。

1.3　旅游心理学的研究现状

旅游心理学的研究，自 20 世纪 80 年代早期始，至今已有近 30 年的历史。旅游心理学的学科属性、研究对象等渐趋统一；而在这个趋势之下，又有着一些可喜的变化，如研究内容的不断丰富，应用研究的渐受重视等。通过对中国 20 年旅游心理学的研究成果的总结，以期使未来的旅游心理研究有所参考，少一些重复，多一点创新。

1.3.1　旅游心理学的定义和研究对象

旅游心理学究竟是什么？要回答这个问题，得先弄清楚：心理学是什么？心理学是研究行为和心理历程的科学。而旅游心理学研究的是"旅游"这一社会现象中与人有关的心理过程和行为。由于旅游现象所涉及的人员如此众多，旅游心理学不可能也没有必要一一去研究，这就涉及到了研究对象的选择。这是一个有争议的问题，争议的焦点集中在：要不要把旅游从业人员（包括管理者）纳入旅游心理学的研究范围。以邱扶东、贾静为代表的一派承袭了小爱德华（小爱德华·J.梅奥）等人的观点——旅游心理学只研究旅游者，并认为这样做更有心理学色彩；而以屠如骥、刘纯等为代表的一派则认为，除了旅游者之外，旅游心理学还应当研究旅游从业人员。

近年来，随着旅游业的迅速发展以及旅游研究的深入，又产生了一个新的问题：要不要研究旅游者与旅游业的互动。孙喜林等认为，研究旅游者与旅游从业者的互动是旅游心理学的取向之一。随着电子商务的发展，旅游电子商务心理也进入了旅游心理学的研究范畴。旅游心理学应用研究成果丰富，然而其基础理论研究却十分薄弱。

旅游地居民是否应当纳入旅游心理学的研究范畴，也是一个值得考虑的问题。目的地居民的好客程度是旅游者所关注的一项重要内容。目的地居民对旅游的认知、学习及其行为与心理承载力都是值得关注的话题。而事实上，一些学者已经开始关注旅游地居民，如刘丹青（2000），王洁（2002）等。

谢彦君（2005）从现象学、格式塔心理学的角度出发，通过对旅游现象尤其是旅游行为的分析，构建了一个可以描述旅游行为动力过程的基本理论模型——旅游场，并提出了一系列相关的范畴，从而开辟了旅游体验研究的一些新的领域。

薛群慧（2006）提出了旅游心理学的研究对象为旅游者心理、旅游工作者心理、旅游服务心理、旅游管理心理、旅游地居民心理、旅游活动中的人际关系、旅游资源开发及设施设计中的心理问题七个层面。

邹本涛（2010）指出旅游心理学不应是旅游的心理学研究，而应是关于旅游心理现象及其研究的科学；旅游心理学的研究对象也不应局限于旅游活动中人的心理与行为，而应指向整个旅游心理现象及旅游心理研究；旅游心理学的特点不但体现在研究对象、研究方法上，还体现在研究意义和概念范畴上。逻辑起点选择有误是目前旅游心理学及许多旅游学分支学科定位欠准确、名实不相符、体系无特色的根本原因。

1.3.2　旅游心理学的研究方法

心理学所使用的研究方法主要有：观察法、实验法、调查法、个案研究法等。旅游心理学作为心理学的子学科，其研究方法主要沿用了上述心理学的研究方法，如屠如骥（1986），张树夫（2001），刘纯（2002）等介绍过的方法。值得一提的是，心理描述法（psychographics）探讨人们生活方式的特点——即每天的日常工作、活动、兴趣、看法、价值观念、欲望和对事物的认识（小爱德华等，1987），这些内容与旅游偏好有着密切的联系，对其翔实的研究将有助于旅游市场细分及旅游营销。刘纯（2002）谈到了生活方式与旅游行为的关系。王丽华（2006）基于实证主义分析思路，综合运用地理学、社会学、人类学、心理学等多学科的理论与方法，对城市型旅游地居民感知进行系统深入的探讨，案例区选择南京市，通过抽样调查获取居民旅游影响的感知数据。雷江升（2008）综合运用普通心理学、社会心理学、旅游心理学以及组织行为学等多种分析工具与手段对旅游服务参与者的消费心理与行为进行深入分析，为旅游企业基于顾客心理所开展的服务管理提供了研究路径。不过，国内的研究并未就此问题深入下去。

旅游心理学与普通心理学在研究对象和方法上有所区别。普通心理学在研究中多采用观察法、实验室实验法，而旅游心理学则多采用现场咨询、问卷调查、档案研究。旅游心理学的研究要注意两个原则：客观原则与交往原则。研究旅游心理现象时，尤其须重视交往原则，在人际交往中进行动态的研究。

一些普遍的研究方法也可以用在旅游心理的研究中，如实证分析（陆林，1997）与规范分析、定性分析与定量分析（张卫红，1999）等。此外，要注意不可采用机械唯物主义的方法，孤立、静止、片面地研究，而应采用唯物主义的方法，注意用普遍联系的观点看待所研究的内容之间的相互关系，并采用发展的观点看待旅游心理学的研究对象。

1.3.3 旅游者心理及行为的研究

对旅游者旅游行为的影响因素研究可以从两个方面进行：内因和外因。内因即影响旅游行为的内在心理学因素，主要有：知觉、学习、人格（即个性）、动机和态度。外因即社会影响，主要有：角色和家庭、参照群体、社会阶层、文化和亚文化群（小爱德华等，1987）。中国旅游心理学的研究者对于外因的研究较少，鲜有建树。尤其是"文化和亚文化群"这一范畴，许多旅游心理学的著述较少涉及。有的著述提到了文化、亚文化与旅游行为的关系，可又仅是介绍西方成果而已，并没有研究中国的问题。亚文化的基础可以是种族、语言、年龄、社会阶层以及其他因素（小爱德华等，1987），旅游心理及行为的研究完全可以沿着这些方向深入下去。

旅游动机和旅游者行为的影响因素一直是颇受旅游研究者关注的对象。现代人的旅游动机可分为三种：求补偿、求解脱及求平衡。一定程度的单一性需要（求安、求稳）与一定程度的复杂性需要（求新、求异），追求二者之间的平衡和协同，这是一个发展趋势（王艺，2001）。对旅游动机的研究大多从分类的角度进行，而事实上，还可以依据旅游的精神及文化价值来划分旅游动机的层次。张卫红（1999）按由低到高的顺序将旅游动机分为五个层次：放松层次、刺激层次、关系层次、发展层次及实现层次。并指出，绝大多数旅游者的旅游动机仍处于初级的放松层次。邱扶东（1994）指出，旅游动机具有如下特征：起动性、方向性、强度的持久性、稳定性与可变性。

在一个比较具体的或者说狭义的层面上，可将影响旅游者心理和行为的因素分为两类：稳定性因素（生理状态、国籍、种族、阶层、生活经历、教育、职业、性别、年龄等），以及非稳定性因素（交通、餐饮、风俗等）（周雪晴，2002）。旅游行为既包括个体对旅游目标的趋向行为，也包括对旅游目标的回避行为（薛群慧，2000），后者亦即人们为什么不旅游的问题。旅游心理障碍（朱丽泽，1987）或者说旅游障碍（刘纯，1987）是这个问题的原因之一。国内对回避行为的研究较少，这种研究状况暗含着一个假设：人们在经济、时间及身体等条件允许的情况下都有旅游需求。可是，这明显是不成立的。比如说，一些有成就的企业高级行政管理人员就很少休假出去旅游。人们也可以从其他领域的经历中寻求单一性和复杂性（小爱德华等，1987）。旅游者行为还有两个重要的影响因素：导游（刘纯，1988；蒋冰华，2002）与旅行社（张朝枝等，2002）。

旅游者挫折感的产生，直接来源于旅游过程中未能满足的需要或者旅游过程中的一些其他因素。求尊重、求宣泄、求补偿是投诉宾客普遍的心理需求（李灿佳，1986；李祝舜，2002）。投诉的原因很多，根据具体的原因可将投诉心理分为若干类型，对其中每一类型都可进行进一步的研究。刘爱琳（2000）便对旅游购物投诉的原因和心理进行了研究，将旅游购物投诉的原因归结为：主观因素，即服务方面存在的原因。包括缺乏良好的职业道德、服务质量不到位；客观因素，指服务主体之外的造成旅游者投诉的因素。周雪晴（2002）则分析了旅游者不投诉的心理，认为旅游者不投诉的原因包括：不知道投诉的相关程序、认为问题不会得到解决等。

吴必虎、王晓、李咪（2001）运用旅游心理学和行为地理学的原理，采用抽样调查方法，对旅游决策行为中的重要因素——潜在旅游者对旅游安全的感知进行了研究。该研究的问卷容量涉及全国 7 大地区 22 所高校 834 名大学生。根据调查得到的基本数据，运用交叉表分析技术，研究了交通工具、出行形式、家庭所在地、个人经济状况等因素与被调查者旅游安全感知的关系。

王林（2001）研究了旅游决策风险的成因及其对策，对于减轻旅游者的决策风险、提高旅游企业和旅游行政管理部门的经营与管理水平，都有较大的实践意义。

齐亚萍（2001）论旅游的和谐之美旅游是一种高层次的精神消费活动，是追求和实现和谐的一种方式和途径。人们旅游的主要目的是获得精神上的满足，亦即求美的需要，力求从美学视角探讨旅游的美学本质及其审美层次。

孙惠春（2003）对现代人的生活状况和心理特点进行了心理学分析，阐明了旅游对满足人类回归自然这种本性需求的作用。

锁秀，甘巧林（2005）从旅游经济学角度和旅游心理学角度分析广东省旅游购物消费的需求与供给的现状和前景，并针对性地提出了重视产品设计，大打"特色牌"、构建旅游商品流通网络、营造良好购物环境等具体意见。

邓辉（2005）运用心理学和旅游学的有关原理在对目前一些观点进行辨析的基础上，对旅游偏爱进行了新的界定，并对其形成因素进行了系统探讨。提出旅游偏爱本身就是一种态度，是一种强烈而良好的旅游态度。旅游偏爱的形成关键取决于旅游对象对旅游者的吸引力。

邱扶东（2004）在描述性决策理论范式的框架内，充分借鉴旅游决策以往研究的成果，遵循过程追踪技术的程序，使用心理学方法，基于实证研究，探索旅游决策的决策过程、影响因素以及决策者对旅游决策质量的自我评价等问题，并进行归纳总结。

肖俭伟，邱美玲（2006）用美学和心理学的方法对旅游主体的审美经验进行综合解释，认为旅游是个特殊的笼盖在强烈审美需要中的审美过程，旅游中的审美目的明确、行为自觉，甚至它本身的行为方式也可以被看作是一种行为艺术。

孙晓，赵华兰（2010）从心理学的角度出发，运用心理学的理论和方法，通过分析旅游者的感知、"需要-动机-行为模式"、偏好和人格本质等因素，对旅游者的旅游行为进行简要的解析。

　　一些研究者对特殊群体的旅游心理进行了研究，如大学生（霍力等，1997），农村居民（郑群明，2004），云南旅游者（肖俊辉等，2002），长者的旅游心理（李敏，2008），女性旅游心理（于萍，2008），中国入境外国游客旅游行为研究（马耀峰，2008）等，在研究的基础上提出了针对旅游行为的相应对策建议。

1.3.4　旅游服务心理的研究

　　关于旅游服务的研究，较多地集中于酒店服务、旅行社服务（包括导游服务、售后服务等）、交通服务、旅游商品服务等（屠如骥，1986；薛群慧，1996；刘纯，2002）。服务态度、语言、技术、项目、时间及时机等与旅游消费心理和行为有着密切的联系。对旅游服务的研究还可以以时间为变量，从初始阶段、中间阶段和终结阶段三个方面来探讨旅游者心理活动特点及变化，分析制定针对性的服务策略。这就用对立统一的观点很好地研究了旅游者与旅游服务人员这一对矛盾。

　　赵彦辉（1999）从客人心理预期的角度罗列了几种服务类型，并将之归结为两类：功能服务与心理服务。前者是解决客人的实际问题，为其提供各种方便的服务；后者则是在为客人解决一些实际问题的同时，还能让客人在心理上得到满足。他还强调了在功能服务的基础上，心理服务的重要性。

　　赵艳辉（2001）提出旅游行业被称为"情绪型行业"，旅游服务工作的特殊性决定了服务接待人员在工作岗位上必须要保持愉快的情绪状态，营造出良好的情绪氛围。但是，由于他们每天接触人和事的多样性、复杂性，使得员工的情绪常受所处环境的影响，为符合工作需要，旅游服务人员必须学会情绪状态的自我调节。

　　蒋冰华（2002）研究了导游对游客的心理有着重要的影响。员丽霞（2004）认为在处理旅游投诉中，我们希望能做到"合情合理"，既不损害消费者的合法权益，又能维护企业的利益。如果说旅游法学中研究怎样"合理"的话，那么旅游心理学就是探讨怎样"合情"。

　　张红明，周玉杰（2006）从社会心理学中的角色理论视角分析了旅游消费的"体验性"特点，探讨旅游社会心理与营销策略之间的密切关系，在此基础上提出旅游服务的 TEC 营销策略，即过程主题化、人员角色化、环境时空化，对旅游服务业"全面顾客体验"营销进行了解读。

　　杜长淳（2008）认为把导游心理作为一门学问来研究还比较罕见，以至于出现了对导游心理教育与培训的空白点。而界定导游心理学研究对象，对学科的研究与发展具有重要的现实意义。

　　对旅游业的六大要素，可以分别研究对应的消费心理及针对性的服务。如"食"：温平（1995），佟国恩（1998）；"住"：李秋洪（1987）；"购"：屠如骥（1985），吴赣英（1992），刘爱琳（2000），陈秋萍（2001）等。刘纯（2002）在"旅游企业服务心理"部分也研究了旅游者食、住、行、游等方面的心理及应对服务措施。

从心理学的角度来研究"娱"的很少，这在一定程度上反映了"五大要素"的提法对研究者的影响，或者说体现了在社会主义制度下研究者对"娱乐"这个宽泛而在某些时候又显得很敏感的话题的谨慎态度。

1.3.5　旅游管理心理的研究

一些研究者从个体、群体、领导及组织等方面研究了相关心理与行为（屠如骥，1986；甘朝有等，1995；张树夫，2001）；有的对旅游企业管理心理进行了较为全面的研究——除了上述内容外，还涉及到压力、劳动心理、冲突等方面（刘纯，2002）。

员工心理挫折产生的原因大致可归纳为外部原因（自然因素、社会因素及管理因素）与内部原因（个人生理因素及需要冲突的因素）。员工挫折后的对抗行为有理智性的与非理智性的两大类（李灿佳，1986）。娄世娣（2002）认为引起挫折的原因包括：个人能力与工作要求不相适应；个人兴趣、爱好与工作性质相悖；个人需要没有得到满足及社会环境因素、组织因素。应对的措施有：教育员工正确对待挫折；对受挫员工采取宽容态度；改变受挫员工的环境；让受挫者释放不良情绪；满足员工的合理需要。所谓心理防卫，是指用种种方式来处理否定性的情感，进行心理上的自我保护。心理防卫这一概念的理解与应用有助于旅游业的质量提高，在旅游业的运营中要注意旅游者与旅游服务人员的心理防卫（吴正平，1987）。

分析与事故发生有关的心理因素，以求在今后的工作中最大限度地降低事故发生率，在旅游业的实践中有着重要意义。季少康（1994）研究了船舶恶性事故中服务人员的心理因素。

有的旅游者喜欢在旅游胜地乱涂乱划，这问题一度使管理者大伤脑筋。李秋洪（1984）指出，利用旅游者希望把自己与旅游地联系起来，获得别人承认与尊重这一愿望，可以推动他们为旅游地做点有益的事。实施的策略有"带走"与"留下"两种。笔者认为，诸如此类在心理学背景下得出的并在实践中得到检验的策略，与那些仅从旅游伦理角度的号召（如"留下的只有脚印，带走的只有照片"）相比，其效用之差别自是不言而喻。

1.3.6　旅游心理学的应用研究

1. 旅游资源开发

岳祚莆（1990）指出旅游资源的心理效应、开发旅游资源的心理原则，并指出在设计、开展旅游活动时，应当处理好的一些关系：趣味性与知识性、奇异性与熟悉性、稳定性与变化性、观览性与参与性、实用性与象征性等。

缪家福结合旅游审美心理，指出了旅游资源开发规划中值得注意的两个问题：

一、考虑到中国"万物静观"的传统欣赏习惯与西方人及中国青少年喜动不喜静的性格不协调，为满足他们好动、求新奇、求刺激的心理，可应用现代科技手段，加强旅游景观声情并茂的立体审美效果（对于博物馆来说，尤其如此。笔者注）；二、考虑到不同文化背景及不同文化层次的旅游者的欣赏习惯及旅游心理，应开发一些无人工痕迹的、纯美的自然风光旅游区。

管宁生（1998）对旅游者游览园林的心理进行了探析，指出不同的园林游览者具有不同的游览心理。因此，在园林开发时应有针对性地设计一些景观及活动。

唐继刚，张树夫，谌莉（2001）风景旅游资源评价工作心理学分析及其调控从心理学角度分析了旅游资源评价工作中的干扰因素，即评价人员的知识经验、工作态度、心理因素的相互作用因素，提出了调控的措施，以保证最终评价结果的准确。

唐烈琼（2005）对永州旅游业发展进行了心理学审视，认为永州旅游业有着使人产生神秘感、愉悦感和成就感的心理优势，也存在着旅游形象与认知、旅游品牌与动机、旅游环境与情感、旅游资源与需要之间的心理位差，通过提高知名度、美誉度、参与度和协同性，促使好奇感、成就感、共鸣感和充实感的形成，促进永州旅游业快速发展。

薛丽华（2006）从审美心理学的对立原则探讨乡村旅游建设中餐饮应反映地方文化、住宿应符合本地建筑风格、旅游商品的开发应立足本地特色等方面的设计问题，以贵阳市乡村旅游为例，从审美心理学的对立原则提出乡村旅游服务设施建设对策。

韩用顺（2006）在分析旅游地图符号的表现形式及存在问题的基础上，探讨了实验心理学在旅游地图符号设计中的应用，并通过混淆性辨别调查实验研究，分析了视觉和心理因素对旅游地图符号设计的影响，对改进旅游地图符号设计、提高地图表现力进行了一些理论探讨和实践尝试。

薛群慧（2008）从旅游心理学的感知觉、情绪情感等理论角度，阐述民族村寨体验产品设计的心理学依据，在理论层面上探索体验式旅游产品设计的要素、方法和心理学理论在体验型旅游产品设计中的应用，最后提出民族村寨旅游体验产品设计的范式。

董亮（2008）从心理学的角度分析旅游审美知觉体验，认为旅游审美认识论是一种重要方法。在旅游审美心理层面的知觉过程中包含着诸多格式塔要素。通过对这些格式塔要素相关特性的分析，旅游规划工作者可以在规划过程中更好地处理局部与整体、节奏与景点、个别感官与综合感官等多项关系，从而帮助旅游者达到旅游审美体验的最佳效果。旅游审美中的格式塔原理及其在规划中的应用。

2. 旅游宣传促销

旅游宣传过程中应用如下心理策略：知觉策略、模仿与暗示策略、情感与理性策略。利用知觉对象的组合原理（如接近律、闭锁律等），可以增强旅游宣传广告的效用。同时，旅游宣传广告要重视影响旅游知觉的主观因素（兴趣、需要、动机、情绪、期望、个性等旅游者个人的心理因素）与客观因素（旅游宣传和广告信息本身的各种特征，如颜色、声音、形状、对象与背景的关系）（薛群慧，2000）。

赵路等（2002）对上述心理策略中的暗示策略进行了深入的研究。暗示的渠道有：视觉暗示、听觉暗示、触觉暗示等。旅游宣传中，直接劝说的方式辅之以不同的心理暗示方式（如直接暗示、间接暗示和反暗示），会起到相得益彰的效果。

个人的心理行为总受到社会心理的影响。通过某些社会心理途径，如群体内的交往沟通、权威暗示、中立舆论及时尚风气等，有助于激发人们的旅游动机（李秋洪，1985）。

旅游宣传在方式、内容、形式及规模等方面要顺应旅游心理的一般规律。在具体的操作过程中要注意两点：其一，激发旅游者和潜在旅游者的旅游动机；其二，消除旅游者和潜在旅游者的心理顾虑（魏星，1990）。

詹皖生（2003）从营销心理学的角度看桂林城市经营的得与失，经营城市是当前城市建设的一个热点话题，试图从营销心理学的角度对桂林城市经营的成功与不足发表一些自己的看法。

马梅（2004）在格式塔——旅游地形象宣传口号的原型分析一文中，立足于心理学原型与格式塔的结构法则，从旅游形象宣传口号内在的意义和手法的综合运用中深掘出其心理知觉模式，分析它如何与旅游者心理需求模式的拟合中引导旅游者的认知过程，从而唤起旅游动机。通过对知觉原型和手法原型的分析，强调了原型与动机的双向互动，提炼出最基本的四类原型组合，使纷繁的旅游口号有了内在规律性的溯源。

王屏（2004）以亚龙湾为例，解构其景观审美的要素，并试图从审美心理学的角度，分析审美要素如何加以配置更为科学化。

张春丽，陶玉国（2004）认为在旅游活动整个过程中，旅游者自身的环境心理烙印自始至终对其整个旅游过程有着深刻影响，但这一点往往被人们所忽视。在深入分析了旅游者环境心理烙印的研究价值、表现特征及其对整个旅游活动影响的基础上，进一步提出其在旅游规划、旅游营销以及旅游服务过程中的科学应用策略，以期对旅游业今后的发展提供参考。

谢春山，张岚（2008）认知心理的旅游地品牌培育对策。旅游者获得信息、萌生游意、作出决策，直至获得游后体验的过程，实际上就是在心理上对旅游地形成认知、产生联想、心生赞誉，最终建立品牌忠诚的过程。基于这一心理认知机制，旅游地品牌的培育必须增强信息刺激，扩大旅游地品牌的知名度；创设情境空间，拓展旅游地品牌的联想度；强化品质观念，提高旅游地品牌的美誉度；做好价值营销，增强旅游地品牌的忠诚度。

1.3.7 旅游心理学研究新动向

八城薰, 小口孝司, 王艳平, 孙丽平 (2005) 将个人性初始风景定义为人们未成年时期曾生活的、并受到很大影响的居住地景象, 进而探讨了"个人性初始风景"以及两个心理学尺度对个人旅游地选择偏好的内心影响作用。并选择了 98 位日本女子大学生作为调查对象, 使其回答有关个人性初始风景与旅游地选择偏好的问题, 并对她们进行了两个心理学尺度 (自我监测与刺激欲求) 的测度。结果表明, 个人性初始风景中较少含有农村性风景成分的调查对象, 则具有"逃逸"倾向, 多选择娱乐性旅游地作为出行目的地。另一方面, 个人性初始风景中, 含有较高的农村风景成分, 则趋向于选择冒险性旅游地。另外, 具有很高自我监测能力的人们多选择自然或自然性的旅游地。

韩毅 (2008) 提出心理旅游是结合心理学与旅游学两大学科特点而产生的一个新鲜事物, 它是一项新兴的旅游产品, 突破旧的旅游产品单一的缺陷, 增添了另一个导游——心理医生, 它是一门新兴学科, 不仅涵盖了旅游专业的所有内容, 而且又添加了心理学领域的若干即时成果和新鲜知识。从心理旅游的产生过程、心理学与旅游学的磨合等方面, 指出这种与传统旅游有本质区别的心理旅游已被看好。

张亚卿等 (2008) 通过分析心理旅游的发展历程、概念理解和特点认识, 根据旅游者的不同心理特征进行市场细分研究。

薛群慧、包亚芳 (2010) 针对国内外森林生理保健的研究较为成熟, 却很大程度忽视了森林环境对人类心理的积极影响作用的现状, 采用多学科交叉的研究方法, 提出心理疏导型森林休闲旅游产品创意构架。

近 30 年来的研究构建并逐步完善了旅游心理学的知识体系; 而另一方面, 时代在发展, 社会心理在变化, 旅游心理学的研究也应不断深入、拓宽, 还要注意加强应用领域的研究。旅游心理学的学科属性就决定了这一点。

同时, 旅游心理学的研究要注意的两点是: ①要注重实证研究。因为, 心理学的理论基础是心理实验及定量研究; ②要适时关注国外的进展, 而不可闭门造车。

旅游心理学的研究方法与旅游学的其他学科有所不同, 尤其是有着很强的现实意义且不可或缺的问卷调查, 需要耗费大量的人力、物力及财力。因此, 有的旅游研究者避开了旅游心理的研究, 有的研究了旅游心理, 却避开了实证研究。问题的解决在很大程度上依然取决于研究者的共同努力。

1.4 旅游心理学的研究意义

旅游心理学从产生到现在不过 20 多年的历史, 但它已扮演着为旅游企业提高旅游服务质量、设计新的旅游产品、旅游资源开发与规划、市场营销等提供心理依据和理论决策的重要角色。

1. 研究旅游心理学有助于旅游业提供满足旅游者需求的旅游产品

同大多数产业的产品相比，旅游产品具有几个明显不同的特性。即无形性、生产与消费的同时性、不可储存性、季节性、雷同性、独特性和互补性。此外我们认为它还具有心理性，因为它的产品更多的是满足旅游者的心理需求。

（1）研究旅游心理学有助于旅游业提供满足旅游者现实需求和潜在需求的旅游产品

旅游者的需求往往分为现实需求和潜在需求，现实需求是旅游者能意识到的现实的旅游需求。如根据现代旅游者返璞归真的旅游需求，旅游企业大力开发的乡村旅游、生态旅游、民族风情旅游，这些符合旅游者心理需求的产品必然会有市场，受到旅游者的青睐。但这一切还远远不够，旅游企业只能把握当前的旅游市场需求。而把握住了潜在的旅游需求，就能把握住人们未来的需求，甚至可以引导人们的旅游需求。

旅游心理学会给旅游业提供把握旅游需求的理论依据，会给旅游企业打开旅游创新的思路。

（2）研究旅游心理学有助于为旅游者提供丰富多彩的旅游体验

旅游企业为旅游者提供的产品不是一张飞机票，不是一顿美味佳肴，不是一间舒适的客房，也不是一张游览、观光旅游景区景点的门票。旅游的终极产品是一次体验、一种经历、一种印象、一次享受……旅游业从诞生的那一时刻起就注定了与心理学结盟。旅游产品的核心在于体验。

现代旅游者在旅游活动中，绝大多数情况下获得的旅游收获与旅游享受是一种无形的体验。这是因为：第一，旅游产品的特征决定了旅游者只能获得体验。旅游产品具有以下几种特征：在时间上不能储存、在空间上不能转移、所有权不能转让、生产与消费同步进行、使用价值是满足旅游者审美与愉悦的需要等。因而使旅游者根本无法获得有形的实物，或把旅游产品从生产和消费的现场带走；第二，当代旅游消费文化的特征使旅游者宁愿获得体验。在日常生活和旅游活动中，现代旅游者不断地以虚拟、仿真的方式构建世界，消解了现实世界与表象之间的差别。真实的实在转化为各种影像，时间碎化成了一系列永恒的当下片段。这就使旅游者难以领会现实世界的完整意义，促使他们更加热情地投身于那些具有直接性、强烈感受性、超负荷感觉的感官体验和情感体验之中，以把握每一个时间片段。体验是使每个人以个性化的方式参与其中的事件，是当一个人达到情绪、体力、智力甚至是精神的某一特定水平时，他意识中产生的难忘的感觉。旅游体验是现代旅游者的终极目标。

旅游产品的设计必须对旅游体验给予更多的关注，使之能够满足旅游者的需要、需求与期望。能增强和支持旅游产品的感观刺激容易使旅游者对旅游项目留下深刻的印象而强化旅游者的旅游体验。平淡无奇的事物很难引起人们的关注，旅游产品应充分调动人们的五官，有效刺激旅游者的味觉、嗅觉、视觉、听觉、触觉中的一种或几种，使人们的体验更加深刻，难以忘记。

旅游心理学能为旅游体验提供理论依据。旅游体验项目可以从旅游者知觉、旅游动机、旅游态度、旅游者人格、旅游学习、旅游活动中的情绪情感、旅游活动中的人际关系的理论和知识中获得理论上的指导和启迪。

2. 研究旅游心理学有助于旅游业提高旅游服务质量

旅游服务心理要研究的是以旅游者为研究对象，在旅游业的主要工作范围内，如何从旅游者的心理和行为特点出发，提供符合旅游者心愿的最佳服务。研究旅游业的工作或服务对象是做好服务工作的前提；旅游业的宗旨是"顾客至上，宾至如归"。

旅游服务人员首先要对服务对象有深刻的认识，并在工作实践中不断去发现和了解旅游者的心理需求，去迎合和满足旅游者的心理，才能保证应有的服务质量。旅游企业对旅游者的服务不是抽象的，而是通过导游、前厅、客房、餐厅、交通、商场等具体环节实现的。提供优质服务是旅游业的宗旨。因此，必须研究旅游者在游览过程中，在前厅、客房、餐厅、商场等场所的心理特点以及我们应采取的相应的心理服务措施。旅游服务心理通过分析存在于旅游业服务过程中旅游者的心理因素，旨在揭示并遵循旅游者的心理和行为规律，采取相应的积极的服务措施，从而不断改进和提高质量。旅游心理学为有针对性的旅游服务提供了理论基础。

其次，旅游业服务本体的"顾客第一"向"员工第一"转化。在旅游管理实践中，管理者逐渐认识到了，"快乐的员工是具有生产效率的员工"，员工心存不满，怒气冲冲，是不可能为旅游者提供尽善尽美服务的。旅游工作者能否积极主动、创造性地为顾客服务，也是能否提高旅游服务质量的关键。因此，要使旅游者得到最佳服务，关键在于拥有一支高水准、高素质的员工队伍。这就需要管理者将员工的利益放在首位，关爱下属、尊重下属。只有对员工的思想、感受和需要深入地了解，才能使员工获得提供优质服务所不可缺少的精神力量。旅游心理学正是从旅游管理心理、员工心理的角度，研究如何调动员工工作的积极性、如何引导员工培养良好的心态。克服挫折感、与旅游者建立良好的关系等，使旅游管理工作更加科学化、人性化。同时，还可为旅游企业员工培训提供理论原则与方法。

3. 研究旅游心理学有助于旅游企业增强市场竞争力

随着经济的发展和收入水平的提高，一方面，旅游者的旅游需求日趋复杂多样，不仅要求旅游产品的丰富化、多样性、高质量，而且希望享受周到完善的服务；不仅要满足生理的、物质生活的需要，而且希望得到心理的、精神文化生活等多方面的满足。另一方面，随着旅游市场迅速发展，所有的旅游企业都无一例外地被卷入旅游市场竞争的激流之中。而旅游市场需求状况的变化和多数买方市场的形成，使旅游企业间竞争的焦点集中到争夺旅游者上。谁的旅游产品和服务能够赢得更多的旅游者，谁就能在竞争中处于优势地位，就能获得较大的市场份额；反之，失去旅游者，就会丧失竞争力，进而危及企业的生存。因此，旅游企业为在激烈的竞争中求得生存发展，必须千方百计开拓市场，借助各种营销手段争取旅游者，满足其多样化的旅游需要，不断巩固和扩大市场占有率。

旅游市场营销是企业通过市场媒介向旅游者提供旅游产品和服务，在满足旅游者需要的基础上获取最大经济效益的经营活动。其实质是将各种营销手段或诱因作用于旅游者，以引起其心理反应，激发购买欲望，促进购买行为的实现。旅游企业要使营销活动取得最佳效果，必须加强旅游者心理与行为的研究，了解和掌握旅游者心理与行为活动的特点及其规律，以便为制定营销战略和策略组合提供准确依据。例如，在开发新产品时，可以根据目标市场的旅游者群的心理欲求和消费偏好设计产品的功能、款式、使用方式和期限等，针对旅游者对产品需求的心理周期及时改进或淘汰旧产品，推出新产品；在广告宣传方面，可以根据旅游者在知觉、注意、记忆、学习等方面的心理活动规律，选择适宜的广告媒体和传播方式，提高商品信息的传递与接收效果。

实践证明，只有加强对旅游者心理与行为的研究，根据旅游者心理活动的特点与规律制定和调整营销策略，企业才能不断满足旅游者的旅游需要，在瞬息万变的市场环境中应付自如，具备较强的应变能力和竞争能力。

4. 研究旅游心理学有助于旅游资源的开发规划与管理

旅游资源的开发和规划应该以满足旅游者需求为导向，为旅游者创造独特的经历和体验。其开发原则为：差异性、参与性、真实性、挑战性四个方面。

差异性要求景区在设计项目时应力求独特，人无我有，人有我优，人优我特，时刻保持项目与众不同的个性，并通过创新不断为旅游者提供新鲜的旅游感受，满足人性化需求。景区可通过多种途径、方式实现项目的差异化，但主要的方法不外乎三类：一是率先进入某一产品市场，即以市场先行者的身份出现，推出新产品、项目，这样的产品具有唯一性，非其他景区所有，能最大限度的满足旅游者的个性和需求；二是推出的项目或产品难以复制，或有很高的进入壁垒，如技术要求、企业文化、政策限制等，使其他潜在进入者无法进入，从而可以保持项目的唯一性；三是对旅游项目或产品不断更新，常变常新，不断为旅游者带来耳目一新的感觉。第二类方法较难实现，其他两类则是一些景区保持独有特色的法宝。

　　参与性是指旅游者主要通过两种途径参与旅游活动,即精神参与和身体参与。旅游者的精神参与是指旅游者通过各种途径获取旅游吸引物的信息,增强旅游者对旅游吸引物的感知和理解,从而在旅游活动中得到更丰富的知识、美感和情感交流。旅游者在游览中,借助于已有的知识和新了解的信息将自己的注意力集中于眼前正在进行的活动中,清除脑中杂念,暂时忘却日常琐事,运用感觉、知觉、思维和想象使自己沉迷于眼前的景物或活动中,从而获得舒畅的感觉。这种精神参与要求旅游者事先具备关于景区或景点的相关背景知识,在景区或景点又能获得新的他以前不了解的、有助于丰富其旅游体验的信息,旅游者才能真正深入的进入角色,获得深刻的旅游体验。如果旅游者事先不了解任何关于景物的知识,则要求景区更加周到、细致的向旅游者传递,如对于古建筑、博物馆类旅游吸引物的游览,如果不了解它们的历史、用途、特色、价值,仅仅是走看一遍,旅游者很难体味这些旅游吸引物的真正价值,得不到应有的旅游体验,如某旅游者产生某名胜不过如此的想法时,不仅降低了旅游者的旅游质量和旅游体验,还使整个旅游经历失去了激情和值得回忆的东西。旅游吸引物也因信息不对称而降低了其在旅游者心中的地位或形象。因此,旅游景区应完善旅游讲解系统,并根据客源情况采用多语种或单语种讲时,还应根据旅游者层次的不同,设计不同层次的讲解系统,如针对专业考察和一般的旅游者、国外旅游者和国内旅游者,讲解内容及深度应不同。

　　吉隆坡电视塔为每个入内参观的旅游者发放充当自动解说员的耳机,旅游者在该解说系统的指导下按顺序参观,使旅游者对电视塔的功能、特点以及周围景色的认知更加深刻,增强了旅游者的精神参与。同时,该电视塔还通过监控的方法记录旅游者在每个地点停留的时间,并根据全部旅游者停留时间的长短调整讲解内容,丰富旅游者的旅游体验。

　　旅游者的身体参与是指旅游者参与到景区组织的旅游活动中,用自身行为获取所需信息,体验旅游活动的真谛。身体参与容易调动旅游者的各种感觉器官,从而对活动的感受更加丰富,印象也更加深刻。

　　真实性是指旅游资源的开发和规划应有助于增强旅游者的真实感,应用感知觉等旅游心理学的相关理论与原则,为旅游者创造真实的氛围。

　　挑战性是指旅游资源的开发和规划要关注旅游者不断地挑战自我、最大限度地发挥自己的潜能的项目的设计。

　　不断增加的工作压力、不断缩小的生活空间、不断增多的刺激、不断变快的生活节奏使现代人的原有感觉渐趋麻木,他们需要更加强烈的刺激来激发休眠的感觉细胞,通过不断挑战自我以最大限度的发挥自己的潜能,追求在超越心理障碍时的成就感和舒畅的感觉。这也是近几年极限运动不断升温的原因。极限运动多在野外进行,旅游者在自然的环境中体味天人合一的感觉,在不断挑战自我、不断突破生理极限中感受自我突破、自我实现的快乐。蹦极、漂流、滑翔等极限活动使旅游者在惊险中体味由恐惧而舒畅，感觉灵魂出窍、心灵飞翔的极度舒畅和挑战成功后的极度自豪感。

旅游心理学正是以满足旅游者的心理为研究目的，所以它能为旅游规划与开发原则——差异性、参与性、真实性、挑战性提供理论依据。

5. 研究旅游心理学有助于构建旅游者、旅游地居民、旅游开发商和当地政府的和谐关系

在旅游项目的开发过程中，常常会涉及旅游者、旅游地居民、旅游开发商和当地政府之间各自的利益，因而他们之间的矛盾冲突在所难免。因为：第一，旅游目的地的环境质量非常脆弱，随着到访者的增加，一些目的地就会出现超载现象，导致环境质量恶化。只有有效地规划与管理才能拯救这类目的地。说到底，旅游的实质就是旅游者被景观独特但环境十分脆弱的地区所吸引，因此目的地需要有效的保护。只有当旅游发展的指标由单纯的抵达人数转变为高质量的旅游体验时，这种状况才会得到改变。"低流量、高质量、高附加值"的旅游才是未来旅游目的地的发展哲学；第二，旅游目的地通常是由旅游者和其他使用者共同占用的。例如，海岸线一带既有旅游利用，又有渔业、林业的使用，所以这就需要旅游规划对此加以有效的协调，针对其间的冲突提出解决的办法；第三，旅游目的地具有文化属性。当然，这种社会赋予的价值是随时变化着的。在旅游者涌入目的地的市场推动作用下，地方政府或投资商加大了在目的地的旅游设施和接待业的投入，以满足旅游者的消费要求，并通过旅游业获得利益。随着目的地设施及服务的接待能力的提高，有可能接纳更多的旅游者，这时需要对外界目标市场进行目的地营销活动，以赢得更多的旅游者前来访问。在旅游业经济利益机制驱动下，投资商和政府进一步投资于基础设施、旅游设施和接待服务业。较长时间的旅游业的熏陶和推动，使目的地的社会结构、经济格局、景观环境乃至文化品质都发生了一系列变化，一部分旅游度假者甚至迁移进入旅游开发区，原有居民的性质也有了一定程度的改变，形成所谓新居民。过度的社会文化和环境改变，削弱了目的地对外界的吸引力，可能导致目的地造访人数的下降，目的地出现衰退迹象。

在这一过程中，旅游地居民的心理会发生很大的变化，从开始积极支持旅游开发，热情地欢迎旅游者的到来，到后来的反对旅游开发，形成对旅游者的敌对心理。旅游心理学应对这一心理发展历程关注、研究，找出其发生、发展、变化的规律。为政府制定旅游政策、旅游开发商决策、旅游地构建和谐稳定的社会秩序等提供理论依据。

本 章 回 顾

关键术语

1．访问法（interview）
2．旅游者（tourist）
3．个案研究（case study）
4．旅游业（tourism industry）
5．测量法（test）
6．旅游心理学（The Psychology of Leisure Travel）
7．旅游工作者（tourist professional）
8．旅游产品（tourism product）
9．实证主义（positivism）
10．现代主义（modernism）
11．阐释主义（interpretivism）
12．经验主义 （experientialism）
13．观察法（observation method）
14．调查法（survey method）
15．实验法（experimental method）

小结

从心理学漫长的发展历史和旅游业的产生出发，本章探索了两者结合的必然：许多旅游管理人员和服务人员从实践中注意到了心理因素在旅游服务中的作用，开始探索针对旅游者心理搞好服务工作的措施，从而积累了大量的经验素材，只是缺乏系统的理论论证和深化。每一门新的学科都是适应客观的需要而出现的。随着旅游业的发展，心理学家、不少其他领域的学者逐渐开始从不同的角度来研究旅游心理。同时，旅游业本身的发展也迫切要求系统地、深入地研究旅游活动中各种复杂的心理现象，为发展旅游业、提高旅游服务质量和效率、培养优秀的旅游从业人员提供心理学依据。20 世纪 70 年代末至 30 年代初，就陆续有相关的论文、著作发表。在这种背景下，旅游心理学应运而生了。

旅游心理学作为心理学的一门分支学科，它是以研究旅游活动中人们（包括旅游者、旅游工作者、旅游地居民）的心理活动和旅游条件中的各种心理现象及其规律为主的科学。旅游心理学的研究对象为：旅游者心理、旅游工作者心理、旅游服务心理、旅游活动的人际关系、旅游地居民心理、旅游资源开发规划以及旅游设施安排心理。

旅游心理学的研究方法分为旅游心理学方法论、旅游心理学的具体研究方法。实证主义、阐释主义和行为主义为旅游心理学方法研究方法的出发点；观察法、调查法、实验法、个案研究、测量法为旅游心理学的主要研究方法。

研究旅游心理学的意义：有助于旅游业提供满足旅游者心理需求的旅游产品。如有助于旅游业提供满足旅游者的现实需求和潜在需求的旅游产品，有助于为旅游者提供丰富多彩的旅游体验；研究旅游心理学有助于旅游业提高旅游服务质量；研究旅游心理学有助于旅游企业增强市场竞争力；研究旅游心理学有助于旅游资源的开发规划与管理；研究旅游心理学有助于构建旅游者、旅游地居民、旅游开发商和当地政府的和谐关系。

案 例 分 析

日本帝国酒店客房考察实录

正巧是中国第一个赴日旅游团到达东京的当天，我应日本亚太研究中心邀请，在日本福冈进行中日旅游交流的专题讲座。翌日，我飞赴东京，下榻帝国酒店。

日本的住宿业分为西式酒店和日式旅馆两大类。帝国酒店是日本西式酒店中历史最悠久、也是档次最高的，我通过日本JTB订的折扣房，房价仍高达350美元。在入住登记时看了门市价——395美元，令人咋舌。日本类似我国的三、四星酒店，房价大多也在120～200美元上下。1999年东京的平均房价高达183美元，高居亚洲榜首。

帝国饭店首先有其品牌的无形身价。110年的历史，且是天皇及皇室举办正规活动的场所，凭这两项"资本"，足以傲视群雄。就像纽约的华尔道夫饭店、上海的和平饭店、伦敦的萨伏伊饭店一样，都是"古董文物型"的饭店——政治、历史和文化的积淀都使这些饭店身价百倍。

帝国饭店自有它的气派，宽敞、高大和典雅非一般饭店所能企及。包括大堂吧在内的整个大堂面积达2000平方米，巨大的各式吊灯和艺术品缀饰着饭店各个空间和立面，多功能厅、餐厅、会议室等公共设施外的走道宽达10米，容得下两辆集装箱卡车并排行驶。

电梯口，两位礼仪小姐黑礼帽、红裙服、白手套，鞠躬伸手请我进电梯。楼层有服务台，是一张特别设计的大办公桌，可同时坐两个服务人员，这样在忙时，不会耽搁客人的时间。

桌上放着从《纽约时报》到《朝日新闻》近10种全世界的英文报刊，客人可免费随意选取，若到行政楼层则陈列报刊更多。走出电梯，一位身着粉红色和服的服务员带着甜甜的微笑向我致意。我从服务员那里得知，对使用不同语言的客人，是送不同文字的报纸的，由于我预订时言明是英语，因此，进店以后对我的一切服务均采用英语。此后，我每天下午还会收到一份由饭店自己打印的"New York Times Fax"（16开，10页左右），即酒店将当ヨ《纽约时报》上重要消息进行快速摘编后送到客房里。从车抵酒店直到楼层，是一个细致、高效率、准确到位和充满温馨的服务流程，还没进房，就留下了良好的第一印象。

当行李员开了门锁后，我一跨进房间，视觉的落差把我的"好印象"一扫殆尽。这么小的房间，卖400美元？我拿出尺子，跪在地下，丈量着面积。客房不含卫生间的面积20平方米，卫生间5.6平方米，总共才25.6平方米。这未免太离谱了！拿出计算器算一下，每平方米16美元（相当于130元人民币）。都说东京地价和房价是世界之冠，这次总算亲身领教了。

为了对得起这昂贵的400美元，我开始对客房进行仔细的考察，这里撷其粹要而述之。

1）打开电视机，屏幕上马上显示出专门对我的英文欢迎词："悉知王大悟先生阁下下榻帝国酒店，这是我们的荣幸，祝您在帝国酒店过得舒适愉快。我们愿竭诚提供一切您所需要的服务。"这种一对一的定制化欢迎，使客人倍感自尊和亲切。我国个别高档酒店也开始有使用电视欢迎词的，但大多放在"付费电视"（PAYTV）键下展示，这就冲淡了情感而显得商业味太重。

2）上洗手间，一坐上恭桶，发出轻轻的漏水声。"帝国"的马桶还漏水？30秒后水声自动停止。后来才知道，这是一种考虑到女性特点而专门的设计，避免女性坐厕发出声响的尴尬和羞涩。用恭桶发声加以淹盖，可谓"用心良苦"。

3）洗厕盆与恭桶合一，全自动，解完手后即可冲洗下身，很方便。

4）卫生间镜前安装4个有球型灯罩的白炽灯，把镜面照得十分明亮，而亮度又是可调节的，客人可根据自己的喜好确定合适的光线。

5）洗浴设备有淋浴、横向按摩喷头和盆浴。水龙头可调温，最高温度设定在摄氏45度。

对人体皮肤来说，45度的水已很热，用于洗澡已足够，55度以上反而会造成烫伤。对酒店来说，也节约了能源和水资源。

6）电视的功能很多，除了国内和全球20个电视台外，还有6个文字台、5个收费台和1个个人信息台。其中6种文字台分别介绍交通气象、市内导游、股市行情、文字新闻，以及店内各项设施与餐饮的有形展示等。在介绍交通时详尽地把东京的火车、新干线和航班时间一一列出。在介绍市内导游时，把酒店周围、市内和东京附近和全国的旅游景点都作了有详有略的介绍。而对重要的细节则介绍得十分具体。譬如对如何乘地铁，放映出详细拍摄的示意图，并用镜头跟踪指明从帝国酒店出门该朝哪个方向走到地铁入口处的位置。在介绍店内设施时，从宾客托儿所的一项项设施、玩具、保姆，到专为会议客人的复印、打印、电脑、电话，以及提供因特网使用的会议工作站（work station）等一系列的全面服务。

所有展示资料中的营业场所都明确告知位置、营业时间和联系电话。值得推崇的是，凡有客人来访或来电的留言也都会在电视屏幕上提示并全文显现。这比电话机上的红灯显示和便条送递客房更清晰方便。

7）空调调温控制分为 5 档，温差范围大而划分区间小。这样更能满足不同客人对客房温度的要求。我试着开到最低档，冷得簌簌发抖，足见动力之大。

8）被子的铺床形式均从宾客方便舒适出发。在帝国酒店，仍用床罩，被子是羽绒的，上面为白色缎面，下隔一层被单，被单只包脚后跟，两边松开，客人掀起就能睡。笔者在日本居住其他高档酒店时，床罩与被子已合一，床罩里装的就是可以拆卸的羽绒被，被子下隔铺着一条白床单，以保证客人卫生。不管哪种做法，传统的西式铺床在全球饭店业中已被逐渐淘汰。实际上，近年来我国饭店的经营管理者们也在呼吁对西式铺床的改革，因此，相应我国的星级标准需跟上这一趋势。

9）说起卫生间的一个皂碟，很感慨。我们皂碟都是一个瓷碟，一是滑了易打碎，二是碟底积水而使肥皂变得烂糊糊的。而"帝国"用的是一个塑料皂架，正面两圈刺，外圈高、内圈低，肥皂架空搁置于内圈，底板上有十几个小孔，反面有三个支脚，使底板腾空，积水就能从底板的孔中流下。如此太不起眼的客房小用品，毫无高新技术可言，这种塑料模具，就是我们的乡镇企业做起来也是易如反掌。我们缺乏的就是这种创意，这种不断追求宾客高度满意的细腻的心。

10）壁橱衣柜不安装灯。从"家"的概念来思考，谁家的柜子里装灯？况且现在酒店客房衣柜内安装的是白炽灯，热量高，既不安全，也有损衣装。帝国的设计很科学合理：衣柜内不装灯，一个侧向的射灯安在外面天花顶上，柜门开启大于 15 度时，灯自动跳亮，光线正对衣柜。在国外更多的高档酒店里，衣柜内已大多不装置灯。这又是我们酒店及其标准要留意的一个项目。

东京的房价很贵，但就我而言，对日本最高档次的酒店作了一次详尽的调查，总还是值得的！

（资料来源：王大悟. 饭店世界[N]. 2001.1：47、48）

在我国各地的酒店建设项目中，客房的长方形模式很早就被建筑设计部门固定在建筑设计中了。简单易行的、无风险也无创意的常见模式一次又一次被克隆。直到今天，依然继续着。被建筑设计锁定的客房格局使客房空间缺少变化，也使室内设计的发挥受到局限，最终使投资人打造"特色酒店"的初衷在客房中难以体现。"先天不足"，由此开始。

客人对自己入住的酒店会有一种"期待"，这种期待对于客房更表现得十分具体和敏感。经常有人在推开自己要住的客房门的一刹那，会产生短时间的兴奋，这是"心理期待"的作用。如果进得房来，看见似曾相识平庸无奇的一堆东西，他们会立刻大失所望；而发现房间内很多颜色、形式、陈设品、家具都是未曾见过的，新奇的，而且很美，很高雅，他们会感到一种极大的满足和愉悦。住酒店的人，无论度假还是公差，还是商务旅行，都渴望"经历"。尽管这种渴望常常只是潜意识的。"经历"，通过室内环境和客房内每一个物品注入到客人的印象里和体验中：一个意想不到简洁而实用的电视柜，一个奇特的玻璃球制的照明开关，一组精美松软的大枕头，一个嵌在床头的、用树脂成型的逼真的小鸟雕塑，一个坐在座便器上还可以看到卧室里电视节目而且还能就近拿到遥控器的"隔而不闭"的卫生间，一把极富现代感的椅子，一个方便精巧的小书架……只要是客人没有见过的，就会变成他的"经历"。客人有了这种经历，就会为酒店树起口碑。

让客人感到新奇的，如比较遥远的，富于异国情调的或是某种悠久文化历史的创意，以及那些细微的，使用新材料、新工艺、新技术成果的设计，无论是空间方面、色彩方面，还是家具、陈设品、照明、五金制品等方面，只要想到了，并这么去做了，客房就不会再是陈旧的、使客人失望的地方。客房的魅力和价值就会极大显示出来。

问题讨论

1. 从旅游心理学的角度，分析东京帝国酒店设施与旅游者的需求关系。
2. 东京帝国酒店与国内酒店存在哪些差距？

思考与练习

思考题

1. 简述心理现象。
2. 试述旅游心理学的产生及其研究对象。
3. 什么是旅游心理学？
4. 旅游心理学的研究对象是什么？
5. 论现代旅游心理学的研究方法。
6. 研究旅游心理学的意义是什么？

实训练习题

1. 请设计一份旅游者消费心理调查问卷或访问提纲（主题自定），并对身边的同学、朋友进行一次调查。
2. 到当地高星级酒店参观、学习。

第 2 章　旅　游　知　觉

引导案例

神奇的感知觉

美国盲聋女作家、教育家海伦·凯特（Helen Keller）（1880 年 6 月 27 日～1968 年 6 月 1 日）出生在美国亚拉巴马州塔斯喀姆比亚，幼时患病，两耳失聪、双目失明。7 岁时，安妮·沙利文（Anne Sullivan）走进了她的生活，担任她的家庭教师，成为她的良师益友，相处长达 50 年，从此，改变了海伦·凯特的整个人生。沙利文教她用触摸觉认识世界，因而她荒漠的心灵变得郁郁葱葱。在沙利文的帮助下，海伦·凯特进入大学学习，并以优异的成绩毕业。在大学期间，她写了《我生命的故事》，讲述她如何战胜病残，给成千上万的残疾人和正常人带来鼓舞。这本书被译成 50 种文字，在世界各国流传。此后她又写了许多文字和几部自传性小说，表明黑暗与寂静并不存在。后来凯特成了卓越的社会改革家，到美国各地，到欧洲、亚洲发表演说，为盲人、聋哑人筹集资金。第二次世界大战期间，她访问多所医院，慰问失明士兵，她的精神受到人们钦佩。1964 年被授予美国公民最高荣誉——总统自由勋章，次年又被推选为世界十名杰出妇女之一。海伦·凯特在黑暗和无声的世界，通过触觉认知了灿烂的阳光和充满"乐章"的世界。感知是多么的神奇和复杂！

而我们生活在一个感知觉丰富多彩的世界中。无论我们走到哪里，都被颜色、声音、气味、线条的交响曲所包围。这支交响曲中的某些"乐章"是大自然演奏出来的，如蓝天、白云、青山绿水、五彩缤纷的花朵、金色的阳光等；而另一些是人类自己制造的，如五光十色的夜景、奇形怪状的广告、形形色色的商品。

试想一下：人类没有了感知觉，世界将会怎么样？

问题讨论：

1. 人们究竟是如何感知这个世界的？
2. 旅游经营者如何使旅游者购买其产品？
3. 旅游广告如何引起人们的注意？
4. 为什么市场刺激有很重要的感官属性？

在人的无比宽阔的胸怀里，奔腾不息的心理活动或汹涌澎湃，或涓涓而流，其神奇纷繁，令人惊叹，使人迷惑。然而，无论它们多么复杂，最基本的无非是人对客观事物的认识活动，而这种认识活动大至宇宙天体、人类社会，小至某一具体事物，都有一个过程。如做进一步分析，它们又都起始于感觉和知觉。感知可以看成是人们理解世界的过程。人们感知客体、事件和行为，在头脑中一旦形成一种印象后，这种印象就和其他印象一起被组织成一种对个人来说有某种意义的模式，这些印象和模式会对行为产生影响。

所以，要理解旅游行为和心理，就首先要懂得知觉。心理学家把感知过程看成是理解各种行为的关键变量。知觉是了解旅游者行为的重要起点，本章简述了一些有关知觉的心理学原理，并解释了对各种旅游现象的知觉影响。知觉是一个"过滤"的过程。一个人根据客观刺激物对自己的关系和重要性进行选择，然后根据自己的知觉特点对刺激进行解释，这种解释也会受到个体的期望、个性、经历、需要、动机和情绪的影响。客观世界是一个很复杂的环境，知觉也是一个复杂的过程。人对刺激的反应有一定规律可循，但人的主观性也发挥着很重要的作用。

旅游是无形的、象征性很强的产品。因此，对旅游现象的知觉比对其他形式的产品的知觉更为复杂。

2.1　感觉与旅游行为

我们可以把感知看成是理解世界的过程。我们感知客体、事件、行为等。在头脑中一旦形成一种印象后，这种印象就和其他印象一起被组合成一种对个人来说具有某种意义的模式，这些印象和所形成的模式会对行为产生影响。

2.1.1　感觉概述

感觉是一种最简单的、低级的心理现象。通过感觉，我们只能知道事物的个别属性，还不知道事物的意义。然而一切较高级、较复杂的心理现象都是在感觉的基础上产生的，感觉是人认识客观世界的开端，是知识的源泉。

1. 什么是感觉

在日常生活中，我们看到一道光线，听到一声音响，闻到一种气味，尝到一种滋味，感到冷暖等，这类心理活动就是所谓的感觉。所谓感觉，就是直接作用于感觉器官的客观事物的个别属性的反映。通过感觉，我们不仅能知道外界事物的各种属性，如物体的颜色、气味、光滑或粗糙等，而且也能够感知机体内部所发生的变化，如内脏器官的某种状态，身体的运动和位置等。

2. 感觉的种类

根据感受器所处的位置，可以将感觉分为以下三类。

（1）外部感觉

来自外部感受器的作用，反映客观事物的个别属性。它是指我们的感官对光、色、声等基本刺激的反映，再在基本刺激上加以选择、组织及解释的过程。外部感觉可从视觉、听觉和嗅觉获得。

1）视觉。视觉可以让旅游者感受到旅游产品的外观状态，如颜色、线条、形状、质地、明暗等。

旅游广告设计、饭店的装饰及旅游商品的包装等都非常依赖或重视视觉因素。旅游营销信息的视觉因素常常充分表明一种旅游产品的属性。旅游产品通过旅游者的视觉渠道，其价值就得到了传递。旅游企业在产品、品牌、广告、旅游设施的设计、商品的陈列和展示等方面都必须重视视觉因素的处理。旅游者对产品或品牌的理解，相当程度上都是建立在这些视觉信息的基础上的。例如，视觉信息可以充分表明一种旅游产品的属性，其形状、大小、风格、色彩、明亮度等，都可以通过视觉系统获得，并向旅游者传递有关产品属性的特色和价值的信息。

2）听觉。旅游企业可以通过声音传递各种信息，塑造各种听觉形象。

传统的制造业和零售业也在运用音乐进行产品和服务的促销，如在广告中利用音乐增加广告的吸引力并激发观众积极的感情反应，在零售店利用背景音乐为顾客营造更好的购物气氛，在酒店以背景音乐或现场演奏给旅游者一种浪漫、温馨的感觉等。这些都给企业带来了新的机会。目前，有两项关于音乐或声音对旅游者行为影响的研究成果在实践中得到了广泛的应用：一种是背景音乐对情绪的作用。背景音乐对旅游者情绪的作用是肯定的。声音的许多方面都会影响旅游者的感情和行为。另一种是讲话速度对于态度的变化及信息的理解的影响。如语速的加快扰乱了人们对广告的正常反应，并且改变了人们用来判断内容的标准。这种改变是妨碍还是促进态度的改变，还取决于其他条件。

3）嗅觉。气味可使人情绪激动，也可使人情绪缓和，它们能勾起人们的回忆，也能缓解人们心中的抑郁。旅游者对气味的一些反应往往与早期的经历有一定的联系。香味刺激作为一种促销措施在消费品制造业和零售业中也有广泛的应用。例如，在西方国家，有些出版商让杂志附带一种香味，以强化或促进旅游者的反应。一些面包房通过鼓风机将烤面包的香味吹出去，以激发过往行人的购买欲望。英国一家公司根据人的嗅觉位于大脑的情感中心，气味可以通过情感中心的直接通道对人的态度和行为产生强烈影响的原理，专门为商店提供可以给人带来宁静感的气味，用来延长顾客在商店停留的时间。

4）味觉。味觉感官有助于人们对许多产品感受的形成。很多酒店、餐厅总是忙着开发新味道来取悦旅游者不断变化的口味。酸、甜、苦、辣、易融度、浓度、密度、脆、硬、软等味道，口感是旅游者评价菜肴的指标。

5）触觉。一般而言，对触觉刺激影响旅游者行为效果的研究较少，但这一感觉渠道也很重要。触觉也是促销的一个因素，触觉信号具有象征意义。旅游者将织物及其产品的质地与产品属性相联系，通过对酒店寝具或室内装潢品的材料感觉来判断其华丽程度及质量，光滑、精致需要很多复杂处理程序的织物更昂贵，因而被认为高级品。同样，质地轻软且精致的织物更富女性气息。

补充阅读

在一次对旅游者行为的小实验中研究者发现，曾与侍者有适当身体接触的人付小费较多。超市的食品示范者与顾客有轻度的身体接触，那么，他就能请到更多的顾客尝新小吃，并且还能收到更多的这种品牌的订单。

总之，有关旅游者视觉、听觉、嗅觉、触觉和味觉反应的研究均可以为营销者提供有价值的信息。但是，必须牢记的是，上述五种感官刺激各自所产生的反应只是代表了旅游者感情反应的一部分。不仅各个感官系统的反应之间存在联系和影响（构成旅游者的联觉），而且感情与认知、态度、行为以及众多的旅游者个体变量间也都具有交互作用的关系。因此，孤立地看待旅游者的某种感觉反应，就有可能导致错误的判断和决策。

（2）机体感觉

机体感觉包括内脏感觉以及饥、渴等全身性的感觉。内脏感觉的感受器是分布在内脏壁上的神经末梢。内脏在正常情况下一般不会产生什么感觉，但在遇到过强的刺激或伤害性刺激的情况下，会产生牵拉或疼痛的感觉。饥、渴等全身性感觉的感受器及其位置还不太清楚，由于对它们的机制研究得很不够，因此目前对它们的了解还很不充分。

（3）运动感觉

来自本体运动感受器的作用，反映有机体本身的运动信息，有动觉、静觉、平衡觉。

2.1.2 感觉的特殊表现形态

外界刺激或感觉输入可通过多种渠道获得。我们的感官接收到的信号构成了原始信息，这些信息会产生许多类型的反应。作为认识过程的心理机能之一，感觉有其特殊的表现形态和作用方式，具体包括感受性、感觉阈限、感觉适应和联觉。

1. 感受性和感觉阈限

感受性指感觉器官对刺激物的主观感受能力。它是旅游者对旅游产品、旅游广告、价格等旅游消费刺激有无感觉、感觉强弱的重要标志。感受性通常用感觉阈限的大小来度量。感觉阈限指能引起某种感觉的持续一定时间的刺激量，如一定强度和时间的光亮、色彩、声音等。旅游者感受性的大小主要取决于旅游消费刺激物的感觉阈限值高低。一般来说，感觉阈限值越低，感受性就越大；感觉阈限值越高，感受性就越小，二者呈反比关系。

旅游者的每一种感觉都有两种感受性，即绝对感受性和相对感受性。在旅游消费刺激中并不是任何刺激都能引起旅游者的感觉。如要产生感觉，刺激物就必须达到一定量。那种刚刚能够引起感觉的最小刺激量，称为绝对感觉阈限。对绝对感觉阈限或最小刺激量的觉察能力，是绝对感受性。绝对感受性是旅游者感觉能力的下限，凡是没有达到绝对感觉阈限值的刺激物，都不能引起感觉。

在刺激物引起感觉之后，如果刺激的数量发生变化，但变化极其微小，则不易被旅游者察觉。只有增加到一定程度时，才能引起人们新的感觉。差别阈限指感觉系统辨别变化或是两种刺激之间差别的能力。能被感受到的刺激的最小变化量叫 JND（just noticeable difference），而人们感觉最小差别量的能力即差别感受性。差别感觉阈限与原有刺激量的比值为常数，与差别感受性呈反比。即原有刺激量越大，差别阈限值越高，差别感受性则越小，反之亦然。这一规律解释了一个带有普遍性的消费心理现象，即各种商品因效用、价格等特性不同，而有不同的差别阈限值，旅游者也有不同的差别感受性。

2. 阈下知觉与阈下广告

在听觉、视觉或其他感觉阈限值之下产生的知觉叫阈下知觉。这种心理现象导致了人们有关阈下广告的想法，就是在其他媒介背景上呈现极微弱或极短暂的广告信息，如在电影中快速闪现某产品的信息。其设想是，旅游者虽然没有意识到广告的出现，但能够受到广告信息的影响。

补充阅读

最早产生阈下广告这一想法的是美国的一个电影院老板，此人名叫詹姆斯·维克瑞（James Vicary）。20 世纪 50 年代末，他在放电影时在银幕上打出"喝可口可乐，吃爆玉米花"的字样，由于这些文字只是一闪而过，观众根本就没有察觉到。但是，他声称此举使电影院中可口可乐的销售量提高了 17%，爆米花的销售量提高了 58%。

他的实验结果公布后引起公众一片哗然，人们甚至因此对阈下广告产生了极大的恐惧。人们担心，如果阈下广告在不知不觉中真的会对我们的行为产生如此之大的效果，那么就有必要对其加以防范。因此，阈下广告在许多国家受到了明令禁止（Harrel，1986）。自那以后，为了验证那位电影院老板声称的阈下广告的效果，有关研究人员就此发表了 200 多篇论文。普拉特坎尼斯和阿伦森（Aronson）在对这些研究报告进行分析后认为，没有任何证据能够证明阈下广告具有如此大的功效。

一种可能的解释是，在詹姆斯·维克瑞进行的 6 个星期的实验期间，可口可乐和爆米花在电影院休息厅内的定位导致了销售量的上升。阈下知觉也许是可能的，但并没有显示出对那些想控制他人的人的支持作用。可能受到阈下广告的影响而购买产品的人，也许是那些在任何情况下都会购买此产品的人，因为大多数人没有知觉到阈下信息。那种将某种思想悄然植入人的头脑，与其已有的思想相融合的设想，是很荒谬可笑的（Brown，1963）。个体的防止心理超负荷的保护机制和知觉的选择性在此起了作用，并试图阻止这种超负荷的阈下广告的侵入，因而这种广告对旅游者的独立性和自主性几乎不会造成什么威胁（Foxall etal.，2002）。

利用阈下广告对营销者而言，可能会带来非常有害的结果，因为旅游者可能会误解阈下刺激。巴塞尔和古德斯坦（Barthol，Goldstein，1959）在一篇评论中指出，"喝可口可乐"的信息，如果以阈下刺激的形式出现，就可能被读作"喝百事可乐"，或是喝"可乐"，甚或是"安全驾驶"。他们由此得出结论，认为旅游者是安全的，由于"我们不完全的神经系统、偏见、注意力不集中、不可剥夺的完全误解的权利、错误的解释以及会忽视我们看不清的东西，使我们得到了强有力的保护"。事实上，在大量的事实面前，那位电影院老板于1984年在美国《广告时代》杂志上刊登文章承认他当时的说法完全是凭空编造出来的（萨瑟兰，2002）。

2.2　知觉与旅游行为

知觉不同于并高于感觉。知觉不仅受感觉系统生理因素的影响，而且极大地依赖于个人的各种心理特点，如兴趣、需要、动机、情绪等制约。而且，知觉一般需要各种感觉系统的联合活动。现代神经心理学的研究表明，知觉过程是一个复杂的机能系统。

2.2.1　什么是知觉

所谓知觉，也是对作用于感觉器官的客观事物的直接的反映，但不是对事物个别属性的反映，而是对事物各种属性、各个部分的整体的反映。通过感觉，我们只知道事物的属性，通过知觉，我们才对事物有一个完整的印象，从而知道它的意义，知道它是什么。然而，事物又总是由它的许多属性所组成的，不知道一个事物的属性，就不可能知道这个事物是什么，只有对事物的属性感觉得越丰富，才能对事物知觉得越完整、越正确。因此，感觉是知觉的基础，知觉是感觉的深入。在日常生活中，尽管很少有孤立的感觉，我们总是以知觉的形式直接反映事物的。但是，这种知觉是包括感觉并和感觉有机地融为一体的知觉，就是人的大脑对于客观对象或现象的反映。前者是针对客观事物的孤立的个别性，后者是对事物的各个不同特征——形状、色彩、光线空间、张力等要素组成的完整形象的整体性把握，包括对这一完整形象所具有的种种含义和情感的表现性的把握。

2.2.2　知觉的性质

1. 恒常性

在知觉中，由于知识和经验的参与，使知觉往往并不随知觉条件的变化而改变，而表现为相对的稳定性，这就是知觉的恒常性。如图2.1所示，看同样一个人，由于距离的远近不同，投射在视网膜上的视像大小可以相差很大，但我们总认为他的大小没有什么改变，仍按他的实际大小来知觉，这就是大小恒常性。

图 2.1　知觉的恒常性

在知觉的恒常性中还有形状的恒常性、亮度的恒常性、颜色的恒常性等。由于知觉对象的大小、形状、亮度、颜色等特性的主观映像与对象本身的关系并不完全服从物理学的规律，而是在经验的影响下保持一定的不变性。这种稳定性对于人在不同的情况下始终按照事物的真实面貌来反映事物，从而有效地适应环境是不可缺少的。

2. 整体性

整体性知觉是对当前事物的各种属性和各个部分的整体反映。当我们感知一个熟悉的对象时，只要感觉了它的个别属性或主要特征，就可以根据以前的经验而知道它的其他属性和特征，从而整个地知觉它。如果感知的对象是没有经验过的或不熟悉的话，知觉就更多地以感知对象的特点为转移，将它组织成具有一定结构的整体。

3. 选择性

在日常生活中，作用于我们感觉器官的客观事物是多种多样的。但是在一定时间内，人们并不感受所有的刺激，而仅仅感受能够引起他注意的少数刺激。此时被感知的对象从其他事物中突出出来，出现在"前面"，而其他事物就退到"后面"去。前者是知觉的对象，后者成为知觉的背景。在一定条件下对象和背景可相互转化，如图 2.2 所示。

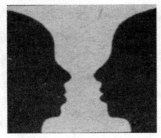

它既可以被知觉为黑色背景上的白花瓶，又可以被知觉为白色背景上的两个黑色侧面人像。在一般情况下，面积小的比面积大的、被围的比包围的、垂直或水平的比倾斜的、暖色的比寒色的以及同周围明度差别大的东西都容易被知觉为对象。

图 2.2　对象和背景可相互转化

4. 理解性

知觉的理解性受个人知识和经验的影响，对事物的理解是知觉的必要条件。在一般情况下，对任何事物的知觉都是根据已有知识和过去的经验和领会。人在知觉某一事物时，通常要在内心说出它的名称，即将感知对象归入一定的范畴之内，用词来概括它，使它具有一定的意义。因此，言语的指导作用能唤起过去的经验，理解感知对象的意义。

2.2.3　知觉过程

像计算机一样，人们在输入并储存刺激时也会经过信息处理的几个阶段。然而，人们并非被动地处理所获得的全部信息，人们只会注意到周围环境中的小部分刺激，而其中更少的一部分刺激会得到处理。而且，即使那些真正进入到意识中的刺激也未必能得到客观的处理。对刺激含义的解释因人而异，因为人会受到其个人独特的偏爱、需要和经验的影响。图 2.3 演示了刺激的选择及解释的几个阶段，给出了知觉过程的概况：

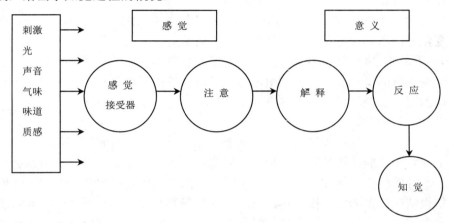

图 2.3　知觉过程

2.3　影响旅游知觉的因素

人们对世界的知觉并非照镜子似的反映，总是受到很多因素的影响。一般而言，影响旅游知觉的因素分为客观因素和主观因素。

2.3.1　影响旅游知觉的客观因素

1. 什么是影响旅游知觉的客观因素

刺激物本身的特点是影响旅游者选择倾向的客观因素，即旅游知觉对象本身具有的特征对旅游者的影响。

2. 影响旅游知觉的客观因素

（1）知觉对象的形状

1）具有较强特性的对象。一般而言，强刺激要比弱刺激引人注意。人们总是注意到最大、最强、最好、最宽……的事物，而忽略了特征不鲜明的事物。如果大小、声音、颜色和运动明显地出乎我们的意料，它们就会对知觉产生十分重大的影响。例如，大的物体一般要比小的物体更容易引起注意；大的声音和醒目的色彩一般要比柔和的声音和色彩引人注意。例如，尼亚加拉瀑布一般会比山间一个平静的小湖更引人注意。

2）反复出现的对象。同样的知觉对象如果反复出现，容易被知觉并留下较深刻的印象。旅游广告、旅游宣传资料被人们多次看到、听到，由于信息反复出现，多次作用，会使人们产生较深刻的知觉印象。

3）运动变化的对象。运动的事物比静止的物体惹人注意。一成不变的景点与经常变化并推出各种主题活动的景点相比，更易引起人们的关注。

4）新奇独特的对象。如果知觉对象新意刺激就容易为人们所感知，而司空见惯、平淡无奇的事物反而为人们所忽略。新奇独特的事物总是先被人们感知的，如中国的万里长城、埃及的金字塔、印度的泰姬陵、以色列的死海。

（2）对象的对比

知觉对象与背景的差别越大越容易被人知觉。背景原则表明：刺激必须与其环境形成对照才能被注意到。一种声音要想被听到，就得比其周围的声音更大或更小；一种颜色要想被注意到，就得比其周围的颜色更亮或更暗。知觉的对象往往显得很清楚、很明确、很具体。而知觉的背景则往往是模糊不清的，但它能够衬托知觉的对象，使其更为突出。背景与对象在一定条件下可以互换。比如，当人们在餐厅吃饭、在大堂会客时，耳畔回响的音乐所发挥的是背景的作用，为其他活动创造一种气氛，而当你坐下来仔细聆听的时候，音乐又变成了知觉的对象。

旅游企业在做任何对旅游者行为产生影响的工作时都应注意知觉的背景原则。在旅游资源的开发和规划中，规划者应首先明确哪些应作为知觉对象，哪些作为背景。否则，会影响规划项目的效果。试想如果北京故宫周围被现代摩天大楼包围，旅游者还能感受到中国古代王宫的恢弘吗？如果使背景音乐喧宾夺主，干扰了旅游者的主要活动，就会引起旅游者不满。尤其是广告和宣传品更应有明确的对象——背景关系。有许多广告占了报纸一版的版面，总经理的头像赫然纸上，使旅游者茫然不知广告的主题到底是什么。

有些旅行社在零售本地景点观光线路时，为了引导旅游者决策，在宣传手册上仔细描述本旅行社经营的一、两条线路并附有照片。同时，还列出一些设计明显很差、价格又很高的其他线路。其实，旅行社并不经营这些线路，只是把它们编排出来为旅游者提供参照物，促使旅游者更满意地选择旅行社实际经营的那一两条线路。

补充阅读

19世纪末，英国为了掠夺南非的资源，曾同当地的布尔人打了一仗。布尔人成功地运用了知觉中背景和对象的关系原理，他们人人穿绿色衣服，手拿涂成绿色的武器，静静地潜伏在绿色的丛林中。英国人无法发现他们。可是身穿鲜红色军服的英国人却十分显眼，成了布尔人的活靶子，处处挨打，损失惨重。此后，英军吸取了教训，也把军服改成了暗绿色，并逐渐推广到整个欧洲。

现代战争对士兵的伪装提出了更高的要求。"迷彩服"出现了，由于它与自然环境的颜色相似，而不规则的斑点和条纹，又很好地破坏了士兵身体轮廓，达到了伪装的目的。为了防备"电子形象增强器"、"激光侦察仪"等设备的侦查，在军服色彩的颜料里掺进一些特殊的化学物质，使其反射红外光波的能力与周围自然景物的反射能力大体相似，这样又达到了迷惑对方的目的。真可谓"魔高一尺，道高一丈"！

（3）对象的组合

人们趋向于将所选择的刺激组织起来，并知觉为一个整体。这样，个别刺激的特点便被看成是某个整体的功能。完型心理学（格式塔心理学派）发现我们的知觉组织主要根据以下几个基本原则。

1）相似律。相似律是指两个或两个以上的知觉对象，如果在性质上具有相似的性质，往往被感知为同一类事物，如图 2.4 所示。

旅游者往往寻求新异的经历，所以旅游目的地的规划、旅游活动的开发等都应尽可能地避免相似。对旅游业来说，越具有独特性就越有国际性。但在我国旅游业发展过程中，相互模仿的风气始终非常兴盛。某个地方的某项活动搞成功了，其他地方便一拥而上，建仿古城、搞缩微景、办文化节等，甚至许多节庆活动也都是清一色的耍龙灯、舞狮子、踩高跷。这些人为的相似使得许

图 2.4　相似原理

多本来各具特色的地方在旅游者看来成了同一类旅游目的地，导致各地区之间相互排斥、彼此竞争，结果都遭到损失。

2）接近律。接近律是指在时间和距离上彼此接近的事物容易被感知为一个整体。曾有许多旅游宣传设计成功地利用了知觉组织的接近律，取得了很好的效果。

补充阅读

澳大利亚是做旅游广告较早的国家。从 1930 年就开始了，但直到 20 世纪 50 年代，去澳大利亚的人仍然很少，原因是路途遥远、旅费昂贵。后来，速度快、成本低的喷气式飞机被使用了。"远"和"贵"的问题得到了部分解决。人们的收入水平也提高了，能够到较远的地方去旅游，但澳大利亚的客源仍然很有限。1964年，澳大利亚说服了新西兰、斐济、塔希提和新喀里多尼亚联合行动，做广告宣传到整个南太平洋去旅游。这样一来，澳大利亚果然大得其利，去澳大利亚旅游的美国人的人数从 1960 年的 5000 人增长到 1971 年的 41000 人以上，年平均增长率达

64%。然而，在同一时期，美国公民出国旅游人数的年增长率仅有 23%。

澳大利亚宣传策略之所以成功，就是它应用了知觉组织的邻近原理。

同样成功的事例还有葡萄牙的旅游业发展。葡萄牙在 1975 年政治动乱后试图大力发展旅游事业时，发现西班牙作为一个旅游目的地颇享盛名。葡萄牙没有与西班牙竞争，而是利用西班牙的名望来号召人们同时到葡萄牙一游。葡萄牙在针对美国各家旅行社的广告中说，"如果您的主顾想去西班牙，请在他们的旅游计划中加上葡萄牙：这样，花一笔旅费而得游两国，可谓一箭双雕。"

3）闭锁律。闭锁律是指如果几个知觉对象共同包围着一个空间，就容易被知觉为一个整体。我们期望对称必要时，甚至会补入短缺部分以取得闭合，即获得有意义的和完满的整体的知觉，如图 2.5 所示。

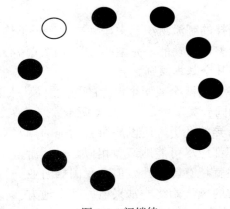

图 2.5　闭锁律

这一原理可用联合航空公司的广告口号加以说明，该广告口号说："飞一飞友好的天空……联合航空公司的友好天空。"在这一广告口号名闻遐迩之后，以后的广告节目中演员就只唱第一句，让听众自己去补充广告口号的其他部分。这种做法故意不提供完满的形式（即闭合），迫使听众置身于广告节目之中，实际上帮助起到了留下较深印象的作用。

4）连续律。连续律是指几个性质相同或相似的事物，如果在时间上和空间上具有连续的性质，也容易被知觉为一个整体。

（4）对象的附加条件

一个对象如果带有其他附加条件，会使人产生与原来不同的知觉。例如，一个饭店给人的印象是它可以提供食宿条件，如果它在搞好食宿的同时，增加晚间活动和代购飞机票、车票，则会使人对它提供食宿这一功能有更好的知觉。图 2.6可以形象、直观地表示这种影响，a 和 b 是两条长度相等的线段，但在它们两端加上了辅助条件，则我们会觉得它们不再一样长，而感到 a 长于 b。在图 2.7 中我们看到的 ∠aob、∠aoc 和 ∠boc 都是钝角，当加上附加的线段后，给我们的知觉却变成了直角。这种现象说明对象对知觉的作用受它的参考架构的影响。

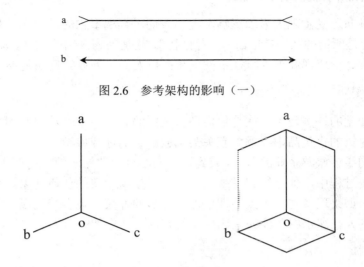

图 2.6　参考架构的影响（一）

图 2.7　参考架构的影响（二）

知觉的组织现象和知觉受对象的附加条件影响这一事实说明，一个人的知觉并不是单纯受所面对的事物特征的影响，而是受较大的整个知觉系统的影响。

（5）个体的生理条件

个体的生理条件对知觉的作用，既有客观因素的一面，又有主观心理因素的一面。就不依主观意志为转移的生理机制来讲，它有客观的意义，就它对心理状态的影响而言，它又是心理的成分。

人的感觉器官、身体状况及疲劳程度，均能影响对客观事物的知觉。外在刺激必须通过感觉器官才能使人产生知觉，感觉器官的生理功能是否正常以及功能的差别，都会影响人们对事物的知觉。很明显，视觉色盲的人和听觉失聪的人，与正常的人所知觉到的世界是不同的。有色盲缺陷的人对一个自然风光区的知觉不会是色彩斑斓的；听觉失聪的人对于挤满人群的场面不会觉得嘈杂，对导游人员的讲解却会听不清楚。

身体健康的人对外界环境的看法会是无所畏惧和充满信心的，对旅游中距离的远近不是选择旅游目的地的关键。而一个体弱多病的人对外界环境可能会有较多的危险和困难的感觉，如果需要长途跋涉他们会视为畏途而成为行动的阻力。对体格强壮的人来讲，远距离甚至可能被视为是发挥和表现自己力量的好机会，从而产生良好的知觉印象，而成为旅游选择和旅游行为的激发因素。正是由于这种原因，老年人、青年人和少年儿童，对外界环境会有不同的知觉。身体疲劳的人，对外界事物的知觉必定是零乱的、不完整的，比精力旺盛的人所接受的外界事物信息数量上要少得多、质量上要差得多。

2.3.2　影响旅游知觉的主观因素

知觉倾向还受主观因素的影响，因为人们对客观事物的反映，不是照镜子似的反映，而是所谓的"仁者见仁，智者见智"。这是因为人们的期望、动机、经验、情绪、态度、价值观和个性特征不同，从而使人们对外界的反映是不同的。

1．期望

人们知觉的许多现象往往是他们预料之中的。当旅游者从朋友那里、从媒介那里或从促销的宣传品中了解到有关某一旅游目的地或旅游企业的信息时便会对自己将要购买该旅游企业的服务，或到那一旅游目的地旅游的经历产生某种期望。在实际消费过程中，他会很容易知觉到与自己期望相符的任何现象。然而，从另一方面讲，如果现实与一个人的期望形成强烈的冲突，也会产生很大的吸引力。如寒冷的冬天在冰水中冬泳的人比盛夏的游泳活动更能吸引人。

2．动机

动机是个体行为的内部动力，它使人的知觉和行为指向确定的活动和目标，对目标以外的无关事物则会加以忽略。一个为了欣赏自然风光而准备到桂林去的人，会对有关桂林山水的信息倍加注意，给人优先知觉。在他身临其境之时，他会对漓江的秀丽风光和芦笛岩的自然奇景尽情地加以欣赏。而为了经济考察去桂林的人，则会知觉到更多的经济发展状况和存在的问题。动机不同使他们对知觉的内容产生了影响，使他们选择了不同的知觉内容。动机对知觉的选择性的影响有以下 3 个原则。

（1）凡是能满足个人动机的刺激，便被注意而纳入知觉世界

如桂林的山水和经济发展状况，被动机不同的人分别作为自己的知觉对象。不能满足动机的刺激，则被忽略。

（2）凡是轻度干扰动机实现的对象，都被忽略

如看电影时邻座人的低语不被知觉，听导游员进行景点介绍时人群中微弱的耳语不会引起注意。

（3）当干扰的刺激强度增加到足以妨碍或威胁目标实现时，便会引起个体的知觉，把注意力转到这些干扰刺激上去

如看电影时邻座者说话的声音大到使人听不清银幕上人物的对话时，便引起人们的注意并提醒对方加以注意。听导游员进行景点介绍时有人大声说话，则引起人的反感。动机对知觉的选择性的影响，不仅要看动机本身，而且要看刺激物对动机的意义。对人有积极意义的、愉快的事情，会使人优先注意；而对消极的、不愉快的事情则会加以忽略。当不愉快的程度加强而变成紧张和危险时，人们就

会集中注意力并加以对付。

人们选择知觉对象时总是根据自己的需要去选择。需要越强烈，就越容易忽视那些与需要无关的事物。所以，识别被旅游者感知到的需要具有多方面的实用意义。如市场开发人员通过市场调查确定旅游者认为产品有哪些优点或能满足他们哪方面的需要，然后就可以根据这些需要将市场进行细分并改变产品的广告促销，使每一个细分市场的旅游者能知觉到该产品可以满足他们的具体需要和兴趣。

3．经验

个体的经验影响知觉。它既影响知觉的选择，又影响对知觉对象的理解。

（1）经验影响知觉的选择

每一个人都有自己的经验，不同的个体由于经历不同而有不同的经验。由于这种原因，使他们对同样的环境或同一对象，会知觉到不同的内容。一般而言，人们会对自己经验过的事物给以优先注意。例如一个旅游者和一个博物学家，他们在原始森林里所看到的内容是不同的，旅游者看到的是它的自然风光，博物学家看到的是气候、环境条件和植物的种类，这种不同的选择是受他们经验不同的影响结果。平时讲的"智者见智，仁者见仁"就包含这方面的道理。

补充阅读

心理学家做过这样的实验：在极短时间内，通过特殊装置让一个人同时用两只眼分别看两张不同的图片。例如，为左眼显示棒球比赛的照片，为右眼显示斗牛的照片。结果发现，美国人看到的多是棒球比赛，西班牙人看到的多是斗牛场面，原因是美国人有看棒球比赛的经验，西班牙人有看斗牛的经验。

上述情况表明，经验影响知觉的选择性，使人容易知觉到过去见过的、熟悉的事物，而忽略不熟悉的事物。但是，一些不为人们所熟悉的事物，如果具有新奇的特点，也能引起人们的注意。然而，这与经验对知觉选择性的影响是有差别的，它们有主动和被动之分。

（2）经验影响对知觉对象的理解

人们对某一事物有无经验以及经验的性质如何，影响对知觉对象的理解。在旅游中，如果没有对旅游点的经验和知识，观察是简单的、表面的、笼统的，当讲解员或导游员进行了适当的讲解或解释后，旅游者就可以观察得更全面、更深刻，这是由于吸收他人的经验，增加了自己的知觉，使旅游者对旅游点有了更多理解的缘故。

4．情绪

人在任何活动中都会产生一定的情绪状态，这一情绪又成为活动的积极或消极的因素。人们对事物的知觉亦受情绪的较大影响，人在情绪愉快时，会较多地知觉到对象积极、美好、顺利的一面；情绪不愉快时会较多地知觉消极、困难的一面。愉快时觉得风景更美、时间过得快，知觉较深，容易保持；不愉快时，会觉得美丽的风景黯然失色、时间过得也慢，对象不容易引起深刻的知觉。"感时花溅泪，恨别鸟惊心"，"欢乐嫌日短，忧愁觉夜长"，就是反映情绪对鲜花、鸟和时间知觉的影响。

5. 态度和价值观念

人们对具有良好态度和认为有价值、有意义的事物，会特别予以注意而进入知觉世界。相反，则会被忽略。这表明态度和价值观念对知觉的影响，当然这主要在于对象是否与个体的态度和价值观念相一致。

此外，态度和价值观念还有夸大知觉对象的作用。例如，人们对自己所崇拜的人物，在心中往往被看得比实际更高大；对认为有价值、有意义的事情，往往会做出超出它实际状况的评价。

6. 个性特征

（1）兴趣

人们往往容易发现并使知觉集中于自己感兴趣的事物，而把不感兴趣的事物排除于知觉的范围之外。例如：对到北京有较大兴趣的人，会对有关北京的旅游信息非常关心并优先知觉。人们在浏览报刊过程中，感兴趣的标题会优先被发现，并认真阅读其内容，对不感兴趣的标题却常常视而不见。兴趣帮助人们筛选对他有意义的、关系密切的事物，优先、清楚地加以知觉，筛除无意义、无关的事物于知觉之外。

（2）气质

气质影响知觉的速度、广度和深度。例如，多血质的人知觉速度快、范围广，但不细致、缺乏深刻。黏液质的人知觉速度较慢、范围较窄，但比较细致深入。在气质上具有不同的特点，影响知觉的速度、广度和深度，最终表现在知觉内容的不同。

（3）性格

性格是一个具有复杂内容的个性心理特征，因而对知觉的影响是多方面的，主要表现在不同的性格特征对知觉内容的影响和对知觉对象的不同理解上。例如：性格乐观的人和性格悲观的人，前者多会知觉有利的内容，得出乐观的结论；后者多会知觉不利的内容，得出的结论带有悲观的色彩。性格的其他不同特征，也会对知觉内容和知觉对象的理解产生不同的影响。

对象的客观特点和个体的心理因素都对知觉产生影响，但是这种影响是有差别的：前者是被动的知觉，后者是主动的知觉。

2.4 旅游者对旅游条件的知觉

旅游活动是由食、宿、行、游、购、娱六大要素所组成，为提供旅游者这六种需求的满足的有形条件和无形条件，就是旅游条件。

2.4.1 旅游者的时空知觉

1. 旅游者的空间知觉

时间是物质存在的基本形式之一，时间知觉是对现实世界各种现象客观的持续时间、速度和顺序性的反映。时间知觉是对客观现象的延续性和顺序性的反映。这种反映通常是通过某种媒介进行的。例如，依靠时钟和日历来判断时间，而在没有计时工具的情况下，则根据自然界的周期现象，如昼夜的循环交替、月亮的亏盈、季节的变化等来估计时间。但是，即使在没有上述条件或者上述条件很少的情况下，人也能大致地估计时间。这是因为人体内部的各种生理过程都有一定的节律性活动，如心跳、呼吸、消化、排泄等。甚至可以说，人体内的一切物理变化和化学变化都是有节律的，这些节律性的变化就是所谓的"生物钟"的机制。人除了依靠客观外界的各种节律性变化，还依靠本内的生物钟来估计时间。人体内部的生物钟以及自然界的各种节律性的变化都是由宇宙节律所决定的，可以说宇宙间万物的运动都是有节律的，这些节律性的变化时刻都在影响着人们，成为知觉时间、估计时间的各种依据。

人们的感知时间和实际时间往往是不一样的。许多人都有过这样的体验：当你有许多事情要做，面临着不能按时完成的困难时，就会感到时间过得飞快。相反，当你在期待着什么事情的发生，希望立即到达那一时刻的时候，时间慢得就像被凝住一样。所以我们说，持续时间的长短在很大程度上决定于体验的性质。

人对时间的知觉原理曾多次被用来解决旅游企业中的实际问题。如枯燥的长途旅程，如果配有丰富多彩的录像，旅游者就不再感到旅途枯燥乏味；如果有导游人员精彩的讲解并展开参与性的各种活动，旅游者在欢歌笑语中就到达了目的地。在旅游线路的设计、旅游服务、景点设计、规划等方面都要充分考虑旅游者的时间知觉。

补充阅读

英国一家机场的设计是这样的：客人下飞机后只需走 2 分钟的路就能到取行李的地方，但在那里需要等 5 分钟以上才能拿到行李。旅客纷纷投诉，说机场工作效率太低，耽误了旅客的时间。机场方面在增加雇员和设施都有困难的情况下，采取了将领行李处迁移的措施。使旅客走 5 分钟才能到达行李领取处，等候时间缩短到了 3 分钟。机场方面的工作效率并没有提高，客人仍需用七八分钟时间方可取到行李，但由于感知时间被缩短，客人不满意的现象大大减少。

还有人利用同样原理，在需要客人排队等候的地方把路线设计成"S"型，使人总感觉到是在走动，不致因感觉等候时间过长而产生不满。

2. 旅游者的距离知觉

旅游是在时间和空间中发生的。因此，旅游既可用时间（分钟、小时、天数等）来量度，也可用距离来量度。距离也有实际距离和感知距离之分。实际距离为两地之间的实际公里数；感知距离除公里外，还有我们所用的时间、消耗的精力、资金和体验等。

实际距离对旅游行为具有两种相对的作用。一方面，实际距离的增加有可能阻止旅游行为的发生。但另一方面，距离遥远又是旅游行为的刺激因素，许多旅游目的地的魅力就在于它们地处偏远地区。如我国的海南岛被称为我国的天涯海角，正是这一特点才使它对旅游者产生了特殊的诱惑力。

感知距离被地理学家称为"距离摩擦力"。它的意思是指旅游要付出一定的代价，当一个人从甲地到乙地旅游时，要付出金钱、时间、方便、身体等方面的代价，甚至还要付出情感上的代价。这些代价本身往往使人对旅游望而生畏，因而起着摩擦力的作用，抑制旅游的需求。

2.4.2 旅游者对旅游目的地的知觉

旅游者之所以做出到甲目的地旅游而不到乙目的地或其他旅游目的地的决策，很大程度上取决于其对旅游目的地的知觉，这种知觉在其未亲临其地之前只能靠个人及周围亲友的知识、经验和旅游广告宣传，然后根据各自的决策标准，衡量供其选择的目的地。我们要了解的是旅游者如何对这些供选择的目的地进行知觉，旅游推销人员应如何针对旅游者对旅游目的地的知觉去推销旅游产品。

旅游者受各种因素影响，对旅游目的地往往存在着知觉歪曲，这主要是由于有关目的地的信息少，而且又被传媒所左右，信息的传递失真。在主观上，旅游者对自己想看的目的地受其态度、成见、需要以及文化的因素所影响，往往是带着有色眼镜或者说是以先入为主的心理来选择目的地的，旅游者必须在许多可能的地点中做出选择。旅游者所必须做出的选择迫使他把各种选择进行比较，比较的依据是他以各种决策标准衡量每个选择所得到的知觉。

我们要想知道一个人的旅游决定是怎样做出的，就必须了解这些决策标准是什么以及他对他所面临的各种选择的知觉。影响旅游者选择旅游目的地知觉的因素主要有三个方面：一是关于某一旅游目的地本身的吸引力，即旅游目的地的知名度、美誉度、先进性、可进入性等是影响旅游者知觉的重要因素；二是旅游目的地满足旅游者的利益，如不同的人具有不同的旅游需要和兴趣，这种心理因素的不同，使他们分别注目于不同的旅游目的地，产生不司的旅游知觉从而选定不同的旅游目标。人们为了通过旅游满足休息、娱乐和健康的需要，就会注意搜集风光明媚、气候适宜的旅游点的信息；为了增长知识、开阔眼界，就会对名胜古迹或具有现代社会发展水平的旅游地分外注目，而对其他旅游点加以忽略。由于需要和动机的影响，他可能对游人不太拥挤的海滨旅游点产生较好的知觉印象，从而选定其作为满意的旅游目标。因为其他海滨旅游点人太多，他认为不能够很好地满足自己休息的需要。有的人如果更突出需要娱乐，他对游人太多就可能不觉得是个问题，而对游人稀少可能产生过于单调、寂寞的知觉，从而会选择游人较多的海滨旅游点作为旅游的目标。这种情况表明，旅游点作为旅游活动的对象，它自身的条件和功能也起着重大的作用。一个具有满足旅游需要功能的旅游点，比起一个功能较差的旅游点来说，会优先引起人们的注意。在同一类型的旅游点中，那些具有满足旅游需要的最大功能的旅游点，会首先被选择为知觉对象和旅游目标；三是旅游目的地的独特、鲜明的特征。人们在由于某种特定的旅游动机要去旅游时，往往对同一类旅游点进行比较，只有那些具有较强功能并有突出特色的旅游目的地才能产生更大的吸引力。

2.4.3 旅游者对旅游设施的知觉

没有完备的旅游设施，再好的旅游资源也很难形成规模市场。旅游设施的好坏评价标准在于它是否满足了旅游者心理需求。旅游设施作用于人，首先是被人感知，产生一定的旅游感知觉。利用知觉规律的原理，可以在住宿、餐饮、娱乐、健身等建设和装饰中，考虑旅游者的心理需求，从而达到提高旅游设施档次的作用。

1. 旅游者的联觉与旅游设施

"蓝色星期一"、"她的声音好甜"、"冷/暖颜色"等，对于这类特殊的比喻，我们时有所闻，虽并非真尝到声音的甜味，感觉到颜色的冷热，看到日期的颜色，但能领会其所表达的意境。然而对有一小部分人，这不是修辞上的比喻而已；而是确实有上述跨感官的经验感觉：当看到"星期一"这三个字时，会看到蓝色光晕附着在字面上；听到声音，嘴里就有伴随声音而生味觉。这种不寻常的感知现象，心理学名为"Synaesthesia"。这个字源于希腊文"syn"（综合）+aisthesis（感官知觉），意谓各感官之间的相互综合。联觉的种类很多，广泛而言涵盖了五大感官（视、听、嗅、味、触）中，原本毫无关联之刺激项与感觉项的相连；例如听觉引发视觉（音乐→色彩视觉），触觉引发视觉（疼痛→颜色感觉）等。事实上，除了上述的五大感官，语言文字本身也能触发联觉 像上述的星期与颜色、听到语言引发味觉等。一般固有的观念是各感官之间有明确的划分（听刺激→听觉；视刺激→视觉；触刺激→触觉），彼此间平行运作。但联觉现象的发现打破了这个固有观念；感官之间不仅能相互触发，语言概念本身也可以引发感觉经验。换言之，联觉不仅是跨感官，也可以横跨意识概念与感觉经验。

联觉是一种感觉引起另一种感觉的心理现象，是感觉相互作用的结果。

（1）色彩所引起的联觉

一般而言，人的心理对颜色的感觉不外乎三类，一是暖色，包括红色、橙色、黄色；二是冷色，包括蓝色、绿色、紫色、黑色；三是中性色，如白色。暖色能使人联想到太阳和火焰，产生温暖的联觉；冷色能使人联想到森林和大海，产生凉爽清新的联觉；而中性色则能使人保持正常的心理感觉。由于不同的颜色给人不同的心理感觉，因而各项旅游设施主色调的选择应根据具体情况而定。以餐厅色彩为例，中式餐厅应选择以黄色、橙色和红色为主的充满喜气洋洋情调的暖色。在暖色调的环境中就餐，不仅符合中国传统的进餐心理，而且可减缓顾客的进餐速度，给顾客一种安定温暖的感觉。一些高级宴会的餐桌上常常摆着几只红辣椒，就是这个道理。西餐厅应以冷色为主色调，适当配合中性色。餐桌、餐具应以白色为主，再加以蓝色或绿色的灯光和墙壁，这样的色调会使顾客联想到森林和湖泊，产生清新、凉爽的联觉。近几年来，随着人们生活节奏的加快，快餐厅得到了普遍的推广。效益感和时间节奏迫使人们不得不在很短的时间内完成进餐过程，也就不讲究什么享受了，因此快餐厅的主色调应以冷色为宜。冷色可以加快人们的活动节奏。

我们还可以利用色彩的各种特性，不仅使旅游者产生冷与暖的联觉，而且还能产生轻与重、强与弱、进与退、膨胀与收缩、兴奋与宁静等联觉，创造旅游设施的不同气氛，提高旅游设施的质量。

（2）材质所引起的联觉

旅游设施给人的视觉和触觉形象，很大程度上决定于装修材料的选择与运用。全面地综合考虑不同材料的特性，巧妙地运用材质的特征，会使旅游者产生丰富的联觉。材料表面的精与粗、光与涩，会使人感到寒与暖或深与浅的变化。质地的松软与挺括、柔韧与坚硬，也易使人引起凝重或明快的联觉。材料本身所具有的独特的纹理质感、粗细疏密和自然风韵，能给旅游设施带来迥异的情趣。

2. 旅游者的听觉、温冷觉与旅游设施

人的一生离不开声音。乐声使人心旷神怡，精神舒畅；噪音使人烦躁不安，身心受损，并已被公认是一种看不见的"空气污染"。长期生活在噪音中的人们，都向往着宁静的环境，鸟语花香的大自然。现代旅游酒店不仅多选址在环境清静之处，避免噪音影响客人的休息。特别是客房，严格控制各种设备发出的机械噪音，如浴缸放水声、空调机的声响、窗帘启合声等。

旅游者的温冷觉虽然随着气候变化会有不同的反应，而且这种反应与各自的年龄、体质有关，但旅游者觉得最舒适的温度是 20 度左右。温度过高，人体的热量无法向外散发，体温上升，心脏活动增大，注意力分散，工作效率和质量下降；

温度太低，人体热量大量向外散发，关节变硬，活动不灵便，注意力减退，工作效率也会下降。为了保证旅游者有个良好的环境温度条件，各种旅游设施在建筑设计时都应该充分考虑这个问题，处理好门、窗、天窗的设置，房间的日照，阳光的辐射，以设备、空调来创造舒适的温度条件。

补充阅读

"酒店设计"是一个独立的专业概念。在国际上，第二次世界大战结束后，逐渐产生了一些专门从事酒店设计的资深公司。美国较多，欧洲也有，公司的成员由一些著名的建筑师、设计师、酒店管理专家、财务专家，甚至还有一些艺术家合作组成，长期为一些大型跨国酒店提供设计服务，积累了丰富的经验，也建立了极好的声誉。他们已不是单纯意义上的建筑师或设计师，他们是真正的"酒店专家"，是把酒店的功能、文化和建筑环境完美结合，融会贯通的能手。经过这种水平的"酒店设计"过程之后，酒店的经营和管理会变得科学和顺畅，酒店的品味、格调会显得高雅和独到，酒店的一砖一瓦、一石一木都会经得起推敲，耐看耐用……这也许就是为什么当旅游者走进一些优秀酒店时常常会有一番赞叹的原因。"酒店设计"是一门学问，学问就是科学，科学必有规律，而这个规律又恰恰是人们长期积累的经验、总结的教训的结晶。发达国家总结积累了半个多世纪现代旅游酒店设计的经验，目前仍在不断创新、不断研究、不断发展和成熟。

旅游设施包括住宿、餐饮、购物、娱乐、体育健身等设施。

3. 错觉与旅游设施

错觉是对客观事物不正确的知觉。错觉现象十分普遍，几乎在各种知觉中都可能发生。

旅游设施包括住宿、餐饮、购物、娱乐、体育健身等设施。旅游设施作用于人，首先是被人感知，产生一定的旅游感知觉。比如酒店的色调，必须要考虑红色系中像粉红色这种明度高的颜色为膨胀色，可以将物体放大。而冷色系中明度较低的颜色为收缩色，可以将物体缩小；客房在阳面，房间的色彩不宜采用暖色调，在阴面不宜采用冷色调；餐厅的光线不宜使用蓝色、绿色的灯光，因为当蓝色、绿色的灯光照射到食物上，会给人食物长霉、变质的错觉。又如，有的旅游商品店空间狭小，聪明的店主就在墙壁上镶嵌一面大镜子，这样小店的空间感觉就大于实际的空间感觉。

错觉在旅游建筑中已得到广泛应用。例如，两根长度相等的直线，如果其中一根呈水平状，另一根呈垂直状，大多数的人往往把那根呈垂直状的线条估计过高，好像长于呈水平状的那条直线。因此，在旅游建筑中需要建筑物具有宏伟高大的特点时，多用贯通建筑物上下的垂直线条，特别是在碑、塔的建筑设计中应用得更为普遍。一家面积不大的宴会厅，为了增添宽敞广大的效果，可在大厅两面墙壁上镶上巨大的反射玻璃，客人到此就餐会觉得很宽阔、很舒适。

中国的园林艺术，总是利用人的错觉，起着渲染风光的作用。诸如先藏后露、欲扬先抑、虚实相辅、大小相生等艺术手法，造成了"多方胜景，咫尺山林"，使小园不觉其小、大园不觉其旷。以假山为例，为了表现出真山的雄伟高耸，在园林中是难以从绝对高度入手的。于是，通过缩短视距的办法，将旅游者的视线限制在很近的距离之内，使其没有后退的余地。这样，人们必须仰视风景，从而使一座小山亦仿佛高耸入云了。

在图 2.8 中的两幅图就是典型的错觉的应用，在图（a）中，两条直线在一系列线段为背景的影响下，看起来却成了两条曲线；在图（b）中，本来长度相等的两条线段（竖着的两条平行线段），在一簇发散射线的影响下，看起来却成了左边的一条比右边的一条短了。

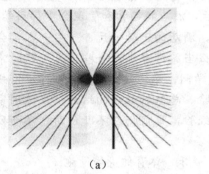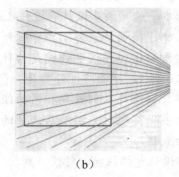

（a）　　　　　　　　　　　　（b）

图 2.8　错觉效果

2.4.4　旅游者的交通知觉

"行"是旅游过程中的重要组成部分，对它的知觉好坏直接影响到旅游者对一次旅游的评价。旅游者是如何知觉旅游交通的？每一旅游交通公司提供的是大致相同的基本产品，即到达某一地点的交通运输。我国有句古话："在家千日好，出门一时难"。虽然，我国交通运输有了较大的发展，但仍然赶不上旅游业发展的速度以及广大民众的出游浪潮。下面从三个方面探讨旅游者对交通的知觉。

1. 旅游者对航空公司的知觉

旅游者如何选择不同的航空公司？联合航空公司和美国航空公司之间有何区别呢？泛美航空公司和环球航空公司有何区别呢？用 747 客机给某一航线提供服务的航空公司与用 727 客机给同一航线提供服务的航空公司又有何区别呢？各家航空公司之间的区别很难分清，因为每家公司提供的是大致相同的基本产品，即到达某一地点的航空运输。假设你打算从纽约去巴黎，那你选择以下两个航班中哪一个航班呢？

航班 A：英国航空公司，机型 707，起飞时间与你计划出发时间相差不到两小时，到达巴黎时间常晚点，途中着陆两次，估计占座率为 50%，机上乘务员热情友好。娱乐方面，途中放映两部影片以供旅客选择观看。

航班 B：环球航空公司，机型 747，起飞时间与你计划出发相差不到四小时，几乎总是正点到达巴黎，中途不着陆，估计上座率为 90%，机上乘务员回答问题简明扼要、态度冷淡。娱乐方面，仅有一些杂志供旅客阅览。

在一次主要目的是调查飞机乘客对大西洋航线的 707 客机和 747 客机如何评价的调查中，曾让许多多次飞越大西洋的飞机乘客对上述假想的航班进行选择。调查者使用了一套数学心理学的新型分析技术，成功地分离出若干因素，用以解释飞机乘客对航班 A 和航班 B 的知觉，以及为什么选择这一航班而不选择另一航班。

调查中发现，这些飞机乘客愿意乘坐环球航空公司的飞机，不愿乘坐英国航空公司的飞机。不过，这种对环球航空公司的偏爱与该公司使用 747 客机这一点关系并不密切。

调查中发现乘飞机跨越大西洋去巴黎的乘客所期望或想得到的东西与以下四个因素有密切关系：起飞时间、是否正点到达、中途着陆次数、机上服务员的态度。调查还发现除了机型外，载客人数和娱乐内容这两项因素也并不明显影响飞机乘客对两个航班的知觉。

这次调查结果至少提出了两个很重要的问题：第一，坐飞机的乘客十分重视时间的价值。事实上，要比他所乘坐的机型和机上他提供的娱乐活动重要得多。对度假乘客和出差乘客来说，情况都是如此。但出差乘客尤其重视争取时间。乘客希望在他最方便的时间出发并按照他的计划到达目的地。他还比较喜欢直达航班，这很可能是因为这种航班一般不会在途中耽搁。因而，旅客选择直达航班 B，即便它的起飞时间不如航班 A 理想。第二、乘客把机上乘务员服务态度的重要性放在了恰如其分的位置上。相互竞争的航空公司除了所提供的时间的方便程度有所不同外，在其他方面区别不大。它们都提供去同一目的地客运服务，而且票价往往完全一样。这样，一家航空公司能使它自己跟它的竞争对手有所不同的有限的几种办法之一就是服务质量。飞机的乘客特别重视热情、彬彬有礼和友好的服务态度。此外，大多数航空公司都尽量设法提供最好的服务。乘客所渴望的是热情、真诚、殷勤、友好和针对旅客个人的服务。

2. 旅游者对火车的知觉

许多旅游者喜欢乘坐火车旅游，主要原因是火车安全可靠，而且可以观赏沿途风光，有时也相当节省时间。例如，日本的新干线、上海浦东磁悬浮列车都以其快速、安全、方便等特征，赢得了旅游者的喜爱。旅游者对火车的知觉印象主要取决于三个因素。第一是运行速度。安全快速的直达列车最受欢迎，如果必须沿途停靠一些站点，则停靠次数越少越好。例如，从上海到北京的高速列车，虽然票价较高，但是，还是比普通列车更受欢迎。第二是发车及抵达时间。旅游者希望发车及抵达时间符合自己的旅游计划，不打乱既定的旅游日程安排，能够最大限度地利用时间观光娱乐与购物。例如，现在有一些全程卧铺的旅游列车，把火车变成了交通工具和旅馆的混合物，深受旅游者的喜爱。

图 2.9　　在列车上

旅游者晚上在车上休息、娱乐、旅行，白天则在预定的旅游景区景点观光游览。对于那些非旅游列车来说，旅游者一般希望它们能够朝发午至、午发暮归或者至少能够朝发夕至、暮发晨归；第三是舒适程度。旅游者希望火车车型新、设备好、车体外观和车内装饰高雅漂亮、干净清洁、服务热情周到。此外，行车时间要有利于休息、娱乐和社交等。舒适程度高的火车会给旅游者留下积极的知觉印象，相反则会留下消极的知觉印象。图 2.9 摘自朱森林的作品"在列车上"（《幽默大师》，1995 年第 3 期）。

3. 旅游者对旅游汽车和游船的知觉

现代高速公路网的建立健全，为旅游者选择旅游汽车提供了越来越大的支持。尤其是在距离不太远的国内旅游中，旅游汽车更显得安全、便捷和便宜。旅游者对旅游汽车的知觉印象，主要受下列因素的影响：车窗的宽敞程度、有没有空调、座椅是否舒适、车身减震功能是否良好、导游工作、视听设备等。此外，车上空间是否拥挤与能否按时发车和抵达，也对旅游者的知觉印象有一定的影响。

游船经常被称为"浮动的休养地"、"浮动的大饭店"、"浮动的休闲娱乐场"等，因而并非一般意义上的交通工具。游船既包括海上漫游世界的豪华游轮，也包括穿行江河湖泊的一般观光船舶。旅游者对游船的知觉印象，主要与下列因素密切相关：游船能够到达的港口城市或旅游景点的多少、航程的远近、停靠地观光娱乐项目的多少，客舱、餐厅、游艺厅的设施是否豪华舒适、娱乐活动是否丰富有趣、游伴是否令人愉快、购物是否方便等。

2.4.5　旅游者的风险知觉

人们并不都是喜欢冒险，而是尽可能地躲避风险。即使是探险旅游者也不愿意经历那些没必要的风险。在旅游消费环境中，恶劣的天气、不友好的当地居民、航班延误等都会使人感到不舒服。而难以下咽的地方饭菜、传染病、政治动乱等就更是糟糕。了解"风险知觉"这一概念，即为了了解旅游者寻求减少风险的行为现象。

　　所谓风险知觉是指旅游者不能预见购买决策的结果时所遇到的不确定因素。这里要指出的是，并非所有的不确定因素都是风险知觉。风险知觉因素必须满足以下两个条件：① 风险的后果不可忽视，而旅游者又主观认为避免它是很重要的；② 这种风险确实有发生的可能。

　　一个人产生风险知觉的原因包括：① 购买目标不明确。有些人虽然已经决定要去度假，但没有决定该怎样度过这个假期，是到海滨消遣还是去原始森林探险？② 对满足程度没有把握。假如一个人的购买目标已经明确，即就是去消遣、放松、休息。但世界上有这么多可供消遣的地方，夏威夷有海滨、西班牙也有海滨，去哪里最值得、最能获得满意的经历呢？③ 缺乏购买经验。有些人以前没有多少旅游消费经验，所以无从借鉴，在做消费决策时便会产生风险知觉。第一次做远途旅游的人往往出现这种情况。④ 正、负结果同时存在。旅游者可能会意识到某一个决策既有积极的一面，又有消极的一面。如乘飞机可以迅速抵达目的地，但看不到沿途的风景；某酒店设施完善，价格合理，但地点偏远，交通不便等。⑤ 他人的影响。旅游消费者在作决策时也会考虑到别人的意见和看法，尤其是那些对自己很重要的人。⑥ 经济限定因素。与旅游有关的消费大多属于高消费。因此，人们在做类似决定时要考虑到对自己未来经济状况的影响，尤其是那些预测自己未来收入可能减少的人，他们将担心旅游消费用去大部分储蓄会使自己陷于经济拮据的窘境。

　　旅游者所经历的风险知觉的主要类型包括：

1）功能风险，产品本身不如所期望得那么好。

2）身体风险，消费过程有可能给自己或他人带来危险。

3）资金风险，所买的产品不值那么多钱。

4）社会风险，消费行为对自己的社会交往或在社会中的地位产生不利。

5）心理风险，不恰当的选择使自尊心受到伤害，或得不到心理报偿。

6）时间风险，如果产品不像所期待得那么好，有可能感到搜寻产品信息以至消费所用的时间都被浪费了。

　　表 2.1 举例说明了旅游者有可能遇到的不确定因素的具体类型。

表 2.1　旅游者有可能遇到的不确定因素的具体类型

风险类型	不确定因素类型
功能风险	1. 它会和我想象的一样吗？ 2. 它真的就比竞争产品更好吗？
身体风险	1. 到那里旅游会安全吗？ 2. 乘飞机会不会有危险？
资金风险	1. 这是我有限资金的最好利用吗？ 2. 花这么多钱值得吗？ 3. 我现在得到的是最佳价格吗？

风险类型	不确定因素类型
社会风险	1. 我家人和朋友会同意吗？ 2. 我的这种选择会使那些对我很重要的人感到高兴吗？ 3. 我的选择是否符合我的社会地位，和我同样的人也这样吗？
心理风险	1. 到那里旅游我会感觉很好吗？ 2. 我的此次旅游会给别人什么印象？
时间风险	1. 我一定要花许多时间收集信息吗？ 2. 我会不会再取消这个预订？

2.5　旅游人际知觉

每个人都是一本打开的书，要真正地读懂它并不是那么的容易。正如俗话所说的那样："知人知面不知心"。在旅游活动中必然发生人与人之间的关系和交往，在旅游活动中人们如何相互了解、认识，如何避免误会，如何给他人留下良好的第一印象就是这里要讨论的问题。

2.5.1　什么是旅游人际知觉

1. 旅游人际知觉的定义

旅游人际知觉是指个人在旅游活动中与他人交往时，从对方的外显行为中推测他人的内心状态，了解被知觉对象意义的过程。即个体通过人际交往，根据认知对象的外在特征，推测与判断其内在属性的过程。

人们对他人的行为进行推测与判断时，往往根据自己的经验与体会来认识他人的心理状态，即"以己度人"。所以，这种推测与判断往往会发生偏差，特别是在复杂的情况下，判断他人的情绪状态与行为动机更易发生错误。

2. 旅游人际知觉的特征

（1）选择性

人们在接触外界刺激做出自己的反应时，总是在选择某一部分的刺激信息，忽略和逃避其他的信息。人们是根据刺激物的社会意义的性质及其价值大小而有选择地进行人际知觉。

（2）认知反应的显著性

这是指在一定的社会刺激下个人的心理状态（情感、动机）所发生的某些变化，这种变化将随着个人对社会刺激的意义所理解的程度而转移。即人们的认知总是伴随着一定的情绪体验的，当理解该社会刺激对个人有很大利害关系时，认知反应十分显著，即其情感及动机等心理状态反应强烈。如人逢喜事精神爽，如考上大学或考不上大学。如果认知为该社会刺激与己无关或关系不大，则心情很少变化，或者无动于衷。

（3）认知行为的自我控制

这是指个人的认知体验不被他人所察觉，从而使个体与外界保持平衡。即凡是能激发个人产生焦虑的社会刺激或将要带来不愉快的刺激，认知态度是不积极的，而且把这些刺激压抑下来，从而减少焦虑，适应社会。

认知行为的自我控制在生活中是常见的。一个身材瘦弱的人遇到高大强悍的歹徒，他内心十分害怕，但竭力使自己在表情上不表现出来，他知道自己越是表现得害怕，对自己越是不利。这实质上就是自我意识对其认识活动产生调节作用。又如去看望病人，感到这个病人面容憔悴，病势不轻，认知者很难接受，但在表面上会对病人说"你比前几天气色好多了。"以此安慰病人，实际上掩盖了认知者的真实感受。

（4）整体性

一个人的感觉在知觉过程中不断被模式化、被整体化。当我们知觉一个人时，意味着那个人的眼、耳、鼻、口、头发、肤色、特征等整合形成了一个整体印象。

2.5.2　旅游人际知觉的内容

1. 对他人外部特征的认知

外部特征包括一个人的仪表、表情等可观察到的持性。其中表情一般可以分为面部表情、身段表情、眼神、语言表情。

（1）仪表的认知

我们对一个人的衣着服饰、外貌特征等物理方面的特点加以整合，就能直截了当地对对方做出某些判断、了解。认知者不能仅仅把他人的仪表特征当作单纯的物理现象，而应当力图从中发现其意。

（2）表情的认知

1）面部表情。是以面部的肌肉变化为标志的。我们可以通过面部各种肌肉的变化测定人的情绪。一般可以从面部表情上辨别出各种情绪：快乐、悲哀、惊奇、恐惧、愤怒、懊恼等。但面部表情远不只这么几种。

2）身段表情。姿势、身体上的肩、腰、腿、足、手等部位的动作称为身段表情。它也能反映个人内在的心理活动，也能成为观察、判断他人心理的重要线索之一。如灰心时"垂头丧气"，兴奋时"手舞足蹈"，焦虑时"坐卧不安"。舞蹈是身段表情的综合运用。

3）眼神。如有眉目传神、怒视、蔑视、目瞪口呆、含情脉脉、凝视、视而不见、听而不闻、耳聪目明等一系列不同的眼神。人的情绪首先表现在瞳孔的变化上，人在面对有兴趣、赏心悦目的知觉对象时，瞳孔会扩大；而面对厌恶恐惧的对象时，瞳孔则会缩小。在思考时，或目不转睛，或眼球转动；遭受巨大打击时，则眼神发直。

仅仅以目光接触时间的长短就可以判定对象的心理状态：目光长时间相对，可以表达人们对某事感兴趣、关心，也可以表达情侣之间的相互爱慕；目光短时间接触，可以说明某人的害怕或害羞；面对传达坏消息或诉说痛苦的人，人们常常避免目光接触。人们在认知活动中，眼神是很重要的认知对象。

4）言语表情。指说话时的音量、声调、节奏等特征，专家们称之为一种辅助语言。通常人们根据别人说话的方式判断内心的状态。

2．对他人性格的认知

要了解一个人的性格，必须了解这个人对现实所采取的态度，以及与此相应的习惯化行为方式。更重要的是长期的、认真的交往，才是实现性格认知的基本条件。杜绝那种以貌取人、只看表面现象、仅一时一事就给人定论的做法，这绝不利于发现人才，任用人才。"路遥知马力，日久见人心"，"疾风知劲草"。这也说明了一个认知的过程。

3．对人际关系的认知

对人际关系的认知即认知者对自己与他人的关系的认知和他人与他人关系的认知。对人际关系的认知是以对人的认知为基础的。只有准确地判断自己和对方，才能正确地认知自我与对方的关系。反之，正确地了解双方的关系，又可以加深对人的认知。如何测定自己对人际关系的认知是正确的还是错误的呢？塔里（Tagiuri）做了一个实验，把十个互不认识的被试结成一组。让他们自由交往，开展讨论，使之增加了解。然后进行问卷调查：① 这个小组里你最喜欢谁？② 你认为这个小组里谁最喜欢你？如果某甲的感觉和某乙的认知一致，那就证明某甲对自己与某乙关系的认识是正确的，否则就是不正确的。③ 选小组长时，你选谁，你估计谁会当选？如果你选出来的与大家一致，那就证明你对他人与他人关系的认知是正确的。这个实验具有一定的实用价值。假如你经常用这些问题问自己，然后观察你的判断是否实现，这样就可以不断地修正你对人际关系的认知，提高对人际关系认知的能力。

4．自我知觉

每个人都对自己的形象有一个认识，把自己归为某一类人，具有某些特点、习惯、职业关系和行为方式。如同一个人的其他知觉一样，自我知觉是独特的个人背景的产物。每个人都是在与其他人的交往过程中发展自我知觉。

旅游产品对旅游者来说具有一定的象征价值。产品与自我知觉是否能保持一致是旅游者对产品进行评估的重要内容之一。那些旅游消费行为已经发生的旅游者在评估产品质量时，一般根据产品内在的线索，如景观的特点、活动的安排、交通及酒店设施以及服务的标准等。但在旅游活动发生之前的评估基本上是依据外部线索，即旅游目的地和旅游企业的形象。那些认为自己身份地位较高的旅游者不会去活动庸俗的场所，而自我知觉一般的人也不会去追求过高的档次。

2.5.3　影响旅游人际知觉的因素

社会心理学家凯利（Kelley）认为，每个人头脑中都构成了一定的心理组织结构，如同一个"有色镜头"，人们所看到的一切事物都要经过这个"有色镜头"的过滤。组成这个有色镜头的因素有：一个人的经验、生活方式、文化背景以及个人的需要等。其功能是用来对认知对象加以分类和辨别。由于认知者本身已有的心理结构不同，对同一个社会刺激发生不同的认知结果。如不同年龄阶段对同一电影的认知，处于不同生活环境的人对同一文艺作品的认知也不同。

1．原有经验

个体在一定的基础上，对同一社会刺激，却有不同的认知内容。例如，对某一个人的认知，艺术家侧重其外貌、身材、姿势、语词等，考虑该人能否做演员或绘画的模特儿；医生侧重考虑人的身体状况，疾病；学者则可能侧重考虑该人的智慧，能力及专业知识。各人的经验不同，其认知结构也不同。小孩子与大人对事物的认识就完全不同。F.奥尔波特（F.Allport，1931）曾做过实验，他制定了有关学术理论、经济、美术、宗教、社会和政治等六方面的词汇让被试们加以认知。由于这些被试已有的知识经验不同，对于以上六项内容的词汇发生了不同兴趣。

2．认知者的性格

认知者性格不同会影响其认知结果。自信心强的人和自信心差的人认知同一对象时，前者有独立性，后者则往往因服从权威，迷信别人而使认知活动受暗示，人云亦云。如心理学家阿希的实验表明，如好猜疑别人，具有猜疑性格的人，对他人动作和语言的认知，往往以猜疑的立场加以判断，性格内倾的人亦然。

3．认知者的需要

认知者需要不同，其认知结果也不同。认知者的需要决定其认知活动内容。靳维因等人假设人们的心理需要对其认知的影响。他们的被试是一群饥饿程度不同的人，让他们看一些乱七八糟的图片，图片又月薄沙蒙起来，使人无法看清，然后要求他们回忆所看到的东西。结果发现，饥饿的人往往认为图片上画着食物。

4．认知偏见

无论对人的认知，还是对人际关系的认知，都不会完全正确，总会发生这样或那样的偏差。这些偏差在印象的形成过程中是难以避免的，它具体地表现在认知的许多效应中。所谓效应，就是一种反应结果，一种似成规律的认知方法。

（1）第一印象与首因效应

对第一印象，旅游活动中的人们有意无意地在旅游生活中运用着它，如导游人员初次与旅游者见面，新员工第一次与管理人员见面。

第一印象，亦称初次印象。它是指两个素不相识的人第一次见面后形成的印象，主要是获得对方的表情、姿态、身材、仪表、年龄、服装等方面的印象，这种初次的印象在对人认知中发生一定的作用，旅游者往往根据第一印象来认知旅游工作者，旅游工作者也往往以此来判断旅游者。

第一印象在旅游活动中具有先入为主的作用，但双方的第一印象只是一些表面特征，不是内在的本质特征，这种只见树木不见森林，以偏概全的心理倾向就是首因效应。随着时间的推移，交往的增多，第一印象也是可以改变的。

补充阅读

在古代希腊的传说和诗歌中，曾有一段描写雅典执政官审判艺妓弗丽娜的场面。当弗丽娜披着长衣被带进大厅时，激愤的人群大嚷大叫："处死她！处死她！"严厉的法官已决定判她死刑。就在这时，弗丽娜的辩护人从她身上取下紫红色的长衣，法官和人群都惊呆了，在他们的眼前，是一位美妙绝伦的艺妓。于是，"神圣的形体发射出静谧清丽的光彩。人群，一刹那前还在怒吼：'将这冷傲的艺妓处死！'倏忽间，全都哑口无言，沉醉于阿佛罗狄威的庙宇"。

弗丽娜给人的第一印象，竟产生如此大的力量，它不但改变人的思想，而且还使人们超越了传统的准则，做出了出乎意料的决定。

（2）刻板印象与光环效应

在社会生活中，每个人都属于一定的群体，而每个群体都存在着区别于其他群体的特殊的规定性，这种规定性表现为不同的规范、风格、习惯、性格、作风等，这就使任何个人不可避免地带有他所在的群体的特征。因为人们对某一类、某一职业、某一民族或地区的人，也会形成一种固定的看法，当我们以这种看法为根据去认知他人时，就叫做刻板印象。如青年人总认为老年人墨守成规，老年人认为青年人遇事不沉着冷静，缺乏经验；农村人淳朴，城市人狡猾；女性软弱温柔，男性刚强粗鲁；北京人都见识广，云南人都老实，上海人都精明……刻板的印象对于旅游工作者快速认知旅游者，提供有针对性的服务有一定的帮助，但有时也会出现认知偏差。

在印象形成的研究中，发现光环效应又叫晕轮效应。这个词本意是指在刮风天，月晕是月光的扩大化。在社会心理学上，是指人际交往中形成的一种夸大了的社会印象和盲目的心理倾向，某人一旦被断定为好人，我们就会把许多优良的品质归于他，如果某人被标定为坏人，那么许多恶劣的品质就会随之加在他身上。光环效应实际上就是个人主观推断的泛化、扩张和定势的结果。刻板印象的形成的心理基础与光环效应是直接关联的。

（3）增减效应

在对人际关系主要是对自我与他人关系的认知中，对他人的评价常会受增减效应的影响。在与他人的交往中，你会多次听到他人对你的评价。如果 A 开始对你评价不好，而后逐渐地好起来，肯定性评价不断增多；B 对你评价开始很好，而后逐渐不好了，否定性评价越来越多；C 对你的评价始终是好的，那么，根据增减效应，我们会更喜欢 A。因为对方越来越喜欢你（增），你对 A 的印象会越来越好；你会讨厌 B，因为他越来越不喜欢你（减）。认知增减效应使我们对人的印象、评价失去了客观性，产生了偏差。这在现实生活中是屡见不鲜的。当然，两者的增减内容必须是同样的，增减前后相比的内容也必须是一致的。

（4）假定类似

这是指人们的一种心理倾向，总是假设他人与自己相同。佛洛依就把这种心理定势称为"投射作用"，即把自己的特性归属到其他人身上。这种利用自己判断别人的方法，实际上就是人们常说的以己度人。如爱好运动的人，自己是个球迷，以为别人也同样；经常在私底下议论他人，自私自利的人，以为自私就是人的本性，对别人大公无私的行为总是加以诋毁；善良的人则相信天下没有坏人。可见，我们对自己行为的认知使我们在认知别人的反应时常常产生偏差。但是，这种假定类似也可以使我们获得准确的认知，我们要想透彻地了解一个人，最好的办法是让他去评价别人，在他的投射中可以准确地反映出自己的影子。

2.5.4　研究旅游人际知觉的意义

研究旅游人际知觉有助于旅游者树立良好的个人形象。在旅游活动中，我国的旅游者在国外被人列出"七宗罪"："脏、吵、强、粗、俗、窘、泼"，他们给人留下了不讲礼貌、不讲文明、不讲衣冠整齐、不讲卫生、不讲对人的情感的印象，造成人际关系不和谐和不配合协作的现象。有些人有一种"阿Q"意识，做了不文明、不光彩的事也满不在乎，"反正谁也不知吾人何许人也"，不注重给人留下的印象，在公共场所吵架打架随处可见，搞得人际关系紧张，又影响公共生活。

研究旅游人际知觉有助于旅游工作者提高个人的内在修养。在旅游工作中，能否注意对人印象、注意公德，首先在于个人的内在修养，即道德修养。道德，是靠社会舆论起作用的行为规范，没有道德个体的内在修养，社会道德是无法生效的。所谓道德个体的内在修养，就是重视并努力提高个人的义务感、良心责任感、荣誉感和幸福感。因为个人的内在修养是社会印象形成的前提，不讲个人的荣辱、缺少廉耻心，就会出现不讲礼貌、不文明的现象。相反，旅游工作者注重印象形成，对于提高道德水平，促进社会公德，提高旅游服务水平，以及提高旅游业的形象是十分重要的。旅游工作者留给旅游者的美好印象，是旅游者心中一道难以磨灭的美丽风景。

本 章 回 顾

关键术语

1. 感觉（sensation）
2. 知觉（perception）
3. 旅游知觉（tourism perception）
4. 绝对阈限（absolute threshold）
5. 差别阈限（differential threshold）
6. 解释（interpretation）
7. 注意（attention）
8. 刺激（stimulate）
9. 完型心理学（gestalt psychology）
10. 相似律（principle of similarity）
11. 接近律（principle of closeness）
12. 闭合律（principle of closure）
13. 连续律（principle of continue）
14. 人际知觉（perception）
15. 第一印象（first impression）
16. 刻板印象（stereotype impression）

小结

　　理解旅游行为的一个重要起点是对知觉的理解。本章提出了知觉的一些基本心理原理，说明了它们怎样影响旅游者对各种旅游现象的知觉。知觉是一种筛选过程。一个人根据什么东西对他来说较重要和有关而来选择他愿意感知的东西。然后，他根据他对刺激诸特点的知觉来形成他对该刺激的理解。这一理解还会受到个人的期望、个性特征、经历，需要、动机和情绪的影响。

　　世界是一个复杂的环境，因而知觉是一种复杂的过程，所以两个人对同一刺激的反应完全不同是不足为奇的。正因为如此，具有同样需要和同样动机的人会选择不同的方式来得到满足。就旅游而言，这有助于解释人们为何去不同的旅游地点，为什么有些人想坐飞机而有些人想开汽车，为什么人们选择不同的航空公司以及光顾不同的旅馆。

　　知觉对各种旅游决定的影响进一步说明了打算去旅游的人需要获取帮助他在心目中树立旅游产品和服务的准确形象的信息。旅游活动中的人们如何相互了解、认识；如何避免误会；如何给他人留下良好的第一印象，也是本章所讨论的问题。旅游是一种无形的、有高度象征性的产品，因此旅游现象的知觉比许多其他产品和服务的知觉要复杂得多。

　　本章的一个中心要点是：如能理解旅游者怎样形成与旅游有关的产品与服务的知觉，旅游企业的建设、服务就能提供有针对性的、满足旅游者身心需求的旅游产品和服务。由于知觉过程是旅游者决策过程的不可分割的组成部分，改变知觉的能力可以使旅游者的惠顾行为向着有利的方向改变。

案 例 分 析

客房为客人设计"经历"

　　酒店设计中的客房设计，往往被认为是最容易的。相对大堂、餐厅、夜总会而言，他们觉得客房都是一个样子，"就那么几件东西！"，实在不复杂。糟糕的是，在这种想法的影响下，有些酒店业主在客房设计中对设计师完全没有更高的要求。客房于是千篇一律，没有特点。国内的绝大多数中资酒店客房的设计、客房中家具的式样、布艺、地毯的颜色，甚至衣柜和小酒吧的位置和做法，都惊人地一致。

　　这种"雷同"和"模式化"扼杀着一个个酒店，特别是大量中等星级酒店的生命。实际上，客房是酒店客人的真正归宿。世界上98%以上的酒店，客房是客人驻留时间最长的地方（有些赌场酒店除外），酒店也以销售客房的收入为其主要的经济收益来源。无论从客人的角度还是从酒店方的角度，客房都是最重要的地方。

　　有人为经济型酒店的投资战略总结了一个顺口溜："五星的床、四星的房，三星的堂，二星的墙"，这是有其道理的。所谓"五星的床"，是指这件与客人身体接触时间最长的东西，其舒适度、美观程度都应该是一流的，尽管酒店可能只是三星或者是二星，床和床上用品都万万不可怠慢。其次，"四星的房"，还是说客房。客房的格局、空间、氛围以及客房卫生间里的设备设施等的确也不能含糊。客房，关上门以后就如同客人自己的"家"。如果这个家索然无味，何谈"宾至如归"呢？

　　在我国各地的酒店建设项目中，客房的长方形模式很早就被建筑设计部门固定在建筑设计中了。简单易行的、无风险也无创意的常见模式一次又一次被克隆，直到今天依然继续着。被建筑设计锁定的客房格局使客房空间缺少变化，也使室内设计的发挥受到局限，最终使投资人打造"特色酒店"的初衷在客房中难以体现。"先天不足"，由此开始。

　　客人对自己入住的酒店会有一种"期待"，这种期待对于客房更表现得十分具体和敏感。经常有人在推开自己要住的客房门的一刹那会产生短时间的兴奋，这是"心理期待"的作用。如果进得房来，看见似曾相识平庸无奇的一堆东西，他们会立刻大失所望；而发现房间内很多颜色、形式、陈设品、家具都是未曾见过的、新奇的，而且很美、很高雅，他们会感到一种极大的满足和愉悦。住酒店的人，无论度假还是公差，还是商务旅行，都渴望"经历"。尽管这种渴望常常只是潜意识的。

"经历"，通过室内环境和客房内每一个物品注入到客人的印象里和体验中：一个意想不到简洁而实用的电视柜，一个奇特的玻璃球制的照明开关，一组精美松软的大枕头，一个嵌在床头的、用树脂成型的逼真的小鸟雕塑，一个坐在坐便器上还可以看到卧室里电视节目而且还能就近拿到遥控器的"隔而不闭"的卫生间，一把极富现代感的椅子，一个方便精巧的小书架……只要是客人没有见过的，就会变成他的"经历"。客人有了这种经历，就会为酒店树起口碑。

让客人感到新奇的，如比较遥远的，富于异国情调的或是某种悠久文化历史的创意，以及那些细微的，使用新材料、新工艺、新技术成果的设计，无论是空间方面、色彩方面，还是家具、陈设品、照明、五金制品等方面，只要想到了，并这么去做了，客房就不会再是陈旧的、使客人失望的地方。客房的魅力和价值才会体现得淋漓尽致。

问题讨论

1. 客房能为客人设计什么样的"经历"？
2. 结合所学的理论与知识说明，为什么说 21 世纪是"体验经济"的世纪。

美国记者的祈文

下面是美国记者布切沃德的一篇祈文。

天父，瞧瞧我们——您谦卑、顺从的旅游奴仆，我们已命定要在这个世界上游览、拍照、寄明信片、买纪念品，穿着一身易干的衬衣四处奔走。

主呵，恳求您，务必使我们的飞机不要被劫持，行李不要丢失，超重的行李没让人发觉。给我们神旨，教会我们选择饭店。在那里，我们的预定受到尊重，房间已经清扫完毕，水龙头里流出的是热乎乎的水（如果这一切是可能的话）。

我们祈求，我们房间的电话线畅通，接线员能讲一口我们的语言，没有从我们孩子那边寄来的邮件，因为这或许会迫使我们取消余程。

引导我们，亲爱的主，上那些价廉物美的餐馆去，那儿有鲜美可口的食物、和蔼友好的侍者，酒费已包括在膳食中了。

给我们以聪明，当我们用看不懂的外币付小费时，不出差错，宽恕我们因无知而付得不足，因害怕而多付。让当地人仅因我们的为人爱我们，而不因我们能为他们的财产增添点什么。

给我们力量去参观博物馆、庙宇、宫殿、城堡等在导游册上列出的"必去之处"。若有可能，午餐后让我们略去一个历史遗址，稍睡一会，怜悯怜悯我们，我们的身体太虚弱了。

当旅程结束，我们返回我们的亲友处，并给自己一特惠，让人们来观看我们的家庭电影，聆听我们的奇闻轶事，这样，我们作为旅游者的生活也就没有白白过去。主呵，我们以某某的名字向您祈求。阿门。

问题讨论

1. 旅游企业要重视旅游者在旅游活动中的哪些感知觉？

2. 怎样理解"当旅程结束，我们返回我们的亲友处，并给自己一特惠，让人们来观看我们的家庭电影，聆听我们的奇闻轶事，这样，我们作为旅游者的生活也就没有白白过去"这句话的意思？

思考与练习

思考题

1. 什么是感觉和知觉，它们之间的关系如何？

2. 简述旅游知觉的特性。

3. 试论影响旅游知觉的因素。

4. 谈谈旅游者对旅游条件的知觉。

5. 试述旅游活动中的人际知觉，研究它有何意义。

实训练习题

搜集 3 个具有典型性的旅游广告片，从旅游心理学的角度进行评价。

第3章 旅游动机

引导案例

我们为什么旅行

（美国）皮寇·爱耶尔

我们去旅行，最初是想迷失自我，我们去旅行，最终是要找到自我。我们去旅行，开拓眼界，敞开心扉，去了解这个不能仅仅从报纸上了解到的世界。我们轻装上阵，以我们有限的知识，去领略地球上其他地方的富饶。我们旅行，使自己返老还童，让时间放缓它的脚步，沉溺于其中，再一次坠入爱河。

"旅行"意味着"自找苦吃"，至少我自己的旅行，很大程度上，是去寻找艰辛，包括感受自己的艰难和体验旁人的辛苦。这样一种意义上的旅行，可以让我们取得理性和感性的完美结合，一方面清晰地看世界，另一方面真实地思考。不假思索的观光显然是漫不经心的，而离开观察的思想又可能是盲目的。

旅行带来的最大的乐趣就是：将我所有的相信和确定的事情统统留在家里，然后在不同的光线下，以不同的角度去审视那些我曾经认为完全了解的事情。我们在旅途中学到的第一课（不管我们是否情愿）就是我们脑海中的许多自认为"放之四海而皆准"的概念，往往在其他地方、其他时间并非如此。我们将价值观、信仰和新闻带到要去的地方，在世界的许多地方，我们就是活动的电视和报纸，是将他们从根深蒂固的局限性中带出来的唯一频道。

我们旅行是为了找寻更好的问题，而不是为了寻找答案。我们在审视别人的同时，自己也成为别人审视的对象；我们在吸收外界文化的同时，也被这一文化吸收着。普鲁斯特有句古老的格言：真正探索的旅程，并不是去看新的地方，而是用新的眼光。

问题讨论：

1. 什么是旅游动机？
2. 旅游动机有哪些类型？

徐霞客游历名山大川，因为他深深爱着这片河山；沈从文怀着解不开的故乡情结，流连在湘西的沱江岸边、吊脚楼前；白雪公主奔进美丽的大森林，希望能够躲避世俗的无情迫害；小丑鱼为了追寻比生命还重要的骨肉亲情，不畏大海波涛，挣扎在暗流之中……出游的人，总有一个梦想、一份情怀、一个理由。通过本章学习，需要了解什么是旅游动机，旅游动机有哪些特性和基本特征，影响旅游动机的因素以及如何激发旅游动机等等内容。

3.1 旅 游 需 要

动机是由需要引起的。因此，在研究旅游动机之前，首先就需要弄清楚什么是旅游需要。本节在分析需要概念的基础上，重点从天然性需要、社会性需要和精神性需要三个方面对旅游需要进行分析。

3.1.1 需要的概念

需要是有机体内部的某种缺乏或不平衡状态，它表现出有机体的生存和发展对于客观条件的依赖性，是有机体活动的积极性源泉。这一概念主要包含以下三层含义：

1）需要的产生是有机体内部生理上或心理上的某种缺乏或不平衡状态。例如，血液中血糖成分的下降会产生饥饿求食的需要；而水分的缺乏则会产生口渴想喝水的需要；生命财产得不到保障会产生安全的需要；孤独会产生交往的需要等等。一旦机体内部的某种缺乏或不平衡状态消除了，需要也就得到了满足。这时，有机体内部又会产生新的某种缺乏或不平衡状态，产生新的需要。

2）需要是人对某种客观要求的反映。人为了个体生存和社会发展，必定要求一定的事物。例如，食物、衣服、婚配、育幼等是维持个体生存和延续种族发展所必需的；从事劳动、在劳动中结成不同的社会关系、人们之间的交往活动等是维持人类社会生存和发展所必需的。这种客观的必要性反映在人的头脑中并引起其内部的某种缺乏或不平衡状态时就会产生某种需要，它通常以意向、愿望、动机、兴趣和价值观的形式表现出来。

3）需要是有机体活动的积极性源泉，是人进行活动的基本动力。人的各种活动，从生活工作、学习劳动，到创造发明，都是在需要推动下进行的。需要激发人去行动，使人朝着一定的方向，追求一定的对象，以求得自身的满足。需要越强烈、越迫切，由它所引起的活动动机就越强烈。同时，人的需要也是在活动中不断产生和发展的。当人通过活动使原有的需要得到满足时，其和周围现实的关系就发生了变化，从而又会产生新的需要。这样，需要推动着人去从事某种活动，在活动中需要不断地得到满足又不断地产生新的需要，从而使人的活动不断地向前发展。

3.1.2 需要的种类

人的需要是多种多样的。可以按照不同的标准对它们进行分类。大多数学者采用二分法把各种不同的需要归属于两大类，例如划分为生理性需要与社会性需要，或外部需要与内部需要，或物质性需要与精神性需要等等。美国人本主义心理学派的主要代表马斯洛（Maslow，1954）把人的需要划分为五大类——生理的需要、安全的需要、归属与爱的需要、尊重的需要和自我实现的需要。美国耶鲁大学阿尔德弗（ALdeder，1969）提出了 ERG 理论——生存的需要（existence）、相互关系的需要（relation）和成长的需要（growth）。

从上述论述可以看出，人的需要是一个多维度多层次的结构系统。因此，当我们从某个维度来考察需要时，应注意人的各种需要不是彼此孤立的，而是互相联系的。例如，进食需要，就其本性来说最初的意义是属于生理性的需要，但后来经学习和社会因素的影响，成人的进食需要就含有社会性的成分。精神性需要是相对物质性需要而言的，但满足精神性需要也要有一定的物质条件。例如，为了满足知识的需要，就要有书籍、工具等。人的物质性需要也往往要满足一定的精神需要和具有一定的社会意义。例如，在满足穿衣需要的同时，也包含着对美及社会意义方面的要求。满足社会性需要的同时，也包含着一定的物质性需要和精神性需要。所以，对需要的各种分类仅具有相对的意义。

3.1.3　旅游需要

人的需要是多种多样的，旅游需要是人的一般需要在旅游过程中的反映。旅游者是旅游活动的主体，旅游者之所以要进行旅游活动，首先就是为了满足自身对旅游活动的需要。从旅游者参与旅游活动的目的来看，旅游者的需要属于马斯洛需要层次理论中归属和爱的需要以后的高层次需要。但是从旅游者的具体旅游过程来看，旅游者的需要则是多方面的复杂的社会心理现象，涉及到马斯洛需要层次理论的各个层次。针对旅游者在旅游活动中表现出来的各种需要，可以从天然性需要、社会性需要和精神性需要三个方面进行分析。

1. 旅游者的天然性需要

旅游者的天然性需要主要表现在生理需要和安全需要两个方面。旅游者有时候就是为了追求舒适的生理享受而进行旅游的。比如，旅游者在夏天从炎热的南京跑到气候宜人的春城昆明旅游，就是为了满足他们生理上避暑的需要。虽然有时候旅游者不一定是为了满足生理需要而发生旅游行为，但生理需要却是在整个旅游活动中必不可少的。旅游者的安全需要主要体现在对生命安全、财产安全和心理安全的需求上。例如，2003 年春天发生的"非典"导致许多想出游的人呆在家里。同时，对于治安混乱、局势不稳定的国家或者地区，即使有名川大山，旅游者也往往会裹足不前。

2. 旅游者的社会性需要

旅游者的社会需要主要表现在社会交往需要和尊重的需要两个方面上。旅游者希望通过旅游来探亲访友，希望在旅游的过程中结交新的朋友，希望与知心朋友或者同事等在旅游的过程中增强友谊、交流感情等。同时，旅游者希望自己在旅游的过程中能够得到尊重，他们希望旅游服务人员对他们进行热情周到的服务，希望旅途上接触到的人们能够尊重他们的意愿和习惯，对他们表示尊敬。

3. 旅游者的精神性需要

旅游者的精神需要主要表现在对新奇事物的需要、对异地文化的探索、对艺术欣赏的需要和对宗教信仰的需要等等。旅游者在旅游的过程当中，一般都会积极主动的体验从未有过的感受，以增长见闻和扩大知识面。他们在旅游的过程中需要了解异国他乡的风土人情和生活习惯，需要欣赏园林艺术、雕刻艺术、舞蹈艺术、烹饪艺术等，需要对自己信仰的宗教进行祷告礼拜和对别人信仰的宗教进行了解等。

补充阅读

> **旅行**
> 汪国真
> 凡是遥远的地方
> 对我们都有一种诱惑
> 不是诱惑于美丽
> 就是诱惑于传说
>
> 即使远方的风景
> 并不尽如人意
> 我们也无需在乎
> 因为这实在是一个
> 迷人的错……

3.2 旅游动机概述

旅游需要与旅游动机有着密切的联系。什么是旅游动机？它是怎么产生的？它有那些基本的特征？旅游需要与旅游动机的关系如何？这些都是本节要探讨的问题。

3.2.1 动机的概念

1. 动机的内涵

动机（motivation）是促使人们行为的原因，它是刺激和促使人们从事某种活动，并引导活动朝着某一目标迈进的心理倾向。动机是一种心理过程，它是由需要引起的紧张状态，由此成为一种内驱力推动个体行为以满足需要。需要对象得到满足后，动机过程随即结束，同时又产生新的需要，如此循环往复。

2．动机过程

动机过程如图 3.1 所示：

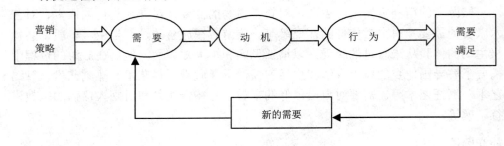

图 3.1　动机过程

3．动机的功能

人的动机作为从事活动的一种动力，主要表现为激发功能、指向功能和维持与调节功能。

（1）激发功能表现为动机能激发起机体产生某种活动

有动机的机体对某些刺激，特别是当这些刺激和当前的动机有关时，其反应更易受激发。例如，饥饿者对食物有关的刺激、干渴者对水有关的刺激反应特别敏感，易激起寻觅活动。

（2）指向功能表现为动机使机体的活动针对一定的目标或对象

例如，为支援西部大开发建设，大学生毕业后选择到西部艰苦的地方工作；为了牟取暴利，不法分子制假贩假。动机不同，活动的方向和它所追求的目标也不同。

（3）维持和调节功能表现为当活动产生以后，动机维持着这种活动针对一定的目标，并调节着活动的强度和持续时间

如果活动达到了目标，动机促使有机体终止这种活动；如果活动尚未达到目标，动机将驱使有机体维持（或加强）这种活动，或转换活动方向以达到某种目标。

3.2.2　旅游动机的含义

旅游动机是推动人进行旅游活动的内在原动力，是引发和维持一个人进行旅游活动，以满足其旅游需要的一种心理倾向。旅游作为人的一种实践活动，是一种外在行为，总是需要某种力量的激发才会产生。旅游行为无论是就其内容的选择还是就其活动本身的进行，都是一个充满不断努力的持续发展过程，都需要一种力量促使人们进行这种努力和维持这一过程的演进。旅游是人的一种有目的、

有意识的主动活动，它具有特定的目标，为了使整个活动始终指向这一目标，凡是不符合目标要求的活动都要受到抑制，这就更需要某种强有力的力量的支配和调节。这种内部力量就是旅游动机。个体的旅游行为就是在其自身的旅游动机这一内部力量的推动下产生的。一个人一旦产生旅游需要，动机就推动他为实现所需要的旅游活动进行种种努力，包括准备和创造各种必需的条件，搜集旅游的信息，分析、选择旅游活动的目标和活动方式，制定旅游的活动计划，发动旅游行为并维持旅游活动的完成。

3.2.3　旅游动机的产生

旅游动机是怎样产生的，或者说产生旅游动机需要具备哪些必要的条件? 这是研究旅游动机应首先解决的问题。旅游动机同人类其他行为的动机一样，也是来自人的需要。旅游需要被认为是引起旅游动机的内在的条件。例如，人为了增长见闻和扩大知识面的需要而游览名胜古迹。有的人也有旅游的需要，但是他们一直都没有付诸于实施，原因很可能就是需要的强度不够。只有当旅游需要达到一定的强度后，才会推动人们去寻找满足旅游需要的对象，追求某种客体，从而形成旅游活动动机的内在条件。

仅仅有引起旅游动机的内在需要条件是不够的，还要有引起旅游动机的外在条件。诱因被认为是引起旅游动机的外在条件。诱因指能激起人们定向行为并能满足某种需要的外部条件和刺激物。有些人的旅游需要很强烈，但还是不能形成旅游动机，很主要的原因就是外部诱因条件不允许。影响旅游动机产生的外部诱因条件很多，如可自由支配收入、闲暇时间以及符合旅游需要的客观的旅游对象等等。

由此可见，旅游者的旅游动机是内在旅游需要条件和外在诱因条件相互作用的结果，当旅游需要达到了一定的强度，并且当具有满足旅游需要的对象存在时，才能够引发旅游动机的产生。一旦达到目标，紧张就会解除，旅游动机也就暂时消失了。

3.2.4　旅游动机的基本特征

1. 旅游动机的多样性

由于不同的旅游者在心理、性格、性别、年龄、受教育程度、职业、收入水平、闲暇时间、国籍、民族、生活习惯等方面存在着很大的差异，因此他们所需要的旅游产品和服务也是千差万别和丰富多彩的。旅游者需要的差异性，使得旅游动机呈现出多样性的特点。有的旅游者是出于康体休闲旅游动机，有的旅游者是出于观赏名胜古迹旅游动机，有的旅游者是出于探亲访友旅游动机，有的旅游者是出于探险旅游动机……，凡此种种，无不显示出旅游动机的多样性。即便是同一旅游者，在不同的时间里也会有不同的旅游动机，例如，夏天他可能会选择到昆明去避暑，冬天也可能选择到黑龙江去体验一下滑雪。

2. 旅游动机的层次性

旅游者的需要是有层次性的，通常是由低层次向高层次逐渐延伸和发展的。当低层次的需要得到满足后，就会产生高层次的社会需要和精神需要。需要的层次性直接导致旅游动机的层次性。高层次消费的旅游者往往是希望得到外界的尊重和实现个人精神领域方面的需求。

3. 旅游动机的发展性

随着我国国民经济的发展和人民生活水平的不断提高，旅游业也随之不断蓬勃发展，旅游者对旅游产品和服务的需求也在不断的发展。从传统的观光旅游产品逐渐发展到观光旅游、文化旅游、生态旅游、商务旅游、健身旅游、探险旅游等多种专项旅游产品并存的局面，从最初的只讲游玩发展到讲休闲、讲品位、讲享受的旅游观念。由此可见，旅游者的旅游动机是在不断发展变化的。

4. 旅游动机的交叉性

旅游者出游的动机往往是多种旅游动机交叉存在，而不是仅仅只存在一个旅游动机的。例如：旅游者在游山玩水的同时，也可以探亲访友；在寻根谒祖的同时，也可以经商考察；在探险旅游的同时，也可以体味地方的风土人情……由此可见，旅游动机具有很强的交叉性。

5. 旅游动机的周期性

旅游者的旅游活动是一个不断往复的发展过程，因此，旅游动机具有一定的周期性。经历过一次旅游活动后，旅游者的旅游动机得到了满足，他在一定的时期就暂时地失去此种需要；但随着时间的推移和外界环境的变化，他还会产生新的旅游需要，形成新的动机，这就使得旅游动机呈现出周期性的特点。

3.2.5 旅游需要与旅游动机的关系

旅游需要和旅游动机都是影响人们进行旅游活动的基本因素，二者既有区别，又密切联系。从二者区别上来看，旅游需要在主观上常常以意向和愿望被主体体验着，而如果主体仅仅将旅游的愿望停留在头脑中而不去实际的开展旅游活动，那么这种旅游需要就构不成旅游活动的动因。这就体现了旅游需要多是静态的，只有当人们的旅游愿望激起个体从事旅游活动并且维持这种旅游活动时，旅游需要才转化为活动的旅游动机。从二者的联系上来看，旅游需要和旅游动机存在着密切的关系。旅游动机是建立在一定的旅游需要的基础上的，旅游动机的激发实际上就是要将个体已形成的旅游需要调动起来，以发掘潜在旅游者的积极性，吸引他们从事特定的旅游活动。

补充阅读

　　东晋书法家王徽之居山阴时，有雪夜舟游的雅举言行。王徽之旅游缘起是吟左思《招隐诗》，思念起隐居剡溪的好友戴逵，于是乘兴驾舟雪夜访友。一路观赏山景水景雪景夜景，天亮时舟抵戴逵门前。忽然，他又入戴门，掉舟而返，理由是：兴致已尽。

　　按旅游心理学分析，其旅游动机是交际动机。世人以此典借指访友之乐，访友之欢当入友之宅、执友之手、把盏畅谈。而其真正之欢非访友之欢。他为访友而去却不访友，概因访友之行已变为一次山水旅游。在旅游中，他得到了欢娱，得到了自由，身心由解脱而飘逸、潇洒。觉得已不虚此行，已尽最大之兴，何必再敲戴门？

3.2.6　旅游动机冲突

　　当旅游者面对两个或两个以上的旅游选择，而这些选择处于相互矛盾的状态时，难以决定取舍，表现为行动上的犹豫不决，这种相互冲击的心理状态，称为旅游动机冲突。

　　1. 双趋冲突

　　双趋冲突指两种或两种以上的旅游目标同时为旅游者所吸引，而旅游者只能选择其中一种目标时所产生的内心冲突。这是一种趋近—趋近型冲突，即所谓的"鱼我所欲也，熊掌亦我所欲也"式冲突。理性的决策者往往希望决策方案能够一举两得或一举多得，但客观条件又常常使之难以实现。决策活动所面对的资源条件往往是有限的，决策者在决定如何利用资源时就常常遇到这样的问题。如想做的事情很多，可资金条件只允许择一而行，双趋冲突就会产生。例如，一个旅游者同时想选择具有同等吸引力的旅游目的地，由于时间、资金条件的限制，对其中一项的选择，意味着对另一项的拒绝，于是，旅游者将处于一种犹豫不决的冲突状态。这也是勒温所设想的三种基本冲突类型之一。

　　这种冲突的特点在于平衡是不稳定的。当某人向一目标移动时，便出现一种目标梯度效应。这时，较近目标的吸引力增强，而远离目标的吸引力下降，处于一种不平衡状态，会迅速被吸引到趋向较近的目标。

　　要解决这样的冲突，必须放弃一个目标，或者同时放弃两个目标而追求另一折中的目标。如果一个人认为，鱼和熊掌虽然都好吃，但熊掌属于珍奇佳肴，对他更有吸引力，在这种情况下，两种目标的吸引力就有了大小的分别，那么冲突就比较容易解决，无疑是选择吸引力大的目标。

2. 双避冲突

双避冲突又称负负冲突，指同时有两个可能对旅游者具有威胁性、不利的事发生，两种情况都想躲避，但受条件限制，只能避开一种，接受一种，在作抉择时内心产生矛盾和痛苦。如前有断崖、后有追兵的两难境地。双避冲突是一个人要在两项负价对象之间（即两个有害无益的目标之间）进行选择时所产生的心理冲突。这也是勒温所设想的三种基本冲突类型之一。在这种冲突中，平衡也是趋向稳定的，受害者继续为犹豫不决所折磨。例如，当旅游者面对价格高或区位偏远的酒店的选择时，当他移向一种选择，负价排斥力就会增强而使他被推向另一种选择。但当他趋近另一种选择时，后者的负价力又会增强，这样他就摆来摆去而接近中间位置。这一类冲突的解决可能是两害中取其轻。

双避冲突的解决要点：明确行动目的；评估威胁对象；做出决策；再评估。

3. 趋避冲突

趋避冲突又称正负冲突，是心理冲突的一种，指同一目标对于个体同时具有趋近和逃避的心态。这一目标可以满足人的某些需求，但同时又会构成某些威胁，既有吸引力又有排斥力，使人陷入进退两难的心理困境。例如，旅游者选择交通工具时，飞机和高铁既快速便捷又舒适，但价格高；火车价格便宜，但乘车时间长，环境不够舒适；汽车价格便宜，但缺乏舒适性与安全性的两难选择。

人们越是接近希望达到的目标，想要达到这一目标的愿望也越强烈。同时，回避这一目标的愿望也相应增长，而且回避倾向随着目标的接近，其强烈程度的增长比接近的增长更快。

趋避冲突的解决要点：分析"得与失"之间，"得"是不是重要，"失"可以忽略，两害相权取其轻，两利相权取其重。

4. 多重趋避冲突

多重趋避冲突又称双趋避冲突、双重正负冲突，旅游者面对两个或两个以上的旅游选择，每一选择对他来说又分别具有趋避两方面的作用，是一种对几个目的兼具好恶的复杂矛盾心理状态。由于考虑到各种利弊和得失，就会产生"多重接近—回避型"冲突。如果几个旅游目标的吸引力和排斥力相距较大，解决冲突起来会比较容易。如果几种目标的吸引力和排斥力比较接近，则解决冲突就相对困难，需要较长时间地考虑得失、权衡利弊。

多重趋避冲突的解决要点：进一步收集相关信息，权衡各种利弊选择利益相对最大化的决策。

3.3　旅游动机类型

在动机理论体系中，动机种类分为以下四个方面：从方向上看，分为正、负动机；从情绪上看，分为理智性、情绪性动机；从地位上看，分为主导性、辅助性动机；从意识上看，分为被意识到、未被意识到动机。但"人为什么出去旅游？他们的旅游动机是什么？"许多学者对此问题进行了探究。事实上，由于人们的旅游需要是复杂多样的，同时旅游本身又是一项综合性的社会活动，因此，人们的旅游动机也呈现出十分复杂多样的特征。国内外很多学者从不同的角度对旅游动机进行了分析和归类，尽管这些分析和归类都具有共同之处，但是所有的归类方法都难以达到一致的效果。

3.3.1　国外对旅游动机的分类

1. 田中喜一的旅游动机分类

早在 1935 年，德国学者格理克斯曼（Glücksmann）就尝试着对旅游动机进行了分类。他在自己的著作《一般旅游论》中分析了旅游行为的原因，把旅游动机分成了心理动机、精神动机、身体动机和经济动机等 4 个类型。

1950 年，日本学者田中喜一在格理克斯曼对旅游动机分类的基础上，在《旅游事业论》一书中，对上述四种类型的旅游动机进行了进一步的细分，包括：

1）心理的动机：出于思乡心、交游心、信仰心。

2）精神的动机：出于知识的需要、见闻的需要、欢乐的需要。

3）身体的动机：出于治疗需要、保养需要、运动需要。

4）经济的动机：出于购物的需要、商业的需要。

这种分类方法的优点在于每种动机的内容都比较具体明确，但是心情动机与精神动机等等混为一谈也成了该研究成果的重大缺陷。

2. 约翰.A.托马斯的旅游动机分类

1964 年 8 月，美国学者约翰·A.托马斯（John A.Thomas）在《美国旅行代理人协会旅游新闻》上发表了《是什么促使人们旅游》一文，他把人们的旅游动机划分为 4 大类共 18 种旅游动机。

1）文化教育动机：去看看别的国家人民的生活、工作和娱乐，去某些地方参观，去进一步了解新闻正在报道的事件，参加特殊活动。

2）休息和娱乐动机：摆脱单调的日常生活，去好好的玩一次，去追求某些与异性接触的浪漫经历。

3）种族传统动机：去瞻仰祖先的故土，去访问家人或朋友曾经去过的地方。

4）其他动机：天气，健康，运动，经济，冒险，胜人一筹的本领，顺应时尚，参与历史。

约翰·A.托马斯的研究为我们提供了重要的思路，但对这些动机的解释却存在着各种各样的怀疑。

3. 罗伯特·W.麦金托什的旅游动机分类

1977年美国学者罗伯特·W.麦金托什（Robert W.Mcintosh）在他与格普特合著的《旅游的原理、体制和哲学》一书中，把人们的旅游动机划分为4种基本类型。

1）健康动机：包括休息、运动、游戏、治疗及其他与身体健康直接有关的动机，此外还可包括医嘱和建议：洗矿泉浴、药浴及健康恢复活动。这类动机的共同特点是通过身体的活动消除紧张和不安。

2）文化动机：即了解和欣赏其他国家的文化、音乐、艺术、民间风俗、舞蹈、绘画和宗教等。这类动机表现出一种求知认识的欲望。

3）交际动机：包括接触其他民族、探亲访友、结交新朋友，以及摆脱日常事务、摆脱家庭事务和邻居干扰等。这类动机常常表现出对熟悉的东西的一种厌倦和反感，具有逃避现实和免除压力的欲望。

4）地位和声望动机：出于这类动机的旅游包括事务旅游、会议旅游、考察旅游、求学旅游以及为了个人兴趣所进行的研究等。这类动机的特点是通过旅游交往活动改善人际关系，满足其被承认、被赏识、被尊重以及获得良好声誉的欲望。

这种分类方法把文化动机专门作为一类划分出来，反映了现代旅游发展趋势的特点。

4. 奥德曼的旅游动机分类

1980年，美国学者利奥德·E.奥德曼（Lioyd E.Audman）在《旅游，一个缩小的世界》一书中，把旅游动机划分为8种类型。

1）健康动机：即为了使身心得到调整保养的动机。

2）好奇动机：即出于对人文或自然景观的考察而产生的动机。

3）体育动机：这是参与或观看各种体育运动和比赛而产生的动机。

4）寻找乐趣的动机：即为了游玩、娱乐、度蜜月等原因而产生的动机。

5）精神寄托和宗教信仰动机：即为了朝圣、参加宗教集会或活动、参观宗教中心、欣赏文学艺术、戏剧、音乐等而产生的动机。

6）专业或商业动机：即为了外出考察、公务、经商等原因而产生的动机。

7）探亲访友动机：即为了寻根、归故里、与亲人联系而产生的动机。

8）自我尊重动机：即为了接受邀请或寻访名胜而产生的动机。

这种分类方法各类特点较为明显，但其中的部分内容却较难以划分、归类。

5. 波乃克的旅游动机分类

澳大利亚旅游学者波乃克（Berneker）根据旅游行为的目的差异性，把旅游动机划分为 6 种类型。

1）休养动机：休闲、娱乐、游憩以及异地疗养等动机。

2）文化动机：修学、参观、参加宗教仪式等动机。

3）社会动机：蜜月旅行、亲友旅行等动机。

4）体育动机：参加体育活动或观摩体育比赛等动机。

5）政治动机：进行各种政治庆典的观礼活动等动机。

6）经济动机：参加各种订货会、展销会等动机。

通过几种类型旅游动机的观点分析比较，笔者认为波乃克的分类比较通俗易懂，便于研究和应用。

3.3.2 国内对旅游动机的分类

1. 刘纯的旅游动机分类

学者刘纯 1992 年在《关于旅游行为及其动机的研究》一文中，倾向于旅游行为的多源性动机，认为旅游行为来源自以下 6 种动机。

1）社交的、尊重的和自我完善的动机。通过旅游这一象征性行为，可以结交新朋友，满足个体对爱和归属的需要；旅游活动本身就是个人取得成功与成就的象征，可以通过其获得独立感、自信心和自我舒适感；并从旅游中增长知识和提高审美能力，满足个体自我完善的需要。

2）基本智力的动机。旅游既可以用心理动机，也可以用智力动机来解释，通过旅游有助于满足尚未满足的智力需要，它使人们得以收集周围世界的事实而这些事实在书本上又是找不到的。

3）探索的动机。解释旅游的另一种假定就是好奇心和探索欲望，人的好奇心和探索欲望是天生造就的，并属于较高层次的需要，这种需要可以用登山、滑翔、跳伞、潜水、坐气球或航海来得到满足，也可以通过旅游发现新目标、结交不同的人或了解异地文化等来实现。

4）冒险的动机。大多数健康的人都喜欢冒险，冒险是扣人心弦的，而且常常是属于浪漫色彩的经历，它没有明显的实际价值，这类旅游者通常都有用自己的所有感官来体验世界的强烈欲望。

5）一致性的动机。一致性，即人总是寻求平衡、和谐、一致，力求没有冲突和能够预知未来。不一致则会产生心理紧张。按照一致性理论，在旅游的情境中个体表现出尽量寻找可提供标准化的旅游设施和服务。个体认为那些众所周知的名胜古迹、高速公路、旅馆、餐馆、商店为旅游者提供了一致性，会给旅游者带来和谐舒适感。

6）复杂性动机。根据复杂性理论，旅游者在旅游活动过程中，感兴趣的是力求避免一致性和可知性，而是从在家时的惯常节奏或上次假期旅游经历中寻求一种变化的需要，从而追求旅游给人们不变的生活带来的新奇和刺激，解除由于单调生活而引起的紧张感。

此种分类方法侧重理论假设的分析，而缺乏实证分析和实际应用价值。

2. 邱扶东等人的旅游动机分类

1996年，邱扶东等人使用问卷调查的方法，经过分析把旅游动机分为6种。

1）身心健康动机。包括锻炼身体、增进健康，摆脱日常生活压力，追求丰富的生活情调，忘记不快，回归自然等动机。

2）怀旧动机。包括祭扫先人坟墓，重访自己生活过的地方，探望久别的亲友等动机。

3）文化动机。包括了解异国他乡的风土人情，了解当地人的生活与工作情况，体验民族传统精神，了解民间传说和神话故事等动机。

4）交际动机。包括在异地结交新朋友，可以获得无拘无束的自由行动等动机。

5）审美动机。包括购买地方特色的旅游商品，游览名胜古迹，品尝地方风味小吃等动机。

6）从众动机。顺从主流意见，进行从众旅游的动机。

3. 综合的旅游动机分类

国外和国内的各种分类方法均从不同角度提出了启发性意见。为了更好地理解旅游者的活动规律，认识和预测旅游行为的方向，以便有效地进行旅游业的开发建设，按照产生旅游动机的旅游需要的内容、性质进行分类，则更具有现实意义。根据这一标准，通过对旅游活动及各种旅游动机分类方法的分析研究，可对旅游动机作如下的分类：

1）身心健康的动机。为了暂时摆脱单调紧张的工作和烦琐的家庭事务，通过旅游消除身体的疲劳和心理的紧张感、枯燥感；通过到某地休息、休养、治疗以恢复和增进健康；通过旅游活动或到某地参加体育活动锻炼身体等，都属于这类动机。具有这类动机的旅游者，旨在通过旅游活动来调节身心活动的节律，消除身体的疲劳，消除心理上的紧张、枯燥感和消极的情绪，以及治疗疾病、恢复和增进身体健康。在这种动机下进行的旅游活动，主要是那些能够调节人们身心节律、愉悦身心、增进身心健康的活动，诸如轻松愉快的参观游览活动、文化娱乐活动、不太强烈的体育健身活动以及休养和治疗活动等。

2）探奇求知的动机。这是人们认识和了解自己生活环境和知识范围以外的事物的需要而产生的动机。这种动机要求旅游对象和旅游活动具有新鲜和奇异的特性。具有这类动机者，由于对获得奇特的心理感受和对新异事物认识的强烈要求，即使旅游活动具有某种程度的冒险性，一般也不会成为他们旅游的障碍，甚至冒险性会成为增强这种动机的因素。所以，探奇求知的旅游动机的特点，主要是要求旅游对象和旅游活动具有新异性、知识性和一定程度的探险性。探奇求知的动机包括探求不同文化、不同社会生活方式、自然审美等动机。

3）社会交往的动机。人们为了探亲访友、寻根问祖、结识新朋友而进行的旅游，就是社会交往动机的表现。个人、团体以至政府间的访问，人员间的公务往来、文化技术交流活动，也都包括这种动机的成分。进行任何一种旅游活动，都要接触新的人际环境、发生人际交往并且要依靠这种新的人际交往来实现旅游活动，所以每一个旅游者都不同程度地具有人际交往的动机和要求。具有社会交往动机的旅游者，其特点是要求旅游中的人际关系要友好、亲切、热情和得到关心。

4）求实的经济动机。这是以追求旅游商品的实际使用价值为主要目的的旅游动机。这种动机的核心是"实用"和"实惠"，旅游者在作决策时，特别重视旅游商品经济实惠、价格合理、消费方便等。有些人为了购物专程或绕道而到某地旅游，有些人为了商业或其他企业生产和营销的目的，去某地旅行以至停留相当长的时间，还有人作为企业的代表到某国、某地旅行并长住，这些都是受经济动机的支配。

5）纪念象征的动机。旅游可以作为某种重要事件的纪念，可以象征某种地位、声望和能力。如新婚旅游、结婚纪念日旅游等，就是受纪念性旅游动机的支配。有些旅游活动被人们视为具有较强的象征意义，需要相当的费用和其他社会条件才能成行，人们以追求具有特殊经历和优越社会地位，以此来改变自己在人们心目中的地位和声望。如有人就以出国旅游来引起人们的羡慕。

6）宗教朝觐的动机。这是以宗教活动为目的的旅游活动，指某一宗教的信徒为进行朝拜、求法或举行重大节日而离开居住地的旅行活动。如信奉伊斯兰教的教徒去麦加朝圣，我国虔诚的佛教徒去峨眉山等佛教名山的巡游等都属于这类动机。

旅游动机就其广泛性和重要性而言，可以区分为以上六种基本类型，但这并不排除还有其他的旅游动机的类型。此外，每一个旅游者往往并不只具有一种旅游动机，而是以某种旅游动机为主，兼有其他旅游动机。

补充阅读

旅游，……

旅游，是为了儿时玩地理拼图的一种迷恋；

旅游，是成长中的一份磨炼、一份激励、一份释放；

旅游，是对书本与现实的结合；

旅游，是为了吃到美味的土著小吃；

旅游，是为了与亲人、爱人流连山水间的满心欢喜；

旅游，是生命最后岁月中翻看相册、回味文字的幸福。

旅游，是我们选择的一种生活方式

3.4　旅游动机的激发

动机激发与唤起分为四个层面：生理唤起、情绪唤起、认知唤起、环境唤起，心理学家往往从这四个层面来探讨动机的激发。而旅游动机较为复杂，它将以上四个层面相互交织在一起，所以需要从旅游资源、旅游设施、接待能力、社会环境、旅游宣传方面来论述。

旅游动机是引起旅游行为的动力机制，为了吸引人们从事旅游活动，就要在分析影响旅游动机因素的基础上，采取相应的措施激发人们的旅游动机并产生旅游行为。

3.4.1　旅游动机的影响因素

旅游动机是一种内容较为广泛的社会性动机，因此，旅游动机能否实现要受到多种因素的制约。以下主要从旅游主体、旅游客体和外部条件三方面对旅游动机的影响因素进行分析。

1. 旅游主体因素

影响旅游动机的首要因素是有关旅游主体的各种因素，主要包括旅游需要、旅游知觉以及旅游者自身状况等因素。

（1）旅游动机受主体旅游需要的影响

旅游需要是决定旅游动机的条件。首先，旅游需要的状况决定着旅游动机的强度。一个人对旅游有迫切的需要，旅游动机才会强；旅游需要一般，则旅游动机就比较弱；当然，没有旅游需要，旅游动机就无从产生，则无所谓强弱问题的存在。此外，旅游需要还决定着旅游动机的指向性。旅游需要总要求一定的旅游对象来满足，旅游动机支配主体把选择方向和行为指向能满足旅游需要的目标对象。因此，旅游动机受主体旅游需要的制约，这是明显的。

（2）旅游动机受旅游知觉的影响

符合旅游需要的旅游对象的存在，提供了旅游动机产生的可能性，而把这种可能性转化为现实性，人们还必须对旅游对象有一定水平的知觉。只有在人们知觉到旅游对象的存在，认识和了解到它的内容、方式及其特点和功能，判断它符合并能满足自己的旅游需要对，才能增强旅游动机并把行为指向这一目标。例如，人们到桂林旅游主要是冲着桂林山水去的。旅游知觉是人们接受旅游信息的心理过程，它的产生及接受的信息内容，受信息特点和传递信息的媒介的影响。这种知觉主要是旅游主体通过旅游宣传获得的间接信息，旅游宣传作为旅游需要和旅游对象的中介和桥梁，直接影响旅游主体获得的知觉印象，从而影响旅游动机的产生。

（3）旅游动机受旅游者自身状况的影响

在分析人们的旅游动机时，还必须考察人们的性别、年龄、教育程度、收入和闲暇时间等自身状况因素对旅游动机的影响作用。从性别上看，由于男子和女子在家庭和社会两方面所处的地位和作用不同，在旅游动机上就有一定程度的差别。如男子外出旅游多以公务、经商为目的，女子外出旅游很多是以购物、探亲等为目的。从年龄上看，年轻人较为活跃好动，旅游动机多出自逐新猎奇和求知欲望，中年人在工作和事业上已有一定基础，他们的旅游动机大都倾向求实、求名或出自专业爱好和求舒适享受方面。文化教育程度的高低对人们的旅游动机也有很大影响。文化教育程度高者，喜欢变换环境，较乐于探险猎奇，具有挑战性；文化教育程度低者，常喜欢前往人们较熟悉的旅游点，对于远行常会有顾虑，易产生不安全感。收入水平高、闲暇时间多者，就更倾向于选择休闲度假旅游。

此外，旅游者的兴趣、爱好以及好奇心、想象力等因素也都影响到旅游者的旅游动机。

2. 旅游客体因素

满足旅游者旅游需要的旅游客体主要是指符合旅游需要的旅游对象。旅游对象既可以是自然界的事物，如山川河流等；也可以是社会文化事物，如历史古迹、传统民俗等；还可以是社会、经济以及科学技术发展成就等，如学校、厂矿等。

旅游对象的性质和特性如何是影响旅游动机产生的客观条件，因此，旅游对象首先应当具有吸引力。因为旅游对象具有了吸引力，才能够满足人们的旅游需要，从而导致旅游动机的产生。作为旅游对象必须具有自己的特性，既要不同于人们的日常生活环境，又要同其他的旅游对象相区别，这样才能有比较强烈的吸引力；如果旅游对象与其他的对象雷同，自身毫无特色的话，就不会对旅游者构成强大的吸引力。所以，旅游对象最重要的问题，就是要在客观条件的基础上，做到与众不同。

同时，旅游对象对旅游者需要的满足是一个动态过程。随着旅游业不断向前发展以及人们自身条件不断变化，人们的旅游需要也在发生着不断的变化。如果止步不前，一些以前具有魅力的旅游对象也会在时光的流逝中失去它的吸引力。因此，旅游对象在既有特色的基础之上，应该增加新的内容、新的种类以及新的活动方式来适应不断变化的旅游需要，从而达到增强旅游对象吸引力的效果。

　　3. 外部条件

　　社会环境状况等外部条件也影响着人们的旅游动机。

　　1978 年以后，中国旅游业得改革开放之先，进入了新的发展时期。1978 年 10 月到 1979 年 7 月期间，邓小平同志多次对加快旅游业的发展做出重要指示："旅游事业大有文章可做，要突出地搞，加快地搞"。1985 年旅游作为国家重点支持发展的一项事业，正式纳入国民经济和社会发展计划；1992 年第一次将旅游业确定为第三产业的重点产业；1998 年中央经济工作会议便已做出了将房地产、信息产业和旅游业列为国民经济新的增长点的重大决策；2000 年初全国旅游工作会议上也明确提出把我国建设成为世界旅游强国的宏伟目标，并将 2001 年旅游总收入的增长目标定为 12%。为此出台了一系列重要措施配合，例如加快旅游基础设施建设，出台旅游消费贷款，延长重要节假日休息时间等等。在这些大力发展旅游的思想的指导下，随着我国居民可自由支配收入的不断增加，普遍带动了人们出游的动机。同时，长期的紧张工作以及单调的生活，也会导致人们产生外出旅游、换换环境的想法，从而引发旅游动机。

3.4.2　旅游动机的激发

　　分析和研究影响旅游者动机的目的在于激发其动机，使其动机转化为旅游行为。激发旅游者动机是指将人们已经形成的旅游愿望和需要调动起来，促使他们参加到旅游活动中来。而要激发人们的旅游动机，就必须为人们提供能够满足他们需要的各种条件。这些条件主要包括以下几个方面：

　　1. 旅游资源要具有吸引力

　　人们旅游的目的是通过观赏名胜古迹、自然景观、风土人情、宏伟建筑等来增长知识、扩大视野、陶冶情操，满足身心需要。而身心需要的满足程度在很大意义上取决于旅游资源的吸引力，取决于旅游资源对人的需要的满足程度。只有旅游资源具备了能够满足人的需要的功能和魅力，才能引发出人们的旅游动机。

　　旅游资源要产生吸引力并满足人们的需要，应具有以下几种特性：

　　（1）独特的自然旅游资源

　　个性是旅游资源的魅力之所在。自然界的景色千差万别、丰富多彩，人类社会发展进程的错综复杂、变化万千，以自然现象和社会现象的形式交织在地球表面，由此可以看到许许多多引人入胜的独特景色。这些独特的景色，对旅游者会产生巨大的吸引魅力。

　　（2）特色鲜明的人文旅游资源

　　由于各民族所处的生存环境不同。历史发展进程不同一，社会经济状况各有差异，由此带来各民族生活习惯、风土人情、服饰装束、志趣技艺、宗教信仰、民宅建筑等等的各具一格，烙下了浓厚的民族文化内涵和鲜明的民族个性色彩的印记。对本民族来说习以为常、司空见惯的东西，对其他民族来说则会惊奇不已、充满诱惑力。倘若进入少数民族聚居地区，更会目不暇接、繁花似锦。因此，具有典型民族风格的旅游资源，同样对旅游者充满了吸引力。

（3）旅游地社会经济发展状况

各地区的地理位置、自然环境、社会发展、经济状况、文化水平等的千差万别，会孕育和造就出具有鲜明地域特征的自然景观和人文景观。高纬度地区的茫茫雪原与低纬度地区的郁郁丛林；高原地区的凝重古朴与平原地区的恬静悠然；沙漠戈壁的空旷沉寂与丘陵峰丛的蜿蜒幽奥；以及高山的巍峨与大海的辽阔，等等。这种地域景观带来的巨大差异，亦是吸引旅游者的重要因素。

（4）旅游资源的永续利用性

一个地区储存的矿产资源被开发利用后，其资源储量总是逐渐地被挖掘减少，最后趋于枯竭罄尽，而旅游资源则完全不同。自然景观资源，只要合理地开发利用，妥善保护，就能被持续地利用，永不枯竭；人文景观资源，随着经济、文化和科学技术的不断发展，可不断地复制再现或重新创造出来，如新颖的建筑、商会都市、科教中心等。这种旅游资源的永续利用特征，使旅游资源的内容不断更新，形式不断变化，从而成为吸引回头客或不断吸引新的旅游者的重要因素。

2. 旅游设施的配套完善

旅游设施是形成旅游需要的重要因素之一。旅游设施的范围很广，包括交通设施、食宿设施、游览设施和通讯设施等方面，它们是保证旅游者顺利完成旅游活动的重要条件。而要激发人们的旅游动机，旅游设施应该完善配套，处处使旅游者感到方便。要满足人们的旅游需要，旅游设施的供应能力必须具备下述两个条件：

（1）旅游设施应具有一定的数量。适当而合理数量的旅游设施是保证旅游活动开展的基本条件。也就是说不管是交通设施或是游览设施都应有一个基本要求，能保证旅游者进得来，住得下，玩得开，出得去。否则，只能满足个别人或一部分人的需要，使得大多数人长期得不到满足，大多数人也不会产生前往旅游的需求。

（2）旅游设施能适应不同游客的需要。旅游设施能否满足人们的需要，关键在于设施能否适应不同游客的要求。旅游者是多种多样的，有不同阶层的人，有不同收入水平的人，有不同心理类型的人等等，所有这些不同的旅游者都有不同的要求。因此，旅游设施应能满足不同层次、不同水平、不同类型的旅游者的需要，具有能满足各种游客的供应能力，否则人们也不会形成前往旅游的需要。

3. 旅游业具有相当的接待能力

旅游业的组织接待能力是影响旅游者形成旅游需要的重要因素，相当规模的组织接待能力是吸引和招徕旅游者的有利条件。旅游业的组织接待能力主要体现在以下三个方面：

（1）拥有一定数量的队伍

旅游业方面的组织接待能力，主要是指旅行社的组织接待能力，组织接待能力的重要标志之一就是组织接待队伍的人数多少，一定的数量能够显示出一定的能力。

（2）接待队伍有熟练的业务技巧

激发人们的旅游动机不仅应有较好的旅游设施。还应有优质高效的服务。而为旅游者提供优质高效的服务，首先要求有一支一定数量的素质较高、熟悉业务知识和技能，能够按照顾客和接待工作要求迅速、灵活、准确地提供优质高效服务的队伍。

（3）形成完善的旅游接待系统

旅游接待机构要形成一个系统并与有关部门形成一个网络，达到不论游客何时来，到什么地方去，什么时间都有单位和人员安排游客的食、住、行、游、购、娱等活动条件，使旅游者处处感到方便。

4. 可促进旅游发展的政策及大环境的营造

旅游活动作为较高层次的旅游活动，它的发展离不开国家政策以及社会环境的支持。改革开放以后，随着我国经济的快速发展，人们对旅游活动越来越关注，许多地方将旅游业视为"无烟工业"，并将其作为刺激当地经济发展的措施加以强调，甚至许多地方都将旅游业作为其支柱产业，借助"政府搭台、企业唱戏"的旅游招商活动，使更多的人参与到旅游活动中来。因而国家或地区的旅游发展政策是激发人们产生旅游动机的很重要的条件，我国近年来出现的每年三个"黄金周"就充分体现了国家政策及大环境对人们出游动机的影响。21世纪前20年，中国旅游业将以更加成熟的姿态进入一个全新的历史发展阶段，在国际政治经济环境总体稳定和国内深化改革，扩大开放，经济持续、快速、健康发展，社会繁荣安定，人民生活稳步提高的宏观环境下，我国确立了从亚洲旅游大国发展成为世界旅游强国的发展目标。这都将在客观上刺激旅游活动的产生和不断发展。

5. 加大旅游宣传力度

（1）旅游宣传的作用

旅游宣传对人们旅游动机的激发起着关键性的作用。一方面，旅游宣传能够提供给旅游者以情报信息，使人们对旅游目的地有所了解，树立良好的旅游目的地旅游形象，引起人们的旅游兴趣，影响人们的旅游态度，增强旅游目的地在人们心目中的吸引力，从而激发人们的旅游动机。世界上一些旅游发达国家每年均耗资数百万美元，派出宣传队伍去一些主要客源国家，采取展览、演出、表演、举行记者招待会等各种形式，来吸引观众、招徕游客。被誉为"旅游王国"的西班牙，每年接待外国游客4000多万人，为全球之冠，他们总结旅游业能保持优势的一个重要原因是"精心的、高质量的和有效的宣传"。美国旅游业每年平均花220万美元用于在英国进行宣传，结果每年吸引了220万英国旅游者。另一方面，旅游宣传还可以降低旅游风险知觉，增强安全感和依赖感，稳定旅游者的决定。通过旅游宣传可以在潜在旅游者中建立和保持自己经常性旅游产品的形象，消除人们对旅游地的陌生感和做出旅游决定时的疑虑，巩固和稳定旅游者前往旅游的信心。一些国家的旅游企业利用各种形式进行宣传，他们的宣传广告在街头、机场、报刊、电视、饭店、餐馆、游乐场以及其他公共场所随处可见，图文并茂、印制精美的各种宣传品随手可取。有的旅游企业还派出常驻代表，开设担负宣传招徕任务的办事机构，向国外散发各种印刷精美的广告宣传品，在报刊、电视上登载或播放广告，甚至举办旅游博览会、记者招待会等，大力开展各种类型的旅游宣传活动。

（2）旅游宣传的原则

在旅游业蓬勃发展的今天，旅游宣传直接影响着人们的旅游动机，要使旅游宣传获得满意的效果，达到吸引旅游者效果，应当遵守以下几条原则：

1）真实性原则。旅游宣传的生命在于真实，既要引人入胜，又要传达真实信息，更重要的是要获得游客良好的口碑宣传。因此，旅游宣传既要有绘声绘色的现场描述，更要实事求是，语言中肯，符合事实，真实性是旅游宣传的生命线。如"中国河南：功夫的摇篮"就真实的反映了河南是少林拳和陈式太极拳的发源地。

2）针对性原则。由于旅游者的文化背景不一，年龄不同，成分复杂，喜好各异，要吸引到更多的旅游者，旅游宣传只有研究游客心理，研究客源市场的组成层次、需求内容，有计划、有目标地进行旅游宣传的策划，才能对潜在的旅游客源市场产生较好的影响，切实引起旅游者注意，提供满足游客感兴趣的内容，形成较强的吸引力。如荷兰有一家旅行社针对新婚夫妇就北极旅游展开宣传："请到北极来度蜜月吧，因为这里的夜长达24小时。"达到了很好的效果。

3）形象性原则。要满足人们的旅游需要，首先要激发、调动人们的旅游产品购买动机。旅游宣传通过通俗易懂、生动的语言描述，引人入胜的场景画面，一系列创意构思，激发人们丰富的想象力，使旅游产品的形象油然而生，并深深印在游客的脑海中，促使游客在确认购买旅游产品的过程中，由旅游动机转化为购买行为。如中国杭州采用了"平静似湖，柔滑似纱"的宣传口号，就形象的反映了杭州的特质。

4）创新性原则。求新、好奇是人们进行旅游的重要动机之一，身在其中的景观不会引起人们的注意，旅游资源的不断开发和利用，为旅游宣传注入了新的生命活力，旅游宣传要不断充实完善，推陈出新。旅游宣传的设计新颖别致，才能引起人们的关注，起到促销旅游产品的作用。如黑龙江针对其寒冷冬季的冰雪旅游产品，打出了"激情燃烧在零下20度"的宣传口号，给人以眼睛一亮的感觉。

5）及时性原则。人们的旅游活动只有在相对稳定的社会环境中才能进行，而社会环境的千变万化，会对旅游经济产生决定性的影响，因而旅游宣传必须抓住有利时机进行，一旦时机错过，便会丧失旅游产品的促销机会。如辽宁的大连市就抓住北京2008年举办奥运会的机会，提出了"比赛在北京、观光在大连"的口号赢得了先机。

6）人性化原则。旅游宣传直接作用对象是潜在的或者是现实的游客，因此旅游宣传一定要注意宣传的亲和力，给予更多的人性化的关怀。如"夏威夷：微笑的群岛"、"加拿大：越往北越使你温暖"就充分的体现到了这一点。

总之，人们的旅游动机很大程度上取决于旅游资源、旅游大环境、旅游服务以及旅游宣传等条件。因而，作为旅游工作者应该深深懂得，开发什么样的旅游资源，提供什么样的旅游设施和服务，采用什么样的旅游宣传才能激发人们的旅游动机，满足人们的旅游需要，调动游客旅游的积极性，这是非常重要的。旅游动机的激发与旅游资源要具有吸引力。

补充阅读

2003年12月27日洛杉矶《星岛日报》（中文报纸）刊登神州假期旅行社（美国）推出"全新行程"的广告。神州假期的宣传口号是："行程可以模仿，品质绝不相同。"

神州假期向旅行者推出"六大品质保证"。读者从这些保证中可以推想到美国旅游者（尤其是华人）对于小费和购物有一定担心，也可以知道购买意外旅行保险的重要，以及安排品尝地方风味的价值。六项品质保证内容如下：

1）保证出发：确保旅行品质，每团限定参加人数。

2）住宿中国各地最佳旅馆（或最佳之一），并且在市中心，便于客人探亲及商务活动。

3）保证餐饮品质，每地提供当地名菜风味一次，并有丰富娱乐节目。

4）具有专业的导游全程随团服务，我们严格执行不可强行索取小费制度。

5）严格控制各地购物活动，杜绝假伪商品，执行先观光后购物，每地一点，每点一小时为限。

6）我们为客人购买意外旅行保险及国际航段的飞行意外保险。

神州假期的旅游宣传是充分地站在游客的角度上来考虑的。它着重强调了自己能够为游客提供什么样的优质服务，从而使游客感受到一种人文主义精神的关怀。

3.5　旅游动机理论基础

目前，有关人类动机的解释很多，形成了许多不同的学说。这些理论包括本能说、精神分析说、需要层次论、动因理论、双因素理论、唤醒理论、需要的单一性和复杂性及好奇心理论等。这些理论分别从不同的侧面对动机的形成及其对人类行为的影响提出了解释，也都部分地反映了人类行为的现实和旅游动机的本质。

3.5.1　本能说

本能说是解释人类行为的最古老的学说之一。最初的本能理论只不过是人们对所观察到的人类行为予以简单命名或贴上标签而已。例如，20世纪初，美国心理学家 W. 麦杜格尔（W.McDougall）提出人类具有觅食、性欲、恐惧、憎恶、好奇等一系列本能。按照本能说的解释，人生来具有特定的、预先程序化的行为倾向，这种行为倾向完全由遗传因素所决定，无论是个人还是团体的行为，均源于本能倾向。换句话说，本能是人类一切思想或行为的原动力。

本能行为必须符合两个基本条件：①它不是通过学习获得的；②凡是同一种属的个体，其行为表现模式完全相同。像蜜蜂将蜂巢筑成六边形，蝙蝠倒挂着睡觉等都属于本能行为。人类也有很多本能行为，如婴儿天生就对母亲的特殊反应倾向，对黑暗的恐惧感等。但是，在复杂的人类行为中，本能行为只是很小的一部分，而且许多被视为"人类天性"的行为也可以通过后天的学习来改变。因此从营销的角度来看，理解这种行为的价值在于，可以基于消费者的本能行为设计出更有效的营销刺激。例如，在儿童旅游景区自由、开心游玩的广告画面中，运用儿童可爱的形象往往能够激发父母对孩子的爱，也容易赢得一般受众对广告和广告产品的好感，从而增强广告的效果。

3.5.2　精神分析说

精神分析说的创始人是奥地利精神病学家、心理学家弗洛伊德（Freud）。其精神分析学说后经弗洛姆（Fromm）、荣格（Jung）、阿德勒（Adler）等加以修正和发展，形成了一个庞大的思想体系。虽然他们各自有许多不同的看法，但在重视对无意识的研究，将无意识视为人类行为的根本性决定因素这一点上持基本相同的看法。

弗洛伊德认为，人的精神由三部分构成：意识、前意识和潜意识。意识是与直接感知有关的，为我们所感知的要素或成分。潜意识是指个人的原始冲动和各种本能以及由这种本能所产生的欲望，它们为传统习俗所不容，被压抑到意识阈限之下，是人的意识无法知觉的心理部分。前意识是介于意识与潜意识之间，能从潜意识中召回的心理部分，是人们能够回忆起来的经验，它是意识与潜意识之间的中介环节与过渡领域。弗洛伊德进一步认为，要理解人类行为背后潜藏的动机，只分析意识和前意识层次是不充分，也是不恰当的，而应当深入到潜意识的层次。

弗洛伊德还提出了对人格结构的看法，他认为人格结构由三大系统组成，即本我、自我和超我。其中，本我处于人格结构的最底层，是最原始、最隐秘、最模糊而不可及的部分，它不受任何理性和逻辑准则的约束，也不具有任何价值、伦理、社会和道德的因素，它的唯一机能是躲避痛苦，寻求快乐。实际上，本我所反映的是人的原始的欲望和冲动，是人的生物性的一面。本我凭借冲动行为和想象、幻想、幻觉、做梦等途径予以实现，消除紧张，但这样做并不能真正满足人自身的需要与欲望。相反，冲动还会导致外界的惩罚，反而增加紧张和痛苦的程度。

因此，人只有靠适应和支配外界环境，才能满足自己的需要与欲望。人与环境的交往要求形成一个新的心理系统，即自我。自我是在本我基础上分化和发展起来的，是幼儿时期通过父母的训练和与外界交往的过程中逐步形成的。它是人格结构中的行政管理机构，是本我与外界环境相连接的中介。它一方面要立足于本我，反映本我的要求，实现本我的意图，但另一方面又不能赤裸裸地反映这些意图与要求，而要正视现实条件，考虑社会需要，把本我的冲动纳入社会认可和条件许可的范围之内。

超我则是人格结构中专管道德的心理系统，它是人在儿童时代对父母道德行为的认同，对社会典范的效仿，接受传统文化、价值观念、社会理想的过程中逐步形成的。超我以"自我理想"和"良心"为尺度，提示人们该做什么，不该做什么，主动压抑自我的原始冲动，观察、评判自我，并通过精神性和生理性手段奖赏与惩罚自我。因此，超我为人类的一切本能冲动设置了最后的也是最严密的防线，它反映了人的社会性的一面。

上述三大系统作为一个整体，只有相互协调，才能使人有效地与外界环境交往，使人的基本需要与欲望得到满足。反之，会使人处于失常状态，降低活动效率，甚至危及人的生存与发展。总之，在弗洛伊德看来，人类可以通过自我意识对本我潜意识的不断调整，通过超我对自我的作用，使本能欲望在现实交往中得到满足，并使之纳入符合社会理想和良心的范畴，升华为人类生活中较高尚的目标。

3.5.3　需要层次论

美国著名的人本主义心理学家马斯洛认为，人的一切行为都是由需要引起的，他在 1943 年出版的《调动人的积极性的理论》一书中提出了著名的需要层次论。马斯洛把人的多种多样的需要归纳为五大类，即为生理需要、安全需要、社交需要、尊重需要和自我实现需要，并按照它们发生的先后次予分为五个等级（如图 3.2 所示）。

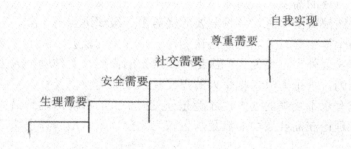

图 3.2 马斯洛将需要层次理论

1. 生理需要

这是人类最原始的也是最基本的需要，包括饥、渴、性和其他生理机能的需要，它是推动人们行为的最强大的动力。只有在生理需要基本满足之后，高一层次需要才会相继产生。

2. 安全需要

当一个人生理需要得到满足后，满足安全的需要就会产生。个人寻求生命、财产等生活方面免于威胁、孤独、侵犯并得到保障的心理就是安全的需要。

3. 归属与爱的需要

这是一种社会需要，包括同人往来，进行社会交际，获得伙伴之间、朋友之间的关系融洽或保持友谊和忠诚，人人都希望获得别人的爱，给予别人爱，并希望为团体与社会所接纳，成为其中的一员，得到相互支持与关照。

4. 尊重的需要

尊重的需要包括受人尊重与自我尊重两方面：前者是希求别人的重视，获得名誉、地位；后者希求个人有价值，希望个人的能力、成就得到社会的承认。

5. 自我实现的需要

自我实现的需要是指实现个人理想、抱负，最大限度地发挥个人能力的需要，即获得精神层面的臻于真、善、美至高人生境界的需要。马斯洛认为：为满足自我实现的需要所采取的途径是因人而异的。有人希望成为一位理想的母亲，有人可以表现在体育上，还有人表现在绘画或发明创造上……简而言之，自我实现的需要是指最大限度地发挥一个人的潜能的需要。

　　人类的需要层次，马斯洛是按照三条原则加以安排的。首先，人类基本的需要必先得到满足，然后才会进一步追求较高层次需要与满足。其次，人类需要与个体生长发展密切相关。人出生时，最主要是满足生理需要，然后逐渐考虑到安全、归属、自尊的需要，最后才追求自我实现的需要，因此，个人的需要结构之发展过程是波浪式的演进，各种需要的优势由一级演进至另一级。第三，人类需要的高低与个体生存有关。马斯洛认为，一个理想的社会，除了应该满足人们的基本的生理需要外，还要使人们满足较高层次的需要，并鼓励个人去追求自我实现。我们认为，一个人只有把个人的需要和国家的需要以及社会发展的需要联系起来，才能有永不衰竭的动力，才能充分发挥个人的潜能，达到最大限度的自我实现。这一理论在需要层面的满足与否较为完整、系统地解释了旅游动机、旅游行为。

3.5.4　动因理论

　　动因理论是在 20 世纪 20 年代被提出来的。该理论认为，人的行为与动物行为的相似之处在于它们都是由于内部刺激而引起的，与本能说不同的是，它强调经验和学习（而不是遗传的本能）在行为反应中的核心作用。

　　依据伯考威茨（Berkowitz）的观点，动因是由于个体生理或心理的匮乏状态所引起并促使个体有所行动的驱动力量。动因为个体摆脱匮乏状态的各种活动提供能量，它总是与个体生理或心理上的失衡状态相联系的。在动因的驱使下，如果所采取的行动能够使个体消除匮乏感，使其产生愉快和满足的感受，个体就会在记忆中建立某种刺激（匮乏感）与一定行为（能消除这种匮乏感的行动）之间的联结；当同样的刺激出现时，他就会作出相同的行为反应，进而形成一种习惯。这个过程实际上就是行为学习的过程。所以，动因理论认为，动因为行为提供能量，而学习中建立的习惯决定着行为的方向。

　　美国学者霍尔（Hall）提出的 $E = D \cdot H$ 式实际上反映了动因理论的基本观点。公式中，E 表示从事某种活动或某种行为的努力或执著程度，D 表示动因，H 表示习惯。霍尔的公式表明，消费者追求某种产品的努力程度将取决于消费者由于匮乏状态而产生的动因以及由观察、学习或亲身经历所获得的关于这一产品的消费体验。霍尔特别强调建立在经验基础上的习惯对行为的支配作用。他认为，习惯是一种习得体验，如果过去的行为导致好的结果，人们有反复进行这种行为的趋向；过去的行为如果导致不好的结果，人们有回避这种行为的倾向。

3.5.5　双因素理论

　　双因素理论是由美国心理学家弗雷德里克·赫茨伯格（F.Herzberg）于 1959 年提出来的。20 世纪 50 年代末期，赫茨伯格和他的同事们对匹兹堡附近一些工商业机构的约 200 名工程师、会计师等专业人士做了一次调查。调查显示有两类不同的因素影响人们的工作行为:一类是保健因素,它导致对工作的不满,主要包括企业政策与行政管理、监督、工资、人际关系及工作条件等因素;另一类是激励因素,它能带来工作满意感,主要有成就、认可、工作本身的吸引力、责任和发展五个因素。

赫茨伯格认为,保健因素对人的行为不起激励作用,但这些因素如果得不到保证,就会引起人们的不满,从而降低工作效率。激励因素则能唤起人们的进取心,对人的行为起激励作用。要使人的工作效率提高,仅仅提供保健因素是不够的,还需要提供激励因素。例如,某个单位可能发现,它为员工提供的工资、福利待遇和生产、生活条件越来越好,但员工的工作热情和积极性却不仅没有提高,反而还有明显的下降。这种结果通常就是因为激励因素不到位而引起的。

赫茨伯格双因素理论对于分析消费者行为和营销策略的选择也是有意义的。例如,产品的基本功能或者功能价值,往往可以看作是一种保健因素。如果一件产品不具备某些基本的功能价值,就会导致消费者的不满。比如收音机杂音较大,电冰箱不制冷,洗衣粉去污力太差等,都会使消费者产生强烈的不满,并可能因此而采取不利公司的行为(如把不满告诉其他消费者、转换品牌、向媒体或监管部门投诉等)。另一方面,产品具备了某些基本功能和价值,也不一定能保证消费者对其形成偏好或忠诚。要使消费者形成偏好或忠诚,还需在基本功能或价值之外,提供某些比竞争对手更优秀的东西,比如某种产品特色,更具个性化的产品,或者更有内涵和象征价值的品牌形象等。

3.5.6　诱因理论

20 世纪 50 年代提出的诱因理论认为,不仅为部动因引起行为,而且诱因这样的外部刺激也引起行为。一项剥夺老鼠食物的实验表明,在没有呈现食物的情况下,有食物剥夺和没有食物剥夺的老鼠表现出同样的活动水平;当呈现食物时,前者较后者有更加积极的反应。这一发现表明,诱因或外部刺激对行为的作用是存在的,而且与动因理论也是相容的。

诱因论与动因论的一个很大不同,是前者侧重于从外部刺激物对行为的影响来分析行为动机,后者则主要从个体的内部需要寻求对动机和行为的解释。需要注意的是,诱因论并没有否定个体内在动机的地位与作用,而只是将关注重点放在潜伏于个体身上的内在动机在多大程度上能够被特定的外在刺激物所激活和引导。从这个意义上讲,诱因论并不排斥动因论,而可以看作是对后者的补充与发展。

诱因理论对于营销实践的意义在于,消费者的内在动因是不可控制的,而诱因或外部刺激变量却是可以控制的,因此可以通过对刺激物的操纵,达到影响消费者行为的目的。例如,旅游商品生产企业可以通过外形、色彩的精心设计,给旅游者以美感，激发他们的购买欲望。酒店可以通过氛围的营造，如空间、色彩、背景音乐、气味等的组合运用，给消费者以品位、优雅、舒适的享受，进而增加他们的胃口和食欲。又如，企业也可以通过可靠的产品质量、完善的售后服务，争取和强化消费者的重复购买行为。总之，旅游企业可以通过对营销工具有效的组合运用，引导消费者的预期或奖惩消费者的特定行为，达到营销的目的。

3.5.7　唤醒理论

依照传统动因理论，人的行为旨在消除因匮乏而产生的紧张，但人类某些追求刺激和冒险的行为，例如登山、探险、看恐怖电影等，恰恰是为了唤起紧张而不是消除紧张。这类现象是动因理论所无法解释的。为此，一些学者提出了唤醒理论，认为个体在身心两方面，各自存在自动保持适度兴奋的内在倾向：缺少时寻求增高，过度时寻求减低。

所谓唤醒是指个体的激活或活动水平，即个体是处于怎样一种唤醒或活动反应状态。人的兴奋或唤醒程度可以很高，也可以很低，从熟睡时的活动几近停止到勃然大怒时的极度兴奋，中间还有很多兴奋程度不等的活动状态。刺激物的某些特性，如新奇性、模糊性、不确定性等均可以引起人们的兴奋感。根据唤醒理论，个体将偏好那些具有适度唤醒潜力的刺激物，追求具有适度不确定性、新奇性和复杂性的刺激物，使其唤醒或兴奋水平的起伏保持在一定的范围之内，使之既不过大也不过小。

唤醒理论可以解释许多消费者行为。比如，对某一品牌形成忠诚的旅游者在连续选择该品牌企业一段时间后，往往会由于对该品牌的"饱和感"，去尝试新的品牌。如果后者没有特别的吸引力，该旅游者又会回复到原来的品牌。又如，唤醒理论可以很好地解释消费者有时大量搜集信息，对产品或其他营销刺激具有积极的参与，而在另外一些情况下，不作任何信息收集，只是习惯性重复购买的行为。一些企业发现，在宣传旅游企业产品时，隔一段时间对广告的版本或表现作稍许变动（广告主题不变），广告效果会更好，也与唤醒理论的解释是一致的。

3.5.8　需要的单一性和复杂性及好奇心理论

人的需要既有复杂性，也有单一性。持单一性需要的观点认为，人们在生活中总是寻求平衡、和谐、相同、可预见性和没有冲突，任何非单一性都会产生心理紧张，从而设法防止这种由于意外产生的威胁。按照单一性理论，旅游者在旅游过程中会尽量寻找可提供标准化的旅游设施和服务。持复杂性需要的观点认为，需要产生的实质是人们追求新奇、出乎意料、变化和不可预见性等。人们之所以追求复杂性需要，是因为这些复杂性东西的本身就能给人带来满足。追求复杂性需要的旅游者，总是希望得到与他在家所习惯的和他在以前旅游中所经历的不相同的东西。

单一性过多会使人产生厌倦，复杂性太多又会使人过分紧张，以至恐惧，理想的方式是选择两者的平衡。如图 3.3 所示。

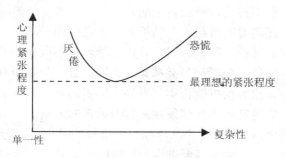

图 3.3　需要的单一性和复杂性关系

这一理论说明人类在面对陌生或复杂刺激时所产生的一种趋近、探索，以求明白、理解和掌握的心理倾向。旅游者既有单一性需要，即旅游者在旅游中要寻求平衡、和谐、相同、可预见性和没有冲突；也有复杂性需要，即追求新奇、出乎预料、变化和不可预见性。旅游活动应该是单一性和复杂性的平衡：中等强度的不确定性是诱发兴趣和维持最适合动机的条件。

上述八种动机理论从各个层面解释了动机与行为的关系，也提供了进一步研究旅游动机的理论框架，旅游动机的理论研究还有待于进一步深入。

本 章 回 顾

关键术语

1．旅游需要（tourism need）
2．旅游动机（tourism motivation）
3．双趋冲突（approach-approach conflict）
4．双避冲突（avoidance-approach conflict）
5．趋避冲突（approach-avoidance conflict）
6．多重双趋冲突（double approach-approach conflict）
7．旅游主体（main body of tourism）
8．旅游客体（tourism object）
9．旅游宣传（tourism publicizing）

小结

本章在分析需要概念的基础上，导出了旅游需要和动机的概念，进而引出了旅游动机的概念并分析了旅游动机的产生及其基本特征。接着对国内外学者对旅游动机的分析进行了总结归纳。最后探讨了影响旅游动机的种种因素并有针对性的提出了激发旅游动机的措施。

旅游需要是多种多样的，是很复杂的社会心理现象。旅游动机产生不仅仅要有内在需要条件，还需要有引起旅游动机的外在条件即诱因的存在。旅游需要与旅游动机既相互联系又相互区别。国内外很多学者从不同的角度对旅游动机进行了分析和归类。尽管这些分析和归类都具有共同之处，但是所有的归类方法都难以达到一致的效果。旅游动机能否实现受许多因素的制约。从大的方面来讲，主要受到旅游主体、旅游客体和外部条件三方面因素的影响。

激发旅游者的旅游动机，需要从增强旅游资源的吸引力、完善旅游设施配套、提高旅游业的接待能力、营造可促进旅游发展的政策及大环境以及加大旅游宣传力度等方面入手。

旅游动机的理论基础为：本能说、精神分析说、需要层次论、动因理论、双因素理论、诱因理论、唤醒理论、需要的单一性和复杂性及好奇心理论。

案 例 分 析

美国诺思通公司：为您营造一个令人心动的地方

（一）商店内部

一位女士走进新泽西的一家诺思通店，先在商店外的咖啡吧里喝了一杯咖啡。然后，她走进商店，来到服装部，停下来看一些丝质服装。然后她走向了咨询台，她前面有一位男士，正在询问旅馆的事。他走开后，这位女士询问了一个朋友的情况，并在花园饭店订了座位（饭店在商店的第三层）。当她走向扶手电梯时，停下来与一群休息的购物者闲聊了几句，他们坐在休息区的皮沙发和椅子上，听一位男士弹钢琴。

在上升的扶手电梯上，这位女士扫视着各层卖场，看着环绕电梯的展示品。她停在二楼，直接走向化妆品部，并在那里停留了很长时间，试用一种新化妆品。她的下一站是诺思通的 SPA 馆，在那里预约了做面部护理、修指甲和按摩。然后她买了一双鞋和一件与之相配的衣服，吃了午餐，再去做了 SPA，就这样她一直在购物广场待了好几个小时，没有踏出诺思通一步。那正是诺思通想要的，也是理想的诺思通购物体验。在诺思通，男男女女不仅仅购买商品，也是来放松和休闲的，他们的诺思通信用卡随时备用。

这种场面并不是偶然才发生。商店内部，包括楼层、设计、展示台，当然还有商品，都是诺思通为客人服务的一方面。诺思通知道如何在店中为客人创造"难忘的体验"，这是任何与客人直接打交道的商店都要注意的。

不像以前的客人，现在很少有人为了乐趣而去购物，购物者表明他们不想在上万平方英尺的店面中去搜寻自己想要的东西。在20世纪70年代,购物还是一种乐趣;在80年代,则是寻找流行商品;现在,则是一种任务:发现、购买、离开。西奥多教授在《纽约时报》上写道:"我们愚蠢地把客人的时间看作免费的商品,就像以前对待珍贵的空气和水一样满不在乎,这种代价是很大的。"

因此,为了适应时代变化和新的消费习惯,诺思通继续改进商店设计,强调要为客人节省时间,这样客人就可以尽可能快地进入商店,买了东西迅速离开。1994年开业的一家诺思通店只有两层而不是通常的三层。约翰说:"当我们设计一家商店时,许多供货商都不想到三楼,他们都想在一楼,如果不能在一楼,他们也想在二楼。"他认为"不必考虑把商店建得尽可能大,我想使它们小一些,更有效些,尽量利用每一平方英尺,而不是让它们大,再大,更大"。

诺思通另一个对客人更有利的尝试是,在一些化妆品部的展示区采取开放式展台。传统的玻璃柜台被"I"形柜台所取代,每一端都有一个化妆台,中间是产品、宣传手册和价格标签。这种开架销售的想法源自一个客人关注小组,当时有一些参加者说,她们不在化妆品部购买化妆品,因为她们发现在那儿购物时,总会有被迫购买的感觉。

诺思通负责化妆品部的副总裁戴尔说:"她们感到一走向柜台,就有种被迫购买的感觉,不能好好浏览化妆品,也看不见价格标签,她们不得不询问售货员。我们进行开架销售,这样客人可以自由浏览或得到帮助。她们可以轻易接触到商品,还有试用品。在如今这个时代,客人太忙了,我们必须为她们着想。我们并没有减少售货员,因为我们仍然想提供最好的服务。"在新店的化妆品部,诺思通还修建了一个专门的化妆品活动室,客人在那里可以得到专门的美容指导。

(二)商店内外

诺思通总是强调商店建筑外观的重要性,而购物中心的其他商店多数则不大注意面向购物中心停车场的橱窗设计,诺思通总是同样重视这些橱窗,因为这可以让整个商店更开阔,更明亮。同样,公司经常修建朝向客人服务区的窗户。

诺思通商店的建筑风格并不是千篇一律的,这样是为了配合他们的新邻居,只要可能,商店的建筑风格就会多样化,从南加利福尼亚圣巴巴拉商店的风格,到华盛顿特区附近商店的拱形入口和双重斜坡屋顶等。商店内部还经常展示当地艺术家的作品。

诺思通商店的环境不是只为精英服务的,因为公司想吸引尽可能多的客人。这源自诺思通家族在西雅图的根,而西雅图是一个以平等主义和中产阶级品味自豪的城市。布鲁斯喜欢谈到他的母亲在80岁高龄时还是喜欢去能够吸引年轻人的商店购物,因为她不喜欢只吸引老人购物的商店。布鲁斯说,她喜欢购物时,旁边的人知道正在流行什么服装,如果我们只是一家老式商店,只卖她想要的东西,那么她就不会喜欢那种氛围。

诺思通卖给有品位的人有品位的服装，莫利在《60分钟》报道诺思通时这样说。服装、鞋和妇女全套衣饰中的小配件在不同商店出售，这主要根据客人的年龄、品位、个人风格和能承受的价格而定。商店周围有足够多的年轻男女有能力购买（60美元及以下）的商品。部门是根据生活方式来设置的，例如，实用（savvy）部代表年轻、快乐和时尚。另一方面，精品收藏部（collectors）针对购买设计师品牌服装的客人，如卡尔文·克莱设计的服装等。精品收藏者是指那些购买设计师品牌服装的女性，她们是美好事物的鉴赏家，对艺术和文化潮流很感兴趣。男装部商品从廉价运动服到羊毛西服均有。鞋类部经营范围从便宜的船形鞋到昂贵的意大利露跟女鞋。因为公司知道，价格对许多客人来说仍然是一大问题，标签很有策略性地张贴在商店入口，让客人知道，与竞争对手同类商品相比，"诺思通价格最低"。

（三）舒适与方便

甚至在客人进入商店之前，诺思通就已经在为他们着想，停车场总是在合适的步行距离之内。负责商店规划的副总裁戴维说："我们尽量使影响扩展到商店的周边，保证客人在停车场也能得到很好的服务。"在销售旺季，诺思通会指派员工去引导客人停车。

便利和开放是诺思通商店设计的标志。约翰说："当客人第一次来到我们店时，我们会在15秒内让他们感到兴奋。首先，他们能不能在狭窄的通道中不受阻碍地在店中漫步？当他们走在通道时，另一位客人迎面而来，他们是否有足够的空间交错而过？如果答案是否定的，就会有问题。他们可能没有看到一件漂亮的毛衣，反而被踩了一脚。当他们想到我们的商店时，不会联想到拥挤，而认为这是一次愉快的经历。那将价值几何呢？"

因此，诺思通想让客人尽可能便利地在整个商店中购物，并让售货员帮助他们。各个部门是精心设置的，对商店中的商品也重新进行组织，并根据生活方式更清楚地分类，售货员能够以诺思通模式为客人提供服务。

这些细节让购物者的体验是舒适而便利。过道为客人提供充足的空间[为了坐轮椅的客人或带有（折叠式）婴儿小推车的客人可以四处浏览]，并且让客人可以自由地在商店走动直到每个部门的中心。诺思通相信，如果你可以引诱客人走到商店后面，那么他们更有可能购买东西。约翰说："如果有人想走遍全商店，他们也不用担心拥挤，即使在最繁忙的时候。这一点非常重要，因为有时那是客人最集中的时候。"

为了让带有（折叠式）婴儿小推车的客人或坐轮椅的客人更方便地在商店内走动，电梯附近的等候区和电梯都比普通的大。诺思通商店通常有两部自动扶梯，可以为客人提供更快捷的服务。如果一部出了问题，第二部还可以备用。自动扶梯有42英寸宽，而其他百货公司的只有36英寸，这样就有足够的空间让夫妻或孩子一起乘坐。为了更容易找到某一部门，诺思通引入了电子商店目录和地图帮助客人找到他所想要到的部门，并告诉他从他当时的位置如何到达。这些目录最先由诺思通开发，1994 年引入布卢明顿商店。在更新的店中，收银机有拉出式清单，可以让坐轮椅的客人更方便付款。

不像其他百货公司用墙壁或分隔物把部门分开，诺思通的许多部门是独立的，它们通过轻质悬墙、二级过道和带软垫的休闲座分隔开，每个部门用家具布置得温馨和谐，还有专门定制的招贴画。服装和鞋子陈列在经常变化的展示台上，让经常来的购物者有新鲜感。在整个商店，所有商品都用活动式投射灯照明以增加其吸引力。尽管有的零售商店学会了应用灯光，但很少有商店像诺思通那样应用得有创意和广泛。

布鲁斯说："我们花了大量的钱在商店中，尽量使每平方英尺一样重要，而不仅仅是商店的前部。过去，我们习惯把所有东西挤在前面，商店的后面只有售货员。那样做不对，可以更充分利用空间。我们可以放更多的商品在店面中，因为我们利用了商店的后部。"现在，沿着墙，商品都用投射灯照亮，更有浪漫气息，就像画廊中的艺术品。

在延长的过道末端，诺思通总是安排一些功能区，例如礼品部、饭店或休闲室，而不是使过道延伸至墙。约翰说："如果另一端什么也没有，客人就会觉得没兴趣。但是如果那里有什么，他们就想去看看到底是什么。"

舒适与放松，是诺思通宽敞的化妆间、试衣间和客人休闲室设计的指导原则，里面都安放着舒服的椅子或沙发。商店中更时尚的成衣部门的试衣间中有桌子、台灯和电话。范·门萨说："电话也是为客人服务的一部分。我有许多客人需要打国际长途电话，我可以马上为他们接通。"

化妆间和试衣间中镜子前的灯光也得到特别关注，诺思通使用白炽光与荧光的混合光，使客人能够看出她即将购买的商品的真实色彩。同时尽量少用白炽光，控制化妆间的温度，这样客人就不会感到太热或出汗。尽管这样会增加成本，诺思通还是一心要让客人满意。因为如果她感到舒服，她就更愿意试穿或试用。诺思通负责商店规划的副总裁戴维说："我们所做的一切都是为了让客人高兴。如果人们对在诺思通购物感到满意甚至很兴奋，他们就会再来。如果你没有营造出那种氛围，他们就不会再来购物。道理就是这么简单。"

因为带着孩子的父母需要更多的空间，试衣间和休闲室（男士和女士的）都足够大，可以放置（折叠式）婴儿小推车和方便为婴儿换尿布的桌子。所有的商店都有为带着婴儿的母亲准备的专门房间，而较新的商店还有"家庭"厕所，在那里父母可以陪伴不同性别的孩子。一些诺思通店在儿童区还安置了玩具、彩色桌子、电视机和电视游戏机。在另一些儿童区，孩子可以设计他们自己的地面砖，而且可以放在店中。

诺思通的空间设计降低了每平方英尺的销售额，与之相比，梅西号称它总面积的 70% 用于销售，诺思通才 50% 多一点，因为采用了更有效的设计，较新的诺思通店的销售面积还能高 7%。另一方面，在全美任何专门零售店中，诺思通的销售空间的每平方英尺库存价值最高，比竞争对手要高 20%~30%，同时有更多售货员和收银员。

商店里面有什么：楼层、设计、展示设施和商品，这些是诺思通为客人服务的另一个方面。诺思通喜欢在店中营造出"难忘的体验"的环境，这一点值得任何与大众做生意的公司学习。

商店设计和商品选择有许多形式。

便利与开放。当客人走进商店时，诺思通让他们在 15 秒钟内感到兴奋。诺思通想让客人尽可能方便地走遍全店，并且能得到售货员的帮助。部门的分类、设计和商品的陈列都是根据生活方式划分的，因此可以尽快地找到想要的商品，同时还有提示标志。

面向购物广场的展示橱窗让整个商店显得开阔、明亮。同样地，诺思通还经常重修朝向客人服务区的橱窗。

诺思通有更多的座位、更明亮宽敞的试衣间、更宽的过道，更有居家的氛围。

为了让客人舒适，鞋类部门的座位方便客人不断地换鞋。还有为客人特制的沙发和椅子，因为椅子腿和扶手比普通的高一些，所以客人不用担心他们站起来是否有困难，他们只用关心鞋子是否合脚。

（资料来源：罗伯特·斯佩克特，帕特里克·锡卡锡. 2004. 顾客服务心. 张黎呐，华薇译. 北京：中信出版社：81~91.）

评析

客人对商店的心理需求、生理需求有以下几个方面。

① 方便。任何客人都需要商店给他提供方便，以及方便齐全的服务设施。

② 安全。包括人身、财产的安全和心理上的安全感、稳定、安定感。

③ 清洁。包活商店的环境、设施等要保持清洁。

④ 尊重。一方面服务上尊重人格，另一方面环境与设施设计上同样尊重客人的身心需求以及文化、风俗习惯等。

⑤ 舒适。享受各种舒适的购物环境和服务设施。

除以上五种基本需求外，客人对商店还有以下几种高层次的需求。

⑥ 交往的需求。商店是来自不同民族、不同肤色、不同文化背景和风俗的客人的聚集地，是非常有利的交往场所。

⑦ 求新寻异。宾客不但在旅行过程中寻求新奇，来到商店也不例外。

⑧ 对美的追求。优美的建筑造型，优美的空间环境，优美的设施是客人的共同追求。

⑨ 带给客人以家的亲切、温暖、熟悉的感受。

本案例从"以人为本"的设计理念出发，以建造健康、安全、舒适、高效的人性化商店空间环境为目的，首先对商店设计的相关因素进行了研究，并对其中与人相关的重要因素进行探讨；体现了心理学理论在商店设计中应用的广阔前景。商店环境与气氛营造的设计中还涉及到了人体尺度设计基准的确定、商店的人类工效学设计原则以及人类工效学原理在商店的具体作用。客人的心理需求尤其是高级环境行为心理需求对商店设计的内在要求，涉及到对商店空间设计、光环境设计、色环境设计的相应设计原则。本案例以"人"为中心，研究"人"在商店中的行为规律以及"人"的生理和心理感受，围绕如何满足"人"的生理和心理需求，分析其与商店设计相关的因素，本案例能为旅游商店设计者、经营者和投资者提供有益的参考。

问题讨论

1. 请结合开诺思通的设计，谈谈如何满足旅游者的需求。
2. 如何激发旅游者的动机？

长城饭店的公关宣传

1983 年，中国第一家五星级宾馆，也是第一家中美合资的宾馆——北京长城饭店正式开张营业。开业伊始，面临的首要问题就是如何招待顾客。由于广告宣传费用昂贵，北京长城饭店就主要开展公关活动来宣传自己。北京市为了缓解八达岭长城过于拥挤之苦，整修了慕田峪长城。当慕田峪长城刚刚修复、准备开放之际，北京长城饭店不失时机地向慕田峪长城管理处提出由他们来举办一次招待外国记者的活动，一切费用都由北京长城饭店负担。双方很快便达成了协议。在招待外国记者的活动中，有一项内容是请他们浏览整修一新的慕田峪长城，目的当然是想借他们之口向国外宣传新开辟的慕田峪长城。当时世界各地的报纸几乎都刊登了慕田峪长城的照片。北京这家以长城命名的饭店名声也随之大振。1984 年 4 月 26 日到 5 月 1 日，美国总统里根（Reagan）将访问中国。北京长城饭店立即着手了解里根访华的日程安排和随行人员。当得知随行来访的有一个 500 多人的新闻代表团，其中包括美国的三大电视广播公司和各通讯社及著名的报刊之后，北京长城饭店的这位公关经理真是喜出望外，她决定把早已酝酿的计谋有步骤地付诸实施。

首先，争取把 500 多人的新闻代表团请进饭店。他们三番五次免费邀请美国驻华使馆的工作人员来长城饭店参观品尝，在宴会上由饭店的总经理征求使馆对服务质量的意见，并多次上门求教。在这之后，他们以美国投资的一流饭店，应该接待美国的一流新闻代表团为理由，提出接待随同里根的新闻代表团的要求，经双方磋商，长城饭店如愿以偿地获得接待美国新闻代表团的任务。其次，在优惠的服务中实现潜在的动机，长城饭店对代表团的所有要求都给予满足。为了使代表团各新闻机构能够及时把稿件发回国内，长城饭店主动在楼顶上架起了扇形天线，并把客房的高级套房布置成便于发稿的工作间。为了使收看、收听电视、广播的公众能记住长城饭店这一名字，饭店的总经理提出，如果各电视广播公司只要在播映时说上一句"我是在北京长城饭店向观众讲话"，一切费用都可以优惠。富有经济头脑的美国各电视广播公司自然愿意接受这个条件，暂当代言人、做免费的广告，把长城饭店的名字传向世界。有了这两步成功的经验，长城饭店又把目标对准了高规格的里根总统的答谢宴会，答谢宴会举行的那一天，中美首脑、外国驻华使节、中外记者云集长城饭店。电视上在出现长城饭店宴会厅豪华的场面时，各国电视台记者和美国三大电视广播公司的节目主持人异口同声地说："现在我们是在中国北京的长城饭店转播里根总统访华的最后一项活动——答谢宴会……"在频频的举杯中，长城饭店的名字一次又一次地通过电波飞向了世界各地，长城饭店的风姿一次又一次地跃入各国公众的眼帘。里根总统的夫人南希（Nancy）后来给长城饭店写信说："感谢你们周到的服务，使我和我的丈夫在这里度过了一个愉快的夜晚。"通过这一成功的公关活动，北京长城饭店的名声大振。各国访问者、旅游者、经商者慕名而来；美国的珠宝号游艇来签合同了；美国的林德布来德旅游公司来签订合同了；几家外国航空公司也来签合同了。后来，有38个国家的首脑率代表团访问中国时，都在长城饭店举行了答谢宴会，以显示自己像里根总统一样对这次访华的重视和成功的表示。从此，北京长城饭店的名字传了出去。

评析

　　旅游宣传是旅游业发展的火车头。旅游宣传对于引起旅游者的关注、刺激旅游者的消费动机有着极大的作用。北京长城饭店利用长城在全世界的知名度，利用慕田峪长城刚刚修复、准备开放之际，不失时机地向慕田峪长城管理处提出由他们来举办一次招待外国记者的活动，将北京长城饭店推介到全世界，这是很成功的举措。旅游动机的激发与旅游资源的吸引力、旅游设施的配套完善、旅游业接待能力、旅游宣传力度等有关。

问题讨论

1. 观察一下，中国目前旅游宣传与国外的旅游宣传主要存在怎样的差异？
2. 列举出你认为最成功的或最失败的旅游公关活动？

思考与练习

思考题

1. 什么是旅游需要？

2. 什么是旅游动机?

3. 旅游动机主要有哪些分类?

4. 旅游动机有哪些基本特征?

5. 影响旅游动机的因素有哪些?

6. 如何激发旅游者的旅游动机?

实训练习题

搜集整理旅游广告、宣传资料,并选择某一旅游目的地设计一份旅游宣传广告创意策划书。

第4章 学习与旅游消费者行为

引导案例

学习与旅游

现在，学习新知识、完善自我已成为人们生活、工作中重要的选择。某旅行社顺应了人们的这种高层次的需求，推出了"到大自然中、到不同文化地区、到……，体验不同的感受，学习新的知识。"以学习为主题的旅游产品，一时成为旅游者选择的目标。

在旅游消费中，人们还有获取知识、开阔眼界、学习技能、陶冶情趣的愿望和需求。旅游者已不再满足于只是被动地接受服务，仅仅尝试做"上帝"的感觉。参与式、个性化、自助式、学习型、互动式的消费观念和形式渐渐形成一种时尚。自助餐受到普遍欢迎，自助旅游渐渐兴起。消费者需要一个相对自由的空间去感受消费过程，并不希望过多、过分地受到关注。希望更为完善的、延伸性的服务。在销售商品的同时，让旅游者更多地了解该商品的相关知识，把消费的过程变成一个培训如何使用该商品的学习过程。

普通家庭中的吃、住、娱等消费不仅在饭店中都有，而且饭店对这几个专项消费的经营和管理非常考究、专业且经验丰富。饭店管理人员不仅专门研究还亲身实践饭店管理，他们在这个领域具有的专长应当充分发挥出来，把这些知识介绍给更多的消费者，从而在为客人做好接待服务的同时，帮助客人更加经济、科学地消费。餐饮方面不仅在对游客服务中告诉客人如何吃才算更健康更经济，还可以在非营业时间面向社区开设厨艺、餐饮礼仪等讲座；客房方面教给客人怎样去住才更舒适、怎样布置房间更美观，还可以举办家具保养、插花艺术、衣服洗熨知识讲座；康乐方面应给客人开具运动处方，成为客人的体育健身指导员。

作为以完善城市功能为标志的服务型经济、以丰富文化资源为依托的文化型经济、以参与国际竞争为目的的开放型经济的旅游饭店业，要成为经济增长的支柱产业，适应如浪潮般席卷而来的知识经济时代，必须转变传统视角、增加技术含量、提高服务水平、丰富工作内涵、升华职业意义，增加科普功能和美育功能，实现社会功能的重新定位。

问题讨论：

1. 为什么说旅游消费过程也是一个学习过程？
2. "在有限的收入和有限的时间相结合时，最先满足的是衣食住行等基本生活消费需求；在更多的收入和更多的时间相结合时，就会产生诸如社交、学习、旅游、艺术和实现自我、回报社会等更高层次的精神消费需求。"对此你有何感受？

心理学家们通过研究发现，人类的绝大部分行为都包含了某种形式的学习，也就是说，人类行为的许多变化都要受到学习过程的影响。旅游消费者行为，作为人类行为的一种表现形式，如同人类其他行为一样，必然要受到学习因素的影响。对旅游者来说，旅游动机的产生、旅游态度的形成、旅游目的地的选择、旅游路线的确定、旅游行程的安排等，都需要一个学习而后再进行决策的过程。对于旅游服务企业来说，也需要通过学习来分析、判断旅游者的消费需求，从而为旅游者提供满足其旅游需求的旅游产品或服务。因此，旅游学习活动，在很大程度上决定着旅游者消费行为的产生和行为趋向的选择，决定着旅游企业提供旅游产品或服务的具体方式和方法。

4.1　什么是学习

学习是一种历程，既可以是认知学习，也可以是行为学习。学习的基本构成要素是动机、反应、暗示、强化和重复。每一个旅游者在每一次旅游活动过程中都要学习，都要经历一次学习过程。

4.1.1　学习的含义

心理学家们认为，学习是一种经由练习，使个体在行为上产生较为持久改变的过程。也可以说，是个体经验的获得及行为变化的过程。具体来说，学习包含以下几个方面的含义。

1. 学习是一种历程

学习是指行为改变的历程，而不是指学习后行为表现的结果。例如学习数学，会解答某些数学试题是学习的结果，不能称为学习，学习是指原来不会数学到后来学会了数学中间经过的全部历程。

2. 学习既可以是认知学习，也可以是行为学习

例如，当旅游消费者在考虑某项重大购买决策（如购买一个旅游产品）时，可能会收集和阅读大量的广告，与销售人员进行交谈，向亲朋好友征询意见，然后将各方意见进行收集、整理、评估，最后做出购买的决策。这便是一个认知学习的过程。如果旅游消费者面对的是一种价格便宜的新产品（如一种小型旅游特色食品），并且可能还有赠送、折扣之类的促销刺激，他就可能先买一点品尝一下，通过品尝建立有关这个新品牌的口味等方面的知识。如果这位旅游消费者感觉口味好，他可能会购买更多这个牌子的产品，作为纪念品带回家，还可能把它推荐

给亲朋好友。如果感觉口味不好，他就不会再买，但从中学习到了如何对待这种旅游纪念食品的经验。这种学习便可以看作是一种行为学习。

3. 学习包含从简单到复杂的过程

对抽象的概念、观念以及如何解决复杂问题的学习，都属于复杂的学习。在复杂的学习过程中，人们必须是主动的、积极的，并需要付出较大的认知努力。如前述旅游消费者为了某项重大购买决策而进行的认知学习，就是一个复杂的学习过程。另一方面，人们也可能经历简单的、偶然的，甚至是无意的学习过程。例如，当某人在翻阅一本杂志时，即使他的注意力可能主要集中在杂志的文章而不是封面的广告上面，广告也可能诱发他的学习，形成对广告中的品牌或形象的记忆。虽然存在简单的学习，但学习以获得新的知识和经验为条件，因此它与人类的本能行为是有区别的。人和动物的行为有两类：一类是本能行为；另一类是习得行为。学习更多的是一种习得行为。婴儿一生下来就会吮吸，这是一种本能行为，而并非学习的结果。

4. 学习与行为改变

在学习历程中行为发生改变，但只有行为改变不一定就是学习。因为单是成熟因素也可以使个体的行为发生改变。比如，婴儿的身体活动中表现的基本动作，如转身、起坐、爬行、站立等随年龄增加会发生改变，但不能看成是学习，而主要是成熟的结果。所谓练习是指在同样情境下个体多次重复某种反应。学习历程中的"行为改变"，可以是原有行为的新变化，也可以是新的行为的产生，还可以是两者的交互作用。无论怎样改变，它都不代表任何价值的意义。从教育或是从道德的观点看，行为有好坏之分，但从学习心理学的观点看，由坏变好或由好变坏同样都要经过学习。所谓"养成不良习惯"或"产生错误观念"等说法，其中"养成"与"产生"等词，实际都含有学习的意义。

5. 学习所引起的行为变化是相对持久的

无论是外显行为，还是旅游消费者认知，只有发生较为持久的改变，才算是学习。比如药物、疾病等均可引起行为的变化，但由于它们所引起的变化都是比较短暂的，故不能视为学习。当然，通过学习所获得的行为也并非永久性的，因为遗忘是人所共有或每一个人都会体验到的事实。学习所引起的行为或行为潜能的改变到底能持久到什么地步，要看学习的内容与练习的程度而定。一般而言，以身体活动为基础的技能学习，能维持的时间比较长。对于知识观念的学习，学习内容有时会被遗忘或被新的内容所取代，但它们保持的时间也还是比较长久的。

4.1.2　学习的基本构成要素

在大多数学习理论中，动机（motivation）、暗示（cues）、反应（response）、强化（reinforcement）和重复（repeat）等都被视作学习的基本构成要素。

1. 动机

动机在学习理论中是一个重要的概念。值得注意的是，动机是以需要和目的为基础的，动机能对旅游消费者学习产生激励的作用。动机越强，旅游消费者学习的积极性就越高，持续的时间也会越长。例如，梦想成为一名优秀的乒乓球运动员的人，他会学习所有他能接触到的有关乒乓球及其运动的知识，并且会利用一切可能的机会进行乒乓球练习。如果他"学习"到了一副好的球拍是打好乒乓球所必需的工具的话，他就可能积极地搜寻有关乒乓球球拍的价格、质量和特色的信息；相反，对乒乓球运动不感兴趣的旅游消费者很可能会忽视所有与这项运动有关的信息。特定的目标与个人关联的程度是决定动机能否激励旅游消费者搜寻有关产品或服务的信息和知识的关键所在。

2. 暗示

动机用来激励学习，而暗示则为动机指向的确定提供线索。一则乒乓球夏令营的广告可以被乒乓球爱好者看作是一个暗示，他们可能因此而突然"认识"到参加乒乓球夏令营是在度假的同时集中提高其运动水平的一个好办法。在零售店里的包装、价格、POP 广告、商品的陈列展示等都可以用来暗示旅游消费者以某种产品去满足其特定的需要。当暗示与旅游消费者的期望一致时，暗示才可以形成引导旅游消费者购买行为的力量。所以，营销者必须谨慎地提供暗示，以避免与旅游消费者的期望发生冲突。比如，假设旅游者期望的是高品位的旅游纪念产品，那么，旅游销售商就应该以独家分销的方式销售他的品牌产品，并且需要在高品位的时尚杂志、高级别的新闻媒体上做广告。同时，如果暗示被用作引导旅游者旅游行动的刺激，那么每一个营销组合因素就应该保持一致，以增加刺激的效果。

3. 反应

旅游消费者根据刺激或暗示采取的行动就是这里所说的反应。如前所述，即使旅游消费者没有外显行为的反应，学习也可能发生。例如，汽车制造商的暗示并非总能够成功地激发旅游消费者的购买行为。然而，如果汽车制造商能够使某个品牌的汽车在旅游消费者心目中建立良好的形象，当旅游消费者准备购买时，他就很可能考虑这个品牌的汽车，而不是其他的品牌。反应并不是以"一对一"的方式与需要建立联系的。事实上，一种需要或动机可以激发许多不同的反应。

比如，为了满足强身健体的需要，旅游消费者可以去打乒乓球、篮球或网球，也可以去跑步，或者去跳健身操，还可以去参加其他康体旅游活动。暗示虽然可以为旅游消费者的动机和反应提供一定的方向，但现实生活中却有许多暗示在吸引着旅游消费者的注意力。由于这一原因，旅游消费者最终如何反应在很大程度上将依赖于以前的学习，亦即他以前的反应是否得到了强化以及如何被强化。

4. 强化

所谓强化，是指能够增加某种反应在未来重复发生的可能性的任何事物。强化分为正强化和负强化。当一个刺激跟随在一个反应之后，并能提高这个反应的概率时，便产生正强化；当排除一个跟随在某种反应之后的令人不愉快的刺激，便能提高这一反应的概率时，就产生了负强化。与此相对应的强化物，则分别称为"正强化物"和"负强化物"。负强化与惩罚不同，负强化是为了增加某种反应的概率，能给旅游消费者带来愉快和满足，惩罚则是指一种反应导致了不愉快的事件发生（如购买了一件劣质旅游商品时被朋友嘲笑）。当惩罚发生后，旅游消费者就不再做出这种行为。一般来说，旅游消费者对自己购买行为是有控制的，从产品使用中获得的持续强化（满意）将提高旅游消费者再次购买的可能性。最初，旅游消费者将经历一个决策过程，但随着不断地被强化，旅游消费者最终将建立一种习惯，使该产品的购买程序化，从而大大提高旅游消费者购买相同品牌的可能性。

5. 重复

重复刺激既可增加学习强度，又可增加学习的速度。每个人都有体验，某种行为重复的次数越多，他的这一行为就会越老练，也就是俗话所说的"熟能生巧"。类似地，旅游消费者接触某条广告信息的次数越多，他对这条信息的记忆和认知也就越强。当然，重复的影响是和信息的重要性以及所给予的强化紧密联系在一起的。如果广告内容对旅游消费者非常重要，或者广告伴随大量相关的强化刺激，即使该广告只有较少重复，其信息也可能很快为旅游消费者所掌握。如果广告中既没有对旅游消费者十分重要的信息，也没有能引起旅游消费者注意的奖赏，那么重复就是必要的。重复对于提高广告的回忆率和认知度是有积极影响的，但是，如果重复太多，则可能引起广告厌烦。就此而言，广告的重复必须把握好一个度。

4.2　学　习　理　论

研究学习问题的心理学家曾提出了许多理论来解释学习过程。本节重点介绍比较有代表性的两种学习理论：行为学习理论和认知学习理论。这两种理论从两个层面解释了人们的学习行为。行为学习理论认为学习是对外部刺激做出反应的结果，它由经典性条件反射理论和操作性条件反射理论组成；认知学习包括了人们为解决问题或适应环境所进行的一切脑力活动。它涉及诸如观念、概念、态度、事实等方面的学习。

4.2.1　行为学习理论

行为学习理论（behavioral learning theories），认为学习是对外部事件做出反应的结果。倾向于这种观点的心理学家把学习看成是刺激和反应的联结过程，主张用客观的方法研究动物和人的外显行为，反对研究意识、观念等不能观察的心智状态。他们把不能观察到的思想看作一个"黑匣子"，而行为的可观察方面（刺激和反应）则居于黑匣子的外部（见图 4.1）。因此，行为学习理论又被称为"刺激——反应理论"（stimulus-response theories）。

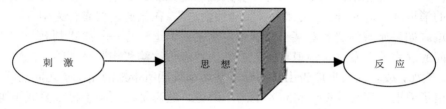

图 4.1　行为论者对学习的透视

在行为主义者看来，人类根据自己已知后果的环境刺激采取行动，一个人的行为依赖于他所预见到的行为后果，而学习则是通过适当的刺激——反应机制调整个人行为的过程（Kazdin，1975）。在行为学习理论中，有两个重要的理论被人们所广泛应用，它们是经典性条件反射理论和操作性条件反射理论。

1．经典性条件反射理论

当引起反应的一种刺激与另一种自身不能引起反应的刺激一起出现时，就会发生经典性条件反射（classical conditioning）。过了一段时间，第二种刺激会因为它与第一种刺激在一起而产生与第一种刺激相应的反应。俄国心理学家巴甫洛夫（Pavlov）在一次给狗喂食的实验中首次发现了这一现象。

巴甫洛夫关于条件反射的实验研究相当细致和系统，涉及到条件反射的形成、消退、自然恢复、刺激的泛化和辨别以及各种抑制现象。这些理论经过发展，已形成一套相对独立的理论体系，被称为经典性条件反射理论（或古典性条件反射理论）。

（1）条件反射的形成

在巴甫洛夫的狗唾液分泌实验中，在给狗喂食之前半分钟响铃，并观察和记录狗的唾液分泌反应；在铃声与食物反复配对并呈现多次以后，仅呈现铃声而不呈现食物，再观察狗的唾液分泌情况。结果发现，铃声这一原来只能引起一般性注意、不能诱发狗的唾液分泌的中性刺激，由于多次与食物匹配，即使后来单独呈现，也会引发狗的唾液分泌。换句话说，经过条件联系的建立，中性刺激的铃声具有了与食物相同的诱发唾液分泌反应的力量。食物不需要其他条件就能够诱发狗的唾液分泌，因此称为无条件刺激（UCS）；它与狗的唾液分泌之间存在一种自然的联系，由它引起的唾液分泌被称为无条件反应（UCR）。铃声作为一种中性刺激，在与食物一起反复呈现多次后，才能在单独出现时诱发狗的唾液分泌，因此被称为条件刺激（CS），而由它引发的狗的唾液分泌被称为条件反应（CR），这个过程则被称为条件反射的形成。

（2）条件反射的消退

已经形成的条件反射，经过较长时间的多次重复，即让条件刺激单独地多次出现，而不伴随无条件刺激，条件反射就逐渐地减弱直至最后消失。这便是条件反射的消退（extinction），又称为"实验性消退"。在旅游消费者行为中存在同样的消退。如果旅游消费者对某一品牌不再满意，消退过程——终止刺激与购买行为之间的联系就会发生。消退将引起旅游消费者再次购买相同品牌的可能性迅速下降。例如，成功的禁烟广告由于切断了香烟和吸烟所带来的愉悦感之间的联系，创造出了消退。遗忘（forgetting）不同于消退，遗忘是在刺激不再重复或不再被感知时发生的。如果某一产品没有被使用，或者如果该产品不再做广告，旅游消费者就可能遗忘该产品。

（3）条件反射的自然恢复

已经消退了的条件反射，经过一段时间的休息之后（即不给予任何类型的重复），当条件刺激又重新单独出现时，动物又做出相应的条件反应，即条件反射又自然地恢复了。人类的条件反射也具有类似的自然恢复现象。当某个品牌与旅游消费者积极的情感反应建立了联系之后，如果这个品牌在较长一段时期内在市场上销声匿迹，而后又东山再起，这个时候一部分对该品牌具有强烈情感依赖的旅游消费者，会继续成为该品牌的忠实购买者。

（4）条件反射的泛化

条件反射的泛化，也称刺激泛化（stimulus generalization），是指被刺激对象在不能辨别条件刺激与一定范围内的其他相似刺激时，对相似刺激做出与条件刺激相同或相似条件反应的一种现象，其反应程度则随着相似刺激与条件刺激的相似程度而定。当旅游消费者在某一刺激与某一反应之间建立联系后，也可能出现这种刺激泛化现象。

（5）条件刺激的辨别

如果想要动物只对条件刺激做出条件反应，而不让动物对相似的刺激做出条件反应，则需要在条件刺激出现时呈现无条件刺激，而在相似的条件刺激出现时不呈现无条件刺激。这样，经过多次重复，就可使动物只对条件刺激做出条件反应，而不对相似的条件刺激做出反应。这就是条件刺激的辨别或分化（stimulus discrimination）。简言之，刺激辨别就是对于相似的刺激予以不同反应的学习过程，亦即将一种刺激与另一种刺激相区分的学习过程。对于营销者而言，促进旅游消费者学习的一项重要任务，就是要帮助旅游消费者将一种营销刺激与其他相似营销刺激（特别是竞争者的营销刺激）区分开来，即使旅游消费者的某种反应只在特定的营销刺激下发生，而不能在其他相似的营销刺激下发生。

刺激辨别与刺激泛化是具有内在联系的学习现象。有机体对新刺激的最初反应，通常会基于以往的经验，采取与某种类似刺激相同的反应。只有经历这样一个泛化阶段以及随之而来的对有关线索的学习之后，有机体才会开始学会将新刺激与旧刺激区分开来，并对新刺激做出特定的反应。比如，对于初学英语者，英国口音和美国口音似乎十分接近，但水平渐进之后，则会发觉两者之间存在明显区别。

（6）条件反射的抑制现象

抑制分为外抑制和内抑制。外抑制是指由于外部的分心刺激所引起的条件反射的暂时丧失现象。例如，当一个大的声音刺激分散动物的注意力时，就会减弱动物对条件刺激的反应。内抑制是一种习得性抑制，又称条件抑制。它是当被试在不以原来的方式期待无条件刺激的情景中由一个得不到强化的刺激引起的。例如，在条件作用之后，如果在一个所谓消退的过程中，重复条件刺激而不给以无条件强化，则产生抑制。对于条件反应的这种消退现象，巴甫洛夫认为是条件刺激引起了反射的内抑制。如果一个条件刺激与无条件刺激的强化结合出现，而另一个条件刺激没有与无条件刺激的强化结合出现，那么可以说条件刺激与内抑制联系起来了。因此，条件抑制是一种特殊的抵抗反应的力量，这种力量直接阻止条件刺激引起的特殊反应，而且还会延及与这种条件刺激相似的其他刺激。

2. 操作性条件反射理论

操作性条件反射理论是由美国著名心理学家斯金纳（Skinner）提出来的。20世纪 30 年代后期，斯金纳为研究操作性条件反射，精心设计了一个实验装置，这个实验装置就是著名的"斯金纳箱"（Skinner Box）。

补充阅读

在实验中，试验对象是老鼠，饥饿是诱发其行为的刺激。比如说，作为试验对象的老鼠已 12 小时没有进食。然后，将这只处于饥饿状态的老鼠放进"斯金纳箱"中。箱内有一个伸出的杠杆，如果按压杠杆，就会自动掉下食物供老鼠享用。老鼠在箱中可自由活动和做出各种反应。起初，老鼠在箱内不安地乱跑，活动中偶然碰到了杠杆，结果有食物落到箱中的食物盘内。经过反复多次，每次触动杠杆，必有食物落入盘内，最后，老鼠会主动触动杠杆以获取食物。食物作为按压杠杆这一反应的强化物，为刺激（饥饿）与反应（按压杠杆）之间的联结提供了条件。由于按压杠杆是获得奖赏即食物的一种手段或工具，因此，这一类型的学习被称为操作性条件反射（operant conditioning）学习或工具性条件反射学习。

实验中的强化物也可以是正强化物或负强化物。比如，可以将食物置换为电击，即老鼠每触动一次杠杆将遭受一次电击，那么在经过若干次电击后，老鼠将不再触动杠杆。如果老鼠触动杠杆，有时会掉进食物，有时会遭受电击，那么，其反应又将如何？实验表明，老鼠会通过学习来使用识别线索。例如，当置于箱中的小灯泡发亮时，老鼠触动杠杆获得食物；当小灯泡不亮时，老鼠触动杠杆则遭受电击。在此实验条件下，老鼠将很快学会在灯泡发亮时去触动杠杆。

基于上述实验，斯金纳提出了他的操作性条件反射理论。在斯金纳之前，行为主义心理学家一直坚持"没有刺激，就没有反应"的信条。斯金纳则认为这种观点并不全面，也不准确。他提出应该区分两类反应：一类为"引发反应"，另一类为"自发反应"。斯金纳根据这两种反应提出两种行为：一种是由已知刺激引起的行为反应，称为"应答行为"；另一种是不需要与已知刺激相联系的自发行为，称为"操作行为"。一个操作行为通常可能与先前的刺激有关，这样，它就成为辨别性操作行为。而这个先前的刺激便成为操作行为的偶然因素，但不是真正反射情景中的引发刺激。

斯金纳还认为，他发现的操作性条件反射与巴甫洛夫的经典性条件反射分别与他提出的上述两种反应和两种行为有关。经典性条件反射由已知的刺激引起反应，与应答性行为塑造有关；操作性条件反射是在没有已知刺激的条件下，有机体先做出自发的操作反应，然后才得到强化物的强化，从而使这种操作反应的概率增加，它与操作性行为的塑造有关。据此，斯金纳进一步提出两种学习形式：一种是经典性条件反射学习，用以塑造有机体的应答行为；另一种是操作性条件反射学习，用以塑造有机体的操作行为。如今，西方学者一般把经典性条件反射和操作性条件反射视作为两种不同的联结过程：经典性条件反射是 S-R 的联结过程；操作性条件反射是 R-S 的联结过程。

经典性条件反射和操作性条件反射具有重要的区别，即操作性条件反射依赖于有机体做出一定的动作反应；而经典性条件反射却依赖于对有机体的无条件刺激。此外，经典性条件反射中条件刺激和无条件刺激是紧密相伴的，否则便不可能产生预期的行为。而操作性条件反射是对期望行为奖励的结果，许多未被强化的行为将不断地被尝试并被放弃。因此，经典性条件反射的反应是不自觉的并且相当简单，而操作性条件反射的反应是为了达到既定的目标而有意做出的，相对要复杂一些。

根据操作性条件反射理论，在强化的作用下，人们将产生操作性条件反射学习。一般来说，有两种基本的强化形式，即间隔强化和比率强化：

（1）间隔强化

间隔强化是根据时间进行的强化，两次强化之间相隔一定的时间间隔。它可分为固定间隔强化和变动间隔强化。

1）固定间隔强化（fixed-interval reinforcement）。它是指在几次强化之间的时间间隔固定不变的一种强化。在这种情况下，人们在一次强化刚结束时反应迟缓，而在下一次强化来临时则会迅速做出反应。例如，旅游消费者往往会在季节性降价来临之际蜂拥而入一家商店，在这次降价结束而下次降价来临之前，则不再光顾这家商店。

2）变动间隔强化（variable-interval reinforcement）。如果几次强化之间的时间间隔是不固定的，即是可变的，就称为变动间隔强化。在这种情况下，由于人们不知道强化在什么时间发生，他们要得到强化必须持续不断地做出反应。因此，强化之后反应暂时停止的现象有消失的倾向，特别是当时间间隔很短的时候。比如，一些零售商为了改善和保持它的服务质量，经常采用的"神秘顾客"购物活动，正是运用了这一原理。因为营业员不知道什么时候有检查，他们必须保持高水准的服务，才不会因为服务质量差而被管理人员发现并受到惩罚。

（2）比率强化

比率强化是指人们必须在强化之前做出一定次数或数量的反应之后才能得到强化。比例强化也可以分为固定比率强化和变动比率强化。

1）固定比率强化（fixed-ratio reinforcement）。指强化只在一个固定数目的反应之后发生。这种机制促使人们持续不断地进行相同的行为。例如，一个旅游者可能会多次在同一个旅游饭店中食宿，因为在该饭店消费到一定数量的金钱就可以得到一份独具特色的旅游纪念品。

2）变动比率强化（variable-ratio reinforcement）。指一个人知道自己的行为在一定数量的反应后会得到强化，但他却不知道需要进行多少这样的行为。也就是说，强化所需的反应次数或数量随机变化，可多可少。在这种情况下，由于任何反应的强化概率相同，所以人们经常会以一个很高并且稳定的频率执行反应。比如彩票，对于忠实的彩民来说，只要不断地购买，就会最终赢得一定的回报，这正是一些彩民乐此不疲购买彩票的原因所在。

4.2.2　认知学习理论

认知学习理论（cognitive learning theories）是科勒（Kohler）在 20 世纪 20 年代早期对大猩猩进行的实验中提出来的。

科勒在一次实验中，把一只猩猩和几个箱子同时放在一个大笼子里，在笼子的顶部挂着香蕉。在几次获取香蕉的努力失败之后，大猩猩通过叠加箱子的方法解决了这个问题。大猩猩的这一行为并不是刺激和反应的联结或强化的结果，而是洞察分析的结果。

据此，科勒认为，大猩猩这一学习行为不是行为学习，而是一种在理性分析基础上的认知学习。也就是说，认知学习被看作是有目的地采取行为来解决问题的过程，而不是刺激与反应之间联结的过程。

认知学习是思考过程的结果，它主要涉及人的心智活动和心智状态。与行为主义不同，认知主义的学习观在知识的获得上强调心理的能动作用，认为学习行为与发生在"黑箱"内部的活动有关，心理学需要解释学习在主观上的内在复杂性，而单单采用刺激—反应的研究方法不能解释清楚学习过程的复杂性问题。

通俗地说，认知学习包括了人们为解决问题或适应环境所进行的一切脑力活动。它涉及诸如观念、概念、态度、事实等方面的学习，这类学习有助人们在没有直接经历和强化的条件下形成理论、判断，从而达到解决问题或是理解事物间各种关系的目的。

如果说"刺激—反应理论"是一种"吃一堑，长一智"的经验上的学习的话，那么，认知学习理论是一种类似于在头脑中形成"认知地图"的概念上的学习。

也就是说，认知学习理论主要强调学习过程中"内部"思考的重要性，强调学习过程中的创造性和洞察力。因此，当研究认知学习时，不考虑学到了什么，而重点考虑如何学到的问题。在认知学习理论中，比较有代表性的两种观点是信息加工理论和观察学习理论。

1. 信息加工理论

信息加工理论把人们的学习过程同计算机的信息处理过程进行类比，认为个体的学习过程不仅与其认知能力有关，而且也与所要加工的信息及其复杂程度有关。比如，一个旅游产品的旅游消费者，一般是把某项旅游产品的品牌知名度、旅游吸引力，以及类似品牌的旅游产品之间的比较等结合在一起进行产品的信息加工。因此，对这一旅游消费者来说，其认知能力越强，所获得的产品信息也就越多，对产品信息的加工、整合能力也就越强。这种在信息收集基础上的信息加工、整合能力，事实上也往往是一个完善旧知、创造新知识的过程。

当人们解释环境中的信息和创造新知识时，认知学习就发生了。人们通过认知学习往往会改变其原有的知识结构。根据这种改变的大小，可以区分为三种类型或层次的认知学习。

（1）信息增加型学习

大多数的认知学习是增加型的。当人们在解释有关产品和服务的信息时，就会在其现有的知识结构的基础上增加新的知识、意义和信念。例如，一个潜在的旅游者从对丽江一无所知，到听说丽江是个好地方，知道丽江有优美动听的纳西古乐，有小桥流水式的江南风光，有闲适淳朴的民风民俗等，这个过程就是增加型学习。在这个过程中，这一潜在的旅游者不断在有关丽江的知识结构中添加新的知识，从而可能产生前往旅游的信念。

（2）信息调整型学习

随着增加型学习的不断进行，人们的知识结构会变得越来越复杂。在一定条件下，人们将调整他的知识结构，使之趋于合理化和一般化。也就是说，当个体部分知识被合并或整合时，常常会形成新的知识，调整也就随之发生。比如，上述即将出行的旅游者不断从环境中获得和处理有关丽江的信息：商业气息日渐浓厚、旅途遥远等，此时，他的知识结构通常都要经历一些重新整合和变化，甚至会认为丽江根本没有必要亲自前往。

（3）信息重组型学习

信息重组涉及对整个知识结构的修改，它可能包括创造一个全新的知识结构。增加型或调整型学习是在没有多少认知努力或意识的情况下发生（即自动发生）的，而重组型学习通常包括大量的认知努力、抽象思维和推理过程。因此，重组的情况一般很少发生，只有当现有的知识结构变得过于庞大和笨重，或者不准确时，重组才会发生。仍以丽江旅游为例，当旅游者逐步认识到丽江更多的文化内涵和了解到更多的旅游目的地情况时，他会通过仔细的思考和判断，最终把丽江选定为自己的旅游目的地。然后，通过对丽江的实地游览，了解到更多的有关丽江的风土人情和文化变迁，在此基础上，可能对文化和旅游的关系、文化旅游资源的开发、文化名城的保护等问题有一个更为深刻的认识和判断。这一认知学习的过程，实际就是个体对已有信息和新信息进行重新构造、组合进而创造知识的过程。

2. 观察学习理论

观察学习理论也被称为替代性学习理论或社会学习理论，主要由美国心理学家班图纳（Bandura，1965）所倡导。所谓观察学习理论，是指"经由对他人的行为及其强化结果的观察，一个人获得某些新的反应，或使现有的行为反应得到矫正，同时在此过程中观察者并没有外显性的操作示范反应"。班图纳的观察学习具有以下特点：第一，观察学习并不必然具有外显的行为反应，但它必然导致知识或知识结构的变化。第二，观察学习并不依赖直接强化，在没有强化作用的情况下，观察学习同样可以发生。第三，观察学习不同于模仿。模仿是指学习者对榜样或示范行为的简单复制，而观察学习则是从他人的行为及其后果中获得信息，它可能包含模仿，也可能不包含模仿。

依据班图纳的观点，观察学习之所以经常被人们采用，是因为观察学习较之于其他类型的学习具有很多优点。首先，通过对榜样行为的观察，可以避免因在切身学习体验中所犯错误而付出的高昂代价。其次，观察往往也是学习很多新的行为的最好甚至是唯一手段。比如，通过观察别人如何吃西餐，观察者就很快能够学会自己吃西餐。再次，可以缩短行为学习的时间。事实上，如果事事都要亲身经历或体验以后才能建立相关的知识，那么，人们能够学到的知识恐怕是极其有限的。最后，有些实践行为是相当危险的，如果亲自实践学习，可能对学习者造成严重伤害。

在观察学习过程中，观察学习的对象被称为榜样或示范者。观察学习理论假设，行为的学习可以在没有强化的条件下完成，而行为的表现则需要强化；观察者的行为不仅受自己行为后果的影响，还受他人行为产生的结果的影响（称为替代强化）以及对自己的认知和评价所产生的强化（称为自我强化）的影响。依据这一假设，观察学习可以被区分为注意、保持、再造和动机四个过程（见图4.2）。

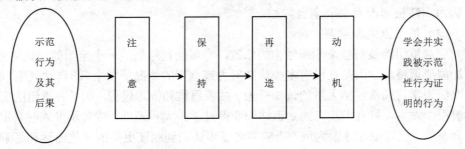

图4.2 观察学习的过程

图4.2展示了观察学习全部过程：第一，要有榜样及其示范行为的出现。 第二，榜样的行为及其后果必须引起观察者的注意。一般而言，熟悉的事物，具有影响力和吸引力的榜样，预期带有较大奖惩后果的示范更容易引起注意。第三，如果人们只注意观察他人的示范行为，而不能将其以表象或言语编码形式保持下来，日后就不能据此指导行为，因此，保持过程在观察学习中非常关键。保持过程实际上是把观察到的信息储存到记忆之中。第四，观察学习需要把以符号形式编码的示范信息转化为适当的行为，这个过程就是再造过程，它将直接导致行为的改变。第五，经由注意、保存和再造过程之后，示范行为基本上为观察者所掌握，但人们不一定表现他们所学到的所有东西。只有产生了积极的诱因之后，如示范行为预期能导致有价值的结果，或经由观察所获得的行为能提高行为满意感，此时，这些行为才会由潜伏状态转化为行动。

4.3 学习理论与旅游消费者行为

对旅游者来说，旅游动机的产生、旅游态度的形成、旅游消费风险和购买旅游产品后疑虑的避免或减少，都需要一个学习而后决策的过程。因此说，旅游消费者行为的发生，很大程度上依赖于对旅游的学习。正确理解并应用学习理论，发现并解决旅游消费中的问题，对提高旅游兴趣，提升旅游消费品质，增强旅游满意程度有着十分重要的意义。

4.3.1 学习与旅游消费行为的形成与发展

1. 学习与旅游动机的产生

动机是推动人们旅游行为的重要因素。心理学家研究发现，除了探索驱力以外，人们的大多数旅游动机，如获得地位、权力，减除焦虑、恐惧，扩大学识、交往，取得成就、自尊、自信等动机都是后天学习得到的。比如，人们减轻焦虑的旅游动机不是生来就有的，而是他经历了诸如幽静处所的度假、新异环境的刺激或别开生面的活动调节，并由此使身心获取愉悦之感后才产生的。当然，减轻焦虑动机除从自身的经历中学习获得外，吸取亲朋好友的经验也是获得学习减轻焦虑动机的主要途径。一般说来，这种通过学习获得的减轻焦虑动机的需要，又会在很大程度上对他选择旅游目的地、旅游交通、旅游活动项目，以及食宿决策等产生重要影响。

2. 学习与旅游态度的确立

态度是个体的心理倾向性，它是个体行为的内在准备，对个体行为具有强烈的促动作用。人的态度不是生来就有的，主要是通过联想、强化和模仿等学习方式而逐步获得和得到发展的。学校、家庭、朋友、熟人以及自己所属的群体、生活的社会和新闻媒介都会向人们提供各种各样的信息，人们对这些信息的学习，就会形成一定的信念或意见，这些信念或意见就帮助人们形成一定的态度。学校、家庭、熟人还能告诉人们对各种事物应怀何种情感，这些情感也能帮助人们形成一定的态度。对旅游者来说，旅游态度的习得，会使其产生旅游行为。

3. 学习与旅游产品的消费

旅游产品随着社会的发展品位会越来越高，人们收入情况的变化和旅游经历的增加对旅游产品的需求也越趋于多样化、高档化。旅游产品的变化，人们需求的变化，这都迫使人们要调整和改变自己的行为，来适应变化发展了的情况。这种适应变化就需要学习，即使是一些有经验的人也要继续重新学习，因为对于这些人来说还要学习过去曾经学过现在却忘了的东西。也就是说，在对旅游产品消费过程中，旅游者往往还需要进行一些旅游消费的学习。

所谓旅游消费的学习，是指旅游者学习正确地使用旅游产品。换句话说，就是学会区别相互竞争的旅游产品和服务，如何对待在购买决定中所包含的风险和未知因素，以及如何减除购买后疑虑等问题。

旅游消费的学习涉及面很广，诸如购买什么样的产品，接受什么样的服务，支付什么样的价格，吸取什么样的经验，避免什么样的风险等等。在所有这些需要学习的内容中，旅游消费者尤其要注意学习在旅游决策中如何对付风险和不可知因素以及如何消除购买后产生疑虑的问题。

实践证明，任何旅游决策都包含有风险和不可知因素。这些风险和不可知因素常会带来预想不到的后果，令人很不愉快。常见到的风险有两大类：功能风险和心理风险。功能风险涉及到旅游产品的质量和服务优劣问题。一般情况下，如果购买的旅游产品和享受的服务没有预料的那样满意时，就存在功能风险。例如，飞机出了机械故障，不能在预期目的地着陆，或出租车抛锚，或房间空调失灵，或电话不通，或水管滴漏等。心理风险是指旅游产品或服务能否增强个人的幸福感、自尊心或改进别人对自己的看法等问题。服装、汽车、饭店、旅行社和服务都具有强烈的象征性。如着装奇特，会使他人对自己产生不良印象，乘坐的火车不够气派，所住饭店设备粗劣，参加了一家没有名气的旅行社，接受的服务不符合要求等，都会令人十分不安。

而且，当人们做出购买旅游产品决定之后，仍然会在心中存有无数的感觉，这种状态被研究消费行为的理论家们称为购买后的失调。购买后的失调一般多发生在旅游产品或服务被消费之后或之前。它有两种原因：一是决策时由于呈现在决策者面前的各种可供选择的信息太多，虽然经过努力筛选，鉴于个人经验、价值观和知觉水平所限，以及被选对象又是处在动态之中，因此很难做出一个理想的抉择。而且在决定之后，又可能发现更为理想、更为满意的购买对象。在这种情况之下，产生疑虑或后悔是不足为奇的。二是在决定之后，也可能出现意外情况，比如旅游消费者经济状况发生变化，旅游地发生突然事件，或是朋友或熟人的否定性评论等，都能再次引起旅游消费者心理上的不适。当然，如果疑虑发生在旅游产品被消费之前，旅游消费者有可能改变主意或取消预订的旅游计划；如果疑虑发生在旅游产品被消费之后，可能使旅游消费者以后再也不会购买该项旅游产品。

4.3.2　旅游消费学习的主要途径

心理学家们认为，经验是行为变化的主要依据，信息是经验形成的重要条件。因此，经验和信息获取是学习的两个重要途径。对于旅游者而言，在其整个旅游消费活动过程中，对旅游知识的学习也需要通过经验学习和信息获取这两个途径。

1.　通过经验学习旅游

在旅游实践中，旅游者往往会从自己亲历的人、事、物中概括出一些普遍的规律，形成经验，以此指导自己今后的旅游活动，这便是通过经验来学习旅游。学习最本质的东西就是"概括化"。概括化就是将客观事物的共同特征或本质特征在头脑中概括形成规律性的认识（经验），并将此概括应用推广到其他事物中去。概括化可能引出积极的经验，但也可能引出消极的经验。不管是积极经验还是消极经验，都会影响一个人以后所发生的行为。例如，一位国外旅客在享受了国内几家饭店的优质服务以后，他会在头脑中总结出中国的饭店都是优质的，让人放心的。但也有可能他在住几家饭店时，遇到了几件不愉快的事情，他可能会由此推断出中国的旅游饭店服务不到位的结论。

2. 获得信息学习旅游

信息是学习的重要来源。一般说来，当一个人接触和处理信息时，学习就发生了。人们解决旅游问题所需要的信息，主要来自两个渠道：一是旅游商业环境；二是个人社交环境。

（1）旅游商业环境

旅游商业环境包括旅游广告、宣传和推销。旅游企业经常利用图片和语言向旅游者和潜在的旅游者传递信息，推销自己的产品和服务。这些信息往往从以下几个方面对潜在旅游者和旅游者产生影响：

1）创造性地传递销售信息，强化人们固有的旅游动机。旅游营销者具有创造性和想像力的信息传递，可以唤醒潜在旅游者和旅游者对旅游产品和服务的注意，引起他们的兴趣，调动他们的联想，诱发他们的情感，强化他们已有的动机，促进或激发他们对眼前的旅游选择做出决定，或计划之外的瞬时决策。

2）商业环境提供的信息可以弥补旅游者的知觉漏失现象，使他们在考虑旅游和做出旅游决策时，把知觉以外的旅游产品和服务考虑到决策范围之内，从而扩大旅游者的选择范围。

3）商业环境提供的信息通过诱导旅游者改变其旅游决策方式，影响其旅游决定。旅游商业环境所提供的信息，显然对潜在旅游者和现实旅游者产生积极影响，但不可忽视如果提供的信息过分强调正面性，可能会对人们，特别是有经验的人们产生负作用。就如在广告和小册子中若过分强调正面性，比如强调乘飞机具有有效的安全措施，恰好提醒人们乘飞机也许是危险的。强调某一饭店和其他饭店如何有统一标准，则会暗示人们该饭店的住宿条件和服务可能是千篇一律而毫无特色的。强调某一景区是热点时，则可能会提醒人们到那里去旅游是很拥挤的。也就是说，商业环境的信息，过分强调某产品优点时，很可能会引起旅游者对该产品的消极因素的注意。

（2）个人社交环境

个人社交环境是旅游者获取旅游信息最主要的来源。个人社交环境包括家庭亲属、朋友、熟人和其他人。心理学家们研究认为，人们从个人社交环境中获得的信息往往对其旅游动机产生明显的影响。据日本交通公社调查发现，对个体旅游决策起到影响的因素中，来自个人社会环境的因素就高69%。大多数旅游者反映说，他们的外出旅游大都是受其伙伴及其所属群体的影响。这一事实说明，来自个人社交环境的信息与来自旅游商业环境的信息在效果上是不同的。这种不同主要是因为与朋友、熟人之间关系紧密，朋友和熟人在传递信息时，常常是毫无保留的，往往还会加入个人的主观感受和评介，以及提及很多生动有趣的细节。人们常会认为这种亲身感受没有功利色彩，会感到它会比从商业环境得来的信息更可靠、更重要，也更少偏见。

　　旅游者常常通过获取信息来解决旅游问题，然而，旅游者在寻求信息时的主动性是不同的。这主要取决于这个旅游者有多少旅游经验，在他知觉中他的决定涉及到多大的风险和多少未知因素，以及他所感到的做出一个完善的决策的重要程度等。一般情况下，没有旅游经验的人，在知觉中认为旅游决定存在着极大风险的人，以及想要做出最佳决策的人，是最需要更多信息并会去努力寻找信息的。

　　在旅游活动中，我们常见到三种人在寻求信息时存在较大的差异。第一种人是面对所有的选择，他认为哪一种都不错；第二种人面对所有的选择，他认为都不满意；第三种人是介于前两种人之间的，这种人在旅游市场上是大多数。以上三种人，用心理学术语称呼，第一种人为满意者或知足者，第二种人为择优者或精益求精者，第三种人既是满意者又是择优者，属于中间型的人。由于满意者对诸项选择都感到满意，因此，在寻找信息时一般不主动。由于择优者总是试图做出最佳选择，他需要较多的信息，因此，在寻找信息时比较主动。中间型的人在寻找信息时介于两种人之间，他有时可能倾向于前一种，有时会倾向于后一种。这三种人在旅游活动和决策中其表现是相差很大的。

　　在旅游决策方面，满意者和择优者也有很大不同。比如，在度假旅游方面，满意者往往只需要与正常的工作和生活有所不同即可。择优者则不同，尽管他知道度假旅游只是为了摆脱一段时间的日常工作和家务杂事，但他要从度假所花费的时间和金钱上获得最大的价值和满足。这两种人在野营的环境中，满意者往往悠闲自得，他在景区内漫步，在池塘中钓鱼，在树阴下纳凉或与朋友聊天，即使旅游回家时空手而归，也毫不为此表现出愧色，因为他达到了旅游度假的目的，即获得了心情的放松与愉快。而择优者则不同，他会到处寻找"战利品"，诸如拣贝壳、拾彩石、摘松果、采树叶等，把这些能带的尽量带走，不能带走的则通过拍照的方式把影像带走，有的旅游者甚至可能会采取一些诸如在景点的建筑、树木上刻字留名等极端的方式，来证明他不是白白来度假的，自己所花费的时间和精力都不是徒劳的。

　　再如，在选择交通工具和住宿条件上，满意者常常不假思索的就做出决定，从而不会因选择了火车放弃了飞机而感到疑虑和后悔，也不因住进了经济但等级低的饭店而失望。择优者则不同，他对选择什么样的交通工具和住什么样的饭店会认真思考和对待。比如说安全问题、时间问题、价格问题、能否增强幸福感和荣誉感、能否提高社会地位、显示自己富有和与众不同等，都要认真评价之后才能决定。

4.3.3　旅游者消费行为中的自我调控

1. 通过学习树立正确的旅游态度

　　旅游者要树立一个正确的旅游态度，在很大程度上依赖于一定形式的学习。实践中，旅游者对旅游态度的学习，主要采取以下五种方法：

（1）通过社会角色学习

特定的社会角色必须有相应的角色行为规范和行为态度。如果一个人选择了某种角色，如旅游者的角色，他就必须以旅游者的态度来行事，他会认为旅游者的态度应该是自尊自信、能享受，他也就会很潇洒地活跃在旅游活动中。如果他认为旅游者应该为服务员提供方便，照顾服务员的情绪的话，那么这位旅游者就不成为旅游者了。

（2）通过接受教育学习

社会传统使人们把接受教育看成为高于一切。重视教育是人们——尤其是父母和教师向年轻人传授态度的有效途径。很多实例表明，本来可能不打算进行的旅游，一旦被看成对受教育很有价值时，人们也就会把外出旅游看作是容易接受的事了。

（3）通过提高知觉能力学习

《文心雕龙》中有一句十分经典的话是"登山则情满于山，观海则意溢于海"。对于一个认知能力不高的旅游者来说，即使他"登上了山、观到了海"，恐怕也不会产生"情满于山"和"意溢于海"的美感。知觉是态度形成的基础，如果没有对事物的理解与评价，则态度的形成便没有依据。人们通过提高知觉的能力，就能对众多的旅游景点、旅游活动项目和旅游设施进行正确的评价和分类，以及较准确地认识到什么样的旅游地、旅游项目和旅游设施能够满足什么样的旅游动机。

（4）通过观察了解社会文化发展趋势学习

广泛的社会和文化变革，可以使人们形成新的态度或改变旧的态度，从而对人们的行为产生影响。正如对于旅游活动的认识，过去人们总把它视为一种消极的、颓废的、享乐主义的、只有少数人参与的活动，而今天，人们则逐渐把它视为一种积极、健康有益的、可以大众参与的经济文化活动，这正是在旅游这种社会文化现象影响下人们对旅游态度习得的结果。

（5）通过社会实践学习

社会实践是在一定社会态度支配下的社会活动。这种社会实践不仅对支配它的态度进行验证，好的社会实践也能对支配它的态度起到一定的强化作用。比如，一个对旅游持否定态度的人，原本是不愿参加旅游活动的，若他在一次偶然的机会参加了实际的旅游活动，并且从中获得了美好的亲身体验，那么，他就可能对旅游产生浓厚的兴趣，这种态度的改变就是实践学习的结果。当然，我们还应看到，这种作为实践经验的结果而形成的态度，还要受到实践者本人对旅游活动的期望的影响。

2. 旅游者避免与消除旅游消费风险的主要方法

风险和不可知因素的存在，会严重影响人们的旅游决策。那么，如何消除这些风险和不可知因素，对旅游消费者来说，首先应了解风险容易在什么情况下产生，然后再设法消除风险。通常，人们在旅游经验缺乏、旅游目标不明确、对旅游服务商提供服务质量的信心不足等情况下常会感知到风险的存在。除这些主观因素外，旅游产品营销员的不良态度，来自家人或群体伙伴的压力等其他一些客观因素也会使旅游消费者感受到风险的存在。人们在做任何旅游决策的情况下都会感到有某种程度的风险。但大家都会试图以某种方式来消除风险。常见的消除风险的办法有以下几种。

（1）正确看待风险的存在

从某种程度上讲，旅游本身就是一项冒险的活动，有风险的存在是极其正常的现象。克服困难，挑战自我，对很多旅游者来讲本身就是一件很有意义的事情。面对风险没有必要大惊小怪，更不能惊慌失措，最明智的办法就是设法尽量避免风险。对一些可以预见的不可避免的消极的后果，更要以一颗平常心去看待，要善于发现其中所蕴含的积极因素。比如，乘飞机尽管不能观看沿途风光，但它是到达目的地最快的方式；坐火车旅行虽慢，但这种旅行方式更经济、更安全。

（2）获取更多的信息

人们用以减少购买旅游产品或享受服务时觉察到的风险最普遍的方法是获取信息。一般规律是获取的信息越多越可靠，他在购买时感觉到的风险就越少。在一般情况下，如果人们感觉到有很大的功能风险，即旅游产品或服务不能像他们所想像的那样理想时，就会尽可能地通过旅游服务部门所提供的宣传材料来获取更多的有关旅游产品性能或旅游服务能力方面的信息来减除风险。如果人们觉察出有大量的心理风险，就会更多地依赖人际关系来搜集更多的信息以减除风险。

（3）降低对旅游产品或服务的期望

在一般情况下，人们对旅游产品或服务寄予较少的期望，从心理上确能得到一些安慰，但这不是一种流行策略。在购买旅游产品或享受服务时，人们总是把产品或服务理想化，对产品或服务充满着幻想。如果不是这样，人们就不会有兴趣去旅游和接受其服务了。期待本身就意味着快乐，人们对旅游更是如此。当然，对于旅游者来说，对未来的旅游可能会遇到的困难还是要有一个积极的思想准备，以免旅游归来后大失所望。

（4）购买名牌旅游产品或享受优质服务

旅游产品是无形的商品，在许多方面是难以捉摸和难以估价的。服务质量也不能像汽车或冰箱那样可以受到严格的质量标准的检验，也很难向消费的人们描述、演示，更难在宣传品中用插图表示。而且，各种服务人员的服务质量，对于这个顾客与另一个顾客，从一天到另一天，都可能有显著的不同。因此，认定一种名牌旅游产品和知名度较高的旅游服务，是减除人们知觉风险较为普遍的一种策略，同时也是人们节省时间和精力的好办法。比如，有的旅游者为了贪图一时的便宜，参加一些所谓的"零团费"旅游，其结果必然会被频繁的旅游购物搞得精疲力竭、游兴尽失。

3. 旅游者减除购买旅游产品后疑虑的具体方法

对旅游消费者而言，适时减除购买旅游产品后的疑虑显得十分必要。那么，如何减除购买后的疑虑呢？常见的办法有以下两种。

（1）有选择地接受新信息

有选择地接受新信息就是利用有利的新信息来支持已做出的购买决定，以巩固自己的信念。在接受有利的新信息的同时，要尽量用已放弃选择的不利信息，来巩固已做出的决定。这两种作法都是选择性接触，对减少购买后的失调可能相当有效。

（2）坚信自己的选择

坚信自己的选择所导致的结果与改作其他选择所得到的结果基本上是相似的，甚至现在的选择更优于其他选择，从而为自己的决定辩护，维护自己的心理平衡。

4.4 学习理论在旅游市场营销中的应用

许多旅游营销策略往往依据这样的假设：旅游消费者持续不断地积累旅游产品的信息，多数旅游者是因"教化"而偏好某些旅游产品的。基于上述假设，旅游企业在正确引导人们对旅游产生兴趣，形成旅游动机，以至最终实施具体消费行为方面，应该起到重要的"教化"作用。正确应用与关的学习理论，采取一些行之有效的营销策略，可能是旅游企业完成这一"使命"的重要途径。

4.4.1 旅游企业学习与旅游消费者行为

如前文所述，学习与旅游消费者行为密切相关。因此，对于提供旅游服务的旅游企业来说，正确了解和掌握旅游者的需求和消费信息，是促使其设计出满足旅游者需要的旅游产品，制定出更为合理、更为科学的旅游营销方案的重要前提和保证。一般来说，旅游企业需要学习的内容主要包括以下三个方面。

1. 对旅游者消费心理的学习

对于旅游企业来说，深入了解、分析、研究旅游者的消费心理是十分重要和必要的。不同年龄、不同性别、不同职业、不同经历、不同文化背景的旅游者往往具有不同的消费需求和消费特征。旅游企业只有研究清楚不同旅游消费者的消费心理，才可以有的放矢的开发设计旅游产品，才可以有针对性地开展旅游宣传、营销活动。当然，随着旅游者自身旅游经历的增多和旅游环境的变化，旅游者的旅游需求、消费心理也会发生相应的发展和变化。开以说，旅游企业对旅游者消费心理的研究与学习，也是一个长期的、动态的过程。

2. 对旅游产品开发和营销方法的学习

满足旅游者的旅游需求是旅游产品开发的方向所在。如何开发出适应市场需求的旅游产品，以及如何采取适合旅游者口味的营销方法，对旅游企业来说，这都是一些需要不断学习探讨的问题。

3. 对旅游企业管理和旅游服务方法的学习

加强科学管理力度，不断提高旅游服务质量，是旅游企业获取持续竞争力的重要法宝。面对日趋庞大和竞争日益激烈的旅游消费市场，旅游企业管理者要树立科学管理、科学决策和"依法治旅"的思想和意识，不断学习先进的管理方法和旅游法律法规，逐步提高对旅游企业的科学管理水平；同时，旅游企业还要注重加强人力资源管理，注重员工选拔与培训，不断提高旅游服务质量。

4.4.2 旅游产品定位与旅游品牌形象塑造

在日趋激烈的旅游竞争环境下，旅游市场也发生了很大的变化。如果说过去的旅游市场竞争是价格的竞争、质量的竞争的话，那么，现在和将来旅游市场的竞争将是文化的竞争、形象的竞争、品牌的竞争。所以，对于那些旅游经验丰富、善于理性思考的旅游者来讲，旅游企业唯有对自己进行一个科学合理的定位，并在此基础上，建立和维护一个强大的旅游品牌才是获得长期成功的关键所在。

无数实践证明，科学的定位能够促使企业明确发展方向与奋斗目标，制定出一个切实可行的发展建设规划，脚踏实地的开展工作。而且，如果一个旅游企业能够在企业品牌建树上下些功夫，那么，一旦形成企业的品牌形象，就必然会为其插上腾飞的翅膀。品牌形象具有无法想像的威力。对于很多旅游者来说，著名的旅游品牌不仅能够唤起他们丰富的联想和情感，更是促使其下定决心购买与该品牌有关的各项旅游产品的主要因素所在。当然，旅游企业品牌的形成，不是一朝一夕之事，它需要企业正视现实，认清自我，抓准特色，长期努力。希尔顿大酒店、运通公司、中旅集团、广之旅、长城饭店等一些国内外知名的旅游企业获取成功的事实，也正说明了这一点。

4.4.3 引导旅游者实施消费行为的主要方法

1. 正确利用行为学习理论，刺激、强化旅游者的消费需求

行为学习原理可以解释许多消费现象，例如从一个驰名品牌形象的创立到产品与需求的内在联系。许多市场战略都强调刺激与反应之间的联想的建立。从无条件刺激到条件刺激的意义转变可以用来解释一些品牌产品为什么能够"深入人心"。历史上最成功、时间最长的广告运动之一，即万宝路牛仔广告运动，就是一

个运用经典性条件反射作用的很好例子。

补充阅读

万宝路牛仔广告运动的基础在于这样一个事实：即许多人把牛仔看作力量、阳刚之气及诚实正直的化身。牛仔是无条件刺激；牛仔激起的积极感受（力量、阳刚之气）是无条件反应。旅游消费者通过两个方面把万宝路香烟与牛仔结合了起来，一个是反复的广告，一个是无条件刺激与条件刺激（牛仔与万宝路香烟）的结合。接下来产品就变成了条件刺激，因为它可以像牛仔那样激起相同的感受。万宝路广告运动的成功，正是因为这种积极的联想。因而牛仔影响了烟民，使他们购买了万宝路香烟，而对万宝路的回味，又使得烟民再次购买。万宝路男人和香烟之间的联想是如此之强烈，以至于在有些情况下厂商甚至都不用在广告中提及这个牌子的名称。

万宝路的成功给许多旅游企业带来了很多有益的启示。很多旅游企业经常利用风光秀丽的照片、迷人动听的音乐、声情并茂的影视和形象生动的语言向旅游者和潜在的旅游者传递旅游产品或旅游服务的信息，勾起人们对旅游地的无限遐想，然后，再经过多次的强化宣传，不断刺激旅游者和潜在的旅游者消费需求，以至最终使他们产生旅游动机，形成旅游消费。同时，还要重视旅游消费的后续服务工作，多与旅游消费者保持联系和情感沟通，这实际上也是一种对旅游者进行刺激强化和避免其消费遗忘的重要手段和方法。

当然，在旅游宣传过程中，要注意对刺激泛化和刺激辨别的正确应用，否则可能会收到适得其反的效果。一般来说，先经过刺激泛化，然后再进入刺激辨别阶段，是新的旅游产品最终获得成功的必由之路。原因在于，旅游购买者对新产品的第一反应就是弄清楚与该产品最相类似的产品是什么。只有弄清这一问题，旅游购买者才会将已知产品的某些特性赋予到新产品上，也就是对刺激予以泛化。但是，旅游新产品要获得成功，仅停留在这一阶段还不够，还要使购买者感觉到它具有某些不同于已有旅游产品的独特性。正是这种独特性，使新的旅游产品和原来同属一类的其他旅游产品相区分。很多新的旅游产品的失败，相当程度上可归因于缺乏刺激的泛化，或归因于新的旅游产品难以与其他同类旅游产品相区分。对于旅游消费者而言，如果不是对这种新的旅游产品具有特别的兴趣和强烈的了解动机，那么他就很有可能对该产品采取漠视甚至是抵制的态度。所以，在这种情况下，旅游生产企业或旅游销售商适时应用刺激辨别理论，让旅游消费者认识到新的旅游产品的全新价值所在，就显得十分必要。

2. 加强对榜样的宣传，提高旅游产品的知名度和美誉度，树立品牌形象，增强旅游者的旅游消费信心

按照认知学习理论的观点，旅游者决定购买旅游产品的过程，首先是认知到旅游需求的存在，接下来进行信息的搜集、解释并评估满足需求的可选择品牌，

随后选择他们认为最可能满足其需要的旅游产品，最后再评估该项旅游产品满足其旅游需求的程度。

鉴于旅游认知与旅游者的观察学习有关，而且榜样的力量在观察学习中的重要意义，所以，旅游企业可以通过展示他人购买某项旅游产品所带来的利益，或者因未购买该项旅游产品而产生的不利后果，使旅游者建立起相关的旅游产品知识。旅游者具有通过观察他人（即榜样）行为如何被强化而间接学到知识的能力，这样，旅游企业不必对每一位旅游消费者的行为都提供直接的强化，却可以达到满意的营销效果。旅游者的观察学习不仅可以引起他们认知的变化，还可以激发他们的感情反应和情感性行为，这就为他们下一步实施购买旅游产品的行为打下了良好的认知基础和情感基础。

为了进一步影响旅游者的消费选择，旅游企业要逐步提高旅游产品的知名度和美誉度，树立品牌形象，增强旅游者的旅游消费信心。

3. 正确区分旅游者的不同类型，对不同的旅游者采取不同的营销策略

旅游营销人员要不断提高识别旅游者类型的能力，积极主动地为不同的旅游者提供不同的信息，帮助他们解决旅游决策中的一些实际问题。比如，旅游产品推销人员在面对择优者时，对方可能喋喋不休地向销售服务人员提出许多琐碎的细节问题，像房间大小、朝向，食品的品种、花样、质量，当地人是否热情好客，景点是否优美，外币兑换是否方便，当地有无大的商店，能否买到某种纪念品，以及能否托运等，大有不达目的誓不罢休之势。在这种情况下，旅游产品推销人员不仅要热情主动接待对方，而且在行动上还要特别小心、谨慎，否则，很可能会因一时的疏忽而难以达成成交协议。

本 章 回 顾

关键术语

1. 学习（learning）
2. 动机（motivation）
3. 暗示（cues）
4. 反应（response）
5. 强化（reinforcement）
6. 行为学习理论（behavioral learning theories）
7. 刺激泛化（stimulus generalization）
8. 刺激辨别（stimulus discrimination）
9. 固定间隔强化（fixed-interval reinforcement）
10. 变动间隔强化（variable-interval reinforcement）

11. 固定比率强化（fixed-ratio reinforcement）
12. 变动比率强化（variable-ratio reinforcement）
13. 正强化（positive reinforcement）
14. 负强化（negative reinforcement）
15. 认知学习理论（cognitive learning theories）
16. 信息加工理论（informational process theories）
17. 观察学习理论（observational learning theories）
18. 旅游知觉风险（tourism perceptive danger）
19. 经典性条件反射（classical conditioning）
20. 操作性条件反射（operant conditioning）

小结

本章阐述了学习的涵义与学习的基本构成要素；对两种比较有代表性的学习理论——行为学习理论和认知学习理论进行了较为详细的介绍；重点分析了旅游者学习什么和如何学习的问题；并主要介绍和分析了旅游企业如何运用学习理论打造旅游品牌产品和科学引导旅游消费者行为的问题。本章学习的难点在于对学习理论知识的理解和掌握，重点在于培养学习者运用学习理论分析和解决实际问题的能力。

案 例 分 析

高明的促销

几位游客到杭州西湖春酒店商场购物，径直走到茶叶专柜，看了看标价，便议论道："这儿东西贵，我们还是去外面买吧！"这时，服务小姐走上前来，关切地说："先生们去外边买茶叶一定要去大型商场，但是市场上以次充好的茶叶很多，一般是很难辨别的。"几位游客立即止步问道："哪家商场比较好，茶叶又怎么进行选择呢？"服务小姐便将茶叶等级的区分，如何用看、闻、尝等几种简易的方法区分茶叶好坏，以及本商场特级龙井的特点等告诉给了几位游客。服务小姐最后说，"我们这里茶叶的价格虽略高于市场价格，但对游客来说，买得称心、买得放心才是最重要的。"几位游客听了服务小姐的介绍，当场就购买了几盒茶叶。

问题讨论

1. 上文中服务小姐"高明"在哪里？
2. 假若你是这里的服务小姐，你会用何种方法把产品卖出去？

游 客 须 知

尊敬的游客：

欢迎您参加出境旅游！依据我国法律、法规的规定，您在旅游活动中享有下列权利，并应当履行下列义务。

一、您的权利

1）您享有自主选择旅行社的权利。我国出境旅游实行特许经营制度，因此，您有权要求旅行社出示出境旅游经营许可证明，并与旅行社协商签订旅游合同，约定双方的权利和义务。

2）您享有知悉旅行社服务的真实情况的权利。您有权要求旅行社向您提供行程时间表和赴有关国家（地区）的旅行须知，提供旅行社服务价格、住宿标准、餐饮标准、交通标准等旅游服务标准、接待社名称等有关情况。

3）您享有人身、财物不受损害的权利。您有权要求旅行社提供符合保障人身、财物安全要求的旅行服务，要求旅行社为您办理符合旅游行政管理部门规定的出境旅游意外伤害保险。

4）您享有要求旅行社提供约定服务的权利。您有权要求旅行社按照合同约定和行程时间表安排旅行游览，为旅行团委派持有《领队证》的专职领队人员，代表旅行社安排境外旅游活动，协调处理旅游事宜。

5）您享有自主购物和公平交易的权利。境外购物纯属自愿。购物务必谨慎。您有权要求旅行社带团到旅游目的地国旅游管理当局指定的商店购物；有权拒绝超计划购物，拒绝到非指定商店购物；拒绝旅行社的强迫购物要求。

6）您享有自主选择自费项目的权利。您有权拒绝旅行社、导游或领队推荐的各种形式的自费项目，有权拒绝自费风味餐等。参加自费项目纯属个人自愿，有可能是接待社和导游通过组织自费项目获取利润，损害您的利益。

7）您享有依法获得赔偿的权利。在出境旅游活动过程中，旅行社未经旅行团同意，擅自变更、取消、减少或增加旅游项目，强迫购物、参加自费项目，未履行合同义务给您的合法权益造成损害，您有权向旅游行政管理部门投诉或向人民法院起诉，依法获得赔偿。

8）您享有人格尊严、民族风俗习惯得到尊重的权利。旅游者的人格尊严不受损害，民族风俗习惯应当得到尊重，这是我国法律的规定。当您在选择出境旅行社和出境旅游活动中，您的人格尊严和民族风俗习惯受到损害，您有权得到法律的救助。

9）您享有对旅行社服务进行监督的权利。您有权检举、控告旅行社侵害旅游者权益的行为，有权对保护旅游者权益工作提出批评、建议。您有权将组团社发给您的征求意见表，寄给组团社所在地的省级旅游部门，如必要也可以直接寄给国家旅游局旅游质量监督管理所。

二、您的义务

1）您有维护祖国的安全、荣誉和利益的义务。在出境旅游中，不得有危害祖国的安全、荣誉和利益的行为。

2）您有合法保护自己权益的权利，也有不得侵害他人权利的义务。当您在行使权利的时候，不得损害国家的、社会的、集体的利益和其他旅游者的合法的权利。

3）您必须遵守国家的法律、法规，在出境旅游中，要保守国家秘密，遵守公共秩序，遵守社会公德，服从旅游团体安排，不得擅自离团，不得非法滞留不归。

4）您应当遵守合同约定，自觉履行合同义务。非经旅行社同意，不得单方变更、解除旅游合同。但法律、法规另有规定的除外。

5）您应当遵守旅游目的国家（地区）的法律，尊重当地的民族风俗习惯，不得有损害两国友好关系的行为。

6）您应当自尊、自重、自爱，维护祖国和中国公民的尊严和形象，不得有损害国格、人格的行为，不得涉足不健康的场所。

7）您应当努力掌握旅行所需的知识。了解旅行社的运营程序，提高自我保护意识。

8）您要保存好旅游行程中的有关票据、证明和资料。以便当您的合法权益受到侵害时，作为投诉凭据、索赔证据。

9）您所携带的行李物品，应当符合国家法律规定。携带货币出境，外币不得超过 2000 美元或其他等值外币，人民币不得超过 6000 元。不准携带违禁物品出入境。

问题讨论

1. 运用有关学习理论，分别从旅游经营者和旅游消费者的角度分析出具这样一则须知的重要性和必要性。

2. 作为旅游者，你认为在出游前要注意哪些方面的问题？

思考与练习

思考题

1. 简要说明学习的涵义及学习的过程。
2. 简要阐述行为学习理论和认知学习理论的主要区别。

3. 根据有关学习理论，分析说明旅游企业引导旅游消费的具体途径有哪些？

4. 分析旅游消费者产生购买知觉风险的原因，简述旅游经营者如何帮助旅游消费者减除购买知觉风险？

5. 什么是间隔强化和比率强化？举例说明每种类型的强化在旅游营销中是如何运用的。

6. 找出两则旅游广告，其中一则基于经典性条件反射，一则基于操作性条件反射。讨论每则广告的特点以及广告是如何运用相关学习原理的。

7. 举例说明在旅游产品营销中如何区别对待满意者和择优者？

实训练习题

1. 通过搜集广告信息，设计一份旅游计划？

2. 设计一份问卷，调查旅游者获取旅游消费知识的途径主要有哪些？

第5章 旅游态度

引导案例

在日常生活中，我们经常听到"态度决定高度"、'态度决定一切"这样类似的语言。那么态度与行为之间究竟存在着怎样的关系？回归到旅游活动中，旅游态度与旅游行为之间存在关系吗？如果存在，那么存在着怎样的关系？

图 5.1 是一张在网上广为流传的照片，反映的是口西方在旅游态度与行为上的差异。其中，左图是"西方人的旅游态度"，而右图是"中国人的旅游态度"。这张图片所要抽象展示的是"在旅游过程中，西方人是在用眼睛感受世界与美，而中国人是在用相机感受世界与美"。

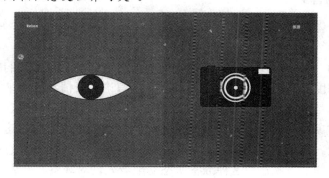

图 5.1 中西方旅游态度差异

当然，这张照片毫无疑问地引起了热议。撇开其他因素，单纯看这张照片的话，你会发现"有怎样的旅游态度就会引发怎样的旅游行为选择"这句话似乎是很有道理的，因为"意识指导行为"。但是，行为和态度总是一致的吗？旅游态度总是能指导旅游行为吗？

让我们带着这些问题进入本章的学习。

通过本章的学习，我们要了解什么是态度和旅游消费态度，影响态度形成的因素；态度的构成和态度的特性；态度测量的注意事项和常用方法；不同类型的决策、旅游决策过程的步骤和影响旅游者决策的因素；如何通过提高旅游产品形象来改变旅游者的态度、有关改变态度的各种理论以及改变旅游者消费态度的基本方法等内容。

5.1 态 度 概 述

旅游者生活在不同的社会环境下，其所处的经济环境、所属的民族、阶层、所受的教育、所从事的职业等各有不同，且每个人所具有的知识、经历也各不相同，因而除了形成各自不同的需要和动机以外，也形成了差异化的态度。

态度影响着人们的行为和生活方式，当然也影响着旅游者的行为。通过对态度的研究，不仅容易理解人们选择旅游消费的思想和情感，同时也有可能通过改变人们的思想和情感来改变其行为。因此，了解旅游者的态度对旅游工作者来说是非常重要的。

在学习旅游态度之前，我们首先应当了解一下什么是态度、影响态度形成的因素、态度的构成以及态度的特性。

5.1.1 态度的含义

态度是个体对待人、事、物和思想观念的一种内在心理反应，是个体对某一对象的评价和行为倾向。

态度作为一种心理现象，既是指人们的内在体验，又包括人们的行为倾向。一般而言，态度是潜在的，主要是通过人们的言论、表情和行为来反映的。人们的态度对象也是多种多样，诸如人物、事件、国家、集团、制度、观念等。人们对这些态度对象，有的表示接受或赞成，有的表示拒绝或反对，这种在心理上表现出来的接受、赞成、拒绝和反对等评价倾向就是态度。因此，态度又可以看成是一种心理上的准备状态，这种准备状态支配着人们对观察、记忆、思维的选择，也决定着人们听到什么、看到什么、想些什么和做些什么。

5.1.2 影响态度形成的因素

人的态度并非生而有之，而是在后天的生活环境中，在内外因素的影响下逐渐形成的。通俗地讲，态度来自于过去的经验，指导着将来的行为倾向。态度是一种心理倾向，它的形成与保持受到多种情景因素的影响，具体如下。

1. 欲望

欲望是形成态度的重要因素。凡是能满足人的欲望的对象，或能帮助个体达到目标的对象都会使人产生好感，而阻碍达到目标或引起挫折的对象则会使人产生厌恶的态度。换言之，欲望的满足与善意的态度相联结，反之，则与厌恶的态度相联结。无论对能满足欲望的事物形成好感，还是对阻碍欲望满足的事物产生恶感，都是人的一种学习过程。

2．知识

知识也是形成态度的重要因素。人对某些事物态度的形成，受个体所获得的有关这些对象的知识影响。例如，一个人阅读过某种科技著作，了解到原子武器爆破力的杀伤性，就会产生对原子武器的一种态度，这就是说态度的形成是受知识影响的。但态度并非仅仅由所获得的知识决定，如果新知识与他原有的倾向相一致，他就会对该事物产生满意或肯定的态度；如果这些知识与他原有的倾向不一致，他还需要把这些知识与其原有的倾向加以协调，或者改变原来的倾向，或者形成新认识，从而对这些事物产生满意或肯定的态度。如果不能协调起来，他自然就会对这些事物产生不满意或否定的态度。心理学家进行过有趣的调查，他们把调查对象分成两种态度组，即有严密组织的宗教态度者（特征是:态度分明、无意成分少，情绪色彩低）与无严密组织的宗教态度者。结果发现前者能够认识并且接受自己的优点和缺点，而后者则只接受自己的优点，把自己的缺点掩盖起来。

3．所处团体与组织

个体所处的团体和组织也是形成态度的重要因素。个体对事物的态度，在很多情况下是来自于其所属的团体的影响。属于同一家庭、学校、工厂、团体和社区的成员，常具有类似的态度，尤其在个体及其所属团体中多数成员形成共同认识的情况下，个体会在无形中接受团体的压力。这些态度都是个体在团体活动中，在成员之间的相互作用下，通过模仿、暗示和顺从等而形成的。

4．个人经验

态度的形成与个人经验有关。在很多情况下，态度是通过经验的积累和分化慢慢形成的。例如，四川人喜欢吃辣椒，山东人喜欢吃大葱，就是由于长期的经验而形成的一种习惯性态度。但是也有一次经历造成深刻的印象而形成某种态度的。例如，在某一次逗狗的游戏中被狗咬伤，张可能从此就不喜欢狗，甚至害怕狗，即所谓"一朝被蛇咬，十年怕井绳"。个体对某种对象的经验可能形成满意的态度，也可能形成不满意的态度。可见，个体的直接经验是形成和影响态度的重要因素。

5.1.3　态度的心理构成

人们在不同的社会条件下生活，对待同一事物，有的人赞成，有的人反对。毫无疑问，态度在很大程度上决定了人们的工作行为和生活方式，因此有必要了解构成态度的各种因素。

态度的心理结构一般包括三种因素。

1）认知因素。认知因素就是指个人对态度对象带有评价意义的叙述。叙述的内容包括个人对态度对象的认识、理解、相信、怀疑以及赞成或反对等。

2）情感因素。情感因素就是指个人对态度对象的情感体验，如尊敬或蔑视，同情或冷漠，喜欢或厌恶等。

3）意向因素。意向因素就是指个人对态度对象的反应倾向或行为的准备状态，也就是个体准备对态度对象做出何种反映。

这也就是说，态度是由认知、情感和意向三种成分所构成的。认知包括人对于对象的所有思想、信念和知识，它给个体提供了有关信息的印象；情感包括个人对人或物的评价、爱好和情绪反应，其强度决定了态度的强度；意向包括表达态度的言语和行动。

就同一态度而言，认知、情感和意向三种成分之间是彼此依赖、协调一致并相互影响的，而不是相互矛盾。如图 5.2 所示。

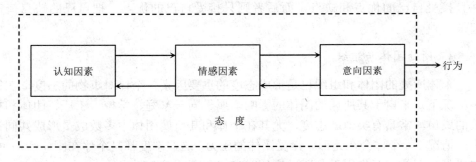

图 5.2　态度的心理结构

5.1.4　态度的特性

理论界一般认为，态度具有如下特性。

1. 态度的社会性

人们的态度不是与生俱有的，而是后天习得的。它是个体在长期的生活中，通过与他人的相互作用，通过社会环境的不断影响而逐渐形成的。态度形成后，又反过来对外界事物、对他人发生反应。

态度是通过学习获得的，而不是本能行为，因而所有的态度都不是遗传来的，而是后天获得的。比如，游客对某景点的态度，或是他自己在接受旅游服务的过程中通过亲身体验得来的，或是他通过广告宣传、其他客人的评价等形成的。

2. 态度的针对性

态度是针对客观现实中某一对象或状况而产生的，因此，态度是对某种事物形成的一种稳定的心理倾向和评价。当识别某一态度时，我们也会同时联想起这一态度的对象。例如，对某种旅游产品的态度，对物价的态度，对服务员，对顾客的态度等等。态度的对象可以是社会性的事物，也可以是非社会性的事物，其中以社会事物为对象的态度叫社会态度。在所有的态度中，社会态度对个体社会生活的影响最大，所以心理学所说的态度多以社会态度为主。态度是一个人针对某一对象，某一群体、或某一状态而产生的，人们做任何事情，都会形成某种态度，在谈到某一态度时，就提出了态度的对象。

3. 态度的协调性

态度是由认知因素、情感因素、行为因素所组成。一个正常的人，对某人或某事所持有的态度常常是三种因素协调一致的。例如，一位旅游者认为他的选择是对的（认知因素），就会对景点产生感情（情感因素），表现出积极的行为倾向（行为因素）。如果态度的三种因素不一致时，个体能够对其中的因素进行调整，以保持协调一致。

4. 态度的稳定性

态度的稳定性是指态度形成后在相当长的时间内保持不变。一个人一旦形成某种态度，将会持续一段时间，而难于改变，并成为个性的一部分，使个体在反应模式上表现出一定的规则性和习惯性，从而以提高个体对社会的适应。但在态度发展形成的初期，它的某些成分尚未固定化，需要有一个发展的过程。而且，已经形成的态度也并非一成不变，当各种主客观因素发生变化时，态度也会随之改变。原来积极肯定的态度也会消失而产生消极不满的态度。

5. 态度的潜在性

态度是个体的一种内在的心理倾向，它虽然具有行为的倾向，不一定以外显的行为直接表现出来，因此它不能直接加以观察。但可以从个体的思想表现、言语论述、行为活动中加以推断。因此，人与人之间的交往是否顺当，有赖于个体能否从对方的言行中正确地推断出他的想法、感情和行为倾向，从而加以了解。

5.1.5　态度的强度与测量

1. 态度的强度

人的态度具有方向性（两极性）和强度的差异。人对某一对象所形成的态度既可以是善意、喜欢、肯定的，也可以是恶意、厌恶、否定的，这是态度的两极性。在肯定、善意和否定、恶意的两极态度之间还存在着不同程度的差异，其所反映的就是态度的强度。

态度的强度就是指个体对某一对象所持有的肯定或否定的程度。一般来说，强度越大，态度就越稳定，改变起来也就越困难。态度是决定个体意图和行为的重要因素。研究表明，对个体态度的强度进行分析，是预测个体行为的有力因素。

2. 态度的测量

态度是人们对某一类社会事物的心理倾向，一个人的态度会影响他的认知、情感和行为。而态度的研究就是对它进行科学的测量和分析。心理学研究证明，采用量表法，运用具有较高信度和效度的量表，能够较准确地反映出所要测定的态度，为了解个体行为提供较可靠的数据和资料。

（1）态度测量的注意事项

1）在制定态度量表以前，必须确定自变量、因变量，尽力排除或严格控制无关变量。因变量（态度）的测定一般有两个指标：一个是态度的方向，即被测者对不同旅游方式的喜欢或不喜欢、肯定或否定的正负方向；另一个是态度的强度，即被测者对不同旅游方式的喜欢或厌恶、肯定或否定的程度。

2）测定态度的强度（即喜、恶的程度），一般运用数量指标进行衡量。常用的五点法、七点法、十一点法三种尺度，均把态度数量化。这些数字只代表态度在等级上的相对差别，便于统计和比较，而没有数值上的绝对差别，没有定值的意义。

3）测量态度的问卷量表一般不用"是非法"。因为一个人的态度要受到个人的信念、价值、个性特征及其他社会因素的影响，它是一种包含着个人认知、情感和行为倾向的多变量的因素。如果仅用"是"或"非"来区分，易把问题简单化。

4）要尽量做到"及时"测量人们对某事的态度，"定时"测量人们的态度变化。

（2）测量态度的方法

1）五点法。这种方法把某人对某事的态度划为五个等级，其中两端为极端态度，中间为中性态度，每个等级给分如下。

最反对　反对　无所谓　赞成　最赞成
　−2　　−1　　0　　　1　　　2

或

　　1　　　2　　　3　　　4　　　5

以五点尺度测定态度，一般有两种具体操作方法：①主试根据所测的中心问题，与大量被试进行个别谈话，诱发他们讲出自己的看法。然后根据评分的标准，由主试给每个被试打出态度分数；②主试用问卷量表提出问题，每个问题的下方均有五个答案，要求被试根据自己的真实想法，自选其一，并在同意处打上圈。

运用谈话法或问卷法进行态度测量，均要对测量结果进行统计分析，以了解人的态度倾向，便于研究和比较。

2）七点法。这种方法把某人对某事的态度分为七个等级，其中两端为极端的态度，中间为中性态度，每个等级给分如下：

最反对	反对	稍反对	中性	稍赞成	赞成	最赞成
-3	-2	-1	0	1	2	3

或

1	2	3	4	5	6	7

以七点为尺度测定态度，主试首先要根据所测的问题设计一套双极形容词（每套为 10 对）来制定问卷量表。问卷中成对的双极形容词被写在线段的两端，线段上有七个刻度，代表人对某事的七种态度水平，要求被试根据自己的想法，选择适当的刻度，并画上圈。

3）十一点法（又称为塞斯顿量表）。这种方法国外广泛用于测量个人对较为复杂问题的态度。衡量态度的尺度定为：1～11，其中 1 与 11 为两种极端的正负态度，6 为中性、无所谓的态度。

在一般情况下，用十一点法测定态度，在设计问卷法时每次问卷只测量人们对某一事物的态度，主试在制定问卷量表时，要仔细地筛选每个小题，并根据大量的抽样调查拟订每题应得的态度分数，使问卷中的每个小题都代表了人们对该事物不同等级的态度。测验时，要求每个被试拿到问卷后，仔细看，认真想，把自己认为赞成的题目打上钩（√），然后把打钩题目的分数加起来，求出平均数。分析这个平均数，即可了解人们对此特定问题的态度。

此外，在制定量表时，应随机安排各问题的顺序，也不要在量表中注明每一问题的分数。

5.1.6　旅游者的改变

态度是经过学习过程而形成的，因此要改变态度的强度，或以新的态度取代原来的态度（即改变态度的方向），并不是不可能的事。但是，由于态度具有稳定性的特征，在它一旦形成之后，便构成了个性的一部分，进而影响整个行为方式。因此，态度的改变和取代，并不像一般的学习那么简单。

态度的改变主要包括两个方面：一是态度的方向，二是态度的强度。以一种新的态度取代原有的态度，这就是方向的改变。只是改变原有态度的强度而方向不变，这就是强度的改变。同时，态度的方向和强度也是密切相关的，一个人从一个极端转变到另一个极端，这本身既包含方向上的转变，又是强度上的变化。

社会心理学家凯尔曼（Kelmen）于 1961 年提出了态度形成或改变的模式，他认为态度的形成或改变经历了顺从、同化和内化三个阶段。

1. 顺从阶段

顺从又叫服从，是表面上改变自己的观点与态度，这是态度形成或改变的第一个阶段。在生活中，个体一方面不知不觉地在模仿着他所崇拜的对象，另一方面也受一定外部压力或权威的压力而被迫接受一定的观点，但内心不一定接受该观点，这是形成或改变态度的开端。

2. 同化阶段

同化又叫认同，是在思想、情感和态度上主动地接受他人的影响。这个阶段比顺应阶段进了一步，即态度不再是表面的改变了，也不是被迫的了，而是自愿接受他人的观点、信念、行动或新的信息。使自己的态度和他人的态度（自己要形成的态度）相接近。但在这一阶段，新的态度还不稳定，很容易改变，新的态度还没有同自己的态度相融合。

3. 内化阶段

在思想观点上与他人的思想观点相一致，将自己所认同的新思想与自己原有的观点结合起来，构成统一态度体系。这是形成态度的最后阶段，在这阶段中，人的内心发生了真正的变化，把新的观点、新的情感纳入自己的价值体系中，彻底形成了新的态度。

5.2　旅游态度、旅游偏好与旅游决策

5.2.1　旅游态度

对于旅游而言，旅游态度涵盖的内容较为宽泛，如旅游者对旅游产品的态度、旅游者在消费过程中对旅游活动的态度、旅游企业员工对旅游服务对象的态度等。在本书中，我们主要研究旅游消费态度。

根据态度的定义，旅游消费态度即旅游者在旅游消费过程中所持有的对景观、服务、交通，以及人、事、物和观念等的评价与行为倾向。

5.2.2　旅游偏好

所谓旅游偏好，是指一个人趋向于某一旅游目标的心理倾向。偏好的特点是并不关注对象的整体，而总是针对对象的异质特征来进行判断。而人的态度是偏好形成的基础，心理学研究表明，态度的强度与态度的复杂性对偏好的形成具有重要影响。态度的强度就是指个体对对象的肯定或否定的程度。一般来说，态度越强烈也就越稳固，改变起来也就越困难；态度的复杂性是指人们所掌握的对象信息的多少，所反映的是对对象的认知程度，掌握的对象信息越多，态度也就越复杂。一般认为，稳固、复杂的态度较难以改变，从而形成个人偏好。偏好是在态度的基础上形成的，持有特定偏好的人，其行为处事往往要受到偏好的影响而表现出一贯性。在形成旅游决策的过程中，他们首先不是要权衡和评价旅游产品本身，而是针对旅游产品的异质特征进行判断，即旅游产品是否具有符合个人偏

好的某些特点。如果认为旅游对象的异质特征能满足他的偏好，尽管整个产品并不尽如人意，也会引发浓厚的旅游兴趣，从而产生积极的旅游行为。因此，旅游工作者在进行旅游产品宣传时，一定要注意突出产品的独特性、差异性，以引起具有旅游偏好的人的注意。例如，喜好探险的人，并不关心一般旅游者所关心的吃、住、行等问题，而关注的是景点的新奇、刺激等因素。

补充阅读

现在自驾车旅游的人越来越多，人们旅游过的地方也很多。其中有些人在选择、评价旅游地时，并不选择名山大川、名胜古迹和吃住、交通方便的景点，反而认为最有意义的地方往往是道路艰险、游客稀少、旅游途中有惊无险的地方。

5.2.3 旅游决策

态度对旅游行为的影响直接体现在对旅游决策的影响上。所谓决策，简单说就是个人在遇到某一问题时，出主意想办法，做出合理选择的过程。一个人的决策往往受到已经形成的态度的影响。在旅游决策过程中，旅游者的某种态度一旦形成，就会导致某种偏好，进而影响人们的旅游决策。与人的其他决策一样，旅游者在做出选择决定之前，都有一个考虑、权衡的过程，去还是不去？去哪里？去多久？怎么去等？都要经过旅游者的反复考虑，并会受到主观和客观方面多种因素的影响，最后才能做出决定。

1. 旅游决策过程的步骤

由于旅游者个人的能力，以及经济条件等因素不同，旅游者的决策过程有时比较简单，有时比较复杂，但一般来说，决策过程包括以下几个步骤：

（1）认识问题

即旅游者发现了、知觉到了要解决的问题，产生了对旅游消费的需要。这可以由内部刺激引起，如饥饿使人产生进食的需要；也可由外部刺激引起，如看到别人买了某种旅游商品，想到自己也需要买等等。

（2）寻求解决方案

为要解决问题，就要寻求解决问题的方案。这就需要搜集各方面的信息，包括贮存于个体记忆和经验中的信息，也包括报纸、杂志、广播、电视的广告以及口传中提供的信息，从内部或外部来搜寻解决问题的方案。

（3）评价解决方案

旅游者所寻求到的解决方案往往不只一种，对于多种方案并存的情况，旅游者需要进行比较，权衡各自的长短优劣，以便从其中选出最佳的方案。

（4）确定最满意的方案

确定最满意的方案的过程，就是做出最后决策的过程。

并不是所有的决策过程都经过以上四个阶段。人们在进行一些简单的决策时，往往并不需要第二和第三个环节。但当进行一个较大的旅游消费决策时，其决策过程就会变得相当复杂，所用的时间也就会长一些，所担的风险就更大，因此就会在寻求解决方案和评价解决方案方面花很多时间。

2. 决策过程的类型

美国心理学家恩格尔将决策过程分为三类，即长期的决策过程、限定的决策过程和习惯的决策过程。他认为决策的程序包括认知问题、外部搜索、评价解决方案、实施和实施后的评价等五个阶段。其中：

（1）长期的决策过程

这是一种复杂的决策过程，一般要通过认知问题、外部搜索、评价解决方案、实施和实施后的评价等五个阶段才能做出决策。

（2）限定的决策过程

限定的决策过程一般是在自己较为熟悉的情况下所做出的决策过程。当问题被认知后，个体根据自己的经验进行内部探索和评价，即可做出选择决定，而不需要进行外部探索的阶段。

（3）习惯的决策过程

这种决策过程是在自己习惯的环境中做出的。往往既不需要探索解决方案，也不需要评价解决方案，而是当问题一被认识，就习惯地做出自己的选择决定。

3. 旅游消费决策的影响因素

不同的个体面对同一件事往往做出不同的反应，这种现象就是行为的个体差异。旅游消费行为的个体差异也是十分明显的。在内外因素的影响下，旅游者在旅游消费决策方面往往会因个人偏好不同而做出不同的选择，旅游消费偏好本身就是个体差异的表现。研究旅游者的旅游消费偏好，可以帮助我们了解不同类型旅游者的需要，掌握不同的旅游消费决策的特点，从而有助于搞好旅游市场的预测，提高服务质量，更好地满足旅游者的需要。

旅游者的整个消费决策过程是在多种因素作用下进行的。除了个人偏好以外，影响旅游者决策的因素还有以下几个方面。

（1）旅游者所处的环境

主要包括空间环境、人事环境、社会文化环境和经济环境等。

（2）刺激因素

包括旅游产品本身的属性和特点、价格和服务水平等。特别是旅游产品价格问题，应该考虑到价格对大多数旅游者的心理效应。

（3）旅游者个人的心理因素

包括性格、爱好、年龄、性别、知识经验、态度等。旅游者个人的心理因素也会影响其决策过程，使其带有个人的特点。

（4）旅游服务水平

服务水平也是影响旅游者决策的重要因素。服务质量包括服务设施、服务态度、旅游点的环境气氛等。服务热情周到在旅游者心理上产生的愉快体验，会起正强化作用，能促使旅游者的积极决策。

总之，旅游者在决策过程中所要解决的问题，主要是在多个备选方案中做出合理的选择决定，决策本就是一个权衡得失的过程。

5.3　旅游消费态度的改变与旅游消费行为

5.3.1　旅游产品形象和潜在动机

旅游者对旅游产品的态度，是旅游者在旅游活动中形成的对旅游产品或服务的肯定或否定的心理倾向。旅游行为虽然千差万别，但旅游者对旅游产品形象的态度是影响旅游者行为的重要因素。当旅游者对产品或服务持积极、肯定的态度时，会推动他完成旅游活动；而消极、否定的态度则会阻碍旅游者完成旅游活动。所以，要促使旅游者产生积极旅游行为或完成旅游活动，就必须把旅游者对待旅游产品的消极态度转变为积极态度，把否定态度变为肯定态度。

旅游者态度的形成与其需要、欲望有关。每个人都有自己的需要或欲望，都有自己所向往的目标，因而产生相应的态度。因此，态度是一般动机的表达。对同一对象的态度可能来自人的多种动机，既可以是现实动机，也可以是潜在动机（没有直接推动行为而以意向等形式表现的动机）。例如，游客对某个旅游产品的态度就可能与个人身份、地位、安全使用和愉悦等因素有关。

丹尼尔·卡兹（Daniel Katz）在改变态度的"功能论"中提出：人的态度都是为符合于某种特殊的心理需要而建立的。换句话说，态度都具备一定的功能。要改变某种态度，就必须形成新的动机，使态度能够具有相应功能（符合某种特殊的心理需要）。卡兹提出态度的功能有四种：①工具性功能；②自我防御功能；③价值表现功能；④认识功能。人们有时对自己的需要和动机并不都十分清楚，甚至有互相矛盾的动机。因此，可以通过帮助他们分析自己的欲望和动机，来了解或确定真正动机的内容。也就是通过明确个人的基本动机来改变个人的态度。

旅游产品的形象"定位"也能起到同样的作用。例如，突出产品的实用性，满足工具性功能；突出产品的安全、可靠性，满足自我防御功能；突出产品的品牌或高性能，满足价值表现功能（身份、地位的象征）；突出产品的技术性能，满足认识功能。因为在人们开始接触某一旅游产品时，所获得的第一个印象，对形成关于这一旅游产品的态度影响很大，因此重视旅游产品形象，特别是要突出旅游产品的特征，能够满足不同态度功能的需要。当然，第一个印象并不一定就是产品本质的反映，从某种意义上说，第一个印象有时就是人们的偏见。如果让旅游者不断了解、接触旅游产品，不管他对这种产品的最初印象如何，他会逐渐习惯这种产品，即使原来抱有消极的态度，也会逐渐得到改变，起码也会发生一致性的改变，减轻消极的程度。所以，要改变旅游者的态度、巩固旅游消费者的积极态度，促进旅游者的认知、情感和行为倾向的一致性，激发旅游者的潜在动机，引发积极的旅游行为，就必须通过提高旅游产品形象，重视旅游产品的宣传。

5.3.2　改变旅游者消费态度的因素和理论

态度具有方向性和强度的差异。所谓态度的改变，首先是方向的改变，包括由消极的态度变为积极的态度，或者由积极的态度变为消极的态度；其次是强度的改变，包括积极的态度变得更加积极，消极的态度变得更加消极。前者是态度性质的改变，称为不一致的改变或极端性的改变，是与原来的方向相反的改变。后者称为一致性的改变，即保持了原来的方向，不是性质上的改变，只是程度发生变化而已。改变旅游者的态度就是要使原有的消极态度转变为善意的、喜欢的积极态度；使原有的较积极态度变得更积极。

但不管是哪一种态度，一旦形成之后就很难加以改变，特别是不一致的改变。在现实活动中，通过创造条件，可以使旅游者的消极态度转变为积极的态度，或者使旅游者的无所谓的态度、不太积极的态度变得积极起来。有时，消极的态度是由于旅游者对旅游产品不了解，或是受到别人的影响，或者是由于旧的消费或价值观念造成的。因此，研究决定态度改变的因素和条件，有助于创造有利条件，促使旅游者态度的改变。

1. 旅游者态度改变的影响因素或条件

根据大量的研究，可把影响旅游者态度改变的因素或条件归纳如下：

（1）旅游者获得商品信息的方式和内容

包括信息传递者的声誉、信息传播的媒介选择、信息表述的方法和技巧以及宣传的次数等，这些都是改变旅游者态度的重要因素。

（2）个人与其所属团体的关系

个人与其所属团体的关系是促使旅游者改变态度的关键因素之一。要改变旅游者的态度，在策略上必须重视他和团体的关系，不能挫伤他的信念，还应该充分发挥团体的作用。如果一个团体的领导人接受了某种意见，这将会对其成员产生重大的影响。

（3）个性特点

个人态度的形成与其个性有关。包括需要、动机、兴趣、认知、习惯、信念以及气质、能力和性格等。

（4）社会角色

人们在社会生活中所扮演的角色，对其态度的形成有很大的影响。如果要改变一个人的某种态度，变换角色是一条有效的途径。能让人设身处地、换位思考、了解他人的处境，从而有利于改变对人的态度。

（5）外部行为模式

特别是服务人员的行为模式。服务人员在服务过程中往往要求符合一定的规范，而这些规范有助于改变他们对游客的态度。因为他们照这种规范做，久而久之能够养成习惯性的反应，从而赢得游客的好感和信任。

2. 态度改变的理论

态度是在个体生活中经过学习而逐渐形成的，态度与认知是不可分的。一方面，人们倾向于与自己一致的信念或价值观念；另一方面，由于态度具有稳定性，它一旦形成后，便成为人们个性的一部分，影响整个行为，所以要改变态度并不那么简单。国外许多心理学家通过多种实验研究，提出了许多有关态度和态度改变的理论：

（1）态度平衡理论

心理学家海德（Heider）提出的"态度平衡理论"认为，在人们的认知系统中存在着使某些情感或评价之间趋向于一致的压力。人的认知对象包括世界上各种人、各种事物和概念等，这些不同对象组合为一个整体而被我们所认知。

海德把这种构成一体的两个对象的关系称为"单元关系"，其关系可由类似、接近、相属而形成。人们对每种认知对象都有喜恶、赞成、反对的情感与评价，海德把此情感或评价称为"感情关系"。

海德认为人对同一单元中两个对象的态度一般是属于同一方向的。当人对单元的知觉与对单元内两个对象的感情关系相调和时，其认知体系便呈现平衡状态；反之，当人对单元的知觉与对单元内两个对象的感情关系矛盾时，其认知体系便呈现不平衡状态，这种不平衡状态将引起个体心理紧张，产生不满意的情绪。

海德从日常经验出发，通过研究提出了"O—P—X 图式"，试图用科学术语来解释日常心理学的判断。图式中 P 和 O 为两个人（其中 P 为认知的主体），X 为 P 和 O 所认知的一个客体，它可以是一个人、一种现象、一件东西和一种观点等等。

海德认为，根据 P、O、X 三者之间的感情关系（喜欢—不喜欢，爱—不爱等），可以推论出八种模式，其中四种是平衡的，四种是不平衡的，如图 5.3 所示。

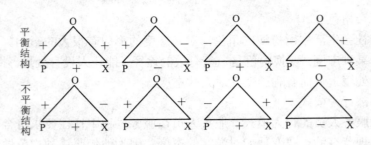

图 5.3　态度平衡结构图

资料来源：卢盛忠. 1988. 管理心理学. 杭州：浙江教育出版社.

由图中可以总结出两条规律：

1）平衡结构必须三角形三边符号相乘为正。

2）不平衡结构必须三角形三边符号相乘为负。

不平衡状态会导致认知体系的各种变化；平衡理论运用了"最小努力原则"来预计不平衡所产生的效应。即人总是以尽可能小的努力来恢复平衡结构。平衡理论说明，在一定情景中，有许多解决不一致的途径。

（2）认知失调论

心理学家费斯廷格（Festinger）于 1957 年提出"认知失调论"。这里的"认知"包括人们的思维、态度和信念等。弗斯廷格的这个理论认为，一个人的两种认知元素之间的不一致就是失调。认知失调主要有两种来源：

1）来自决策行为。即当需要在多个有相似价值的方案中做出选择时。

2）来自与自己的态度相矛盾的行动。

这种认知的不一致或者失调，对于态度的意义在于产生某种力量，使人们逐渐改变自己的态度。他研究了认知过程，指出认知本身和认知的背景因素有密切的关系。他把个人、个人的意见、信念，以及与认知有关的环境称为认知元素。以这些认知元素为基本单位，将两个单位之间的关系分为协调、不协调、不相关三种。

例如：认知元素 A ——我在大雨中不带伞走路。

认知元素 B1——我的衣服湿了。

认知元素 B2——我的衣服没有湿。

很明显，认知元素 A 与 B1，成为协调的状态，而认知元素 B2 与 A 则成为不协调（或失调）状态。当个体发觉自己所持有的两种或两种以上认知元素相互矛盾时，便出现认知不协调，内心就有不愉快或紧张的感觉，因而产生一种驱使个体解除这种不协调状态的动机。解除或减轻失调状态的办法，弗斯廷格认为有以下三种：

1）改变某一认知元素，使其与其他元素间不协调的关系趋于协调。

2）增加新的认知元素，加强协调关系的认知系统。

3）强调某一认知元素的重要性。

弗斯廷格的认知失调论和海德的平衡理论的基本假设是一致的。但是，弗斯廷格强调了个体通过自我调节达到认知平衡，而海德更着重于人际关系对认知平衡的影响。

3. 参与改变理论

心理学家勒温（Lewin）提出"参与改变理论"。认为改变态度不能离开群体的规范和价值。个人在群体中的活动性质，能决定他的态度，也会改变他的态度。他在群体动力的研究中发现，个人在群体中的活动可以分为主动型和被动型两大类。

所谓主动型的人是主动地介入群体活动，他们参与政策的制定，参与权力的推行，自觉遵守群体的规范等。而所谓被动型的人是被动地介入群体的活动，他们服从权威，服从别人制定的政策，遵守群体的规范等。

为了研究个人在群体中的活动对改变态度的影响，勒温做了相应的实验。实验结果表明，主动参与群体活动的成员，由于他们自己提出问题又自己加以解决，因而态度的改变非常显著，速度也比较快；而被动参与群体活动的成员，则其态度很难得改变。

因此，勒温认为，个体态度的改变依赖于其参与群体活动的方式。这个理论已广泛应用于现代管理并取得了一定的成效。

4. 沟通改变态度的理论

心理学家墨菲（Murphy）用实验室实验的研究方法证明了沟通对态度形成与改变的影响。他认为，在现代社会中任何沟通的工具，如报纸、杂志、电台或电视等，都直接或间接地影响人们的态度。

许多心理学家赞同墨菲的观点，并提出了对态度改变产生影响的三种沟通因素：

1）沟通者。沟通者是信息的来源。有效的沟通者应当具备优良的情感意志和品德，并具有沟通的较好能力、社交的风度、可信任性和个人的吸引力等。

2）沟通过程。在沟通过程中，①沟通者以及信息要引人注意；②信息的内容要以对象惯用的言语来传达；③沟通者要了解对象的需要和动机，特别要掌握对象不合理的信念，使传递出的信息能被对象所接受。

3）沟通对象。接受者能否了解或接受这些信息，受其个性特性的影响。

补充阅读

关于种族歧视的实验。

墨菲在实验前，他首先随机地把被试分为两组（实验组和控制组），并用塞斯顿量表或利克特量表对每个成员进行态度测量，证实两组被试对种族歧视的态度是基本相同的。然后让实验组的被试看宣传黑人成就的电影、电视或画报，如放映黑人在世界运动会上取得成绩的电影，放映黑人在科学技术上取得成就的电影等，而不让控制组的人参加。结果发现，实验组的被试对黑人的态度有显著的改变，而控制组的被试对黑人的态度则没有变化。

5. 其他理论

除了以上几种态度改变理论之外，还有纽科姆的"参照群体理论"、凯尔曼的"改变态度阶段论"，以及霍夫兰德（Hofflander）、贾尼斯（Janis）和凯莱（Cayley）1953 年提出的强化理论，1960 年丹尼尔·卡兹提出的"功能论"和社会判断论等。

1）参照群体改变态度的理论。纽科姆（Newcomb）研究了态度与参照群体的关系，提出"参照群体改变态度的理论"。认为每个人对自己在群体中所处地位和角色的认知是个人态度形成的重要基础，态度受到参照群体的很大影响。

2）改变态度阶段论。凯尔曼（Kelman）提出"改变态度的三阶段理论"。认为在三种社会条件的影响下，人们会改变原有的态度。这就是：

① 顺从。顺从他人而赢得好感，从而愿意改变原有的态度；

② 模拟。模仿亲密的同事和朋友的行为特征而逐渐改变态度；

③ 改变。学习新的知识经验，使自己的行为符合行动价值体系。

由于这三种条件能满足人们的需要和期待，因而有利于态度的改变。

3）强化理论。霍夫兰德、贾尼斯和凯莱认为，态度也是一种反应，和其他的反应一样，态度也是通过学习而得来的。因此，肯定性的强化可以使某种态度得以建立，而否定性的强化也可以使某种态度得到改变。这种理论是在行为主义心理学思想基础上发展起来的，早期曾有广泛的影响，对推动态度的研究起过重要的作用。

4）功能论。丹尼尔·卡兹认为，人的态度都是为符合于某种特殊的心理需要而建立的。换句话说，态度都具备一定的功能。要改变某种态度，就必须使新的态度能够达到这种态度所具有的功能。卡兹认为态度的功能有四种：①能够帮助人满足其某种需要的所谓工具性功能；②保护自己，减少焦虑并使情绪冲动转移方向的自我防御功能；③有助于表现人们的价值观念的功能；④有助于人们理解世界的认识功能。

5）社会判断论。这一理论认为人们判断事物都有一定的准则，即有一定的立场。离这一立场近的信息都能被个体接受；远离这一立场的信息都是不能被个体接受的；在接受区和拒绝区之间还有一个中性区。信息离原来立场近，个体接受了和他立场一致的意见，勿需改变态度，远离原来立场的信息一定遭到个体的拒绝，也谈不上引起态度的改变。只有当一个信息落在接受区与中性区边缘时，才比较容易引起旅游者改变态度。至于这个距离有多大，要看原来的态度对个体的重要程度。

5.3.3　改变旅游者消费态度的根本途径和基本方法

1. 改变旅游者态度的根本途径

提高旅游产品或服务的质量，赢得游客的信誉，是改变旅游者态度的根本途径。

旅游产品是旅游者在旅游过程中所购买的各种物质产品和服务的总和。从某种意义上讲，更新旅游产品是改变旅游者态度的最基本的有效方法。只有不断更新旅游产品，提高旅游产品质量，才能长期占有稳定的市场，保持源源不断的客源，促进旅游事业的持续发展。为此，必须更新旅游产品，不断提高旅游产品的质量。

（1）更新旅游产品，提高旅游产品质量

1）改善旅游基础设施。旅游基础设施包括交通、通讯、金融、文化娱乐等，旅游接待设施的建设要符合人们的消费需要，要适应日益繁荣的经济环境的要求。

2）运用科学方法，完善服务的手段和策略，提高服务质量。运用科学方法对旅游从业人员进行业务训练，提高他们的服务水平，简化服务过程，有利于旅游者形成更加肯定的态度或变消极的态度为积极的态度。

（2）重视旅游产品的信息宣传

态度的形成首先来自于旅游者对旅游产品的认知。通过旅游信息的宣传，向旅游者传送丰富的信息，有助于旅游态度的形成与改变。在旅游宣传的过程中，要注意以下问题：

1）要加大旅游宣传的力度，不断开拓新的旅游市场，要进行全方位宣传。

2）要有针对性地组织宣传，突出自身特点。针对特定旅游产品的宣传一定要以自身特点为重点。

总之，通过提高旅游产品形象来赢得游客的信誉，有利于旅游消费者对旅游产品服务形成积极的态度，激发旅游者的潜在动机，从而产生旅游行为，是改变旅游者态度的根本途径。

2. 改变旅游者态度的基本方法

从个人角度讲，改变旅游者消费态度的基本方法，就是充分利用影响态度改变的因素或条件，通过宣传、教育和说服的手段，来改变、巩固和加强人们对旅游活动的积极态度。态度是学习与经验的结果，为了更有效地适应环境，旅游者自己也应当意识到个人经验的有限性和选择的习惯性，要主动形成积极、开放和灵活的态度，特别是在新的认识与原有观点、思想和价值观念相对立时更应如此。

具体说就是要：

（1）发挥媒体宣传的作用

态度的形成与改变，与信息的传播有关。应当采取各种对人有较大影响的宣传方式来增加旅游信息的广泛传播，从而影响人们的态度改变。这就要求：

1）注意选择传播信息的媒介和方式。传播信息的渠道是多种多样的，如广告、导游、报刊的评论、橱窗和柜台的设计，以及口头传播等。研究表明，不同的渠道在旅游者态度形成的各个阶段上的作用是不同的。一般来说，广告、媒体传播渠道给旅游者提供了最初的信息，但旅游者相互之间的口头传播等则在旅游者行动前起决定性的作用。一般来说，口头传递信息的效果好于广告、媒体传递信息的效果。

2）重视信息传递者的影响。信息传递者的声誉越高，旅游者对他越信服，也越容易促使旅游者改变态度。

3）旅游产品优缺点的不同表述。在表述旅游产品的优缺点时应当注意，当旅游者与传播者观点一致时，即让旅游者发生一致性态度改变时，只说优点有效；而旅游者素质较高时，不易受片面说明的影响，这时全面介绍对其影响较大。

4）注意旅游信息中的情绪因素。在传达旅游信息时，为了使旅游者改变态度，既可以告诉旅游者，旅游可以给他带来愉快，对他有利；也可以告诉旅游者旅游的不利因素。正面传递和反面传递信息的方式均可使用，都能收到好的效果。有时采用反面传递的方式对促使旅游者改变态度，会收到更好的效果。例如，不遵守交通规则容易造成交通事故，给自己和他人带来不幸，这种传达信息的方式往往容易引起旅游者的警惕。但运用要适度，否则将会带来不良的后果。

5）考虑传递信息的明确程度。在传递信息时，既可以只提供足以引出结论的资料，让旅游者自己下结论，也可以直接向旅游者明示出结论。至于哪种方式有利于态度的改变，这要以信息内容的简繁、传递者的权威性和信用，以及旅游者的能力等因素而定。一般说来，比较难以理解的信息、传递者较有威望，而旅游者又难以下结论的，明示结论的效果较好。反之，则让旅游者自己去得出结论的效果较好。

6）传达信息者的意图是否让旅游者发觉。一般说来，如果旅游者发觉传递者的目的在于使他改变态度时，他往往会产生警惕，而尽量回避传递者，因而效果会降低。如果旅游者没有发觉传递者在有意说服他，他就比较容易接受其意见而改变态度。

7）提高宣传的力度。一般说来，反复多次的宣传有利于旅游者改变态度。这并不是因为听到同一宣传的次数多就相信了，而是反复的宣传扩大了影响的范围，加大了信息的宣传力度。当同一信息在不同的地方，通过不同的途径传播时，更容易让人相信。

（2）引导人们积极参加旅游活动

转变一个人的态度，最好的方法就是引导他亲身参与有关的活动。要改变旅游者的态度也是一样，组织一次旅游活动，邀请特定的人来参加，让其亲身体验一下旅游活动所带来的乐趣，就有可能从此改变其对旅游活动的态度，从而成为旅游活动的积极分子。

人们接触某一新事物时所获得的第一个印象对他形成对这一事物的态度影响很大。但往往第一个印象并不一定反映事物的本质，而是一种偏见。在这种情况下，如果让其深入了解这一事物，不断引导其参加活动，不管他最初的印象如何，也会使他对这一事物逐渐习惯起来，即使原来抱有消极的态度，也会逐渐得到改变，起码也会发生一致性的改变，减轻消极的程度。

（3）积极推出个性化的旅游产品，满足旅游者的不同需求和偏好

根据不同旅游者的自身特点，积极推出适合不同消费需求的个性化旅游产品和服务，提高旅游产品或服务的质量，赢得游客的信誉，是改变旅游者态度的根本途径。旅游者的个性、年龄和性别的个体差异，对旅游行为的影响作用较为明显，会导致形成不同的旅游消费需求。因此，要针对旅游者不同的个性、年龄和性别的特点，来引导人们积极参加旅游活动，旅游工作者积极推出适合不同消费需求的个性化旅游产品和服务，满足游客的不同需求，能够促进其态度的改变。

（4）注意研究旅游者个人与所属团体的关系

态度改变理论指出，个人与其所属团体的关系是促使旅游者改变态度的关键因素之一。每个人从小到大在社会中生活总是隶属于一定的团体，这些团体对个体的态度有很大的影响。凯利和沃卡特的研究发现，在个人与团体的关系中，影响个人态度改变的因素有三方面：

1）态度改变的难易与个体对其所属团体的重视有关。对团体重视的人不易接受对该团体规范进行批评或反对的言论。

2）个人在团体中的地位。个人在团体中的地位愈高，愈容易接受该团体的规范。

3）团体规范的合法性。个人愈是相信团体的规范是合法的，他的行为就愈容易遵守这些规范。

研究表明，要改变旅游者的态度，在策略上必须重视他和团体的关系，不能挫伤他的信念，否则将会发生抵触情绪，使态度的改变更加困难。同时，要改变旅游者的态度，应该充分发挥团体的作用。如果一个团体的领导人接受了某种意见，这将会对其成员发生重大的影响。

（5）充分把握旅游者的个性特点

个人态度的形成与其个性有关。包括需要、动机、兴趣、认知、习惯、信念，以及气质、能力和性格等。每一个人都有自己的要求和欲望，都有自己所向往的

目标。但是，人们对自己的需要和动机并不是都十分清楚的，有时甚至有互相矛盾的欲望和动机。要改变某个人的态度，有时通过帮助他分析自己的欲望，从而了解或确定自己的真正动机是什么，能够取得明显的效果。

（6）调整社会角色

人们在社会生活中所扮演的角色不同，对态度的形成有很大的影响。如果要改变一个人的某种态度，通过变换角色，是一条有效的途径。能让人设身处地，换位思考，了解他人的处境，从而有利于改变对人的态度

（7）规范外部行为模式

规范旅游工作者的行为模式，养成好的职业习惯，特别是对旅游服务人员的行为，要求符合职业规范模式。这不仅有助于他们改变对游客的服务态度，提高服务质量，而且是因为他们按照规范去做，久而久之，能够养成习惯性的反应，赢得游客的好感和信任，反过来又促进了旅游者的态度改变。

本 章 回 顾

关键术语

1. 态度（attitude）
2. 旅游消费态度（attitude of tourism consumption）
3. 旅游偏好（tourism predilection）
4. 决策（decision）
5. 参照群体（reference group）
6. 测量（measure）
7. 认知因素（cognitive　factor）
8. 情感因素（emotion factor）
9. 意志因素（will factor）

小结

通过本章的学习，我们知道旅游消费态度就是旅游者在旅游消费过程中所持有的对景观、服务、交通以及人、事、物和观念等的评价与行为倾向。影响态度形成的因素主要包括：需要、知识、团体组织、个人经验等。态度是由认知、情感和意志三种成分所构成的，这三种成分之间是彼此依赖、协调一致并相互影响的。

旅游偏好是指一个人趋向于某一旅游目标的心理倾向。偏好的特点是并不关注对象的整体，而总是针对对象的异质特征来进行判断。人的态度具有方向性（两极性）和强度的差异。人对某一对象所形成的善或恶、喜或厌、肯定或否定的态

度，就是态度的两极性。在肯定、善意和否定、恶意的两极态度之间还存在着程度差异，其所反映的就是态度的强度。在态度的测量时注意变量的控制；测定态度要用数量指标；问卷量表不能用"是非法"；要尽量做到测量人们对某事的态度要"及时"，测量人们的态度变化要"定时"。

影响旅游者决策的因素主要来自旅游者所处的环境。刺激因素、旅游者个体因素和服务水平也是影响旅游者决策的重要因素。

态度的改变，首先是方向的改变，其次是强度的改变。改变旅游者的态度，最首要的是提高旅游产品形象，这是改变旅游者态度的根本途径；要重视旅游产品的信息宣传，加大旅游宣传的力度，不断开拓新的旅游市场，要进行全方位、有针对性的宣传，并突出自身特点。

案 例 分 析

"先生，请您点菜"

梁先生请一位英国客户到上海某高级宾馆的中餐厅吃饭。一行人围着餐桌坐好后，服务小姐走过来请他们点菜。"先生，请问您喝什么饮料？"小姐用英语首先问坐在主宾位置上的英国人，"我要德国黑啤酒"外宾答道。接着，小姐又依次问了其他客人需要的酒水，最后用英语问坐在主位的衣装简朴的梁先生。梁先生看了她一眼，没有理会。小姐忙用英语问坐在梁先生旁边的外宾，点什么菜。外宾却示意请梁先生点菜，"先生，请您点菜。"这次小姐改用中文讲话，并递过菜单。"你好像不懂规矩，请把你们的经理叫来"梁先生并不接菜单。

小姐感到苗头不对，忙向梁先生道歉，但仍无济于事，最终还是把餐厅经理请来了。梁先生对经理讲："第一，服务员没有征求主人的意见就让其他人点酒，点菜；第二，她看不起中国人；第三，她影响了我请客的情绪。因此，我决定换个地方请客。"说着，他掏出一张名片递给餐厅经理，并起身准备离去，其他人也连忙应声离座。

经理一看名片方知，梁先生是北京一家名望很大的国际合资公司的总经理，该公司的上海分公司经常在本宾馆宴请外商。

"原来是梁总，实在抱歉。我们对您提出的意见完全接受，一定要加强对服务员的教育，请您还是留下来让我们尽一次地主之谊吧"，经理微笑着连连道歉。"你们要让那位服务员小姐向梁老板道歉，他是我认识的中国人当中自尊心和原则性很强的人，值得尊重。"英国人用流利的中文向经理说道，原来他是一个中国通。

在餐厅经理和服务小姐的再三道歉下，梁先生等人终于坐了下来。餐厅经理亲自拿来好酒来尽"地主之谊"，气氛终于缓和了下来。

评析

　　点酒服务应按规格和程序进行。服务员要先问主位上的主人是否可以开始点菜，是否先点酒水，主人需要什么酒水，或由主人代问其他人需要的酒水，不要在未征得主人同意前就私自请他人点酒。

　　星级饭店餐厅的服务员在为宾客点菜时，对宾客一定要一视同仁。本例中，服务小姐没有重视坐在主位上衣装简朴的梁先生，却先问客座上西服革履的英国人，这大大刺伤了梁先生的自尊心，无怪乎他认为服务员"看不起中国人"。点菜服务应该根据不同的服务对象采取不同的服务方式。主位上明明坐的是中国人，却要用英语询问，这是很不礼貌的。尽管高星级饭店接触的外宾很多，但服务员一定要学会怎样更好地为本国人服务。

问题讨论

　　1. 你认为梁先生生气的原因是什么？
　　2. 为什么梁先生认为服务小姐"看不起中国人"？

超 常 服 务

　　小王是刚从职业学校毕业分配到西安一家宾馆的客房服务员。她容貌姣美，又是工作上的好手，是大家公认的漂亮小姐。虽来店没几个月，却已多次获得客人的表扬。一个春日的早上，小王穿上工作服打扫房间。当她按响309房的门铃时，一位东北客人惊喜地喊了起来："真是你啊！"小王被搞得稀里糊涂，不知发生了什么事。"你不要惊慌。"东北客人连忙安慰小王，"昨天你下班换上自己的服装时，我发现你的外套实在太迷人了，我在东北一直想买这样的套装，也是玫瑰色的，可就是没找到。昨天见你风度翩翩地从我门口掠过，我惊羡了。告诉我哪儿可以买到你那样的套装？"小王听完客人的这番话才放下心来，她给客人画了一张示意图，告诉客人卖这种套装的那家大商店的位置。当天下午，小王下班时特意到309房间，没想到东北客人一脸不高兴的神色。原来那家大商店刚刚售完玫瑰色的套装。"您别着急，今天我到市中心帮您去看看。上星期我在百货公司的橱窗里也看到过一件，或许那儿还有。如有货的话，我会打电话告诉您，您好亲自去看一下。"小王说完便与东北客人道别，转身朝楼梯口走去。当天晚上小王没有来电。第三天小王上早班，下午3点就下班了。她告诉东北客人，市中心的百货公司也早已售完这种套装，连模特儿身上的那套也给换下了。今天下班早，我再到本市另一家商场去看一看，听说那里正在搞大型服装展销会。第四天小王拎了个大马夹袋，提前半小时来到宾馆。她先给309房打了个电话，说"昨天商店到了一大批货，各种尺寸俱全，衣服买到了。我估算了一下您的尺寸，如不合适凭发票可以调换。"东北客人终于买到了朝思暮想的玫瑰色套装。她激动地握住小王的手久久不肯放下。

评析

为客人买衣服不是宾馆的常规服务内容，但如果知道住店客人有这样的愿望时，服务员应该尽量满足。这也是国际上已经比较多见的一种个性化服务。这种服务分为两个层次：第一层次是按个别客人的个别要求，宾馆安排人员设法满足；第二层次是宾馆出于对客人的尊重和关心，或为满足客人心理方面或物质方面的要求，而主动提供给客人的服务。本例中的服务员小王对东北客人的这种服务，体现了宾馆服务员的优质服务水平。

问题讨论

1. 你认为小王的这种主动提供给客人的服务，会对东北客人产生怎样的影响？
2. 宾馆主动提供给客人的服务，能否改变客人对宾馆服务质量的态度？

思考与练习

1. 不同年龄段的旅游者，有哪些旅游偏好？
2. 什么是态度的改变？
3. 分析态度的构成。
4. 影响态度改变的因素或条件是什么？
5. 有哪些主要的改变态度理论？
6. 态度具有哪几个方面的特性？
7. 影响态度形成的因素分析。
8. 试分析旅游偏好的形成过程。
9. 如何通过旅游产品宣传来改变旅游者的态度？
10. 在旅游产品宣传中应当注意什么？
11. 如何通过提高旅游产品形象来改变旅游者的态度？
12. 如何利用影响态度改变的因素或条件来促进旅游者改变态度。

第6章 旅游者人格

引导案例

"祝您早日康复！工作开心！"

初冬的衡阳刮着冰冷的风。住在华天大酒店1406房的客人天刚亮时便提着手提包出去了。中午匆匆忙忙回来一会儿又出去，直到晚上10点左右才回来，一连两天，都是如此。客人看上去不苟言笑非常严肃，服务员小彭不禁对他注意起来。从入住单上得知，他是杭州一家知名企业的总经理，将在酒店住一个星期。

在为客人清理房间时，小彭发现他的抽屉里有一瓶胃药，于是给他倒了一杯白开水并留言："桌上的白开水是特意给您倒好的，请您放心使用，希望您注意身体，不要工作太久，多穿衣服，以免感冒，祝您早日康复！工作开心！"

写完之后，小彭觉得一份留言太过单调普通，灵机一动，心想，何不再配上一朵亲手制作的小花呢？说干就干，小彭找来回收的花泥，用刀削成小方块，中间插上一朵小花，用包装纸扎好，一朵精巧、别致的康乃馨便做好了。

小彭将花配到客人的房间，并想像着他看到小花时微笑的样子。可第二天小彭依然没有看到客人的笑容，但小彭并不泄气，仍然每天仔细打扫房间，倒上一杯白开水，并为客人送上一朵别致的康乃馨，一如既往地送给客人真心关怀与真诚问候。

一周很快过去了，客人要走了。临走前特意找到小彭，主动攀谈起来："小彭呀，我这几天一直忙于工作，其实对于你们细心周到的照顾和关注我一直铭记在心，非常感谢你为我做的一切，这是100元人民币，请收下吧！"小彭说什么也不接，对客人说："我们的服务能得到您的肯定和赞扬，这就是您给我们的最大回报，欢迎您下次还来衡阳华天"。听了这句话，客人露出难得的一笑。

问题讨论：

1. 请分析案例中小彭和客人的人格特征？
2. 谈谈旅游者人格与行为的关系？

通过本章的学习，我们要了解旅游消费者的人格及构成；了解国内外有关人格研究的相关理论和操作方法；掌握不同人格特点对旅游消费行为的影响及作用；根据人格构成的不同因素对旅游者进行分类，以及不同类型旅游者的行为表现特点。

6.1　人格本质与旅游消费行为

在旅游消费领域，人们试图根据人格的不同特点来区分特定的旅游市场，以便更有针对性地制定相应的市场策略。

6.1.1　人格

人格（personality）是一种心理现象，是指个人内部影响其行为、思维和感觉的特定方式的所有因素的总和。"人格"一词最早源于拉丁语"person"，意思是指戏剧演员在舞台上表演时所戴的"假面具"，后来演化为指演员所扮演的"角色身份"。由于人格具有多个学科的不同含义，我国心理学界一般把人格称为"个性"，以示区别，并借用"个性"一词来说明一个人在生活舞台上所担负特定角色时的种种心理表现。

1．人格定义

心理学家对于人格是什么曾经做过大量探讨，提出了众多的定义。人格心理学家阿尔波特曾综述过 50 种定义，在他之后还有不少心理学家综述或分析过人格的定义。但关于人格的定义始终没有趋于统一。根据不同定义的内容大致可把人格的定义归纳为以下几种类型。

（1）人格是一种内在的结构与组织

把人格假定为一种内在的结构与组织的观点的代表有：卡默龙（Kameron）（1947）认为人格是交互结合的行为系统的动力组织，它在他人和文化产品的环境中经学习历程而发展起来。林德采、荷尔（1975）认为人格是特征的一种组织，它存在于自己而区别于他人。拉扎鲁斯（Lazarus，1979）则认为人格是基本和稳定的心理结构和过程，它们组织着人的经验并形成人的行为和对环境的反应。

（2）人格就是人的特色

强调个别差异的重要性，人格就是人的特色。如吴伟士（Woodworth，1947）认为人格是个体行为的全部品质。吉尔福德（Guilford，1959）提出人格是人的特质的独特模式。卡特尔（Cattel，1965）认为人格是一种倾向，可借以预测一个人在特定情境中的所作所为，它是与个体的外显和内隐行为联系在一起的。米谢尔（Michel）（1980）则认为人格是个人心理特征的统一，这些特征决定了人的外显行为和内隐行为，并使它们与别人的行为有稳定的差异。

（3）强调内外因素作用的过程

以生活发展经历界定人格，强调内外环境、遗传或社会影响的过程。艾森克（Eysenck，1955）提出人格是个体由遗传和环境所决定的实际的和潜在的行为模式的总和。拉皮勒（Lapillar，1949）指出人格是个人经由社会化所获得的整体。

卡尔恩（1955）则认为人格是一个人不同于他人的所有的主要心理历程。

综上所述，人格是人的特点的一种结构，是一种心理现象，人有表现于外的特点，也有内隐的可以间接测验的特点，它们是在内外因素作用下形成的，这些稳定而不同于他人的特质，使人的行为具有倾向性，它是一个由表及里、包括身心在内的真实个人。

2. 人格的内容

心理学家杨国枢认为，人格是个体与其环境交互作用的过程中所形成的一种独特的身心组织，这一组织使个体适应环境时，在需要、动机、兴趣、态度、价值观念、气质、形象、外形及生理等诸方面，各有其不同于其他个体之处。这一提法兼顾了个体与环境的关系，强调了人格的组织与系统，既说明了人格的独特性，又强调了人格的多面性和可变性。

心理学家潘菽等，在有关人格的论述中指出，人格可能具备的内容是：①总体性。认为人格是行为的总体。②整合性。重视人格的组织机制，它具有中心，并根据一定的原则组合起来。③层次性。强调心理机能的层次，作为人格特点看待。④特质的组成模式。⑤人的适应行为。⑥人的差别。⑦人格的社会性。

由上述内容可知，关于人格的定义和内容国内外存在不同的看法。我国心理学界通常把人格等同于"个性"，认为：人格或个性就是指在一定的社会历史条件下，每个具体个人所具有的意识倾向性，以及经常表现出来的、较稳定的心理特征的总和。它包括需要、动机、兴趣、态度、信念、自我、理想等意识倾向性，以及气质、能力和性格等稳定的心理特征。人格并非生而固有，而是在先天遗传因素的基础上，与周围环境和社会发生联系，并在社会因素的影响下逐渐形成和发展起来的。每个人在形成自己独特人格的过程中（个人的社会化），都要受到内外多种因素的影响，其中主要是4个方面：①先天遗传因素的影响；②所受教育、所处微社会环境的影响；③在社会上所处地位、所扮演的角色的影响；④所具有的生活经历、实践经验的影响。

研究旅游者人格的目的，就是为了了解旅游者行为的个体差异性，从而预测和调节旅游者的行为。

6.1.2　人格特质

世上没有两个完全相同的人，但每个人的行为方式基本保持一致，这是由个体所具有的人格特质决定的。人格特质是人心理上既区别于他人，又相似于他人的最主要根源。

1. 特质的概念

心理学认为，人格是许多个别特点的有机组合，代表人的行为特点，也预示着人的行为表现。这种决定行为一致性和倾向性的内在人格因素就是特质。所谓人格特质，就是指在个人行为中的一致性和倾向性的特征因素。每个人都有其人格特质，为了描述人可能具有的各种特质，人格心理学家阿尔波特等曾分析过约 18000 个用以描写人格特点的形容词。

一般认为，特质构成个人完整的人格结构，它既不同于人的习惯，也不同于人的态度；特质形成于习惯，又高于习惯；人的态度表现具有指向性和正负、强弱之分，而特质并没有特定的对象和意义。特质能够主动引发人的行为和思想，人以特质来反映外部世界，以特质来组织经验。因为没有两个人具有完全相同的特质，所以每个人对待环境的经验和反应各不同。

2. 特质的特点

人格特质有自身的特点，阿尔波特的理论认为，人格特质具有以下 8 个特点：

1）特质是真实存在的。每个人的特质客观存在，它是人存在的真实和重要的部分。每个人都有其内在的"一般的行为倾向"。

2）特质比习惯更具有一般性。特质源于习惯，是对特殊习惯进行整合的结果。

3）特质是动力的。特质支撑行为，是行为的基础和原因。特质是动力性的，不需要外界刺激来发动。特质驱动人去寻求刺激情境。因此，特质引导行为，它使一个人的行为有所指向。

4）特质的存在可以从实际中得到证明。特质不能直接观察到，但可以对它们进行科学的验证。

5）特质的相对性。一种特质仅是相对独立的，人格是一种网状的、相互牵连的、重叠的特质结构。

6）特质与道德或社会判断不是同义的。虽然不少特质与传统的社会意义相联系，但它们还是表现了真正的人格特质。

7）任何特质都是独特性和普遍性的统一。

8）人的行为或习惯与所具有的特质会有不一致的时候。

6.1.3　自我意识

人格特质不同，每个人对待事物的经验和反映也不同，在此基础上所形成的自我意识也会不同。自我意识是个人社会化的结果，是人类特有的高级心理活动的形式。它既是社会的产物，又反过来指导个体适应社会生活，对社会生活环境产生积极的影响和作用。自我意识是意识的核心内容，是个人对自己的存在、对自己与周围事物关系的认识。

1. 自我意识的构成

社会心理学认为，自我意识通常是指个人对自己身心状况、人—我关系的认知，情感以及由此而产生的意向（有关自己的各种思想倾向和行为倾向）。自我意识包含 3 种成分：①自我认知，即对自己各种身心状况、人—我关系的认知；②自我情感，即伴随自我认知而产生的情感体验；③自我意向，即伴随自我认知、自我情感而产生的各种思想和行为倾向，自我意向常常表现于对个体思想和行为的发动、支配、维持和定向。

自我意识的 3 种成分紧密联系，共同作用于个体的思想和行为。它标志着人格形成和发展的水平，也是人的意识区别于动物心理的重要标志。

2. 自我意识的表现形式

作为主体存在的人在与外界环境发生联系时，能够意识到自己与自然界的关系、自己行动的目的、自然界的力量、自己和周围人们的关系，即作为主体的人对自己的存在价值、地位和需要的认识。因此在从事活动前，人能根据外界的情况，制定一系列的计划，选择恰当的方法；在活动过程中，人能评定自己和别人的行动，从而调整人们之间的协作关系。自我意识为人所独有，它在个体身上表现为紧密联系而又相对独立的认识、情感和意志 3 种形式：

1）属于认识方面的形式有：自我感觉、自我观察、自我分析、自我评价等。
2）属于情感方面的形式有：谦虚、自尊、自信、义务感、友谊感、责任感等。
3）属于意志方面的形式有：自制、自我调节、自我控制等。

自我意识不是先天固有的，它是个体在生活环境中，通过与客观环境相互作用，而逐渐形成和发展起来的。研究表明，当儿童把自己作为主体从周围区分出来时，就是人格开始发展的主要标志。随着知识的增长和对周围事物关心的扩展，孩子的自主性不断提高，他能够把自己的行动对象化而客观对待，这说明了自我意识得到进一步发展。随着年龄的发展，自我意识也在不断完善，一般是到 18 岁以后，尤其是在高中后期和大学阶段，许多人格特征都有明显发展，生活和学习更富有独立性和计划性，这些都是自我意识的成熟表现。

6.1.4　人格的本质

1. 人格的本质特征

从前面已经讲述过的人格含义和具体内容来看，可以说，人格是社会的产物，是人在先天遗传因素的基础上，通过后天的活动与周围环境和社会发生联系，并在社会因素的影响下逐渐形成和发展起来的，是外部活动内化的结果。因此人格的主要结构就是人的内外统一体。心理学家陈仲庚等认为人格是个体内在的、在行为上的倾向性，它表现一个人在不断变化中的全体和综合，是具有动力一致性和连续性的、持久的自我，是人在社会化过程中形成的、个人特色的身心组织。这个提法强调了人格的以下 4 个方面的本质特征。

（1）全面整体的人

对于人格心理问题，必须先要强调人类个体，人格是对人的总的、本质的描述，它既表现这个人，代表这个人，又解释和说明这个人的行为。

（2）持久统一的自我

人格反映的是具体的人，人的活动是有意识的，人格可作为意识的主体来看待，在个人的实践活动中，这种人格主体的自身认知就形成自我。

（3）有特色的个人

人格表现个人行为的特色，使一个人有别于他人，成为独特的个体，所谓个性或个体性，实际上就是指人格的这一特性，但不是说人格只有这一个特性。人格是一个复杂的内在组织。

（4）社会化

对于人类个体，在与社会的接触中，无时无刻都在吸取外界的规范和要求，并使它们成为自身的东西。正是由于人的社会化过程，人格特点得以形成和实现，人既有别于他人也相似于他人，并在社会适应中表现出人格身心组织的主要功能。

2. 阿尔波特的观点

（1）人格就是真实的人

阿尔波特在总结了许多权威性的观点后，归结出一句话：人格就是"真实的人"（1937 年），并补充说明：人格是人所是的和人所做的，它（人格）存在于行动的后面，在个人的内部，是确实存在于人的某些实际的、现实的东西。

（2）人格理论必须具备的内容

阿尔波特认为，完善的人格理论需具备相应的内容。从心理学理论来说，有关人格的课题必须满足 5 个要求：①完备的人格理论必须把人格看作人内部的蕴涵。人格是人的内部、内部世界、内部结构，人格理论必须解释内部机制。②完备的人格理论把人看作是充满着各种变化的人。③完备的人格理论必须在现实中寻求行为的动机，而不是在过去中去寻求。④完备与人格理论必须对人格进行整合。为描述人而收集的测量单元必须是能够说人全体的、动力的人格。可能的测量单元就是"特质"。⑤完备的人格必须涉及自我意识，人是有自我意识的唯一动物。人格理论必须涉及它、重视它。

6.1.5　人格理论

人格理论就是探讨人类行为的本质，对人格的构成和性质进行概括而形成的学说。心理学家从人的心理特性和个体性、心理差异的原因和意义、人格的动力、人格发展、可用的方法、如何改变与保持稳定等 6 个方面对人格进行研究。通过长期大量的工作，心理学家们从各自的经验和实验研究出发，对人格提出了各自不同的看法，形成了不同的理论学派。其中最有影响的 4 种理论是：特质理论、精神分析理论、学习理论和自我实现理论。

1．特质理论

特质理论是人格理论中影响最大的一种。特质理论认为，特质要素是构成人格的基本元素。而所谓特质就是指对人的行为始终产生影响的因素。不少心理学家对人格特质进行了研究，其代表人物有阿尔波特、卡特尔、艾森克等。

（1）阿尔波特的特质理论

阿尔波特是人格特质理论的创始人，他吸取了不同人格学说的长处，强调心理学的研究要有应用价值。他将人的各种特质分为三种：基本特质、核心特质和次要特质，并认为三种特质在人身上是重叠交叉的。

1）基本特质。一个人具有某一基本特质则他的一切行动都受到这种特质的影响，成为他的主要情操和优势倾向。基本特质只有在少数人的身上才可观察到。

2）核心特质。渗透性差一点，但还是具有一般意义的倾向。它是人格的建筑构件，当客观地评价某个人时，用于描述这个人的词汇就是反映这个人的核心特质。研究发现，一个人的核心特质大约有3～10个，平均7.2个。

3）次要特质。是指不太明显也不受人注意的，一致性较少的那些特质，包括一个人独特的偏爱等。

（2）卡特尔的特质分析理论

美国心理学家卡特尔是应用因素分析法研究人格的重要代表人物。他认为特质是人格的构成要素，为此他用因素分析法对人的心理特质进行探讨，揭示了特质的不同类型，即个别特质与共同特质、表面特质和根源特质等。

1）个别特质与共同特质。个别特质是指每一个人所具有的特质，而共同特质则是指特定社区或某一团体的成员都具有的特质；共同特质在各个成员身上的强度和情况是不同的，即使在同一个人身上，在不同时间其表现也不同。

2）表面特质与根源特质。表面特质是指与情景相联系，经常表现出来的、可以观察到的特点；根源特质是内在的因素，是人格结构的最重要元素，是一个人行为的最终根源，表面特质受根源特质的影响和控制，是根源特质的表现。

卡特尔采用因素分析方法，就是试图通过表面特质找出根源特质。他根据自己的研究，确定了人格包含的16种根源特质。它们是：（A）乐群性，（B）聪慧性，（C）情绪稳定性，（E）好强性，（F）兴奋性，（G）永恒性，（H）敢为性，（I）敏感性，（L）怀疑性，（M）幻想性，（N）世故性，（O）忧虑性，（Q1）激进性，（Q2）独立性，（Q3）自律性，（Q4）紧张性。

他把这16种因素的可能表现以问题的形式汇聚起来，编制成人格测验问卷表，即《16PF人格测验量表》。

（3）艾森克的人格结构理论

英国心理学家艾森克从人格特质和维度的研究出发，提出了自己的人格结构理论。他认为人格有两个维度：一个是外倾性（包括内倾性）；另一个是神经质（即情绪性），表现为情绪的稳定或不稳定，如图 6.1 所示。

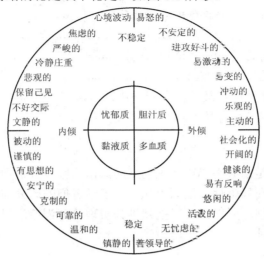

图 6.1　艾森克二维人格结构图

资料来源：陈仲庚，张雨新. 1987. 人格心理学　沈阳：辽宁人民出版社，124。

　　图 6.1 是艾森克通过大量的研究用外倾—内倾维度和情绪稳定—不稳定维度的相互关系来说明人的特质，并说明与 4 种基本气质类型的对应关系。

补充阅读

艾森克个性问卷（成人）节选

1. 你是否有许多不同的业余爱好？……………………………………… 是，否
2. 你是否在做任何事情以前都会停下来仔细思考？……………… 是，否
3. 你的心境是否常有起伏？ …………………………………………… 是，否
4. 你曾有过明知是别人的功劳而你去受奖励的事…………………… 是，否
5. 你是否健谈？　　　………………………………………………… 是，否
6. 欠债会使你不安吗？ ………………………………………………… 是，否
7. 你曾无缘无故觉得"真是难受"吗？ ……………………………… 是，否
8. 你曾经贪图过份外之物吗？ ………………………………………… 是，否
9. 你是否在晚上小心翼翼地关好门窗？ …………………………… 是，否
10. 你是否比较活跃？ …………………………………………………… 是，否
11. 你在见到一个小孩或一只小动物受到折磨时会感到难过吗？ … 是，否
12. 你是否常常为自己不该做而故了的事，不该说而说了的话
    而紧张？ ……………………………………………………………… 是，否
13. 如果你要做某事，是否有任何不便也要做到？ ………………… 是，否

14. 你喜欢跳降落伞吗？　……………………………………………………… 是，否

15. 通常你能在热闹联欢会中尽情地玩吗？……………………………… 是，否

16. 你容易激动吗？　…………………………………………………………… 是，否

17. 你曾经将自己的过错推给别人吗？　…………………………………… 是，否

18. 你喜欢会见陌生人吗？　…………………………………………………… 是，否

19. 你是否相信保险制度是一种好办法？……………………………… 是，否

20. 你是一个容易伤感情的人吗？……………………………………… 是，否

2. 精神分析理论

精神分析理论是由弗洛伊德首先创立的，由于精神分析理论的影响很大，同时该理论自身又存在局限性，因而引起了很多学者们的研究与批评，后来形成了新的精神分析学派别。所以，一般把精神分析理论分为弗洛伊德精神分析理论与新精神分析理论两种。

（1）弗洛伊德的理论

弗洛伊德的人格理论主要可以分为两大主题：人格结构与人格发展。

1）人格结构。在弗洛伊德看来，人格是一个整体，在这个整体之内包括着彼此关联和相互作用的三个部分，分别称为本我、自我和超我。由于这三个部分交互作用而产生内驱力，从而支配个人的所有行为。

① 本我。本我是人格结构中最原始的部分，是遗传下来的本能。本我包含着一些生物性的或本能性的冲动（最原始的动机），其中又以性的冲动和破坏性冲动为主，这些动机就是推动个人行为的原始动力，不受社会规范道德标准的约束。它在人的一生中持续存在，是人格的一个永存的部分，在人一生的精神生活中，本我起了最重要的作用。

② 自我。自我是个体在与环境的接触中，由本我发展而来的人格部分。在本我阶段，个体的原始性冲动要获得满足，就必须与周围的现实世界相接触，从而形成自我适应现实环境的作用。人格的自我部分受"现实原则"所支配。它的主要功能：一是获得基本需要的满足以维持个体的生存；二是调节本我的原始需要以符合现实环境的条件；三是约束不为超我所接受的冲动；四是调节并解决本我与超我之间的冲突。自我是人格结构中的主要部分。

③ 超我。超我是在人格结构中居于统治地位的部分，是由于个人在社会化的过程中将社会规范、道德标准、价值判断等内化之后形成的结果。平时常说的良心、良知、理性等都是超我的表现。超我是本我与自我的监督者，它的主要功能有：管制社会所不接受的原始冲动；诱导自我，使其能以符合社会规范的目标代替较低的现实目标；使个人向理想努力，形成完美的人格。

本我、自我、超我三者不是完全独立的，而是彼此相互作用而构成人格的整体。一个正常的人，其人格中的三部分经常是彼此平衡而和谐的；本我的冲动应

该有机会在适合于现实的条件下，并在社会规范许可的范围内，获得适当的满足。

2）人格发展。弗洛伊德认为，人格的发展可以分为以下五个时期。

① 口唇期。这是在婴儿出生后第一年，口唇刺激是愉快的来源，如果在这个时期内婴儿的口腔活动受到过分的限制，使口唇期不能发展不顺利，就会影响以后的发展而产生"滞留现象"。将来长大后可能保留下一种"口唇性格"。按照弗洛伊德的说法，具有口唇性格的人，在人格上常偏向悲观、依赖、退缩、猜忌、苛求，甚至对人仇视等性格。

② 肛门期。儿童从 1～3 岁，是人格发展的肛门期。幼儿由于排泄解除内急而得到快感，因而对肛门活动产生满足。如果这个阶段儿童在情绪上受到威胁、恐吓，不能顺利发展，会形成"肛门性格"。可能导致其将来性格冷酷无情、顽固、吝啬、暴躁，甚至生活秩序紊乱。

③ 性器期。儿童长到四五岁左右，开始产生恋母或恋父情结。这一时期的儿童有了性别之分，并且开始模仿父母中的同性别者，产生自居作用。这导致儿童采取父亲或母亲的行为和评价。这样，"超我"就发展起来。

④ 潜伏期。儿童到 6 岁以后，其兴趣不再限于自己的身体，而是注意周围环境中的事物。因此，从儿童性的发展看，6 岁以后进入潜伏期。性潜伏期一直延续到 12 岁左右。在这一时期，儿童由于生活范围的扩大和接受系统的知识，因而使他们人格中超我的部分得到发展。同时，儿童与异性间的交往比较少，团体活动时常常是男女分开。这种现象一直维持到青春期后才发生转变。

⑤ 青春期。儿童到了青春期以后，开始对异性产生兴趣，喜欢参加两性组成的活动，而且在心理上逐渐发展，并有了与性别关联的计划和理想等。

弗洛伊德的精神分析理论不但解释了人格结构，而且详述了人格的发展。尤其是他对潜意识的研究，不但扩大了人格心理学的研究范围，而且对整个心理学界产生了巨大的影响。但由于弗洛伊德的理论过分重视性冲动对行为的支配作用，而忽视社会文化对行为发展的影响。因此不断受到批评和反对，因而产生了"新精神分析理论"。

（2）新精神分析理论

新精神分析理论的代表人物主要是阿德勒、荣格、霍妮和艾里克森（Erikson）等，他们都对性本能的观点提出不同的看法，都认为在人格的形成和发展过程中，社会文化因素起决定作用。

1）阿德勒的人格理论。阿德勒反对弗洛伊德的性本能观点，他提出"个人心理学"理论。所谓"个人"就是强调每个人都有一种力量驱使他追求优越，以适应环境，从而达到人格的整合和统一。他认为人的生命和精神活动都具有一定目标性，由于人们为精神生活确定了一个目标，因而就会更好地适应现实。人的一切心理活动都是围绕着优越性这一目标进行的。

阿德勒的人格理论与弗洛伊德人格理论从根本上就是对立的。参看表 6.1 所示。

表 6.1　两种人格理论的区别

阿德勒人格理论	弗洛伊德人格理论
强调意识的作用	强调无意识的作用
未来的目标是动机的重要源泉	未来的目标无关紧要
以社会动机为本原	以生物动机为本原
对人类未来持乐观主义的态度	对人类未来持悲观主义的态度
利用梦解决问题	利用梦分析无意识的内容
在决定自己的人格上，至少人是有自由的	人格完全决定于遗传和环境因素
轻视性的重要性	夸大性的重要性
治疗的目标是鼓励把生活格式置于社会利益上	治疗的目标是发掘受压抑的早年记忆

弗洛伊德认为个人常常处于与别人和社会相抵触的情况中，阿德勒却认为个人总是在寻求与他人友情和和睦的关系；弗洛伊德无视生活的意义和人对未来的渴望，阿德勒却把它们作为自己理论的中心内容；弗洛伊德将心灵视为经常相互冲突的不同单元的组合体，阿德勒把它看作为达到个人的未来目标而协调工作的整合体。

2）荣格的 8 种人格类型。荣格依照两种定势（内倾和外倾）与 4 种机能（感觉、思维、情感和直觉）的不同组合，提出了人格的 8 种类型：①思维外倾型：按固定规则行事，客观而冷静，积极思考问题。武断，感情压抑。②情感外倾型：极易动感情，尊重权威和传统，寻求与外界的和谐，爱交际。思维压抑。③感觉外倾型：寻求享乐，无忧无虑，社会适应性强。不断追求新异感觉经验，或许好吃，对艺术品感兴趣。直觉压抑。④直觉外倾型：做决定不是根据事实，而是凭预感。不能长时间地坚持某一观点，好改变主意。富于创造性，对自己许多无意识的东西了解很多，感觉压抑。⑤思维内倾型：强烈渴望私人的小天地。实际判断力缺乏，社会适应性差。智力高，忽视日常实际生活，情感压抑。⑥情感内倾型：安静、有思想、感觉过敏，孩子般的令人难以理解，对别人的意见和情感漠不关心，无情绪流露，思维压抑。⑦感觉内倾型：是情境决定性的人，被动、安静，艺术性强。不关心人类的事业，只顾身旁刚发生的东西，直觉压抑。⑧直觉内倾型：偏执而喜欢做白日梦，观点新颖但稀奇古怪。冥思苦想，很少为人理解，但并不为此烦恼。以内部经验指导生活。

应用《MBTI 人格量表》，其适用于从 10 岁到成人的各类被试者，主要测量个人特点和兴趣，可区分不同人格特点。

3）霍妮的人格理论。霍妮重视儿童早期经验在人格发展中的重要作用，认为儿童需要父母，依赖父母，如果因缺乏父母真诚的关爱而对父母产生敌意就会形成"基本焦虑"。一个具有基本焦虑情绪的儿童，其人格发展不会健康，很容易在成年时表现出神经症。因此，必须关注儿童焦虑状况。所谓基本焦虑就是儿童所具有的，觉得自己是孤立的，无能为力的生活在这个危机四伏、充满敌意的世界上的一种感情。产生这种不安全感的因素甚多：奴役孩子，对他们漠不关心，父母行为怪异，不注意孩子的个人需求，对孩子不是善意地指导，而是嘲笑歧视他们，过多的赞美，缺乏值得依赖的温暖，溺爱、袒护等，都是引起基本焦虑的因素。

补充阅读

霍妮认为，既然基本焦虑的根源是儿童的无助感和恐惧感，如何才能减轻焦虑的影响，霍妮提出了十种控制基本焦虑的策略：

1）对友爱和赏识的需要。具有这种需要的人依靠他人的友爱而生存，需要得到他人的赏识。

2）对支配其生活的伴侣的需要。这种人需要和别人生活在一起，要别人保护他，使他免于危险，并满足其需要。

3）对狭窄的生活范围的需要。这种人极为保守，不愿尝试以避免失败。

4）对权力的需要。这种人羡慕强者，轻视弱者。

5）利用他人的需要。这种人生怕别人沾了自己的光，他们总认为自己没有从别人那里得到一点好处。

6）社会认可的需要。这种人需要得到别人承认才能生活，如出人头地，最后的目标是获得威望。

7）赞美的需要。这种人需要别人吹捧和恭维才感到满足，他们希望别人按照他自我想像的形象看待他。

8）志向和成就的需要。这种人对名望、财富或举足轻重的作用怀有强烈的兴趣，他们为之奋斗不顾后果。

9）自我满足和独立的需要。这种人极力避免对任何人负责任，不愿意有任何束缚。

10）对完美无疵的需要。这种人对批评极为敏感，总是千方百计地寻求尽善尽美。

事实上，正常人也有上述需要。但是正常人的需要是适当的，或者适可而止的，不像神经症人那样，一种需要发展得如此强烈以至排斥了别的需要。

4）艾里克森的心理社会理论。美国心理学家艾里克森提出了"心理社会理论"，认为整个人格的发展过程可分为八个阶段。这八个阶段的顺序是由遗传决定的，但每一阶段能否顺利地渡过，则是由社会环境决定的。在心理发展的每一阶段都存在"危机"，能够顺利地度过危机是一种积极的解决，反之则是消极的解决。积极的解决有助于自我力量的增强，有利于个人适应环境；而消极的解决则会削弱自我力量，阻碍个人适应环境。

艾里克森认为，健康的自我是以在每一阶段中危机的积极解决而形成的 8 种品质为特征，参看表 6.2 所示。

表 6.2　健康的自我的品质

阶　段	危　机	年龄（岁）	品　质	
			积极解决危机	解决危机失败
1	信赖对不信赖	0～1	希望	恐惧
2	自律对羞愧与怀疑	1～3	自我控制与意志	自我怀疑
3	创新对罪恶	4～5	生活指向和目的	无价值感
4	勤奋对自卑	6～11	能力	无能
5	自我同一性对角色混乱	12～20	忠诚	不确定感
6	亲密对单独	20～24	爱	泛爱（杂乱）
7	关心下一代对自我关注	25～65	关心他人	自私自利
8	自我整合对失望	65～死亡	智慧	失望和无意义感

3. 其他人格理论

为探讨人类行为的本质，对人格的原因和性质进行概括，心理学家进行了长期大量的研究，并形成了不同的理论。除了特质理论和精神分析论之外，具有影响的理论还有学习理论和自我实现理论。

（1）学习理论

学习理论认为，学习是人格形成的决定因素。学习理论分为古典学习理论、操作性学习理论和社会学习理论，代表人物主要是斯金纳和班杜拉（A.Bandura），其中社会学习理论在人格形成上尤其受到重视。

班杜拉的社会学习理论认为：①一个人在特定的情境中的行为取决于情境的特殊性，取决于个人对情境的评价和对别人的类似行为的观察。如果遇到的情境和自己的愿望相吻合，就会经常出现同样的行为。②当一个人看到别人的行为受到奖赏或是遭到惩罚时，他对自己的行为进行了强化。在一个人的成长过程中，有些行为是直接学来的，而有些行为是通过观察产生的。人们常常从观察别人的行为及其后果中学会辨别行为的好坏，并知道在什么情况下发生的什么行为是适宜的，应该模仿；在什么情况下发生的什么行为是错误的，应该摒弃。③强调个人行为和别人的关系。如常和别人争吵的人容易受到别人的轻视，而这种轻视是自己的行为所引起的。一个讲礼貌的人使人感到舒服，同时别人也会以礼相待。

总之，社会学习理论强调环境的变动引起人的特殊行为，对心理诊断有很大贡献，它引导人们认识人类的行为是对特殊环境的反应，环境影响人的行为，而人又可以通过改变环境来改变自己的行为。

（2）自我实现理论

自我实现理论是 20 世纪 50 年代发展起来的一种人格理论，主要代表人物是马斯洛和罗杰斯等。

马斯洛的人格理论主要讨论两方面的问题：一方面讨论人类需要的发展；另一方面讨论自我实现者的人格特征。马斯洛认为，人类是靠内在需要来支配的，人类的行为会受环境及社会文化影响。他把需要分为 5 个层次，即生理需要、安全需要、社交需要、爱和尊重需要以及自我实现需要。并认为人格的发展是由低向高的一个自然过程，其中自我实现的需要是最高层次的需要，达到自我实现的人格境界是最理想的。他总结出自我实现者的 15 种人格特征，它们是承认现实、对人宽容、感情真实、不以自我为中心、超然自我、自主独立、欣赏力、高峰体验、人际交往、友谊、民主、审美、幽默、创造性和与众不同等。

马斯洛的自我实现论强调以人为本，将人格心理学的研究带入了一个新的境界，使人格心理学的研究范围扩大，研究的目标更高。

6.2　生活方式与旅游消费行为

社会生产力的不断发展过程，是人们生活方式不断变革的过程。生活方式总要随着生产力的发展而不断加以改善，人们面临的是如何提高生活质量和美化生活的问题。人类社会所出现的某些重大变革，总要在人们的衣、食、住、行等方面引起变化，从而使人们的消费行为在内容和发展方向等方面发生改变。在生活方式变革的过程中，由于人格特点的差异，人们对待变革的态度以及所表现出来的消费行为倾向会存在很大的不同，需要给予积极的关注。

6.2.1　消费与生活方式

生活方式是人们实际生活的具体样式。生活方式的改变，对社会的发展有强大的影响作用，消费领域是生产方式与生活方式相互作用的桥梁或媒介。人们的生活方式总是以一定的消费观念为主宰，以一定的消费行为作为实际内容。也总是趋向于美化生活，趋向于使社会生活得以完善，趋向于整个社会在物质文明与精神文明方面都得到提高。对于在生活方式上已经发生和可能发生的改变，所有的人都需要有正确的认识和积极的引导，要主动把握生活方式变化的趋势。研究生活方式变革的内在规律性，预测其发展方向，是研究消费者心理所不可忽视的内容。

近年来，由于人们追求健康与美化生活的客观条件得到改善，大批人喜欢在假期中外出旅游，其形式是多种多样的。如旅行结婚、观赏风光、探险等。这一大批支配着自己的消闲时间的游客，都将各自以其特有的生活方式，向旅游市场提出新的需求，对旅游消费过程发生重要影响。国外研究发现，不同人格结构的人，为美化生活会形成不同的生活方式。

6.2.2　以生活方式划分的旅游者人格

生活方式是指个人在其意识支配下的稳定的活动形式，这些稳定的活动形式表现为日常生活、兴趣、爱好、需要、态度和价值观念等，往往能够反映出一个人的人格特征。通过对旅游者行为的观察和研究，可以将不同生活方式的旅游者划分为几种不同的类型：

（1）习惯型

这类旅游者以中老年人居多，他们对旅游的态度是建立在对有关旅游信息的了解、看法或信赖的基础上，很少受时尚、风气的影响。他们往往根据自己的经验和习惯来进行选择，喜爱轻松、健康和愉快的旅游活动。

（2）冲动型

这类旅游者以青年人居多，他们的心理反应敏捷，对新奇事物容易引起兴趣，形成心理指向，很少有明确的计划和意图，因而考虑问题常常不够周到。他们特别喜欢冒险和刺激等富有挑战性的旅游活动。

（3）从众型

这类旅游者是以对旅游活动不太了解的人居多，他们往往是对特定的旅游项目不熟悉，或是身处在陌生的环境中，自己无法做出独立的判断，因此选择随大流的行为方式，即使是错了，又不是自己一个人。他们参与人多的旅游活动项目。

（4）理智型

这类旅游者以学者、知识分子居多，他们考虑问题主要是以理智为主，感情为辅；善于观察、分析和比较，有较强的选择判断能力。因此他们的旅游活动有较强的目的性和主动性，不喜欢让别人做主和干预，很少受外部因素的影响，所进行的活动总是与自己的需要有关。

（5）随意型

这类旅游者多为缺乏旅游经验，对旅游活动内容不了解，自己的态度又不稳定，常抱着试试看或随遇而安的心态。他们在旅游选择时，往往缺少自己的主见，渴望别人的帮助，表现出无所谓的状态。

综上所述，可以看出人们在日常生活中的习惯、兴趣、爱好、价值观念等会对旅游活动中的行为表现有很大影响。了解不同类型旅游者的生活方式，有利于满足不同旅游者的需要，为提高旅游服务质量提供保障。

6.2.3　不同人格特点的旅游者

人格是一种心理现象，是个人内部的影响其行为、思维和感觉的特定方式的所有因素的总和，它包括人在社会历史条件下所具有的意识倾向性和经常表现出来的、较稳定的心理特征等。其中气质、性格、能力等是构成人格特点的基本因素。

1. 旅游者的气质

所谓气质就是人的高级神经活动类型在行为活动中的表现。气质通常被看作是人的"脾气"，是与生理特点紧密联系的心理特征，是人格赖以形成和发展的物质基础，也是人格的重要组成部分。没有可以离开人格的气质，也没有缺乏气质的人格，气质是人格倾向的外在表现，它使人的行为保持稳定的倾向性，是人格的典型的、稳定的心理特征。气质主要反映心理活动的强度、速度、灵活性和指向性等方面的动力特点。观察旅游活动中的游客会发现不同的人行为表现存在明显差异，这都是人们气质特征的表现。

心理学根据人的高级神经活动的强度、平衡性和灵活性这三种特性的组合差异，来划分不同的气质类型，如表 6.3 所示。

表 6.3　神经活动特性与气质类型

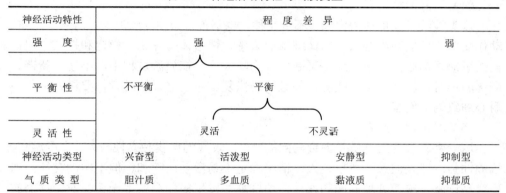

神经活动特性	程　度　差　异			
强　　度	强			弱
平 衡 性	不平衡	平衡		
灵 活 性		灵活	不灵活	
神经活动类型	兴奋型	活泼型	安静型	抑制型
气 质 类 型	胆汁质	多血质	黏液质	抑郁质

在现实生活中，属于这 4 种典型气质类型的人并不多，大多数人属于单一气质的一般型和兼有几种气质类型特点的混合型。

旅游者不同的气质特征，会产生不同的行为表现，并在旅游活动中通过他们的言谈举止表现出来。分析旅游者不同气质的表现，便于进一步了解不同的旅游者，为他们提供满意的服务。根据旅游者气质特征及其在旅游活动中的行为表现，可以将旅游者的气质类型大体划分为急躁型、活泼型、稳重型、沉静型和温顺型等。

（1）急躁型旅游者

这类旅游者的行为表现是：热情直率，精力旺盛，脾气急躁，容易冲动；情绪兴奋性高，自制力差，容易感情用事，起伏性大；感情外露，反应迅速。他们一般参与旅游活动积极性高，行动迅速，适应性较好，故多有冒险精神，喜欢富有挑战性和刺激性的项目。但缺乏耐心，遇事容易激动，情绪波动较大，旅途中常粗心大意、忙中出错。因此，在旅游活动中不要怠慢，也不要招惹，要注意态度和善，千万不要刺激对方。

（2）活泼型旅游者

这类旅游者思路敏捷，反应迅速，应变能力强；活泼好动，情感丰富，性情外向；随和开朗，善于与人交往；但兴趣广泛而多变化，对事物的注意力容易转移。这一类型的旅游者是旅途中的活跃分子，常常是群体活动中的组织者；他们喜欢参与变化大、花样多的旅游项目。对于这类旅游者应主动热情，保持良好关系。

（3）稳重型旅游者

这类旅游者遇事沉着冷静，注意力稳定，自制力很强；不易受环境变化的影响，也不会被无关因素所左右；性情内向，不爱交往，也不善言谈；很少流露内心情感，给人以难以揣摸、不易接近的感觉。这一类型的旅游者喜欢清静，做事谨慎小心，深思熟虑；对新奇的事情不感兴趣，在活动中的表现比较保守，缺乏灵活性。对这类旅游者要耐心，多为他们提供相关信息，让他们自己做出选择。

（4）沉静型旅游者

这类旅游者性情孤僻内向，不爱交往，也不善言谈；反应迟缓，情感不外露，动作简单；他们观察细致，感情细腻而敏感，情绪体验深刻、稳定和持久。但他们做事缺乏信心，遇事处理不果断，行为随大流。在旅游过程中，不喜欢新奇、变化的项目，旅途中容易疲劳，并且很难恢复。对于这类旅游者，要格外关心，耐心细致为他们服务。

（5）温顺型旅游者

这一类旅游者的气质是混合内向的类型，表现为自我独立性较差，态度温和，依赖性强；待人诚恳，尊重他人；情绪稳定不易激动；随和、但不主动交往；遇事容易迁就，缺乏处理问题的办法，怕麻烦，发生问题会束手无策。对于这类旅游者，在旅游过程中，要给予帮助。

2. 旅游者的性格

性格常常是作为人格的同义词而被使用，说明性格与人格有着紧密的联系。心理学中把性格特征看作人格的重要部分，通过性格特征来对人格进行评价。

心理学认为，一个人的性格是在个体生活过程中所形成的，是个人社会化的产物。因此，人的性格有好坏之分，可以用"品质优良"、"品质恶劣"等道德术语来表示，也可以对性格用社会道德价值的标准进行评价。在旅游活动中经常可以看到因为性格不同而表现出来的各种现象，特别是在旅途中遇到困难时，不同旅游者的性格表现就更加明显，因此，有必要对性格及其相关问题进行深入、细致的了解。

（1）性格的含义和特征

1）性格的含义。性格是人对现实的稳定态度和与之相适应的、习惯化了的行为方式。性格是人格结构中个体差异性和独特性的集中表现。不是任何态度和行为方式都表明人的性格，只有在活动中具有稳定性的态度和行为方式才表现人的性格。

　　人的性格是个性中最重要的、最显著的心理特征，也是个性心理特征的核心内容。它是在生理素质的基础上，通过后天的家庭环境、教育条件和社会实践活动逐步形成的。人的性格形成后，就具有相对稳定性和习惯性，因而了解和分析一个人的性格特征，就可以预见他在某种情况下，将会有什么样的态度和采取什么样的行为。

　　2）性格的特征。性格特征表现的范围广泛，一般包括 4 个方面的特征：①性格的态度特征。性格的态度特征主要表现为一个人对社会、集体、他人，对劳动、工作、学习，对自己的态度。②性格的意志特征。主要表现在自觉性、自制性、果断性、坚韧性等方面，是调节人的行为和行为方式方面的特点。③性格的情感特征。主要表现在情感活动的强度、稳定性、持久性和主导心境等方面，是与一定态度相联系的个性特点。④性格的理智特征。表现在感知、记忆、想像、思维等认识方面的个性特点。

　　（2）旅游者性格的类型

　　性格的分类方法很多，不同心理学家从多种角度对性格进行划分。常见的分类方法有如下几种。

　　1）按个体独立性程度分类。这种分类按个体活动独立性的程度，将旅游者的性格划分为独立型和顺从型两类。

　　① 独立型旅游者，善于独立思考，不受外界和他人的影响。进行旅游选择和决策往往会认真分析，权衡利弊，一旦做出决断则难以改变。喜欢自主或自主团体型组织方式的旅游，不受约束地安排自己的旅游时间和活动。如若参加团体旅游，往往是旅游活动的策划者、组织者，常受团队成员的拥护信赖，帮助团队客人反映意见或解决问题。

　　② 顺从型旅游者，独立性差，易受外界、他人和广告宣传的影响。进行旅游选择和决策往往按别人的计划或意见行事，喜欢随大流。这类旅游者喜欢参加所属团体组织的集体旅游或旅行社组织的、安排好行程或计划的团体包价旅游。他们在旅行中遇到波折和困难时往往会束手无策，一筹莫展。

　　2）按性格特征分类。这种分类按理智、情感、意志三种心理机能何者占优势，将旅游者的性格划分为理智型、情感型和意志型三类。

　　① 理智型旅游者，通常用理智来衡量一切，并支配自己的行动。他们进行旅游选择和决策往往会认真思考和细心评估，很少受情绪波动和他人的影响，多喜欢选择具有认知价值和审美意义的人文和自然景观，而较少选择一般的观光或度假旅游以及单纯的娱乐、休闲性旅游活动。

　　② 情感型旅游者，凡事易受情感支配。他们做出抉择和处理事情爱凭兴趣和情绪，好感情用事。喜欢选择有趣味、有变化的活动内容及方式，喜爱具有浪漫色

彩、温馨情调、神秘气氛和不同寻常体验的旅游活动，而对单纯的度假和专项的旅游少有兴致。他们在旅途中常是团队情绪的激发者、烘托者和活跃的中心人物。

③ 意志型旅游者，做事目标明确，善于自我控制。他们对自己选择的旅游目的地或已经定好的游览行程不会轻易改变，不易受外界和他人的影响。对漫无目标和轻而易举的旅游活动少有兴趣，而热衷于目的明确的具有挑战性的能发挥个人能力的旅游活动。在旅途中具备吃苦耐劳的精神，能适应各种旅游环境。

3）按人际交往情况分类。提出这一分类方法的是美国心理学家吉尔福特，他从人们在社会交往的角度，把人格心理特点分为 12 种特性，通过对不同特性的分析，12 种特性可归为三种指标，即情绪稳定性、社会适应性和心理活动的倾向性等指标。根据指标差异，可把旅游者的性格划分为以下五种类型。

① 行为型旅游者。这类性格旅游者一般情绪不稳定，社会适应性较差，遇事容易急躁，具有外倾的特点。因此，他们在旅游过程中，人际关系不甚融洽，喜欢争强好胜，办事急于求成，容易引起各种矛盾；他们的言行常引起其他人员的注意或议论，所以，又称为"注意人物型"。

② 平均型旅游者。这类性格旅游者一般情绪特征和社会适应性都较为平衡，但缺乏主观能动性，人际交往能力弱；其智力、精力、体力和能力都一般化。因此，在旅游中不善交际，缺乏主动性；但为人处事随和，遇事拿得起、放得下，从不放在心上。

③ 平稳型旅游者。这类性格旅游者一般情绪稳定，社会适应性良好，情感内向，常处于被动状态、不能胜任领导工作。因此，他们在旅游过程中，往往随大流，表现自然；行为反应慢，遇事也不会紧张，容易处于被动，所以，又称为"安定消极型"。

④ 积极型旅游者。这类性格旅游者一般情绪稳定，社会适应性一般，感情外向，善于交往，具有组织领导能力，做事积极主动。因此，他们在旅游过程中，常常是旅游活动的中心人物，他们开朗、活跃，与周围的人关系融洽，言行主动积极，有一定的组织领导能力，遇事能够妥善处理，所以，又称为"安定积极型"。

⑤ 消极型旅游者。这类性格旅游者一般情绪不稳定，社会适应性差或一般化，情感内向，不善于人际交往；但往往有自己的独特爱好和兴趣，善于独立思考。因此，他们在旅游过程中，常常显得与众不同，表现为清高、孤僻，沉默寡言，难以交往；但对某些事物有自己的爱好与兴趣，喜欢思考和钻研，所以，又称为"不安定消极型"或"反常型"。

综上所述，对旅游者的性格进行分类只具有相对的意义。由于旅游活动往往受多种因素的影响，而旅游者也会因环境等因素而变化，这就使得同一性格的人也会有不同的外在表现。

6.3　人格结构与旅游消费决策

个体的人格特征，是总体性的概念，它反映着一个人全部的精神面貌，包括其行为模式、气质、性格、兴趣、爱好、智力、技能、态度、自我和信念等。人格的形成与塑造，以其遗传素质为前提，以其所生活的环境影响为条件，通过生理的发展、成熟与社会的教育、训练这一互动过程，而逐渐演化和日趋完善。其中，自我的形成是人格的重要标志。一个人的"自我"并非先天所固有，而是在一个人的日常生活过程中，通过个人生理遗传因素与社会活动因素相互作用下发展起来的，即是经过学习才获得的，是个人社会化的产物。因此，许多人格心理学家总是以自我概念来构建自己理论的人格结构。

6.3.1　自我状态

自我是人格理论的重要概念，是指一个人对自己的感觉、认识和看法。许多心理学家和精神病学家对此都有自己的理论。对自我进行分析研究，可以从不同的角度进行，常见的有如下几种分类。

1. 生理自我、社会自我和心理自我

从社会心理学研究的角度，按自我的表现特点，可以把自我区分如下。

（1）生理自我

生理自我又称为"物质自我"，是指个体对自己躯体、性别、体形、容貌、年龄、健康状况等生理特质的意识。有时也将个体对某些与身体特质密切相关的衣着、打扮以及外部物质世界中与个体紧密联系并属于"我的"人和物（如家属和所有物）的意识和生理自我一起统称为"物质自我"。

生理或物质自我在情感体验上表现为自豪或自卑；在意向上表现为对身体健康、外貌美的追求，物质欲望的满足以及对自己所有物的维护等。

（2）社会自我

社会自我，在宏观方面指个体对隶属于某一时代、国家、民族、阶级、阶层的意识；在微观方面指对自己在群体中的地位、名望、受人尊敬、接纳的程度，拥有的家庭、亲友及其经济、政治地位的意识。

在情感体验上也表现为自豪或自卑；在意向上表现为追求名誉地位，与人交往，与人竞争，争取得到他人的好感等。

（3）心理自我

心理自我是指个体对自己智能、兴趣、爱好、气质、性格诸方面心理特点的意识。

在情感体验上表现为自豪、自尊或自卑、自贱；在意向上表现为追求智慧、能力的发展和追求理想，信仰，注意行为符合社会规范等。

生理自我、社会自我和心理自我既相互区别又相互联系，是个体自我意识的有机组成部分。

2. 现实自我和理想自我

按照美国新精神分析学家霍妮的观点，从自我存在的角度进行分析，可将人的自我分为现实自我和理想自我。

（1）现实自我

现实自我指个体对自己受环境熏陶炼铸、在与环境相互作用中所表现出的综合的现实状况和实际行为的意识。它是自我现实、社会存在的真实反映。

（2）理想自我

理想自我指个体经由理想或为满足内心需要而在意念中建立起来的有关自己的理想化形象。理想自我的内容尽管也是客观社会现实的反映，包括对来自他人和社会规范要求以及它们是否满足个体需要的反映，但这些内容整合而成的理想自我却是观念的，非实际存在的东西。

（3）相互作用

现实自我和理想自我的形成与社会环境的影响密切相关。现实自我产生于个体自己与社会环境的相互作用；而理想自我则产生于他人和社会规范的要求内化的结果，是个人头脑中形成的自我的"理想形象"。

当理想自我的形成是建立在个人自觉选择的基础上时，理想自我可以在现实自我与社会环境之间起积极的调节和指导作用，使现实自我能够适应并作用于社会环境。这时，理想自我、现实自我与社会环境要求三者可以达到协调一致，人格得到健康发展。

当理想自我的形成引起个人焦虑时，理想自我、现实自我以及社会环境要求三者之间就可能产生矛盾冲突。在这种情况下，个人的焦虑会导致心理的不良反应，而形成脱离现实的、错误的理性自我的心理倾向。

3. 自我状态

加拿大临床心理学家埃里克·伯恩（Eric Berne）提出了一种"自我状态"的人格结构理论。认为人格是由三种自我状态构成的，它们分别是"父母自我状态"、"成人自我状态"和"儿童自我状态"。每种自我状态都是个人思维、感情和行为的单独来源。在任何情况下，人的行为都受到这三种不同自我状态的支配。

（1）儿童自我状态

一个人最初形成的自我状态就是儿童自我状态。儿童自我状态由自发的情感、思维和行为构成，缺乏约束、想怎么干就怎么干。一个人的儿童自我状态既是一个人内在特质的自然流露，也是感受挫折后的不知所措的无助表现。

埃里克·伯恩认为，儿童自我状态是人格中主管情感和情绪的部分，人们的需求和欲望的大部分也是由儿童自我状态来掌管。每当一个人感到自己有某种需要时，人格结构中的儿童自我状态就发挥作用。儿童自我状态所表现出来的多是原始的、本能的、具有动力性的东西。如果一个人的儿童自我状态表现太强，就会显得蛮横任性，如果表现太弱，又会给人缺少活力的感觉。

（2）成人自我状态

成人自我状态是人格中支配理性思维和对信息进行客观处理的部分。成人自我状态控制人的理性的、较客观的行为。当一个人的成人自我状态起主导作用时，其行为表现较为理智，待人接物比较冷静，处事谨慎，尊重别人，说话办事逻辑性强，喜欢探索等。

（3）父母自我状态

父母自我状态是人们通过模仿自己的父母或其他权威人物而获得的态度和行为方式。父母自我状态为一个人提供与社会道德规范相关的信息。父母自我状态的人以权威和优越感为标志，是一个"照章办事"的行为决策者，通常以居高临下的方式表现出来。父母自我状态具有两面性：一方面是慈母式的；另一方面是严父式的。父母自我状态告诉人们应该怎么样，也帮助人们分清功过是非。

埃里克·伯恩认为，在一个心理健康的人身上，这三种自我状态处在协调、平衡的状态，三者都在发挥作用。在不同的情境中，有时是他的儿童自我状态起主导作用，有时是他的成人自我状态起主导作用，有时则是他的父母自我状态在支配着他的行为。

如果一个人的行为长期由某一种自我状态支配，那就是人格出现问题，成为心理不健康者。一个由父母自我状态支配的人，往往把周围的人当孩子看待，对他人缺乏理解和平等、尊重；这样的人容易惹人生厌，难以相处；因为他的人格中理智的成人自我状态和天真活泼的儿童自我状态都被抑制了，不能发挥作用。

处于儿童自我状态的人一辈子都像个孩子，永远长不大；这种人从不独立思考，从不做出自己的决定，也从不对自己的行为承担责任。

人格的三种自我状态必须相互平衡、协调，当它们共同有机地负担起支配行为的职责时，这个人才是正常的、健康的。当然，某一种自我状态占优势的情况也是正常的。

6.3.2　自我状态与旅游消费决策

不同的自我状态支配着人们的选择。综合考虑旅游者的自我状态，根据他们在旅游消费决策时的具体表现，可以看出他们的不同特点。

1.　不同的自我表现特点对决策的影响

从自我的表现特点的角度可以认为：对于以"生理自我或物质自我"为主导的旅游者，在进行旅游决策时，一般考虑问题比较实际，往往会从自己的身体、性别、年龄、健康状况等因素的角度考虑。会选择适合自己状况的旅游地，并会以较少的付出来满足自己最大的物质欲望的满足。

而社会自我占优势的旅游者则往往选择与自己身份、地位相符，又容易与人交往，并能得到他人的好感，使自己产生自豪感的项目。即往往选择人们向往的、各种条件都较好的旅游地。

主张心理自我的人则以自己的兴趣、爱好和心理特点为主，决策时往往不会遵循常规，但也不会做出违背社会规范的选择。

2. 理想自我、现实自我与社会环境的相互关系对决策的影响

从自我存在的角度进行分析，理想自我、现实自我与社会环境的要求三者协调一致时，旅游者容易做出合理的旅游决策；反之，如果社会环境的要求与个人的自我不能协调一致，则容易产生矛盾冲突，造成犹豫不决，难以决策的局面。

3. 三种自我状态对决策的影响

从伯恩的三种自我状态来看：处于儿童自我状态时，一般容易被诱惑，而成为引发旅游决策的最初动力；而成人自我状态则是对旅游方案进行分析、判断的主要依据；父母自我状态的满足则是为最后的选择决定提供理由。因此，在旅游宣传时，应当针对三种自我状态的特点，精心设计旅游宣传的内容，全面满足自我的三个方面的不同要求，才能促使旅游者做出决策，采取实际的旅游行动。

在旅游服务过程中，对旅游者的三种自我状态的不同外在表现，也应当采取不同的方法加以妥善对待。

本 章 回 顾

关键术语

1. 人格（personality）
2. 人格特质（personality idiosyncracy）
3. 自我意识（self-awareness）
4. 人格理论（personality theoretics）
5. 根源特质（rootstock idiosyncracy）
6. 基本焦虑（basic anxiety）
7. 自我（selfhood）

小结

　　人格是一种心理现象，是指个人内部的影响其行为、思维和感觉的特定方式的所有因素的总和。心理学界把人格称为"个性"，认为：人格或个性就是指在一

定的社会历史条件下，每个具体的个人所具有的意识倾向性，以及经常表现出来的较稳定的心理特征的总和。包括需要、动机、兴趣、态度、信念、理想等意识倾向性，以及气质、能力和性格等稳定的心理特征。

自我意识通常是指个人对自己身心状况、人—我关系的认知、情感以及由此而产生的意向（有关自己的各种思想倾向和行为倾向），这三种成分紧密联系，共同作用于个体的思想和行为。它标志着人格形成和发展的水平，也是人的意识区别于动物心理的重要标志。

特质理论认为，特质要素是构成人格的基本元素。而所谓特质就是指对人的行为始终产生影响的因素。其代表人物有阿尔波特、卡特尔、艾森克等。

根据不同生活方式，划分旅游者的类型：习惯型、冲动型、从众型、理智型、随意型。

旅游者的气质类型大体划分为四种类型：急躁型旅游者、活泼型旅游者、稳重型旅游者、沉静型旅游者和温顺型旅游者。

性格的分类方法很多，常见的分类方法有：①按个体独立性程度分类：独立型和顺从型。②按性格特征分类：理智型、情感型和意志型三类。③按人际交往情况分类：行为型旅游者、平均型旅游者、平稳型旅游者、积极型旅游者、消极型旅游者。

思考与练习

思考题

1. 什么是人格？影响人格形成的因素有哪些？
2. 简述自我意识的构成。
3. 简述阿尔波特的三种人格特质。
4. 卡特尔的特质分析理论所揭示的特质类型有哪些？
5. 按照不同的划分标准，可以从哪些方面对旅游者进行分类？
6. 试分析关于人格的不同定义。
7. 人格理论的主要派别有哪些？试比较不同的人格理论。
8. 分析不同人格特点与旅游活动的关系。
9. 从生活方式上，分析不同的旅游行为。
10. 针对不同性格的旅游者，如何满足他们的旅游要求？

实训练习题

自我形象知觉测评

测评说明：

本测验有 50 个形容词，请从头到尾读两次。

第一次读时，如果碰到的形容词符合自己的个性或形象，就在"我正是"一栏的方格里画一个"×"；

第二遍读时，碰到自己将来想具备的形象特质形容词，就在"我想要成为"一栏画一个"〇"。所以，有些形容词在两栏中都会被画上记号，有些则一个记号也没有。这没关系，不过千万记得，打"×"和打"〇"要分开来做。

测评题：

我正是	我想要成为	
□	□	野心勃勃
□	□	好辩的
□	□	独断的
□	□	吸引人的
□	□	好战的
□	□	粗鲁的
□	□	谨慎的
□	□	迷人的
□	□	聪明的
□	□	肯竞争的
□	□	肯合作的
□	□	有创造力的
□	□	好奇的
□	□	愤世嫉俗的
□	□	大胆的
□	□	果断的
□	□	坚毅的
□	□	迂回的
□	□	小心的
□	□	卖力的
□	□	有效率的
□	□	精力充沛的
□	□	有趣的
□	□	好嫉妒的
□	□	宽大的
□	□	受挫的

☐	☐	慷慨的
☐	☐	诚实的
☐	☐	引人注目的
☐	☐	冲动的
☐	☐	独立的
☐	☐	懒惰的
☐	☐	乐观的
☐	☐	能言善辩的
☐	☐	有耐性的
☐	☐	实际的
☐	☐	有原则的
☐	☐	轻松的
☐	☐	机智的
☐	☐	自我为中心的
☐	☐	有自信的
☐	☐	敏感的
☐	☐	精明能干的
☐	☐	顽固的
☐	☐	猜忌的
☐	☐	胆小的
☐	☐	强硬的
☐	☐	可信的
☐	☐	温和的
☐	☐	顺从的

计分标准：

在答案里，如果一个形容词只有一个记号（不论"○"或"×"），就可以得到 1 分；如果有两个记号（一个"○"和一个"×"），不计分；如果没有任何记号，也不计分。把各题得分相加就是总分。

结果分析：

5 分以下：表明很自信，对自己的能力感到满意，成功的机会和个人成就感很高；

6~11 分：表明对自己比较满意，但真正的自我与理想的自我仍然有一些矛盾，你可以按照自己希望的去做。但该得分已经表明你有很好的人格；

12~21 分：有一些看扁自己，成功的机会不是很大。你需要增强信心，减少真正自我与理想自我的矛盾；

22~33 分：经常看轻自己，见人就摇头，对追求成功也没有信心；

34 分以上：毫无疑问，你对自己感到失望，你常会有受挫和失败的情绪,最好找专家帮忙。

性格类型的测定

瑞士一个心理学家根据人在交往中的表现特点，把性格分为四种类型，即敏感型、感情型、思考型和想像型。如果你想了解自己性格的所属类型，请按你自己的真实表现回答下面的问题。

每个问题中都有 4 个答案，请在最符合你情况的答案前的格子中填入 "4"，其次填入 "3"，再次填入 "2"，最不符合的一格填入 "1"。以此类推，回答完以下所有问题。

测试题：

1. 我给别人留下的印象可能是：
   - □ A. 经验丰富
   - □ B. 热情友善
   - □ C. 灵敏快捷
   - □ D. 知识丰富

2. 当我按计划工作时，我希望这计划能够：
   - □ A. 取得预想效果，不要浪费时间精力
   - □ B. 有趣，并能和有关的人一起进行
   - □ C. 计划详细和精确
   - □ D. 能产生有价值的新成果

3. 我的时间很宝贵，所以总是首先确定要做的事情：
   - □ A. 有无价值
   - □ B. 能否使人感到有兴趣
   - □ C. 是否安排妥当，按计划进行
   - □ D. 是否考虑好下一步的计划

4. 对我来说，最满意的情况是：
   - □ A. 比原来的计划要求做得更多
   - □ B. 对别人有帮助
   - □ C. 经过思考解决了问题
   - □ D. 把一个想法和另一个想法联系起来

5. 我喜欢别人把我看成是一个：
   - □ A. 能完成工作任务的人
   - □ B. 充满热情和活力的人

　　□ C. 办事胸有成竹的人
　　□ D. 有远见卓识的人
6. 当别人对我无理时，我会：
　　□ A. 立即表示出不快
　　□ B. 心情不快，但能很快消除
　　□ C. 谴责对方
　　□ D. 不去理他，考虑自己的事

计分标准：

测试完毕之后，把 6 个问题中 A、B、C、D 四项的分数分别相加，得出四个总分数。分数最高的一项，就是你的性格的基本类型。

结果分析：

A—敏感型。

这种人精神饱满，好动不好静，办事爱速战速决，但是行为常带有一定的盲目性。这种人在人际交往中会使出全部的热情，但受挫时又容易消沉和失望。这类人最多，约占总人数的 40%。

B—感情型。

这类人感情丰富，喜怒哀乐溢于言表。别人很容易从其表现中了解其经历和困难。他们不喜欢单调的生活，喜欢刺激，爱感情用事。在生活中喜欢鲜明的色彩，对新鲜事物有浓厚的兴趣。这种人的人际交往特点是容易冲动，有时反复无常，傲慢无礼，所以，与其他类型的人相处存在一定的难度。这类人约占 25%，在演员、活动家和护理人员中较多。

C—思考型。

他们善于思考，逻辑思维能力强，有较成熟的观点，一切以事实为依据，决定一经做出，即能持之以恒。生活工作有规律，爱整洁，时间观念强。重视调查研究及其精确性。这类人的缺点是有时思想僵化，墨守成规，爱纠缠细节，缺乏灵活性。这类人约占 25%，在工程师、教师、财务人员和数据处理人员中较多。

D—想像型。

这类人想像力丰富，爱憧憬未来，喜欢思考问题。不太重视细节，对那些不能立即了解其想法价值的人往往很不耐烦，有时行为刻板，难以相处。这类人较少，约占总人数的 10%，在科学家、发明家、研究人员和艺术家中居多。

陈会昌 60 题气质测验问卷

目前测试气质主要采取问卷测验法。下面是一份在我国比较流行的由心理学家陈会昌编制的气质测验问卷。

指导语：

下面 60 道题可以帮助你大致了解自己的气质类型。在回答这些问题时，要实事求是，怎样做就怎样评分。看清题目后，你认为很符合自己情况的记 2 分；比较符合的记 1 分；介于符合与不符合之间的记 0 分；比较不符合的记-1 分；完全不符合的记-2 分。

测试题：

1. 做事求稳妥，不做无把握的事。
2. 遇到气人的事就怒不可遏，想把心里话全说出来才痛快。
3. 宁可一个人做事，不愿很多人在一起。
4. 到一个新环境很快就能适应。
5. 厌恶那些强烈的刺激，如尖叫、噪音、危险境头等。
6. 和人争吵时，总是先发制人，喜欢挑衅。
7. 喜欢安静的环境。
8. 善于和人交往。
9. 羡慕那些善于克制自己感情的人。
10. 生活有规律，很少违反作息制度。
11. 在多数情况下情绪是乐观的。
12. 碰到陌生人觉得很拘束。
13. 遇到令人气愤的事，能很好地自我克制。
14. 做事总是有旺盛的精力。
15. 遇到问题常常举棋不定，优柔寡断。
16. 在人群中从不觉得过分拘束。
17. 在情绪高昂时，觉得干什么都有趣；在情绪低落时，又觉得干什么都没意思。
18. 当注意力集中于一事物时，别的事物就很难使我分心。
19. 理解问题总比别人快。
20. 碰到危险情景时，常有一种极度恐怖感。
21. 对学习、工作、事业怀有很高热情。
22. 能够长时间做单调、枯燥的工作。
23. 符合兴趣的事情，干起来劲头十足，否则就不想干。
24. 一点小事就能引起情绪波动。
25. 讨厌做那种需要耐心、细致的工作。
26. 与人交往不卑不亢。
27. 喜欢参加热烈的活动。
28. 爱看感情细腻、描写人物内心活动的文学作品。

29. 工作学习时间长了，常感到厌倦。
30. 不喜欢长时间谈论一个问题，愿意实际动手干。
31. 宁愿侃侃而谈，不愿窃窃私语。
32. 别人说我总是闷闷不乐。
33. 理解问题时常比别人慢些。
34. 疲倦时只要短暂的休息就能精神抖擞，重新投入工作。
35. 心里有事，宁愿自己想，不愿说出来。
36. 认准一个目标就希望尽快实现，不达目的，誓不罢休。
37. 和别人同样学习、工作一段时间后，常比别人更疲倦。
38. 做事有些莽撞，常常不考虑后果。
39. 别人讲授新知识、新技术时，总希望他讲慢些，多重复几遍。
40. 能够很快地忘记那些不愉快的事情。
41. 做作业或完成一件工作总比别人花的时间多。
42. 喜欢运动量大的剧烈活动，或参加各种文体活动。
43. 不能很快地把注意力从一件事转移到另一件事上去。
44. 接受一个任务后，就希望把它迅速完成。
45. 认为墨守成规比冒风险强些。
46. 能够同时注意几件事物。
47. 当我烦闷的时候，别人很难使我高兴起来。
48. 爱看情节起伏跌宕、激动人心的小说。
49. 对工作抱认真严谨、始终如一的态度。
50. 和周围人的关系总是相处不好。
51. 喜欢复习学过的知识，重复自己已掌握的工作。
52. 希望做变化大、花样多的工作。
53. 小时候会背的诗歌，我似乎比别人记得清楚。
54. 别人说我"出语伤人"，可我并不觉得这样。
55. 在学习活动中，常因反应慢而落后。
56. 反应敏捷，头脑机智。
57. 喜欢有条理而不太麻烦的工作。
58. 兴奋的事使我常常失眠。
59. 别人讲新概念，我常常听不懂，但是弄懂以后就很难忘记。
60. 假如工作枯燥无味，马上就会情绪低落。

确定气质类型的方法是：

1. 将每题得分填入下表的相应"得分"栏内。
2. 计算每种气质类型的总的分数。

胆汁质	题　号	2　6　9　14　17　21　27　31　36　38　42　48　50　54　58	总　分
	得　分		
多血质	题　号	4　8　11　16　19　23　25　29　34　40　44　46　52　56　60	总　分
	得　分		
黏液质	题　号	1　7　10　13　18　22　26　30　33　39　43　45　49　55　57	总　分
	得　分		
抑郁质	题　号	3　5　12　15　20　24　28　32　35　37　41　47　51　53　59	总　分
	得　分		

　　3. 气质类型的确定：如果某类气质得分明显高出其他三种，均高出 4 分以上，则可定为该类气质。此外，如果该类气质得分超过 20 分，则为典型型：如果该类得分在 10~20 分，则为一般型。

　　4. 如果两种气质类型得分接近，其差异低于 3 分，而且又明显高于其他两种，高出 4 分以上，则可定为两种气质的混合型。

　　5. 如果三种气质得分均高于第四种，而且接近，则为三种气质的混合型。

第7章　旅游活动中的情绪情感

引导案例

今天你问好了吗？

　　作为酒店的公关人员，迎来送往是经常的事。一次，在酒店大厅送一位客人，刚出门他就忙着钻进出租车，头也不回地让司机快开车。望着客人远去的背影，我呆站在那儿，心中有种说不出的味道。

　　几天后，带两个客人上楼层看房间，送走客人后，又碰见了刚才帮忙开门的客房服务员。

　　"客人走了？"她问我。"是的，谢谢你了！"我答道。她对我说："每回给你的客人看房开门，你总是那么客气，虽说开门不是个大事，可我们常要从这座楼跑到那座楼，但只要听到一声'谢谢'，我们的心里就舒坦，感受到大家对自己工作的理解和尊重，一天的劳累也就抛在了脑后。"

　　望着她一脸的诚意，我竟感动得说不出一句话。没想到自己不经意的一声"谢谢"、"麻烦你了"，竟让对方记忆犹新。

　　人们熟知的美国迪斯尼乐园以它的安全、卫生、文明、礼貌闻名世界。凡光顾过那里的游客几乎每三年要回去旧地重游。他们成功的经验之一是要求每位员工上岗后必须像一个正在舞台上表演的演员一样尽情展示自己的才华，要以最优美的语言，最周到的服务取悦客人。无论是什么样的客人，只要一进入神话般的迪斯尼，立刻会被一种友好、热情、温馨的气氛所包围。

　　在饭店从事服务工作不可轻视这小小的问候。一个清新的微笑，一句轻声的问候，会带给他人一天的愉悦与快乐。有时还会给饭店的生意锦上添花。一位在前台工作的经理，每逢遇到客人离店，总忘不了走上前去征求意见，她那轻轻的一声"欢迎您下次再来！"不仅给客人留下了美好的印象，也为饭店迎来了一批又一批回头客。

　　为了提高服务质量，不少饭店在要求员工主动跟客人打招呼问候的同时，还要求饭店内部的领导和员工之间见面也要相互问好。这样既增强了企业的凝聚力，同时又加强了各部门员工之间的沟通。

　　"月有阴晴圆缺，人有悲欢离合"，"动之以情，晓之以理"，"哪个少男不钟情，哪个少女不怀春？"这些我们熟知的语句，正是人类的一种特殊的心理活动——情绪情感——的体现，人们的行为也自觉或不自觉地受到情绪情感的影响。

问题讨论：

  1. 你能列举出你所知的类似的例子吗？
  2. 旅游业可以被视为"情绪型"行业吗？为什么？

　　旅游业是高人际交往的行业，不但旅游者的情绪情感影响着旅游行为，反映出旅游活动安排的是否合理，而且旅游工作者的情绪情感又会影响到旅游者的情绪情感，从而反映出旅游服务的水平和质量。研究旅游者在旅游活动中的情绪反映，掌握旅游者的情感倾向，了解旅游工作者的情绪情感，对于指导我们认识旅游者的行为、做好旅游接待服务工作具有重要意义和实用价值。

7.1　情绪情感概述

　　人在认识世界、改造世界的时候，是极富有感情色彩的。因此，每个人眼中的世界都是不同的。世间万象，一些使人愉快，另一些使人忧愁；一些使人赞叹，另一些又使人激愤。愉快、忧愁、赞叹、激愤……都是人的情绪情感体验的不同表现形式。

7.1.1　什么是情绪情感

1. 情绪情感概念

　　情绪和情感，是人对现实世界的一种特殊反映形式，是人对客观事物所持态度的体验，它们统称为"感情"。情绪是人对客观事物所持态度的主观体验，是人对客观事物的一种好恶倾向，包括内心的感受和与此相应的外显行为。爱、喜、恨、惧和悲都是情绪，情绪一般有三个相互紧密联系的心理活动过程：①客观情境刺激；②多种情绪反应；③自觉心理体验。情感是人们喜、怒、哀、乐等的心理表现，是对外界事物比较强烈的心理反应，伴随着认识过程而产生。它包括两个紧密相连的心理过程，一方面是指内部的即形成情感的主观过程；另一方面指外显活动，即情感输出或情感索取的反馈过程（情感交流）。在　　活动过程中，情感可以相互感染和制约，由别人的情感而引起的反应，称为　　动。个人的认知又可以对情感互动加以控制，这称为感情制约。

　　人之所以对客观世界中的对象和现象产生不同的情绪和情感体验，是由于现实中的对象和现象与人的需要之间形成了不同的关系。一些对象或现象，如明媚的阳光、新鲜的空气、悦耳的歌声等，符合人的需要，使人产生愉快、喜爱、赞叹等心理的体验；而另一些对象或现象，如肮脏龌龊、饥饿寒冷、罪恶行径等，不能满足人的需要，使人产生不满意、烦恼、忧虑，愤怒等体验；还有一些对象或现象与人的需要无关，人对于它们是无所谓的、无动于衷的。这表明，只有那种与人的需要具有某种关系（直接的或间接的）的事物，才能使人产生特定的情绪情感的体验。

因此，情绪和情感是人对客观事物是否符合自己需要的态度的体验。这主要表现在以下几个方面：

第一，情绪和情感是人对客观现实的反映形式之一。

第二，人能够产生这种体验，是因为人在与客观事物接触的过程中，客观现实与人的需要之间形成了不同的关系。

第三，在现实生活中，并不是所有事物都可以产生情绪和情感。

2. 情绪和情感的区别和联系

情绪和情感是十分复杂的心理现象，它们是从不同角度来揭示人的心理体验的概念。由于人的心理体验的复杂性，很难对情绪和情感做出严格区分。情绪和情感是人对于客观事物是否符合自己的需要而产生的体验，两者大致有以下几点区别。

首先，引起情绪和情感需要的性质是不同的。情绪通常是指那种有机体的天然性需要是否得到满足而产生的心理体验。天然性需要得到满足，就产生积极的、肯定的情绪，否则，就产生消极的否定的情绪；情感则与人在历史发展中所产生的社会需要相联系，如对社会的贡献、道德的需要、尊重的需要等。由此产生的责任感、荣誉感、道德感、集体感等心理体验，就是情感。这些需要和情感都是人们在社会生活条件下形成的，它具有社会历史性。

其次，情绪和情感存在稳定性上的差别。情绪带有很大的情境性和短暂性，一般是由当时特定的条件所引起的，它常常在活动中表现出来。一定的情境引发一定的情绪，当情境过去了，情绪也就消失了。情感则具有稳定性和长期性，像人与人之间在共同活动中产生的情感，不仅不会因为活动的结束而消失，还会长期存在并可能得到发展。所以，情感是长期的、稳定的。

再次，情绪比情感强烈，具有较大的冲动性和较明显的外部表现；情感体验一般较弱，很少有冲动性。

当然，情绪和情感的区别是相对的，有些情感也会以强烈的形式表现出来，比如某些与社会需要相联系的道德感。而情绪长期积累，就会转化为情感。在日常生活中，情绪和情感并没有严格的区别，情绪通常都是作为一般情感的同义语来使用的。

3. 情绪情感的两极性

达尔文在研究人类和动物的表情时，提出了情绪情感具有两极性的对立原则。

情绪情感的两极性首先表现为情绪情感的肯定的和否定的对立性质。如满意和不满意，愉快和悲伤，爱和憎等。在每一对相反的情绪中间存在着许多程度上的差别，表现为情绪的多样化形式。构成肯定或否定这种两极情绪，并不绝对互相排斥，处于两极的对立情绪可以在同一事件中同时或相继出现。

情绪情感的两极性可以表现为积极的、增力的，或消极的、减力的。积极的、增力的情绪情感可以提高人的活动能力，如愉快的情绪情感驱使人积极地行动；消极的、减力的情绪情感则会降低人的活动能力，如悲伤引起的郁闷会让人变的懒散。对于不同的情况或不同的人，同一种情绪可能既具有积极的性质又具有消极的性质。例如，恐惧易引起行为的减弱，但也可能激发斗志。

情绪的两极性还可以表现为紧张和轻松（紧张的解除）。这种两极性常常在人的活动的紧要关头，或人处于最有意义的情景的关键时刻表现出来，例如赛前的紧张情绪，和赛后出现的紧张情绪的解除和轻松感的体验。紧张感决定于客观情景所呈现出的对人的需要的急迫性、重要性等，也决定于人的心理状态，如活动的准备状态，注意力的集中，脑力活动的紧张等。一般来说，紧张情绪与活动的紧张状态相联系，它能引起人的应急活动。有时候过度的紧张也可能引起抑制，引起行动的瓦解和精神的疲惫。

情绪情感的两极性还可以表现为激动和平静。激动情绪的表现强烈而且短暂，是爆发式的体验，如激情、狂喜、绝望，往往与在人们生活中占有重要地位、起关键作用的事件有关，同时又出乎意料，违反原来的愿望和意向，并且超出了意志的控制之外。与此相对立的是平静的情绪情感。人在多数情景下是处在安静的情绪情感状态之中的，在这样的场合，人能从事持续的智力活动。

情绪的两极性还可以表现在强度上。许多类别的情绪都可以有强—弱的等级变化，例如，喜，可以从适意、愉快、欢乐到大喜、狂喜；哀，可以从伤感、难过、悲伤到哀痛；怒，可以从不满、愠、忿、激愤到大怒、暴怒。情绪的强度决定于引起情绪的事件对于人的意义和期望值大小以及个人需求状态。

4. 情绪情感的作用

情绪情感是意识活动的重要动力之一，因而人的情绪情感会深刻地影响自身及其所从事的一切活动，其作用主要体现在以下三个方面。

（1）调控行为

情绪情感对现实行为既有促进作用也有干扰作用。

一个人要实现自己的目标，需要有持续的推动力量，而情绪情感具有激励作用，能有效地控制行为，使行为能持续地、有方向性地指向预定目标。旅游工作者如对自己的职业抱有满腔热情，就能在学习中克服重重困难，取得优异成果。

当然，情绪情感对行为的干扰作用也是十分明显的。当一个人的心灵被消极的情绪情感（如恐惧、激愤、悲痛等）所笼罩时，就会严重地干扰即时行为。人在愤怒之下，不能冷静地思考，不知怎样去应对所遇的情景。有人甚至会气得浑身发抖，不知说什么好，也不知干什么好。此时的情绪已严重地干扰了行为。消极的情绪之所以会干扰行为，就生理机制而言，是因为消极的情绪会使大脑皮质处于抑制状态，而大脑皮质是主管人的理智活动的中枢，一旦进入抑制状态，就使它失去对理智活动的支配，导致思维功能发生障碍．进而使行为失去调控。有人会"气糊涂"，其原因即在于此。

（2）传递信息

除语言之外，情绪情感也具有在人际间传递信息、沟通思想的作用。这是因为，当一个人发生比较强烈的情绪情感时，他的呼吸系统、循环系统、肌肉和骨骼系统、消化系统、发音系统和各种腺体机能都会发生显著变化，这种变化往往会伴随相应的外部表现，即可被直接观察到的行为特征。这些与情绪情感关联的行为特征称为"表情动作"。在舞台上，哑剧演员也正是利用表情不断地向观众传递信息，使观众在意会中理解剧情。因此我们在学习、生活、工作中，要善于观察，要依据他人的眼神、脸色、手势、动作、语调等所提供的信息，推知他人对人对事对物的态度和立场。

当然，表情要受到大脑的控制和调节，意识清醒的人都能在一定程度上随意显现各种表情，同样也能在一定程度上随意隐匿各种表情。因此，人的表情尽管能起到传递信息的作用，但表情传递的信息有时并非是主体内在体验和思想的真实反映。生活中，有的人会以"强作笑颜"、"装模作样"来表达虚假的意图。反之，有的人则会以"平静如水"、"不动声色"来掩盖和隐匿复杂的思想波动。为此，要了解他人真实的思想、情绪不能仅仅依据表情，同时应观其各种行为表现。

（3）适应环境

人通过调节自身的情绪情感，才能达到适应社会环境的要求。当今社会正处在改革开放和全球经济趋于一体化进程中，社会变化之快，人际竞争之激烈，是前所未有的。在这种背景下，人会感到有压力，会经常碰到困难，甚至因竞争失败而产生挫折感，形成种种消极的情绪情感。消极的情绪情感如长期得不到缓解，就会严重影响学习、生活、工作，更无法适应迅速变化的社会环境。所以，及时调节自身的情绪情感，排除困扰，重新建立自信、自尊，以主动姿态去从事学习、工作，参与竞争，才有利于适应社会环境。

（4）影响身心

情绪情感对人的身心有重要影响。这种影响具有两重性。积极的情绪情感会使自我感觉良好、精神振奋、身体机能协调、心态平静、舒畅，整个身心处于良好状态。消极的情绪情感则可能引起种种身心疾病。事实证明，长期紧张、焦虑会导致心脏病、胃溃疡、结肠炎、偏头痛等严重的生理疾病，以及诸如焦虑和情感症之类的心理疾病。

总之，情绪情感作为精神活动的重要组成部分，对人的影响是深刻的。这种影响既可能对人产生积极作用．也可能对人产生消极作用。因此，我们应努力保持良好、积极的情绪情感，有意识地控制和消除不良、消极的情绪情感，这样才能提高生活质量和学习、工作的效率。

7.1.2　情绪情感的分类

情绪情感是形形色色的，如何分类，至今尚无定论。《礼记·礼运》概括了"喜、怒、哀、欲、爱、恶、惧"等"七情"，中医中的七情则是指"喜、怒、忧、思、悲、恐、惊"（《素问·举痛论》）。近代关于情绪的研究，往往把快乐（喜悦）、愤怒、悲哀和恐惧列为常见的、基本的情绪形式。为了便于理解情绪情感极为复杂的内容，可以根据情绪情感的性质、状态及包含的社会内容作三种不同的分类。

补充阅读

有这样一个实验，科研人员把一个电极安装在小老鼠的大脑中，电击的连接点可刺激鼠脑产生"愉快"的情绪。电极由一个小老鼠够得着的踏板所启动。偶然之中，小老鼠踩到了踏板，体会到了一次"愉快"情绪。只要一次这样的刺激，小老鼠就变得一发不可收拾。它不停地去踩踏板，一天要踩几千次。

寻找愉快情感是一种强劲的动力，鼠如此，人更是如此。人的情感丰富复杂、时时存在，所以，人的情感对人行为的控制力更大。人的情感通过人的潜意识左右人的行为，在不知不觉中，人的潜意识总是推动人去寻找愉快的情感和避免痛苦的情感。这是情感把握行为的一个普遍规律，这个规律的发现使人类对自己的行为有了更多的理解。

人的潜意识推动人寻找愉快情感和躲避痛苦情感，这是现代心理学和行为学普遍承认的一个规律。商人和政治家能利用这个规律去影响和改变人们的行为，生活中的每个人也同样能利用这个规律来调节周围人的行为。

潜意识推动人寻找愉快情感和躲避痛苦情感是所有人的行为规律。学会应用这个规律，人会发现生活总在变，而且越变心中越满意。

——冯音捷、阎庚涵载于《读者》2004 年 20 期

1. 根据性质分类

（1）喜悦

喜悦一般是在达到期望的目的后，紧张状态解除时的情绪体验。比如，人们在旅游时达到预期目标（欣赏到优美的自然风光、参加了富有情趣的活动等），就会产生愉快的情绪体验。幽默、趣事、音乐、喜剧也可以引起喜悦。喜悦的程度取决于愿望的满足程度和满足的意外程度。喜悦感的程度，从满意、愉快、欢乐到狂喜等，有着许多不同层次的状态。

（2）愤怒

愤怒是由于妨碍目标实现而造成紧张积累所产生的情绪体验，特别是在所遇

到的挫折是不合理的或被人恶意地造成时最容易发生。比如，人们外出旅游时飞机不按时起飞、火车不正点到站等，都能引起人们的不满情绪。愤怒的程度取决于对妨碍达到目标的对象的意识程度，可以从轻微不满、生气、愠、怒、忿、激愤到大怒、暴怒。

（3）恐惧

恐惧往往是出于缺乏处理或摆脱、逃避某种可怕的情景或事物的力量和能力造成的，是企图摆脱危险情境时产生的情绪体验。引起恐惧情绪的重要因素是缺乏处理可怕情境的能力。比如，独自探险时，中途迷路或遇见可怕的情景，就会体验到恐惧。消除恐惧情绪要靠镇定和勇敢，以及战胜一切困难和危险的信念。

（4）悲哀

悲哀是失去所盼望的、所追求的东西或有价值的东西而引起的情绪体验。悲哀从遗憾、失望到难过、伤心、悲痛、哀恸，逐渐增强。悲哀的程度取决于所失去的对象和破灭的愿望对个人或社会的价值的大小（图 7.1）。

图 7.1　极度哀伤的人

资料来源：《海啸》。转引自《春城晚报》2005 年 2 月 12 日，A8

2. 根据程度分类

（1）心境

心境是一种比较微弱、平静而持续一定时间的情绪体验。某种心境在某一段时间内影响着一个人的全部生活，使人的语言、行动及全部情绪，都染上了这种心境的色彩。一个人在愉快、喜悦的心境中，仿佛一切都染上了"快乐的色彩"，看什么都那么顺眼，对一切都感到是满意的；而处在忧愁悲伤心境中的人，就表现得无所不悲，仿佛一切都染上了"忧伤的色彩"。心境具有微弱性、弥散性和持久性的特点。微弱性是指心境与其他情绪状态相比，强度小而平静。例如，一位旅游工作者在陪团中与游客产生矛盾，产生不良心境，他不会和游客发生冲突，只是有些快快不快，旅行照常进行。弥散性是指心境一经产生，便会扩散到人对其他事物的态度上去，使其他体验和活动都染上情绪的色彩。"感时花溅泪，恨别鸟惊心"，就是这个道理。持久性是指心境具有在时间上持续的特点。

心境的微弱性、弥散性和持久性，与个人自身的气质、性格等有一定关系。在生活中会不同程度地遇到许多问题，同样的事对有的人影响小，对有的人影响则比较大。心境与问题发生的程度有关，一般地说，较重大的事情引起的心境弥散广，持续时间长。

心境可以分为暂时心境和主导心境两种。暂时心境是由当前的情绪产生的，例如，人们欣赏美景时会产生畅快的心境，而且这种心境还会持续一段时间，但不会很长，随着其他情境和事物的出现，这种心境就会逐渐消失。主导心境则是由人的早期经验所造成的，具有独特性和稳定性，决定着一个人的基本情绪面貌。具有良好主导心境的人，乐观，有生气，容易和别人产生交往。相反，一个具有不良主导心境的人，就会经常表现为失望、忧愁和情绪消沉。但对于主导心境不好的人，更需要他人的谅解、关心和帮助。

心境产生的原因是多种多样的。个人生活中的重大事件、事业的成败、工作的顺利与否、人际关系的好坏等都能引起某种心境。此外，有机体的健康程度，气候、季节的变化等自然界的事物也会影响一个人的心境。

（2）激情

激情是一种短暂的、强而有力、迅速爆发的情绪体验，例如狂喜、暴怒、绝望等。激情发生时伴有内部器官的强烈变化和明显的表情动作，如愤怒时，紧捏拳头，全身蓄势待发；恐惧时，毛骨悚然，面如土色；狂喜时，手舞足蹈，欢呼雀跃。激情通常是由对人具有重大意义的事件或过度的抑制和兴奋所引起。

激情有积极和消极之分。积极的激情与理智和坚强的意志相联系，它能激励人们克服艰险，成为正确行动的巨大动力。如运动员参加国际性比赛时，夺取胜利，为国争光，就是激励他们的力量源泉。而消极的激情对有机体活动具有抑制作用，使人的自制力显著降低，对机体有害，或不符合社会要求。激情的意义由它的社会价值决定。

（3）应激

应激是指人们受到意外的刺激所引起的高度紧张的情绪状态，是生活和工作中较为常见的情绪状态之一。应激具有偶发性和紧张性的特点。偶发性是指应激是由突如其来的或意识不到的事件所引起。紧张性是指人们在应激状况下，必须立即作出决策，并调动全部力量以应付突变。

在应激状态下，人的身心都会极度紧张，但人们所表现出的行为却各有所异，主要取决于人的个性特征以及行为经验。一般有两种表现：一种是被突然发生的事惊呆了，整个身心被高度紧张所笼罩，呼吸加深，心率加快，显得手足无措，语无伦次，找不出适当的解决方法；另一种是在突然发生的情况下，头脑清醒，忙而不乱，急中生智，行动果断。

3．根据社会内容的性质分类

（1）道德感

道德感是人们根据一定的道德标准，评价自己和别人的言行、思想、意图时产生的情感体验。道德感是对客观对象与一个人所掌握的道德标准之间关系的心理体验，当思想行为符合这些标准时，就产生肯定的情感体验，感到满意、愉快；反之，则痛苦不安。道德感取决于复杂的情感对象是否符合我们的道德信条，它具有一定的稳定性。

道德感按其形式可分为三种。

1）直觉的情绪体验。由某种情境的感知直接引起的道德感。如做了错事马上感到不安或羞愧，见到社会上的不良现象立刻激起义愤或马上采取行动。

2）与具体的道德形象联系的情绪体验。这是由对于道德典范人物或事迹的想像而引起的道德感。

3）意识到道德理论的情绪体验。对社会上的道德准则在有深刻的概括的认识基础上产生的道德感。这类道德感比较深刻持久，在生活中往往能成为人们行动的强大的内部动力。如爱国主义情操引发的"生命诚可贵，爱情价更高，若为自由故，两者皆可抛"的行为。

（2）理智感

理智感是由客观事物间的关系是否符合自己所相信的客观规律所引起的。出乎自己所相信的客观规律之外的事物，就会感到困惑不解，甚至痛苦。人在认识过程中有新的发现，会产生愉快和喜悦的情感；在不能做判断而犹豫不决时，会产生疑惑感；在科学研究中发现未知的现象时，会产生怀疑感或惊讶感；在解决了某个问题后认为依据充分时，会产生确信感，等等，这些情感都属于理智感。

理智感是在认识事物的过程中产生和发展起来的，它是认识活动的一种动力。热爱真理、追求真理，是发展认识和科学研究的重要条件之一。所以，当一个人的科学活动与深刻的理智相联系时，往往会在科学上获得很大的成就。

（3）美感

美感是对客观现实及其在艺术中的反映进行鉴赏或评价时所产生的情感体验。美感的对象包括自然界的事物和现象、社会生活和社会现象以及各种艺术活动和艺术品。对象的外在形式的特点、对象的内容以及人的主观条件会对美感产生影响，体现出不同的审美标准和对美的鉴赏能力。美感还与人的道德感、理智感有密切关系。

旅游是一种综合性的审美活动，它集自然美、社会美、艺术美于一身，能极大地满足人们的审美需求。虽然旅游者由于文化背景、社会地位、生活阅历等存在着很大的差异，但审美动机始终贯穿在旅游活动的全过程之中。

美感的体验有两个特点：一是具有愉悦的体验；二是带有倾向性的体验。因此，对美的事物往往百看不厌，百听不烦，有的甚至达到如醉如痴的程度。对美的强烈追求，往往也成为人们生活中的一种动力。

7.1.3　詹姆士—兰格的情绪理论

在情绪状态时，有机体会发生一系列变化，根据这一事实，美国心理学家威廉·詹姆士（William James，1884）和丹麦生理学家卡尔·兰格（Karl Lange，1885）各自独立地提出了观点基本相同的学说，后来人们把二者合在一起称为詹姆士—兰格情绪学说。

詹姆士认为情绪就是人对自己身体变化的感知觉。他说："我们一感觉到激动，立刻就引起身体上的变化；在这些变化出现的时候，我们对这些变化的感觉，就是情绪。"正如他的结论所说的，情绪只是对身体状态的感觉；它的原因纯粹是身体的。

兰格认为情绪是一种内脏反应。他以饮酒和药物的作用为例，说明这些因素之所以引起人们的情绪变化，是因为酒精和药物影响了血管系统活动的结果。他认为，血管扩张的结果产生愉快情绪，血管收缩和器官痉挛的结果产生恐怖情绪。兰格说："假如把恐惧的人的身体的症状去除，让他的脉搏平稳，眼光坚定，脸色正常，语气有力，思想清晰，那么，他还有什么恐惧了？"在兰格看来，情绪就是对机体内部和外部变化的意识。

詹姆士和兰格都把产生情绪的原因归结于外周性的变化，指出了生理变化对情绪的反作用，同时促进了人们对情绪的实验研究。

补充阅读

这里讲讲有关情绪心理实验的小例子。

有两位英国心理学家设计了一个实验，在一定程度上支持了兰格的观点。他们设计了三个温度不等的房间：一个是"热室"，使人感到浑身不舒服；第二个房间为"正常气温室"，第三个房间为"冷室"。将自愿受试者分别安置在三个房间中，然后对他们提出一系列问题，并要求他们以书面形式回答。当受试者回答完问题后，由一个十分"挑剔"的主考人，通过一扇大窗对他们的答案做出带有侮辱性的、讽刺性的评价。每个房间还装有一个按动电钮。受试者被告之：若按电钮，"主考人"就会尝到电击的痛苦，以此可对"主考人"惩罚。实际上电钮只接连一只录有惨叫声的录音机。结果，第一个房间"热室"的人不停地按电钮，甚至不管"主考人"的话是好还是坏；第三个房间"冷室"的人，只对"主考人"评语中说到他认为"不公正"或"使人恼怒"的话才按电钮；第二个房间"正常气温室"的人，却没有进行任何报复行为。由此，两位心理学家认为，人的情绪与所处环境的气温有关。这个实验表明，人的情绪受其生理状态的影响，如果人生理上痛苦，则容易产生消极情绪。生理状况是否正常是情绪正常的一个前提条件。

另外，美国心理学家阿诺德（Arnold）在 20 世纪 50 年代提出：情绪与个体对客观事物的评估相联系。她给情绪下的定义是：情绪是趋向知觉为有益的，而离开知觉为有害的东西的一种体验的倾向，这种体验的倾向被一种相应的接近或退避的生理变化模式所伴随。这种模式在不同的情绪中是不同的。很明显，她强调了来自外界环境的影响，要经过人的评价与估量才产生情绪，这种评价与估量是在大脑皮层上产生的。情绪是由这种评价和估量所引起的。例如，在森林里看到一只猛兽，必然引起人的恐惧，而在动物园里看到一只关在笼子里的猛兽则并不引起恐惧。之所以有这样的区别，关键在于人们对当时情景的估计不同。

7.2　旅游者的情绪情感与旅游行为

在旅游服务工作过程中，我们经常能听到旅游工作者这样说："我也想微笑服务，可就是笑不起来，我有什么办法？""碰到这样的客人，你说你能热情得起来吗？""客人不尊重我，你说我能尊重他吗？"旅游企业的管理人员同样抱怨："现在的旅游工作者，不知怎么搞的，老是跟顾客吵架，真拿他们没办法！"似乎，人们面对自己的情绪状态，就是那样的无可奈何。

7.2.1　旅游者的情感需要

需要是有机体对延续和发展它的生命所必需的客观条件的需求的反映。对于人来说，它在主观上通常以愿望、意向的形式而被人所体验。人对客观事物采取怎样的态度，要以某事物是否满足人的需要为中介；客观事物对人的意义，也往往与它是否满足人的需要有关。同人的需要毫无关系的事物，人对它是无所谓情感的；只有那种与人的需要有关的事物，才能引起人的情绪和情感。而且，以人的需要是否获得满足，情绪和情感具有肯定或否定的性质。凡能满足人的需要的事物，会引起肯定性质的体验，如快乐、满意、爱等；凡不能满足人的渴求的事物，或与人的意向相违背的事物，则会引起否定性质的体验，如愤怨、憎恨等。情绪和情感的独特性质正是由这些需要、渴求或意向所决定的。

旅游活动中旅游者的需要是多层次、综合性的。主要表现为因多种旅游动机而产生的形式多种多样的旅游活动，如休闲度假、游览观光、消遣娱乐、疗养保健、求知探险、商务会议等。各类需求的满足能够实现旅游的目的，使旅游者的身心得到享受，产生愉悦的心情。同时良好的情绪又能够推动和谐愉快的旅游活动。我们知道，旅游活动离不开食、住、行、游、购、娱六大要素，具有明显的异地性、享受性、综合性、群众性和社会性的特征，是人们为了追求物质上和精神上的享受，是一种新型的高级消费形式。旅游已成为一种涉及科学、文化、教育、经济、政治、外交等各个领域的、范围广阔的社会活动，旅游已经成为一种积极的、健康的、内容十分丰富的社会交往方式，成为现代社会生活的一个重要组成部分。

正因为旅游活动涉及面广泛，包含了人们多种多样的需要，有低层次的生理的、天然的需要，有高层次的社会的需要；有对物质的需要，有对精神的需要，所以应该特别重视旅游者需求的满足，注意他们的情绪变化，把握其行为与情绪之间的互动关系才能做好旅游服务工作。

7.2.2　旅游者情绪的特征

旅游者在旅游活动过程中的情绪，正如日本学者前田勇所述，是处于一种"所谓解放感和紧张感两种完全相反的心理状态的同时高涨"，其表现特征如下。

1. 兴奋性

外出旅游对旅游者来说带来了一系列的改变：环境的改变，生活圈子的改变，人际关系的改变，生活习惯的改变，社会角色的改变，需求愿望的综合性调整等。无论是兴趣所致，还是由于心情的紧张，旅游者的情绪表现出一种因新奇而兴奋的状态。

2. 易变性

情绪是因旅游者周围环境的刺激而发生变化的。面对丰富多样的刺激源，旅游者的情绪处于一种不稳定的易变状态。如某旅游者在北京游览时，气候宜人、风景如画，当他怀着满足而喜悦的心情，于当天乘坐飞机飞往有四季如春美誉的昆明继续旅游时，不巧遇上阴雨绵绵的天气。前后两种不同的景况，使其情感体验出现对立的反差，这时必然引起旅游者情绪的波动变化。

3. 敏感性

旅游者情绪的敏感特征，表现在他们在旅游活动过程中对相关的情况不能把握，自身是处于一种不断变动的活动中，他们的情绪也相应地呈现出不稳定状态。这是因为大差异的时空跨度、生活环境、人际关系，给旅游者带来了生理上和心理上的强度刺激后，产生的应急状态前的紧张反应。

4. 多虑性

处于不同地域，不同民族，不同国家的风俗民情、生活习惯的差异，既给旅游者带来了新奇的刺激，同时也产生了一定程度的不适应感，如某些地区的民族饮食习惯、风土人情等方面的差异，会使游客体验到差异而出现不适应感；出于自然环境的差异，也会使游客产生生理的和心理的不适应感而导致多虑的情绪。

5. 即时性

旅游活动、特别是观光游览型的旅游活动，通常是一种速变、临时、短暂的行为活动。随着场景的变化，活动内容的交迭，当然也包括旅游团队群体的人际关系的互动和旅游者个体自身的因素，游客的情绪反应表现出因时、因地的即时性特征。刺激源的流动和事过境迁的转换，决定了旅游者因景、情、事而产生的即时情绪的条件依据。

7.2.3　情绪情感与旅游行为

1. 影响旅游者情绪情感的因素

旅游者在旅游活动中所接触到的一切，都会引起情绪和情感的变化。具体说来，影响旅游者情感的因素主要有以下几个方面：

（1）需要是否得到满足

如果旅游能够满足人们的需要，旅游者就会产生积极肯定的情绪，如高兴、喜欢、满意等。如果旅游者的需要得不到满足，就会产生否定的、消极的情绪，如不满、失望等。

（2）活动是否顺利

在整个旅游过程中如果一切活动顺利，旅游者就会产生愉快、满意、轻松等情绪体验；如果活动不顺利，旅途或游览过程中出现这样或那样的差错，旅游者就会产生不愉快、紧张、焦虑等情绪。

（3）客观条件

客观条件是一种外在刺激，它引起人的知觉从而产生情绪、情感体验。旅游活动中的客观条件包括游览地的旅游资源、活动项目、接待设施、社会环境、交通、通讯等状况，除此之外，地理位置、气候条件等也是影响旅游者情绪的客观条件。

（4）团体状况和人际关系

旅游者所在的旅游团队的团体状况和团体内部的人际关系也能对旅游者的情绪产生影响。一个团体中成员之间心理相容，互相信任，团结和谐，就会使人心情舒畅，情绪积极。如果互不信任，互相戒备，则会随时都处在不安全的情绪之中。

（5）身体状况

旅游活动需要一定的体力和精力作保证。身体健康、精力旺盛，是产生愉快情绪的原因之一。身体健康欠佳或过劳，则容易产生不良情绪。

2. 旅游者活动层次与心理满足

旅游者的活动可以分为三个层次：一是基本层次。旅游活动最基本的层次是游览观光，也可以说是景观旅游。二是提高层次。主要为娱乐旅游和购物旅游；娱乐和旅游是有一定相容性的不同概念，虽然以观光为基础，但实际上是以娱乐为主的。三是专门层次。包括各种科学考察、探险、商务、休养、文化等类型。不同旅游目的的旅游行为层次是各有侧重的，而不同的旅游行为层次又是可以同时并存的。较高层次的旅游行为，并不一定要在较低旅游行为层次的优势出现之后才出现。但一般讲，较高层次的旅游行为的出现，是在较低层次的活动行为出现之后。各种层次上的旅游活动，能够给旅游者带来不同程度的需求满足。如享受需要的满足，友爱需要的满足，自尊需要的满足，获得需要的满足，理解需要的满足，表现需要的满足等。旅游者得到各种需求的满足，就会产生积极愉悦的情绪，体验到一种自我肯定的情感。

3. 情绪情感对旅游者行为的影响

旅游者的行为受到情绪的影响，一般可以从以下三个方面来看：

（1）对旅游者动机的影响

喜欢、愉快等情绪可以增加人们活动的动机，增加做出选择决定的可能；消极的情绪会削弱人们从事活动的动机。

情绪认知论认为，情绪取决于人们对其所处情境的评价和认知，决定着采取的行为。在旅游活动中旅游者对知觉和记忆进行有关信息的选择和加工，情绪和情感像是一种侦察机构、监视着信息的流动，它能促进或阻止工作记忆、推理操作和问题解决，这是因为情绪既是一种客观表现、又是一种主观体验。情感体验所构成的恒常心理背景或一时的心理状态，都对当前进行的信息加工起组织与协调的作用。按情绪的适应性而言，它帮助人选择信息与环境相适应，并驾驭行为去改变环境。

（2）对活动效率的影响

旅游者的行为在一般活动中大致可以分为积极的和消极的两种性质的行为。当旅游者处于良好的心情时，他的行为表现是积极的、主动的，他对一切旅游活动都表现出积极参与的行为，主动表现自我，服从安排，乐于助人，对活动表现出饱满的兴趣和热情；情绪不好时，则表现出与之相反的消极行为。人的一切活动，都需要积极、适宜的情绪状态，才能取得最大的活动效率。

（3）对人际关系和心理气氛的影响

情绪是人类社会生活和人际交往中不可缺少的一个重要环节。人类社会交往的存在和维持，从心理学角度而言，首先是语言交际的存在。同样，情绪的作用也不亚于语言。情绪通过表情的渠道达到人们互相了解，彼此共鸣；它为人们建立相互依恋的纽带，培植友谊，以十分微妙的表情动作传递着交际信息。表情帮助人去辨认当时所处的十分明确的环境和对方的态度，从而产生与这种交际场合相适应的行动。感情交流使人产生同情，互相受到感染，甚至使人互相接近和依恋。人与社会之间和人与人之间的关系都可以通过情绪反映出来，诸如爱和恨、快乐和悲伤、期望和失望、羡慕和嫉妒等，它们和语言一起或其单独本身调节着人际行为。旅游活动是一项重要的社会交往活动，其中协调良好的人际关系十分重要。旅游工作者应该细心观察旅游者的情绪变化，并利用情绪对旅游者行为的影响作用，主动引导他们的情绪向积极方向发展，协调旅游者与各方面的人际关系，创设良好的心理气氛，达到旅游服务的最佳境界。

7.3 旅游服务与旅游者情绪情感

旅游活动对旅游者来说是追求需要满足的过程。在这一过程当中，旅游者的需求得到的满足程度越高，旅游者的情感体验就愈加美好，情绪表现就更加积极健康，旅游者行为也就能保持一种佳境状态。而实现上述目的，又取决于旅游环境的质量和旅游过程的管理安排，以及旅游服务的优劣。

7.3.1 旅游服务的内容和特点

旅游服务是为满足旅游者的需求而提供的一切劳务活动。这里所说的劳务活动包括直接的、间接的面对旅游者的服务；包括有形的物质条件和无形的精神内容；以及物化于各类设施中的服务或被旅游工作者注入生命力，显示出活性的旅游资源。从整体上来认识旅游业的服务，它应该是"有形"和"无形"的结合。旅游业提供的服务不仅依靠"有形"的物质条件，同时，它必须通过人际交往和精神文明的这些"无形"的心理情感因素等服务手段来满足旅游者的需求。

旅游者在旅游过程中对物质和精神的需求，决定了旅游服务内容包括着物质性内容和精神性内容两大类，物质性的服务一般指保质保量的物质产品，科学的服务规格和程序，娴熟的业务知识和服务技能，周到的服务项目等。精神性的服务主要有服务意识、服务态度、服务效率和旅游工作者的仪表美等。旅游业的这种服务性特征，也被理解为"情绪型行业"。旅游业的服务不仅促进了社会物质文明建设，而且在传播精神文明和沟通人际关系、调节人们情绪、创造和提供精神财富等方面起积极的作用。

旅游服务的特点从宏观的角度来看，又有综合性、多样性、高品质性的特点，即旅游服务是多行业服务的组合体；旅游服务的环节多、旅游的过程长、旅游服务的项目多、对旅游服务质量要求高。从旅游服务的过程分析大致可归纳为以下几方面的特点。

1）服务对象的直接性。旅游工作者以劳务的方式直接面对面地给旅游者提供服务，满足他们的需要。在服务过程中，旅游工作者的举止、仪态、态度、情绪、语言等都直接展示在对方的面前，旅游者直接以此评价服务质量。

2）产品的时效性。旅游服务过程中，旅游工作者与旅游者之间发生的产品（服务）生产、交换、消费过程是同时进行的。旅游者的需要表现为定时定量的时效性，旅游工作者提供的产品（服务）可能瞬间即逝，因此要求服务质量高，一旦在服务时出现差错是不可挽回的，错过时机也就无价值了。

3）服务内容的感受性。旅游者在旅游过程中有社交、尊重、审美和自我发展等高层次的精神需求。为此，旅游服务不仅向旅游者提供物质性的需求，实际上旅游者在接受服务时，需要物质上的享受和精神上的感受同时存在，从这个意义上讲，旅游服务是一种高情感的活动。精神上的需求、情感的需要、审美的追求，都具有强烈的情感因素。旅游工作者在举止、仪态、态度、作风、语言等方面的情感情绪的反应，直接影响着旅游者的精神感受。

4）质量评价情感性。旅游者对服务的要求比较重视感受，带有较大的个人主观性。由于旅游工作者的气质、服务技巧和情绪等多种因素的影响，服务质量有较大的可变性，难以恒定维持一致。再者，旅游者不可能先让服务员演示一遍整个操作过程，然后再购买服务，只能在服务与消费同时结束后才能评价是否"物有所值"。加之，旅游服务的精神性内容一般是无形的，所以对其质量的衡量大多是定性的，并无十分准确精密的尺度。

5）服务价值的不可储存性。旅游设施，如空间、环境等都是不能储存、不能搬运的。在某一时间内不能销售出去，其价值便随时间而消失；人的情感，包括举止、仪态、态度、语言等，在与旅游者的短暂接触时也是不能储存的。

从旅游服务的内容与特点中我们可以看出，旅游服务属于直接与人接触的商业性质的服务，旅游工作者与旅游者之间存在着一种特殊形式的商品交换，这种交换是在旅游服务过程中进行的人际情感交流。

7.3.2　旅游活动中的旅游者情绪分析

1. 旅游过程情绪与旅游者个性情绪

旅游者的情绪可分为旅游过程情绪和旅游者个性情绪。旅游情绪是旅游者在旅游过程中各个特定阶段普遍出现的情绪。如旅游者在旅游准备阶段心理活动十分复杂和活跃，向往和盼望、好奇和激动交织在一起，情绪表现为一种兴奋、亢进的状态。在旅途中，交通安全、畅达、舒适而不单调等问题是旅游者特别关心的方面，如果出于长途旅行产生的生理和心理上的不适，就会引起烦躁的情绪。当旅游者刚抵达某游览地时，陌生、新奇、人地生疏等心理状态也会产生不安、紧张的情绪。而在游览过程中，旅游者的心理活动与行为都非常活跃，常常表现出一种激动和兴奋的情绪。旅游结束阶段，念友、思归等心理情感往往表现出敏感、易变的情绪特征。

旅游者个性情绪则是具有旅游者个性特征的情绪。旅游者个性情绪是以个体的情感特征为基础的，反映出个人所属国家、地区、民族、阶层、职业等的差异性。旅游者个性情绪表现为，当在同样的旅游情境刺激下，不同个性的旅游者反映的强度、情绪波动和表露的程度有所不同。一个敏感的旅游者对外界刺激的反映就迅速、激烈些；个性沉稳的旅游者对外界刺激的反映就迟缓、温和些。个性不同的旅游者的情绪表征也就显出差异。

2. 情绪分析和服务策略

（1）情绪识别

当人处于某种情绪状态时，身体上发生着各种变化，因而可以通过这种情绪反应观察旅游者的情绪。

1）表情动作是情绪的外显形式。情绪的表情动作是指与情绪状态相联系的身体各部分的动作变化。面部的表情动作称为面部表情，身体各部分的姿态称为身段表情，情绪性的言语声调、音色等的表现称为言语表情。这些表情动作是处于情绪状态时机体变化的外部表现，它是与机体的内部变化密切联系着的。在面部表情和身段表情之外，言语本身是人类所特有的表达情绪的手段。言语的语音、声调、节奏、速度等都是表情手段，与面部表情和身体表情一起，成为辅助言语交际的工具。舞蹈家、戏剧家及演员是最善于学习和运用表情动作的。心理学家利用演员的表情的典型表现作过许多研究，把演员的面部表情的照片做出标记，用来辨认各种情绪表现。因此，表情也是测量情绪的客观指标之一。

2）情绪的表情动作具有表情的自然形式和后天习得性。在人类的原始时期，表情动作绝非有意地用以传达情绪，而只是对有机体有适应价值；例如，嘴角下歪可能导源于啼哭时的面型，其功能在于困难中求援，是在求援行为中遗传下来的生理解剖痕迹，后来就成为不快乐的自然而普遍的表情。又如呕吐时的面部肌肉动作与厌恶情绪的表情十分相似。这些都说明表情有其生物学根源，许多基本的情绪如喜怒悲惧的原始表情是通见于全人类的。

在人类社会历史发展过程中，情绪所反映的内容也发生了根本变化，人的情绪大大丰富和复杂化起来。反映历史遗迹的表情还是定型地发生，但已具有后天习得的性质。习得的表情可能掩蔽表情的自然形式，使其受到明显的文化和社会交际的影响。随着人类社会生活和文化生活的发展和丰富，许多原来具有适应含义的表情动作获得了新的社会机能，成为社会通行的交际手段，用来表达思想和感情，人类的表情动作变成了独特的"情绪语言"，使人的言语表达更为生动有力，成为辅助言语交际的有力工具。

3）情绪动作的外部表现。情绪的发生往往影响到身体的内部与外部的某些变化，这些外部变化反映出某种情绪的发生，情绪的外部表现主要有三种：

①情绪引起内脏器官的生理变化。情绪能引起生理器官的一系列变化，主要表现在血液循环系统和呼吸系统的变化。例如，恐惧时面色苍白，羞愧时面红耳赤，愤怒时呼吸加快，极端发愁时呼吸缓慢，激动时热泪盈眶，悲伤时痛哭流涕，高度紧张时汗流浃背。②面部表情和姿势变化。欢乐时手舞足蹈，失望时垂头丧气，愤怒时横眉竖眼，仇恨时咬牙切齿。外部表现有时比语言更能表达情绪。在面部表情中，眼部最能传神，如眉开眼笑，暗送秋波等。许多情绪，如喜、怒、轻视、讥讽等，嘴部肌肉伴随着明显的反应。如悲哀时口角向下拉，笑时口角向

后并略微向上牵伸，嘴张开。一个人如果不特别掩饰，可以从他的面部表情和姿势变化大致看出他的情绪。③ 表现在声调和音色中。所谓说话听声、锣鼓听音就是这个意思，不同的情绪发生的音调就不相同，音调高低、音色亮暗、声音大小、语气长短、语速快慢等，都能反映出不同的情绪。欢喜时引吭高歌，悲哀时如怨如诉，愤怒时激扬文字，爱恋时缠绵软语。

表 7.1 所列是国外学者对旅游活动中的旅游者情绪反应的线索、含义的研究结果，这一研究对旅游工作者在进行旅游服务时可以提供针对性的服务。

表 7.1　日常旅游活动中的情绪反应

类　别	线　索	含　义
客人用语	请您……	自然、随和、令人愉快的、高兴的
	我想要……	清楚明确的期望，可能是愉快的或要求很高
	我需要……	同上
	我说的是……	困难的、要求很高
	我听到的不是如此！	不耐烦、沮丧、争议、气愤
语调	低、慢	自然、随和、高兴、疲倦
	欢欣的	高兴、愉快
	讽刺的	不耐烦、不高兴、找麻烦的
	强烈的	要求很高
仪表	仪表整洁	体面、令人愉快、有较高期望
	运动服	可能在度假、随便、轻松愉快
	领带纠结	疲倦、不舒服
	西装多皱	不在意的、粗心的
身体语言	挺立	坦率、直爽、不说废话
	弯腰驼背	疲倦、被冒犯、不耐烦、不高兴
	膝盖晃动	不耐烦
	手指关节作响	不耐烦
	走路迅速	热情、要求很高
	说话或倾听时扬眉毛	不喜欢或不相信对方
	踱步	闲散、不慌不忙、随和
	歪头倾听	集中注意力、感兴趣的

（2）旅游活动中的情绪状态分析

此假设将人的心理状态划分为两个维度，即积极性和情绪性，并设定可测量人的积极性和情绪性的单位，该人积极，情绪高涨用正数表示，消极、情绪低落用负数表示。将这一假设画成坐标，如图 7.2 所示。

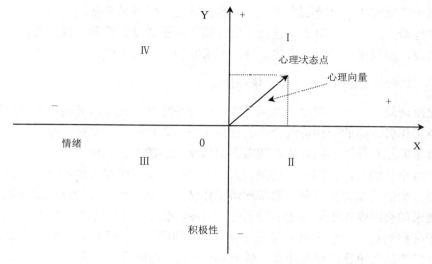

图 7.2　情绪状态分析图

X 轴代表情绪，Y 轴代表积极性。每个人情绪和积极性的不同数值都能在图 7.1 中找到，并合成一个交叉点，这个点表示人的心理状态。从图中可以看出，坐标系所划分出的四个自然区域恰好可以把人的心理状态分为四种类型。Ⅰ区表示该人的情绪很好，积极性很高。在这种状态下人显得轻松愉快，活跃好动，容易接纳他人、易于接近。Ⅱ区表明该人情绪很好，但积极性不高。这时候人一般比较沉静、自得其乐，有种沉浸其中的感觉。Ⅲ区表明此人情绪不好，积极性也不高。这时人看起来意志消沉、心灰意懒，有种暴风雨过后还没缓过劲来的感觉。Ⅳ区的人情绪不好而积极性却很高。此类人可能刚刚遭遇挫折，内在冲突焦虑愤懑无从发泄，此时他最易寻衅滋事与他人发生冲突。从客我交往角度看，只有客我双方心理状态向量的合力落在Ⅰ区才是最佳结果。就是说服务人员必须永远把自己的心理状态点调整到Ⅰ区，然后视客人的情况采取相应的服务行为，以期双方的交往产生好的结果。

（3）旅游服务活动营销策略

1）处于Ⅰ区的客人最易于交往，它和同样处于Ⅰ区的服务员交往的结果只能是好的。

2）如果客人处在Ⅱ区，即客人情绪不错，但积极性不高，此时服务员就大有用武之地了，要想办法感染他、影响他，把客人的积极性提高上来，从而促进消费。

3）如果客人心理状态处在Ⅲ区，难度是最大的。这种客人情绪和积极性都处于低潮，作为旅游工作者要想把这两方面全面扭转过来，通常是办不到的。这种情况下要首先设法调动客人的情绪，然后再调动其积极性。

4）客人心理状态处于Ⅳ区是最危险的，这类客人情绪很坏，但积极性却很高，属于气急败坏、寻衅滋事者。此时的策略是，服务员根据经验应迅速判断出这类"危险"的客人，提供迅速而谨慎的服务，不要过分殷勤，也不要试图引导其多消费，应以避免冲突为最佳选择，不求有功、但求无过。

3. 情绪的感染性与旅游者心理补偿

旅游活动是一种高密度、高频率的人际交往活动，旅游服务是体现在旅游者与旅游工作者之间的一种协调合作的社会关系。人们的这种交往，既是信息的交流和对象的相互作用，同时还伴随着人们情绪状态的交换。旅游者是有感情、有自尊、有个性的人，必然产生渴望有人与人之间的良好情绪接触和建立友谊交际的需要，他们希望得到尊重，要求旅游工作者提供物质性和精神性的优质服务。这一要求的合理性在于旅游业的特点——服务。旅游服务的情感、情绪含量极高，以至于被称为是"情绪行业"。旅游者是用货币购买了"服务"这个特殊商品的客人，他们的社会角色决定其处在"至上"的位置，理应受到尊重，使其获得尊敬、声望、地位等多方面的情感满足，获得愉悦情绪的享受。"物有所值"是他们关心的，而人格受到尊重、权利得到承认更是他们关心的。旅游者在旅游活动中的情感体验和情绪变化，既是服务质量的反映，又是旅游者评价旅游服务的主观尺度。因此，服务的标准就必须定在满足旅游者对物质和精神需求两个方面，并以旅游者情绪的愉悦程度为衡量优质服务的重要参考值。

旅游工作者的良好情绪是服务的重要内容，又是旅游者积极情绪的主要诱导因素。情绪的感染性在旅游者与旅游工作者之间的交往中更为突出。旅游者外出旅游的动机是多种多样的，但都会抱着一个要求满足自身需求的愿望，这是共同的、一致的心态基础，旅游者在旅游全过程各个阶段都会表现出不同的心理特征和行为举止，这也反映出游客不同阶段的需求高峰；来自不同国家、地区、民族、或所处地位、工作职业等各种层次、类型的旅游者也会在兴趣爱好上反映出他们的需求方向。旅游工作者应该有针对性地、适时地为旅游者提供物质性和精神性的服务，满足旅游者的需要。当然，旅游者的需求愿望与实际可能满足的现实之间会存在着差距，产生的原因有来自多方面的因素，或许是旅游者过度的期望值，或许是促销的宣传广告与实际情况差距过大，或许是旅游观光地出现的负面效应冲击了正面效应，如此等，使得旅游者增强了补偿心理，因此对精神性服务要求会更高更严。如果旅游者合理的需求得不到满足，就会产生否定的情感，表现出急躁、不满等情绪。由于旅游过程所具有的多样性、流动性、迁移性、易变性等特点，从而导致游客的情感体验的多样化和情绪的不稳定状态。因此，旅游服务工作就须坚持针对性、补偿性以及超常服务的特殊要求。

4. 情绪冲突

（1）情绪冲突概述

冲突是指个人或群体之间不相容而导致的对立形势。发生冲突的原因可能因为目标、思想或感情的对立；冲突的主体可能是同一组织或不同组织的个人或群体，也可能是不同的组织或同时面临两个互不相容的目标抉择的个体本身。

旅游活动中的情绪冲突是指不愉快情绪的激化。情绪冲突会引发双方直接针对对方的互动行为，导致矛盾的表面化和激化。旅游活动过程中，一旦发生冲突，很难分清双方的冲突责任，双方都是肇事者，同时又都是受害者。就旅游服务工作的性质而言，情绪冲突会给旅游业带来更大的损害。

传统观念认为情绪冲突是有弊无利的，应予消除。现代组织观念则认为，有些情绪冲突只要处理和引导得当，可以带来有利的后果。旅游活动中的情绪冲突是多原因的。客我双方因文化背景不同的无意中相互冒犯；个人利益受到损害或得不到满足或可能受到一定的威胁；基于成见、偏见所产生的歧视或不尊重等，都会造成情绪冲突。当发生情绪冲突时，首先要认识到情绪冲突的性质。只有双方的利益都受到损害时才是真正的冲突，因为客我双方不理解或心理上的不和而导致的误会与此性质截然不同。认识到这一点，不仅有利于我们采取针对性措施解决冲突，而且对于避免冲突的不断升级也是很有帮助的。

（2）情绪冲突的处理

1）情绪冲突的心理分析。旅游活动中存在着众多导致情绪冲突的潜在心理原因，一旦有了冲突的"导火线"，情绪冲突就会出现。弗洛伊德的错误心理学观点认为人存在着潜在的侵略意识，并想寻找机会表现出来，对资源的争夺、对权利的追逐、对利益的趋向等都是引发冲突的心理根源。旅游者由于脱离了原有社会规范的约束，长期压抑的潜在意识更容易显现出来，言行中对自己价值观念和利益的维护就更明显；旅游服务工作者由于不能深刻认识自身的工作性质，加之长期与不同心理的旅游者打交道，原来受压抑的侵略本性有时也会突发。

2）解决冲突的模式。由于旅游活动中情绪冲突更多地集中在人际交往上，因此，托马斯（Thomas）提出的解决人际冲突的两维空间模式能更好地指导我们处理情绪冲突。

图 7.3 中，5 种处理方式是根据它们在关心自我和他人利益这两个维度来确定的。其中，对自我的关心存在坚持和非坚持两极；对他人的关心可分为合作和不合作两极。最后得出 5 种处理人际冲突的方式：

① 逃避型：试图置身冲突之外，不愿加入是非之争，或保持中立。

② 屈服型：愿意满足对方利益而对自身利益不甚坚持，息事宁人。

③ 协作型：建设性地解决冲突问题，最大限度地满足双方的利益。

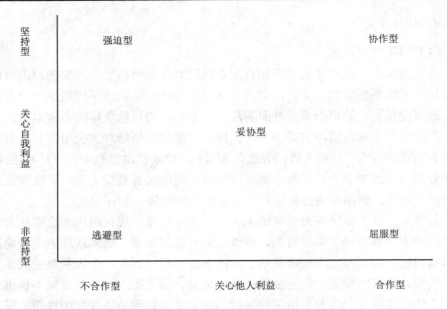

图 7.3　人际冲突的处理方式

④ 强迫型：试图实现自身的利益而无视旁人的利益。

⑤ 妥协型：强调"求同存异"，包含协商谈判和一系列的让步。

托马斯认为，解决冲突必须注意人与人之间的沟通技巧，并恰当地安排解决问题的程序，共同谋求建设性的解决方案。

3）消除冲突的一般策略。旅游活动情绪冲突一旦发生，就要采取恰当手段来处理，因为处理不及时或不得当，又会造成进一步的冲突，给旅游工作带来严重危害。消解冲突一般有三种策略：

① 第三者的调解。情绪冲突产生后，要认清问题的不同性质。由于价值观念或者是误会而产生的冲突，可以由第三方介入调解。第三方的介入可以打破冲突双方的互动过程，避免情绪的激化。介入冲突的第三方必须能够使冲突的双方与自己产生互动，因此，应该具备一定的权威性或信服度。

② 使冲突双方脱离接触。当情绪冲突难以当面调节时，为了避免冲突双方继续产生互动，导致进一步冲突，就可以使冲突双方脱离接触，切断互动过程。对于发生冲突的旅游者，要劝说客人到宁静、舒适和与外界隔离的地方去说明问题，如办公室，以避免顾客投诉的激烈情绪与批评在公共场合的传播；而对旅游工作者可以通过规章制度或行政命令的方式使之与旅游者隔离。

③ 强行制止冲突。大多数的冲突发生时，双方还是具备一定理智的。但当冲突双方或其中的一方脾气极端暴躁，情绪极度恶劣，无法控制自己的行为时，为了避免严重影响，可以通过强制措施制止冲突。当然，无论在何种情况下，强制行为应该具备合理性和合法性。

7.4　旅游工作者的情绪情感

在旅游服务中，由于旅游者与旅游工作者的特定关系，使得旅游者的情绪变化与旅游服务有着直接而密切的联系。旅游者对旅游工作者的服务态度和情绪是极为敏感的。他们通过旅游工作者的情绪来体验服务态度，并在自己的精神上产生某种感受。若旅游者感到亲切、温暖、舒适、安全和人情味，进而就会有"宾至如归"的感受。因此，旅游工作者必须具备正确的服务角色意识，保持积极的服务态度，以健康的社会性情感对待旅游者，通过良好的情绪影响、感染服务对象。旅游工作者的职责就在于控制引发不良情绪的因素，提供产生积极状态的情绪要素，营造出良好的情绪氛围，形成积极的情绪—行为—情绪的良性循环。

7.4.1　旅游工作者情绪情感的产生

1. 旅游工作者的需要是产生情绪情感的基础

旅游工作者的情绪与情感是由旅游活动中的客观存在引起的。完成工作是旅游工作者的最重要的需要之一，与此相关的客观存在事物很难能够一直满足这种需要，伴随着这种需要的满足与否，旅游工作者可能产生各种情绪与情感。经常性地，旅游工作者满足了某一种需要，却不得不放弃另一种需要的满足。因此，旅游工作者的情绪与情感也具有复杂性，甚至是矛盾性。

2. 旅游工作者的情绪情感是个体的主观体验

作为个体的主观意识体验，旅游工作者在旅游活动中的需要是否得到了满足，则主要取决于旅游工作者个体的自我感受。因为个性的差异，旅游工作者对于同一种客观存在也会表现出不同的评价与判断，因而也会有不同的情绪与情感。主观体验与人的气质、性格等有关，既有先天的自然属性，又有后天的社会属性，因而具有稳定性的特点。

7.4.2　诱发旅游工作者情绪的因素

旅游工作者的情绪表现有多种多样，引起旅游工作者情绪的情境与旅游工作者自身以及与旅游活动中的客观存在密切相关。

1. 主观因素

（1）理解能力

旅游工作者对矛盾的正确理解，实际上是对主观与客观关系的正确理解，集中体现在正确认识与游客之间矛盾的性质、双方的关系、地位等，如怎样理解"游客总是对的"这句话以及在工作中如何切实执行。在旅游活动过程中，从业人员会遇到各式各样的人，产生各种各样的矛盾，它是触动旅游工作者情绪的最主要的刺激物。

（2）适应能力

旅游服务工作是一种连续而又重复的过程，服务对象又不断变化，能否最大限度适应这种过程，则是保持良好情绪的根本因素。

（3）应变能力

旅游工作者在工作中会遇到许多问题和挫折，当矛盾影响到预订的目的和需要时，往往会产生消极情绪。但情绪体验与个性有着密切的联系，不同的人会有不同的影响程度。一般来说，采取灵活的处理方法和态度，就会抑制不良的情绪体验。

（4）身体状况

旅游工作既是脑力劳动，又是体力劳动。旅游工作者体力消耗是相当大的。如果长期身体不适应紧张状态，日积月累，便会引起旅游工作者的不良情绪。

补充阅读

"顾客第一"是要求企业上下都要站在顾客的立场上，想顾客之所想，急顾客之所急，摸准顾客的心理，发掘顾客的需求，尊重顾客的选择，在企业上下形成一种处处为顾客着想的氛围。"员工第一"就是要把员工看成是内部顾客，它是"以人为本"概念的延伸，要求企业用对待顾客的态度去对待员工，重视员工的价值，以期通过员工的满意达到顾客的满意。

从某种意义上说，"顾客第一"必须在"员工第一"的基础上得以实现。"员工第一"并不是说把员工放在顾客的前面，而是为了更好地满足顾客的需求。员工服务态度的好坏，取决于企业对待员工的态度。如果一个企业的领导层将领导与员工明确划分开来，形成一个特权层，只要求员工应该怎样对待顾客，自己却从不身体力行，在这样的企业里能真正树立起"顾客第一"的经营观念吗？或者是把顾客视为上帝，却把员工视为"打工仔"，对员工的任何一点不良行为总是用严厉的规则进行处罚，员工还会面带微笑面对顾客吗？员工如果从领导那里得到的是冷漠、训斥和鄙夷，他们就会以同样的方式加倍地报复到顾客身上。只有把员工当成资源，对其进行投资和开发，才能使他们全身心地投入到对顾客的服务上去，这样带给企业的将是不可估量的回报。

"员工第一"的终极目的是全心全意为顾客服务。随着顾客市场需求的不断变化和升值，特别是在个性化服务被大力倡导的今天，"员工第一"的观念更应树立起来。当顾客与员工发生冲突时，应以顾客的满意为主导，这并不是说员工比顾客低一等，而是说员工的不满意可通过其他满意的形式来弥补，而顾客的机会则很少。同样的道理"顾客永远是正确的"，并不意味着顾客在事实上的绝对正确，而是意味着顾客得到了绝对的尊重。如果顾客的利益得到了保护，也就意味着企业拥有了更多的顾客，拥有了更大的市场。

无论是顾客还是员工，都是企业的无形资产，它随时都会向有形资产转化。当他们得到了尊重，感到了满意之时，企业就多了一份无形资产，反之，就会少一份无形资产。

2. 客观因素

（1）大环境

大环境主要是指旅游工作者所处的社会环境。这种环境是否适宜，是引起一些原始情绪的主要因素。良好的旅游环境，使旅游工作者所期望的愿望和所追求的结果得以实现，工作中所处的紧张状况消失殆尽，会得到愉悦的情绪体验。

（2）小环境

旅游工作者所在的单位或部门构成小环境。在小环境中，能否共同相处或能否共同分享快乐，会长久和直接地影响着旅游工作者的情绪体验。如果没有关切、责任和理解的环境氛围，而只有嫉妒、压制、打击：旅游工作者便会产生失望甚至是悲哀的情绪体验。

7.4.3　旅游工作者的情感要求

情感是人的心理活动的一个重要方面，积极的情感会产生增力作用，消极的情感会产生减力作用。不管是积极情感或是消极情感都会对人的思想行为产生影响。依据旅游职业的要求，旅游工作者的情感应具备以下四方面的内容：

1. 要有良好的情感倾向性

情感倾向性是指一个人的情感指向什么和为什么而发起。比如热情，它指向旅游业自身或服务对象。这是高尚的情感；如昺指句的是损害国家利益、企业利益或只能为自己提供私利，这是卑微的情感。在旅游服务工作中，只要旅游工作者具有良好的情感倾向性，就可以焕发出对本职工作的热爱和对旅客的尊重。

2. 要有深厚的情感强度

深厚的情感是指旅游工作者对旅客和服务工作的浓厚情感。具有深厚情感的旅游工作者是情感倾向性高尚的旅游工作者。他们在服务工作中的热情不是凭偶发的因素，他们对旅客的热情也不是靠一时的冲动性，他们的热情服务能够在服务工作的方方面面表现出来。

3. 要有持久的稳定情感

稳定而持久的情感是与情感的深厚性联系在一起的，并在相当长一段时间内不变化的情感。只有拥有稳定而持久的情感的旅游工作者，才会把积极的情感稳定而持久地控制在对服务工作的热情上，控制在为旅客服务上，积极的工作态度始终如一。

4. 要有较高的情感效能

情感的效能是指情感在人的实践活动中所发生作用的程度。它是激励人们行为的动力因素。情感效能高的旅游工作者，能把情感转化成促其积极学习、努力工作的动力。而情感效能低的旅游工作者，尽管有时对工作也有强烈的欲望。但往往是挂在嘴上而缺乏具体的行动。为此，要使旅游工作者主动、热情、耐心、周到地对待服务工作，就要对旅游工作者的情感效能性提出更高要求。

7.4.4 旅游工作者的情绪控制

1. 旅游工作者良好心境的培养

心境有好坏之分，积极的心境有助于充分发挥旅游工作者的主观能动性。消极的心境则会使旅游工作者陷入困境，甚至不能自拔。引起心境的根本原因是个人的意愿和欲望是否得到了满足。然而，当自己的需要得不到满足时，主动调节自己的心理活动，正确认识和处理主观与客观之间的关系，对于保持良好的心境有着非常积极的作用。

（1）把握自己，做心境的主人

外因只有通过内因才起作用，人才是自己心境的主人，旅游工作者应以主观意识控制心境及其发展方向。只有具有良好的心理素质，并树立科学的世界观，才不会盲目。这就要正确认识客观，包括正确认识工作和正确认识别人。当然，要真正深刻认识到这一点，并不是一件容易的事，特别是正确认识自己的需要、理想。因此要正确分析自己能力、性格及环境，树立较为实际的奋斗目标，不断强化良好心境，抑制不良心境。

（2）创造保持良好心境的氛围

心境产生的原因有多种，但表现方式却大致相同。因此，管理者应注重掌握员工的心境及产生的原因，有针对性地做工作和分配适合其特点的工作任务，通过适当的安排，稳定员工的情绪。管理者对于员工的家庭、子女、身体、学习等的关心，也是造成员工保持良好心境的重要原因。

2. 旅游工作者激情的控制

积极的激情是采取正确行为的巨大动力，可以提高旅游工作者的工作能力和活动能力。一般地说，可以不必过分抑制。消极的激情是有害的，可以降低人的思维能力，从而对工作和生活产生影响，应该加以控制。

较为常用的激情控制方法有三种，即语言调节法、行为调节法和呼吸调节法。

（1）语言调节法

语言调节就是利用暗示语言控制激情，调节行为。研究表明，调控情绪需通过一定的心理信息传递才能实现，而心理信息传递的通常形式是暗示语言。暗示语言对调控激情具有有效作用。当激情不可遏制时，嘴里不断默念语调，以暗示自己，就能起到显著的自控作用。这是因为默念暗语既能增强理智思维强度，又能驱散外界刺激引起的狭窄兴奋。例如碰到危急事件时，只要暗自默念"没有什么，一切都会平安的"，情绪也会很快平静下来。

使用语言调节法要注意三点：第一，暗语可根据自己的目的而定，但暗语的制作应遵循四项原则，即简短、具体、直接和肯定；第二，为加强自我暗示的强度，暗语在心中必须反复默念；第三，默念暗语时，要在头脑中浮现相应的形象。

（2）行为调节法

行为调节法是指当激情趋向极端、冲动传遍全身时，当即脱离现场，以其他的行为方式取而代之的方法。脱离引起激情冲动的现场，是为了转移注意力，让其他新鲜、有益的主题来冲淡、缓解自己的情绪，制止自己去思考、想像那些引起冲动的场景和可能发生的后果。

脱离冲动现场后，取而代之的行为方式是多种多样的。最有效与常用的是小跑慢步并数步。数步的目的，是为了使自己的注意力集中在跑步上，忘却冲动的场合，驱散心中的激情，使神经逐渐敏锐，理智恢复正常。还可以进行一些自己喜欢的文体活动，或听听音乐，力图以新的感知材料来充实、占领自己的意识世界。

（3）呼吸调节法

调整呼吸能转移"注意"，平心静气即能恢复理智。一个人只要理智恢复正常，通过理智的作用，就能对自身进行调控。呼吸调节法有多种技巧，其中最简单的是"深呼吸调节法"。具体做法是：先闭上眼睛，努力使自己的心情平静下来，然后深深吸气，吸时要慢，充分吸气之后，几秒钟之内停止呼吸，然后把气徐徐吐出。吐气要比吸气时更慢。通过呼吸调节，很容易将自己的"注意力"从激情的冲动源转移到自身的呼吸上，将自己的精神统一到呼与吸的行为上。从而，达到控制冲动、平息激情、恢复理智、实现自制的目的。

3. 旅游工作者应激能力的培养

随着我国旅游业的发展，游客数量和类型会越来越多，不可预料事件也将会不断发生。因此，提高旅游工作者的应激能力便成为旅游工作者所具备的基本能力之一。而提高旅游工作者应激能力的方法有：

（1）丰富旅游工作者的经历与经验

有丰富阅历的旅游工作者临阵不慌，会迅速做出准确判断采取有效措施，以化险为夷。

（2）加强旅游工作者的责任感

有高度责任感的旅游工作者，每遇突变总会产生一种积极的态度，自觉地控制和调节情绪，以保持适中的应激能力；相反，则有一种消极的定势，使自己陷入进退维谷之中。

（3）优化旅游工作者的个性

一般地说，身体健康、思维敏捷的旅游工作者会急中生智，调动一切有利因素；相反，身体虚弱、反应迟缓的旅游工作者则可能惊慌失措，使事态变得更为复杂化。

连续不间断的旅游接待工作会造成旅游工作者身心高度紧张，而长期处于应激状态，会损害人的生物化学保护机制，甚至引起疾病。因此，旅游工作者在工作中，应学会把握自己的情绪，准确判断应激状态下所付出的精力与体力的量，以适应长期旅游工作的需要。

本 章 回 顾

关键术语

1. 情绪（emotion）
2. 兴奋性（excitability）
3. 情感（sensibility）
4. 易变性（changeability）
5. 心境（frame of mind）
6. 敏感性（sensibility）
7. 激情（enthusiasm）
8. 心理状态（psychology）
9. 道德感（morality sense）
10. 心理向量（psychology vector）
11. 理智感（reason sense）
12. 美感（beauty sense）

小结

人是有各种各样的需要的，人的需要是否得到满足，这是产生情绪情感的基础。情绪情感一旦产生，又会影响人的思想和行为。由于脱离了日常生活环境，旅游者情绪情感的表现是相当明显的，而旅游业是人际交往的高接触行业，这就要求旅游工作者要去了解、把握旅游者的情绪情感，善于利用分析、调控情绪情感的各种方法，并运用到旅游服务的实际工作中。本章就是从这个角度入手，逐一介绍了情绪情感的基本概念和内容、旅游者的情绪情感、旅游服务与旅游者情绪情感的关系以及对旅游工作者在情绪情感方面的要求。从心理学的角度来讲，人都有主观上的能动性，旅游工作者完全可以根据旅游者的服务心理需要，调节自己的情绪情感状态，使自己在工作中始终保持符合旅游者需要的最佳情绪情感状态。实际上，旅游工作者不仅要有良好的情绪状态和心理状态，而且，还要根据旅游者的需要，不断进行最佳情绪状态的自我调节。

案 例 分 析

Do you share this room with me?

　　亨利是位谈吐幽默、性格开朗的美国商人，总喜欢与他熟识的人开几句玩笑。一次因临时改变商务行程，来不及向酒店订房，便来到酒店前台。这已是亨利第四次光顾此店，与值班的严小姐早已熟识，他们彼此问候、寒暄几句后，亨利提出要一间房。因为大床间尚未打扫出来，看看亨利疲惫的样子，严小姐为他安排了一个双床间，就在他从严小姐手上接过钥匙的时候，不自觉地幽默了一句"Do you share this room with me？"（你是要和我合住吗?），弄得严小姐不知所措，心情不快地转过身去故意和别人搭腔，以示冷落亨利。这时候轮到亨利感到不知所措了，他最终摇了摇头，跟着行李员默默地向电梯走去。

评析

　　一句看似轻松的玩笑，引出了亨利的情绪情感状态及其变化。谈吐幽默、性格开朗，这是一种积极的情绪。即使没有满足自己的需要，亨利只是以幽默的方式道出了他的不满（对双床间的无奈），而不是大发脾气，这样的旅游者对于我们旅游工作者来说是很好相处的。与欧美民族比较，我们的幽默感显得少了许多，习惯于直观、直觉地表达或理解别人的语意，往往听不出一句玩笑话背后的真意。而自尊自重是中国女性的传统意识，所以亨利的一句玩笑，很容易让严小姐觉得没有得到应有的尊重。同样，亨利觉得一句玩笑何必如此认真呢？殊不知，双方认识上的相悖，是因为不同国家、不同民族的心理差异所造成的。然而，严小姐在接受到这一刺激后，情绪出现波动，转入了不良情绪状态，影响到她的行为表现（冷落客人），而亨利的情绪状态也受到影响。这样，双方很容易陷入不良情绪的循环状态，给旅游服务工作带来阻碍。

　　那么，怎样的情绪状态才是最佳的？还是记住这句话：顾客是上帝。在旅游服务工作中，不仅我们的行动要围着旅游者转，我们的心理也要围着他们转动。最恰当的情绪状态，也就是最符合旅游者需要的情绪状态。

问题讨论

　　1. 你怎样看待来自不同国家或民族的旅游者的价值观念的差异？
　　2. 如果你是严小姐，你会怎样做？

拒收小费招来的投诉

小何从事导游工作已好几年了。此次，他接待了一个 20 人的台湾团。按照旅行社的计划安排，旅游团在 X 市游览五个景点，安排两家店购物。然而，在游览过程中，小何除安排游客到规定的两家店购物外，又擅自安排游客多去了两家店购物。虽然在走完旅行社规定的两家店时，领队根据游客的反映委婉告诉小何不可再去购物，但小何仍我行我素，强带游客进店，领队虽然没有表示抗议，但心头的不满已"写"在脸上。行程结束，快要到达机场时，小何致欢送词后，领队依照惯例，给了小何一个内装有小费的信封。小何接过后，当着游客的面就拆开了，一看里面装的是 20 元人民币，心里极不舒服。他让游客在车上等一会儿，自己下了车……不一会儿，小何回到了车上，只见他手上拿着一把一元散钱。他用不无嘲讽的口气与游客说："各位游客，刚才我已和大家说了，我感谢大家在 X 市期间和我的配合。"小何一边说，一边扬扬手里的钱："大家给我的心意我领了，但这小费我不收，这钱来自于大家，我把它还给各位。"说完，小何将这 20 元散币逐一分发到游客手上。游客们手上拿着几元钱，眼睛却怔怔的，车厢里气氛顿时凝固了。几位反应较快的游客马上拿出了 50 元甚至 100 元给小何，说这是他们个人给小何的一点小意思，请别嫌少。但更多的游客是用责怪的眼神看着领队……

情绪冲突在旅游过程中暗暗萌发，由不满到冲突，最后导致小何被投诉。小何擅自安排游客多去了两家店购物，是受利益驱使，违反计划安排，与旅游团的目标不符，引发领队的不满，而领队也以行为表现出了他的不良情绪：给小何 20 元小费，而小何则以更激烈的方式回应了领队：还每位游客一元钱。小何和领队的情绪冲突激化了，领队和旅游团成员也有了情绪冲突，小何和其他游客的情感关系……

评析

旅游活动中存在着众多导致情绪冲突的潜在心理原因，一旦有了冲突的"导火线"，情绪冲突就会出现。弗洛伊德的错误心理学观点认为人存在着潜在的侵略意识，并想寻找机会表现出来，对资源的争夺、对权利的追逐、对利益的趋向等都是引发冲突的心理根源。旅游者由于脱离了原有社会规范的约束，长期压抑的潜在意识更容易显现出来，言行中对自己价值观念和利益的维护就更明显；旅游服务工作者由于不能深刻认识自身的工作性质，加之长期与不同心理的旅游者打交道，原来受压抑的侵略本性有时也会突发。

旅游者感到不满而投诉，实际上是一个循序渐进的发展过程：先是因不满而产生感情抵触，产生情绪反应，如闷闷不乐、爱理不理等，这是冲突的潜在阶段。然后会因心理上的挫折和损伤无法得到补偿而愤愤不平，感情抵触终于爆发为行为抵触，或投诉、或冲突，到达纠纷的爆发阶段和高潮阶段。

问题讨论

1. 谁会投诉小何？为什么？
2. 本案例给你什么启发？

快乐的质量——大峡谷旅游服务的启示

快乐旅游是旅游者追求的目的，快乐服务是对旅游从业人员的核心要求，也是旅游服务质量评价的重要标准。美国大峡谷国家公园给中国旅游业提供了典型的范式，笔者在美国考察期间，通过自助火车旅行，感受了优良的旅游服务，颇受启发。

合作快乐，全程快乐。铁路与国家公园合作是近几年美国推出的旅游方式（近3/4 的国家公园位于铁路线附近），由美国铁路客运公司（Amtrak）和美国国家公园署（National Park Service）建立合作伙伴关系，把铁路旅游的怀旧、悠闲、沿途观光和国家公园的自然、雄浑、沧桑有机结合，并发挥重要的教育功能。从上火车开始，游客就感觉是目的地在为你服务，乘务员对每位游客的座位都标上到达地并准时提醒下车，不用担心误站，中途的旅店无论你是否入住都免费提供行李搬运和大厅休息服务，以旅游目的地为中心，交通、饭店、景区等不同行业、不同区域、不同利益主体的横向合作服务是实现多赢的有效途径。

自己快乐，服务快乐。威廉姆斯是洛杉矶和大峡谷之间的中转站，从这里换乘老式旅游火车，火车启动或到达时，车站里所有的工作人员都会出来挥手欢送或欢迎，每节车厢的乘务员担任了检票、解说和接待服务 3 项工作，解说全面而且颇有感染力就连送饮料和回收垃圾时都不忘和游客幽默一下，空闲时到座位旁和游客聊天，活跃气氛，事实上，旅游线上几乎能接触到的服务人员都充当了免费解说员，不是简单的程式化语言，而是自豪的如数家珍，自己快乐，游客才能快乐。所以，旅游从业者的职业精神是旅游服务质量得以保证的基础，而旅游从业者的一专多能是今后旅游服务质量得以提升的后续动力。

生产快乐，感受快乐。大峡谷国家公园有专门的策划部门，负责策划各种娱乐节目，让游客在全程旅行中感受快乐。老式火车与国家公园合作就是最大的创意，你多久没坐过火车了，怀旧之旅让你心动，火车上的吉他手为你演唱优美的美国乡村音乐，与窗户外的西部乡村景色共鸣在最狭窄的拐弯处，突然出现西部牛仔蒙面抢火车的场景，游客普遍参与，活泼刺激，回味无穷，同时巧妙地收回了每人一美元小费。游客不是看客，旅游活动策划应考虑共性特征，真正让所有人参与同时，意料之外、情理之中的创意更加令人惊喜，很大程度上，快乐的质量就是旅游服务的质量。

（资料来源：李小波. 2004. 快乐的质量——大峡谷旅游服务的启示. 旅游学刊.双月刊. 2004,（5）：6）

评析：

旅游业的终极产品不是一张机票，不是一个舒适的床位，也不是一顿美味佳肴，而是制造一段不同凡响的经历，留下一个美好的印象，创造一种独特的人生体验和惊喜。美国大峡谷国家公园给旅游者提供的的确是"合作快乐，全程快乐；自己快乐，服务快乐；生产快乐，感受快乐"的体验。

弗洛伊德认为，由于人有两种本能，人的行为又受本能支配，所以行为有两个原则：快乐原则和现实原则。人的本性按快乐原则办事，以寻求直接的满足；但是，人们又发现他们受到周围物质环境和社会环境的现实的制约，欲望不可能直接获得满足。因此，人只有在梦中或无意识下是根据快乐原则行事的，在日常清醒的生活中，其行为受现实原则的支配。

总之，旅游产品的设计要围绕激发旅游者的正面、积极的情绪体验，让每一个旅游景区、旅游线路、旅游服务、旅游设施都给游客惊喜、快乐、回味无穷，才能提高产品的象征意义和附加值。

思考与练习

思考题

1. 什么是情绪和情感？它们有何区别？
2. 什么是心境、激情和应激？
3. 结合实际，谈谈如何分析旅游者的情绪。
4. 如何处理旅游投诉？
5. 谈谈如何培养良好的情感以及如何控制情绪。

实训练习题

辩论：正方——旅游业是情绪性行业。

反方——旅游业不是情绪性行业。

第8章 旅游审美心理

引导案例

天柱山美景

安徽天柱山是国家级重点风景名胜区和国家级森林公园，因汉武帝尊封南岳而名传千古，又因宗教的介入和文人的登临而享誉中外，更因雄奇秀美的山水景观而引来四方游客。它以丰厚的旅游文化和特有的审美价值，成为当今安徽的游览胜地、皖西南旅游开发的龙头产品。

天柱山现存的石刻有 230 多幅，遍布天柱山。石刻多以凝练的语言和一语点破景观的审美特点，启示着游客领略品赏。例如，山南佛光寺一带翠谷幽深、青峰豁朗、瀑布层叠，其题刻正揭示出这风光奇异的特点，诸如"千龙飞布"、"极乐大地"、"人世仙境"、"山高水长"等；石牛洞的"曲水流畅"、"水光天色"、"天下奇观"等题刻，立即将游人带入极乐雅兴的境地；莲花洞右侧的一块巨石，经清人李云麟"混元霹雳"的题刻，将自然形态的"霹雳石"赋予神奇莫测的魅力。

天柱山是道徒佛子的"洞天福地"，千百年来的膜拜和香火沉积了丰厚的宗教文化，既有可观可览的有形景观，又有可读可听的无形传说。佛道驻足，大造建筑，为天柱山增添了可游可观的人文景观。唐宋时代天柱山的佛道两教达到"三千道士八百僧"的鼎盛时期，道观有 10 余处，佛寺有 70 多座。

天柱山素有"无峰不雄，无石不奇"的美誉，那些遍及峰峦中的奇形怪状的岩石，经专家考察确定有 86 块怪石。例如虎头崖上怪石林立，犹如虎狮马兔，恰似悬钟曲壶；南关崖畔奇石横生，有朝天翘起的象鼻石、似织女抛下的玉梭石；东关有若巨狮咆哮的天狮峰、酷似春笋拔地的石函峰、活现麟角倚天的麟角峰等。

此外，天柱山的溪流泉水、仙圣遗迹、战争遗址、水利工程等，都具有不同意义的审美价值。

问题讨论：

1. 何谓旅游审美？
2. 列举你曾经去过的一个旅游景区（点），并从审美的角度给予评价。

旅游审美心理是旅游心理学的一个重要研究内容。本章对审美心理学的一些概念以及现代审美心理流派进行了概括性的介绍，以此作为研究旅游审美心理的理论基础。审美心理要素是人们在进行旅游审美时必须综合运用到的，只有对这些要素进行了了解，才能有意识地运用，而这正是旅游审美得以进行的心理基础。

旅游审美对象是旅游审美心理活动中的客体，而它们所具有的审美效果，绝不仅仅局限于美学范畴。对审美态度说、审美趣味说和审美距离说与旅游审美关系进行探讨，是将主体与客体连接起来，从而形成旅游者审美态度。跳出旅游者与普遍意义上的旅游资源对旅游资源开发规划者、旅游工作者的审美心理进行研究，对旅游者有着直接或间接的影响，作用不可低估。

图 8.1　桂林山水（邓永进　摄）

"登山则情满于山，观海则意溢于海。"当你流连于山青水秀的大自然之中时，当你沉醉于园林、建筑、艺术品的魅力中时，或许你会觉得赏心悦目、心旷神怡，或许你会赞叹它们的精致神奇，或许你会被其中的韵味深深打动，也许这时一种奇妙的美感便会在你心中油然而生……这些就是旅游审美鉴赏。那么，旅游审美的对象是什么？旅游审美的心理机制如何？旅游者的审美心理、旅游规划者审美心理对旅游者有什么影响？旅游工作者的心理对旅游者会产生什么影响？这一系列问题正是本章的主要研究内容。

8.1　审美心理要素

8.1.1　审美心理学概述

1. 审美心理学的相关概念

（1）美

古典美学对"什么是美"这个问题做了长期的探讨，至今仍是"仁者见仁、智者见智"。现代西方美学有多个不同流派，他们各自对美的理解也是各有特点。中国的美学研究者虽然在很长一段时间内对西方美学的借鉴比较多，但自古以来也对美有着自己的认识。

1）古典美学。毕达哥拉斯（Pythagoras）和他的学派认为"数的和谐就是美"，并把音乐的和谐现象推广到整个宇宙中。苏格拉底把美和效用联系起来，认为"合目的性"是美的基础。这样定义的美，实际上是一种自为之美，和前者的自在之美有所不同。而且，如果说美的事物是合目的性的，但合目的性的却不一定就是美的。柏拉图的《大希庇阿斯篇》是西方第一部系统讨论美的著作，书中并没有回答美本身究竟是什么，苏格拉底在与希庇阿斯的争论中进一步了解到"美是难的"。之后，柏拉图认为美本身是一种理式，在理式世界的美是永恒的、绝对的和单一的，是美的本质。现实世界只是理式世界的摹本和影子，只存在美的表现。柏拉图因此而成为客观唯心主义的鼻祖。亚里士多德虽然对柏拉图的理式做过批判，但是他也同意物的存在要求它是某种理式的载体，只是前者认为物的理式在物的内部，而不是相脱离的。他承认现实世界的真实性，在事物本身中寻找美的根源，并认为美产生于数量、大小和秩序。

2）现代西方美学。英国形式主义的代表人物贝尔（Bell）认为，原来的美包含的内容太广，应该用艺术之美来进行界定。人本心理学美学代表人物马斯洛的著作中虽然没有提出对于美的本质的直接界定，但是在他的价值理论中已充分表现了他的观点：美是真善美合理完满的统一，是合规律性与合目的性的统一。自然主义美学的代表人物桑塔耶那（Santayana）认为，美是客观化了的快感，材料美、形式美和表现美是美的三要素。新自然主义美学的代表人物门罗（Munro）则主张美一方面取决于审美态度，另一方面取决于艺术品或事物本身的结构形态。表现主义美学主要关注的是美学的位置和体系等问题，移情学派的重点在于审美的方式、审美心理的研究。其他学派，如精神分析美学、神学美学、格式塔心理学美学、结构主义美学、解释学美学、接受学美学等，都是从不同角度研究美学的，而不一定对美是什么这个问题做出明确回答。

3）中国美学。中国人的审美心理自古有之，较成熟的儒家、道家思想也包含了许多美学思想。儒家将美的本质纳入伦理道德规范中加以解释，道家将美的本质凝结在无形无为但无所不在、无所不有的"道"中加以确认。道家和人本心理学美学一样，认为美的本质是真善美的统一、合规律性与合目的性的统一，只是对统一的理解不同。道家对于美的本质的确认终究是为了促使人向自身本质回归。直到 20 世纪 50 年代中期到 60 年代初期，我国美学界对美的本质的广泛探讨才在真正意义上把美学在中国推广开来，形成了以蔡仪先生为代表的"典型说"、以李泽厚先生为代表的"客观性和社会性的统一说"以及以朱光潜先生为代表的"主客观统一说"①。

蔡仪认为，美的东西就是典型的东西，美的本质就是事物的典型性，典型就是个别中显现着一般的东西。李泽厚主张美是客观存在的，但不存在于事物的自然属性，而存在于事物的社会属性中。朱光潜的"主客观统一说"认为，审美认识的对象已不只是自然，而是人的主观意识的反映，因而我们所说的"美"是主观和客观的统一，而且他还提出："美就是一种价值。"

什么是美、美的本质等问题一直是学术界关注的问题，学术争论也从未停止过，而且曾一度是讨论的焦点和热点。现在，这种热点有转向审美心理研究的趋势。

综上所述，我们认为美就是能够引发人们审美意识、唤起审美主体的美感的一切事物。

---

① 凌继尧. 2003. 美学十五讲. 北京：北京大学出版社. 28

（2）美感

美感就是指审美主体对审美客体的观察、感受、理解、品味、欣赏、判断和评价。它是审美主体对审美客体的主观反映，是审美意识的基础，是审美客体对象作用于审美主体的结果。

美的客体和审美主体发生作用，就会产生对于美的反映与被反映的关系，即美和美感相互作用的认识关系。这种关系就是美决定美感，美感则反映美；同时，美感又反作用于美，积极地影响美的存在和发展，同时促进自身美感能力的提高。也就是说，美是客观存在的，美感则是审美主体对客观存在的美的一种意识反映，美对于美感具有制约性和决定性，而美感对于美则有积极的能动反作用。

美感能动作用的意义在于，它肯定了美的存在，并在精神领域中增强了美的社会价值，从而有助于传播美、评价美和创造美。在人类复杂的社会实践中，人的美感具有无限发展的可能性，而美感是积极推动美传播的一种原动力。美感的能动作用直接影响着人们精神享受的客观效果，因为美感可以能动地感受美，甚至超越美本身的限制。

（3）审美

审美是指审美主体（人）对审美客体的观察、感悟、享受和再造，是主体的审美需要和客体的审美属性之间结成的一种关系。在审美主体和审美对象之间，是审美活动。只有通过审美活动，审美主体才能与审美客体发生关系。

审美活动包括了审美动机、审美需要的形成，审美的发生，审美态度的形成以及审美感知、表象、情感、想象、联想、兴趣、理解等审美心理要素。除此之外，要形成审美关系还应该有良好的审美环境或氛围，有的学者称之为"审美场"[①]。这种关系是一个有机的系统，如图 8.2 所示。图中的子系统表示审美客体对于审美场而言的关系。审美客体对于审美场而言，是构成"场"的一个子系统，应该不用将子系统表示出来。

总之，审美活动有狭义和广义之分。狭义的审美活动是指审美主体对于客观存在的审美对象所引起的具体感受，即审美感受。广义的审美活动除了指欣赏活动外，还包括人对美的创造活动。

2. 现代审美心理流派

（1）精神分析学派

1）精神分析学派。1895 年，奥地利心理学家、精神病医生 S. 弗洛伊德和布洛伊尔的合著《歇斯底里研究》的发表是精神分析学说创立的标志。它用精神分析法来阐述关于人性、人格、人的本质，它独立的理论体系包括心理结构论、人格结构论、心理动力论等。

---

① 王文博. 2001. 现代应用美学入门. 北京：中国纺织出版社：20

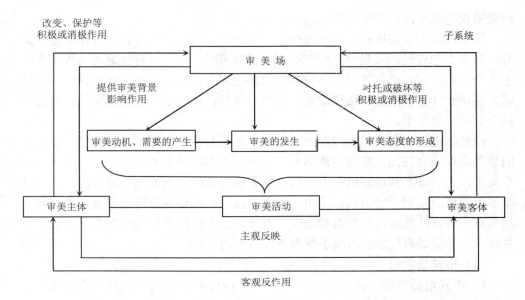

图 8.2　审美关系系统图

精神分析美学又称心理分析美学流派，是精神分析理论应用于艺术和美学领域中形成的，代表人物是弗洛伊德和荣格。弗洛伊德和荣格并没有完整的精神分析美学的理论体系，他们的美学思想主要体现在其心理学和哲学思想中。

弗洛伊德的精神分析理论由心理结构论、人格结构论、生命本能论三大理论作为基石。首先，他认为一切精神过程实质上都是无意识的，人的心理是由各种不同成分构成的聚集物，这些成分的性质是有意识、无意识和潜意识的，这三个部分构成精神生活领域。在此基础上，他认为人格由"本我"、"自我"和"超我"三部分组成。人的一切潜在驱动力来自本能，而本能又分为生本能和死本能。本能说中，性本能是弗洛伊德研究的比较多的问题。他的审美快感理论就是建筑在该理论上的。

荣格创立了自己的"分析心理学"，并在许多方面修正和发展了弗洛伊德的学说。他把里比多由性力扩展为生命力，把无意只分为个人无意识和集体无意识。由这些理论作为基础，他认为艺术的本质就是通过艺术幻觉表现人类的原始经验。他还把人的心理类型分为内倾和外倾，由此提出"内倾型艺术"与"外倾型艺术"对立的观点，内倾和外倾见之于审美活动，就形成了抽象与移情两种审美态度。而他的"情结"理论也对旅游审美心理的研究有重要启发。

2）精神分析在旅游审美中的体现和应用。将精神分析的审美快感理论应用到旅游审美中，可以作如下解释：旅游审美可以给旅游者带来审美快感，相对于其他形式而言，旅游审美能够获得全方位的审美感受，因此具有别具一格的魅力。这个全方位从横向来说，是多种感官的全面调用（眼、舌、耳、鼻、触觉等）；从纵向来说，是从浅层的悦目直到深层的悦神悦志的统一。

移情这种审美态度在旅游审美中也经常运用。例如，旅游者在进行旅游审美时，常常会把自己融入景色之中；在听传说故事时，常常设身处地的为故事里的主人公提心吊胆。真正地投入会使他们的感受提升，因此，在规划设计旅游项目时，应该设计更多的能够让旅游者们移情的项目，旅游工作者也应该在这方面起到一定的引导作用。

而情结理论更有应用价值。一个旅游者如果对某地产生了某种情结，那么他的重游率可能会提高。旅游中情结的产生一方面和旅游者本身的经历、心情等因素有关，另一方面和旅游过程中接触到的人和事有关，例如热情好客的民风会对旅游者的旅游起到一定的积极作用。因此，我们应该倡导全民旅游意识的培养，加强对旅游目的地居民的教育和培训。另外，故乡情结对旅游也有重要贡献。回乡探亲、寻根谒祖旅游也占据了旅游市场很大的份额。

（2）格式塔学派

1）格式塔心理学。格式塔心理学诞生于1912年，是德国现代一个重要的心理学派别，主要代表人物有韦特海默（Wertheimer）、柯勒（Kohler）和考夫卡（Koffka）等。韦特海默的《关于运动知觉的实践研究》一文标志着格式塔心理学的形成和确立。"格式塔"最早由奥地利心理学家艾伦菲尔斯在研究音乐时提出。格式塔心理学实际就是一种反对元素分析，强调整体组织的心理学理论，即"完形"，它主张以整体的动力结构来研究心理现象。该学派有一个著名论点："部分相加并不等于整体"。另外，格式塔心理学还用某些现代的数理概念来解释心理现象及其机制问题，提出了"心理场"、"物理场"、"行为场"、"生理场"、"人心物理场"、"环境场"等新的概念。将"场"的概念引入心理学研究是这一流派的主要理论贡献。格式塔心理学美学就是在格式塔心理学的基础上发展起来的。

2）格式塔学派的主要理论及贡献。格式塔学派虽然不反对元素主义将直接经验（意识）作为心理学的研究对象，但认为行为也应成为研究的中心点。该学派运用现象学的方法来研究心理现象，反对元素主义只强调对心理事实进行元素分析，主张"竭力予直接经验以朴素而丰富的描写。"格式塔学派冲破了元素主义的束缚和禁区，促进了心理学的发展。

韦特海默在1912年发表的《视见运动的实验研究》一文中指出，人们采用直接而统一的方式把事物知觉为统一的整体而非知觉为一群个别的感觉，由此提出了格式塔心理学的基本观点。随后他们又总结出图形与背景的关系、接近、相似、闭合、完形趋向、共同命运、简单、连续等多项组织原则。格式塔心理学家将这些原则组织起来，进行了系统的整理和分析，成为心理学理论中不可或缺的部分，对知觉领域的拓展做出了贡献，引发了知觉心理学的革新。

格式塔心理学家们将知觉的组织原则应用于学习和记忆等问题的研究之中，从一种全新的角度研究了顿悟、创造性思维和迁移等问题，形成了一套颇具特色的学习理论。另外，格式塔学派还对人本主义心理学以及现代认知心理学产生了深刻的影响。

3）格式塔心理学美学。格式塔心理学美学是现代西方美学思潮中的一个重要流派，产生和形成于 20 世纪 30 年代末、40 年代初，成熟于 50～70 年代。其主要代表人物有德国的考夫卡（Koffka）、美国的鲁道夫·阿恩海姆（Rudolf Arnheim）等。格式塔得名于其德文发音"Gestalt"，它的中文含义是"形成"、"形状"。因此，格式塔心理学美学也称为完形心理学美学。它最基本的理论特征在于运用格式塔心理学的方法和理论研究美学和艺术现象。格式塔心理美学主要研究了艺术与知觉及其表现性，提出了大脑力场说和同形同构理论、视觉思维理论等，这些理论对旅游审美心理的研究有借鉴作用。

4）格式塔在旅游审美中的体现和运用。格式塔强调整体，在旅游审美中体现得很突出。对于旅游者而言，他们的审美建构在整个大的旅游环境氛围中，即旅游审美场。在其中的事物都可能成为审美对象。也只有所有的审美对象给予旅游者和谐统一的审美感受才能使他们达到最大程度的满意。因此，在旅游规划者进行规划设计时，不仅要强调景区景点的建设，而且要全面考虑整个旅游目的地的环境建设。大到环境的绿化美化，小到旅游厕所的建设与清洁，都不能忽视。对于旅游工作者而言，应该知道自己有可能成为审美对象，从而加强对自身言行举止美、仪表仪态美、心灵美的要求，使景与人构成一和和谐之美。

8.1.2　审美心理要素

1. 感知与表象

感知就是感觉与知觉的总称。感知是一切人识活动的心理基础，也是审美感受的心理基础。只有通过感知才能了解和把握审美对象的各种属性和感性外貌，才能引起审美感受。人的感知越细腻、敏锐，审美体验也就越深刻。

表象指保存在记忆中的外在事物的形象。即我们曾知觉过的事物，虽然已不在知觉的范围之内，然而它的形象仍然留存记忆中。没有知觉就没有表象，但表象可以作为审美经验不断积累起来，而知觉只有当我们直接和外部事物接触时才可以发挥作用。知觉只产生于对外部事物的直接感受，而表象可以通过间接途径获得。此外，表象还具有可塑性和变异性。记忆中的表象随着时间的推移，有些会变得模糊，甚至发生扭曲和变化。表象还可以经过不断的分解和综合，重新组成新的表象。

2. 情绪和情感

情绪和情感都是人在进行各种活动的过程中所获得的一些主观的体验，是人脑的产物。不同的是，情绪主要和无条件反射联系，具有显著的生物性；情感却主要和条件反射联系。情感是事物的刺激作用在人的大脑内所引起的神经过程，和其他已发生的神经过程或有关的动力定型——特别是以第二信号为基础的动力定型——发生相互影响，各种相互影响的作用在人的主观方面所引起的体验。在审美活动中，情感因素是一种内驱力，影响和制约着其他心理因素。

3. 想象

想象是人的大脑在条件刺激物影响下，以从知觉所得来的而且在记忆中所保存的回忆的表象为材料，通过分析与综合的加工作用创造出来曾知觉过的或是未曾知觉过的事物的形象的过程。审美想象一般分为知觉想象和创造性想象。前者是想象不完全脱离眼前的事物，后者是离开了眼前的事物在内在情感的驱动下对回忆起的种种形象进行彻底改造的想象。从本质上看，想象就是把通过感知把握到的完形或是大脑中储藏的现存图式加以改造、组合、冶炼，重新铸成全新的意象的过程。这种以信息的形式储藏在大脑中的意象称为"内在图式"，它们是帮助知觉选择和作为想象活动的原料。

4. 联想

联想按照它所反映的事物间的关系不同，可以分为接近联想、类似联想和对比联想。接近联想指两个事物在时间上、空间上和经验上相接近，由一个事物的知觉和回忆，会引起对另一个事物的联想，从而产生相应的情绪反应。类似联想是两种事物在性质上或形态上相类似，由一种事物的知觉和回忆而引起对另一种事物的联想。类似联想的"类似"，只是两种事物在某些特征和状貌上的近似，并非完全一致。因为类似联想的结果，物可以变成人，人也可以变成物。当物变成人时叫做"拟人"，人变成物则叫做"托物"。对比联想是指由一种事物的知觉引起和它的特点相反的事物的联想。

5. 理解

审美理解是文艺欣赏中的理性认识阶段。审美理解功能在审美活动的中具有一种潜在的因素，它是一种认识活动。不同的欣赏者可以从同一艺术形象中理解出多种含义，"有一千个观众就有一千个哈姆雷特"。艺术认识是一种形象领悟，理解总是与情感、想象、感知等多种心理功能交织在一起的。这种认识往往受情感状态和想象力的闪烁不定的影响，显得朦胧而不确定，很难用肯定的概念语言去界定、规范和解释，具有非确定性、非功利性领悟的特点。

综上所述，审美活动是审美感知、表象、情绪、情感、想象、联想、情感、理解等诸多心理要素综合作用的结果。在旅游审美活动中，我们应该也充分调动这些心理要素，以获得充分的感受和审美体验。

8.1.3　审美心理要素与旅游审美

1. 感知觉与旅游审美

感知是人们对审美对象获得印象的直接手段。在生理层面，是通过人的感官，如眼—视觉、耳—听觉、鼻—嗅觉、舌—味觉以及身体的触觉、皮肤的温觉等等，进行审美活动，获得生理美感。在心理层面，笔者认为是通过感知觉传达到心理，经过想象、联想等复杂的心理活动而产生的，此部分内容放在第二个问题中讨论。

（1）眼睛—视觉—色彩美

所谓"眼睛—视觉—色彩美"，是指不同的颜色作用于人的视网膜，可以给人以不同的生理或心理感受。在旅游活动中，正是因为这种的关系，自然景观能给旅游者带来色彩美的审美享受。

1）地文景观。地文景观中的山岳型景观以其绿色植被为主要色调，给人清雅、幽静、生机勃勃的感觉。在高大山岳中，还能很好地体现垂直自然带谱现象，使得不同自然带的色调会有所变化，更有审美价值。东北的白山黑水、西北的黄土高原、西南的红土高原等，从大的地形尺度给人以色彩美的享受。以四川黄龙、云南白水台为代表的钙化现象以及以广东丹霞山为代表的丹霞地貌景观，它们的颜色本身就是首要的欣赏对象。

2）水域风光。水体的色彩美或波光粼粼、或湛蓝深邃，为大家所熟知的著名水域风景包括青海湖、洞庭湖、鄱阳湖，云南的滇池、洱海，贵州黄果树瀑布，以及滨海型的青岛、大连、北戴河、厦门的海滩等。长江、黄河则或以烟云为托，或以碧空为衬，另有一番茫茫空阔、高远涵虚之美。另外，还有数量众多的冰川，洁白无瑕以及在阳光反射下形成的五彩斑斓又吸引了无数旅游者的眼球。

3）生物景观。色彩美或以树木枝叶花果取胜，或以动物而感人。前者如北京的"居庸叠翠"、"香山红枫"，武汉的"宝塔岳松"、"珞珈林海"，杭州的"黄龙吐翠"；后者如"天苍苍，野茫茫，风吹草低见牛羊"的内蒙古大草原，一群群牧羊犹如朵朵白云，给人一种辽阔旷野之美。以花卉为主体的色彩美，如云南的山茶花、洛阳的牡丹花、东北的君子兰、广东的木棉花等，还有大自然中那些烂漫的山花等等，都给人带来了纯美的享受和美好理想的寄托。

4）天象与气候景观。日月星辰、光环、海市蜃楼、雨、雪、霜、露、雾、云、彩虹等都会形成色彩美。在某些旅游景区的特定景点及特定时节或时辰，日光和月光能给审美主体一种或明媚、或朦胧、或神秘的感受。如北京的"卢沟晓月"，泰山、黄山的日出等。雪景给人琼楼玉宇之美感，如杭州西湖的"断桥残雪"。云雨形成的美感，如广州的"双桥烟雨"、三峡的"巫山云雨"以及桂林的"烟雨漓江"等。

（2）耳朵—听觉—音响美

所谓"耳朵—听觉—音响美"是指各种不同的音响作用于人的耳鼓膜，给予人们不同的生理或心理的音响感受。音响既有自然界产生的，也有人类创造的和动植物发出的。

自然界中的高山流水、潺潺小溪、泉水叮咚、婉转鸟语、虎啸、猿啼、澎湃波涛、拍岸湖水以及春天的绵绵细雨、炎夏的滂沱大雨、秋夜的蛙声、昆虫的曲鸣、百鸟的啼唱、雨打芭蕉声等，这些大自然的天籁音响，在特定的环境里都会让旅游者觉得是一种难得欣赏的音响美。

而人类创造的音响如各种管弦乐、打击乐、交响乐，各种音乐如广东音乐、江南丝竹，以及各少数民族的山歌、民歌、剧种等，这些人类创造的音乐是高雅而文明的音响，会给人们带来极大的乐趣和精神享受。

其他人为的音响，如古寒山寺的钟声、西安的"雁塔晨钟"、九华山的"化城晚钟"等，也可成为旅游者欣赏的音响美。

此外，在我国的古建筑设计中还有运用声学原理而产生的音响美，如北京天坛的"回音壁"，山西永济普救寺舍利塔（又称莺莺塔）的蛙音回声等。

（3）鼻舌感官的嗅（味）觉美感

嗅（味）觉美就其本源来说是各种物体所发出的特有气味作用于人的嗅（味）觉的生理过程。例如，鲜花散发着的馨香、山村或海滨的清新空气、原野泥土的芬芳，都是大自然赋予人类的嗅觉美感对象。还有一些人为的嗅觉美，如印度的香料等。另外，还有人工酿造的酒香和烹调美食佳肴的香味，如各种风味食品、土特产品等都会在烹调中通过鼻、舌带给人们美感和精神的愉快。

2. 想象、联想与旅游审美

在进行旅游审美时，要充分发挥想象、联想等审美心理因素。

想象对于审美而言是很重要的主观因素，很多时候不是因为某些东西本质是什么而成为什么，而是因为审美主体觉得它像什么而成为什么。例如在游览云南石林时，很多造型独特的石头都是要经过想象才会觉得它们像某些动物、人物或植物等。如果没有想象的翅膀，旅游者们眼里的就仅仅是一块块没有生命力的石头。

在旅游活动中，必要的联想会使旅游者和所欣赏的风景有机的融合在一起，从而达到悦志悦神的最高审美境界。比如看到云南石林的阿诗玛，联想到关于她的美丽传说，从而让游客不仅仅在欣赏一块石头，而是觉得她是活生生的人，为她开心为她难过。

8.2　旅游审美对象

旅游能开阔视野，陶冶情操。不论亲近大自然、回味历史、体验民族风情、品味各种艺术品，还是休闲、度假，都伴随着旅游审美活动。而一切能够吸引游客的旅游资源都有可能成为旅游的审美对象。因此，研究旅游审美的对象和旅游审美效果的层次，对旅游资源、旅游产品的开发等都具有指导意义。

8.2.1　旅游审美对象

旅游活动是一种集自然美、社会美和艺术美为一体的综合性审美实践活动。在食、住、行、游、购、娱一系列旅游要素中，融文物、古迹、建筑、绘画、雕塑、书法、音乐、舞蹈、园林、庙宇、民俗风情、烹饪等为一体，涉及阴柔、阳刚、秀美、雄美、崇高、绮丽轻松等一切审美形态，有益于满足从生活到精神等不同层次的审美需求。

1.　自然景观美

现代社会竞争越来越激烈，生活节奏越来越快。导致人们很容易产生焦虑、苦闷、失望、冷漠等不良情绪，防卫、逃避、自我调节等心理需要随之变得越来越迫切。于是，旅游活动成为人们在自然中寻求感情的净化和精神上、心理上的放松与满足感的行之有效的方式，回归大自然的呼声越来越高。也许人们旅游的动机各不相同，但多数旅游者都是为了追求美好的东西，这种寻找、发现、欣赏、享受美的审美实践的对象首先就是自然景观。旅游者在旅行、游览的过程中对自然景观的审美心理几乎贯穿始终、不会中断。

人们能够随心所欲地对奇妙的大自然进行审美，例如它们的基本形状，如天空、白云、山岳、河流、湖泊、动植物……人们看了都能够觉得美妙，觉得心情轻松，心旷神怡。自然景观的形、光、声、色造就了它们的形状美、光泽美、色彩美、音韵美，而瞬息万变的佛光、海市蜃楼等变幻造景又为自然景观增添了变幻美和神秘美。中国的山水自身就有很高的美学价值，加上中国古文化的丰富内涵和导游们出色的讲解，能够引发旅游者丰富的联想，从而获得立体的审美感受。另一方面，作为审美主体，旅游者不同的个性以及情绪变化等因素使得审美对象通过人的心灵反射之后获得不同的美感。而旅游者常常把自己的喜怒哀乐寓于自然景观之中，这就是移情效应。

2.　人文景观美

人文景观美所包含的内容也较多，在本书中，我们以民俗风情美、社会生活美、旅游文化艺术美、旅游设施美为代表来做一些介绍。

（1）民俗风情美

民族习俗是人类自由自觉的本质力量的特有表现形式。人们认识世界、改造世界的实践力量，在一些少数民族那里，通过具有地域文化特征的信仰崇拜、图腾祭祀等方式表现出来。另外，民族习俗、民族文化以其自身的独特性、稀有性，体现出一种浓浓的异质文化风情，能满足人们的多种审美需求。

首先是物质文化层面表现出来的民俗风情美。它包括民俗工艺品、民族服饰、民居及其周围环境等表现出来的美。例如蜡染、皮影、纳西族的披星戴月服饰、花腰傣的服饰、土家的吊脚楼、藏族的碉楼、蒙古族的大草原、鄂伦春族的林海雪原等等。另外，还有一些民族博物馆、民族生态村等等。这些美是旅游者视觉上就能感受到的，有些甚至可以带回家留念。

其次是体制文化美。这种美通过一些民族节日以及祭祀活动等体现。例如白族的三道茶、苗家的芦笙会、彝族的阿细跳月与火把节、傣族的泼水节等。这些美往往表现为稍纵即逝的时间意象，需要到特定环境中亲身体验才能获得原汁原味的感受。这种审美特性把旅游审美与在家观赏一些音像制品从根本上区别开来，具有不可替代性。

最后是心理文化美。民俗形象深处所包含着的心理文化，通过物化的感性文化形态以及人化的社会文化形态展示出来。例如纳西族的妇女身着披星戴月服饰在田间劳作，所体现出来的是纳西妇女的勤劳、能干。又如从前的傣族有"路不拾遗、夜不闭户"的风尚，即便是陌生人也可以随便敲开傣族人的家门，到傣族人家吃饭、住宿，他们把客人奉为上宾，给予热情而友好的接待，而他们分文不取。旅游者只有亲自体验，才能感受到他们心灵的淳朴和美好。

（2）社会生活美

美来源于生活，社会生活美在旅游者的审美活动中也占据了不可忽视的分量。

首先，全社会的精神文明面貌和水准在很大程度上左右着旅游业的发展方向。例如丽江泸沽湖在很大程度上就是以当地摩梭人的社会生活来吸引旅游者的。泸沽湖的静谧、纯洁美与摩梭母系氏族以及他们走婚习俗的神秘美的完美结合，使旅游者纷至沓来。但是换个角度来看，由于某些社会舆论的误导，一些人将走婚习俗庸俗化，甚至进行一些商业用途或媒体炒作，这样不仅是对少数民族感情的伤害，而且可能会使该地的旅游业发展偏离正常的轨道，大大降低旅游美感与旅游品味。

其次，将旅游从业人员乃至当地居民的德行操守、社区文化活动状貌、社会建设成就等方面按照美学规律有机组合起来，形成具有审美价值、令人赏心悦目形象特征的社会风貌美，就可以成为旅游目的地吸引游客的重要资源。例如上海于1997年明确提出把集都市文化、都市风光、都市商业为一体的都市旅游作为主要旅游产品推向市场。从上海市民的日常生活到日新月异的市政建设，从繁华喧闹的商业街区到一流的公益设施和娱乐设施，从海派文化到多元文化的荟萃，当地的社会风貌多侧面、立体化的吸引着人们对其进行综合性的审美。

（3）旅游文化艺术美

中国的传统艺术美只有在中国社会、文化氛围中才能充分展现，而这些是许多国际旅游者乃至许多国内旅游者渴望目睹的。文化艺术是情感的结晶，它们会使旅游者的心灵受到强烈的震撼。例如雕塑、绘画、戏剧、书法、园林艺术、民间工艺美术以及剪纸、丝绣、蜡染、扎染、竹编等工艺品，都能激发旅游者艺术审美的激情。而这种类型的美是需要媒介的，比如导游。他们引导旅游者尤其是外国旅游者了解中国艺术美、中国传统的审美观。如果不了解这些，游客就很难感受得到中国的文化艺术美。例如中国画讲究的是意境，正所谓"景愈藏、境愈大"，只是寥寥数笔，就表现出作者所想要表现的主题。含蓄的意境是中国旅游文化艺术品审美的重要尺度，反映了中华民族文化的背景特征。这些因虚得实、虚实相生、超于相外的艺术效果若没有导游人员的讲解服务，大部分旅游者是难以体会得到其中的精髓的。

（4）旅游设施美

旅游设施包括基础设施和接待设施。虽然它们是功能性的设施，但是旅游者与它们直接接触，所以不可避免地也成为了旅游者审美的对象。另外，把旅游设施的功能性提高到审美的层面，也是提升旅游目的地形象，增强吸引力的重要手段。

旅游基础设施包括交通设施、旅游厕所、邮电通讯等。例如，旅游道路两旁的景色往往是游客们在旅途中的审美对象，如果没有精心安排和设计，要么单调乏味，要么毫无美感可言。因此，我们认为旅游道路的选址很重要，不仅要考虑技术可行性和成本，还应该考虑周边的景观质量。对于周边景观审美缺乏或不高的地区，应该有意识地利用现代人工的手段将其美化。在人工进行美化时，应该遵循既协调又富于变化的原则。又如旅游厕所，它们往往会成为旅游者评价当地旅游服务质量的决定因素。干净、无异味是旅游者对旅游厕所的首要要求而人性化的设计是提高旅游者满意度的重要手段。如果还具有与周围景观协调的风格和色调以及与众不同的特色，则会成为一道风景线，给旅游者带来特别的审美感受。

旅游接待设施包括饭店、餐馆等。接待设施已经进入旅游者消费的直接环节，更理所当然地成为审美对象。例如宾馆，旅游者在选择宾馆时，宾馆的外观以及大堂肯定会给他们或好或坏的第一印象，这种第一印象在很大程度上会影响他们的决策。即使是团队客，在他们入住宾馆时，首先也是从外观判断服务质量的。美观、整洁、清新而富有特色的和谐美的环境营造是旅游接待设施的重要原则，应该强调意境美、装饰陈设美以及整体协调美的综合。

8.2.2　旅游审美的效果

旅游审美具有净化情感、美化灵魂、促进社会审美化以及旅游审美循环效应等多重效果。

1. 净化情感

现实的人生总是充满各种矛盾、冲突、骚扰、躁动……尤其在分工细致、操作重复、生活单调、环境嘈杂、污染严重、竞争激烈的现代工业化社会，焦虑、苦闷等负面情绪与心态不可避免地淡化着人们的人生乐趣。处于逃避、自我调节、防卫等心理中，旅游成为越来越多人的选择。

当你放下处世心机，走出纷扰的城市，抬头看看蓝天白云、碧树繁花，或借余暇到漓江泛舟、泰山观日、三潭赏月、庐山望瀑、沧海听涛、古寺敬佛、雪后踏梅或闲暇垂钓，一种轻松愉悦之感油然而生，疲惫的身心得到解脱。此时此刻，你或托情于物，或借景抒情，或触目生情，于物我情趣和生命的往复回流中，望山河大地而扬眉带笑，听溪语鸟鸣而无限神驰，睹鱼跃鸢飞而欣然自得，对修竹清泉而杂念净尽……旅游审美效果可见一斑。正是因为这样许多人都把旅游视为现代工业社会或"文明机器"的重要组成部分和解决文化心理问题的重要途径。从这种意义上讲，旅游审美具有使世界保持正常秩序和净化人类心理环境的效果和价值。

2. 美化灵魂

事实证明，旅游具有不可忽视的寓教于乐的美育功能。它通过潜移默化培养和提高着人们对现实世界以及文化艺术的审美鉴赏力、陶冶着人们的情操、促进着人们的身心健康、升华着人们的精神道德。

在游览过雄伟的长城、奔腾的黄河、风景如画的西湖、空阔浩渺的滇池、泰山的日出、庐山的飞瀑、黄山的烟云……你肯定会为这气象万千的壮丽山河而心旌摇曳、昂扬神驰，从而更加热爱自己伟大的祖国。再如，那些回国观光探亲的海外华侨和港澳同胞们，不正是在这个古迹浩繁、文物辉煌的故土上，在一系列搜奇览胜的旅游活动中，在满足了其求知欲和审美需求的同时，激发了他们强烈的民族自豪感和爱国心吗？

> 一个能到自然中去发现美的人，是一个具有优美灵魂的人。
>
> ——康德

3. 促进社会审美化

人类对美的追求转化为强大的实践力量和创造热情，从而推动了社会的进步，实现了全社会的审美化。当今社会，人们对美的追求呈现出一种多元化的趋势。而作为一项综合性的审美活动，旅游可以满足人们的爱美求美之心，具有净化感情的妙用和造就具有优美灵魂的人的美育功能。与此同时，旅游业在构成上也是一种特殊的多元化产业，几乎涉及社会有效劳动的一切领域，这在促进社会全方位发展和实现全社会审美化方面是极有力的促进因素。

4. 旅游审美循环效应

范仲淹两登岳阳楼，徐霞客复观黄山景，旅游者多次询问自己喜欢的旅游目的地的行为方式，从接受美学和解释美学的角度来说，是一种旅游审美循环现象。

在审美主体方面，引导旅游审美的循环因素首先是社会文化心理与审美要求，其次是人们普遍享有的"无限交流意志"，再次是主体认知和解释对象的循环过程。对于审美对象而言，导致旅游审美的循环因素首先是景观的变化性，其次是服务的艺术性，再次是时空的有限性。

旅游审美的循环效应是多方面多层次的。概而论之，可分为精神效应与社会效应两大类。前者有益于深化主体的审美感受，提高主体的审美趣味或鉴赏力，使其从一般的生理快感为特征的"悦耳悦目"的审美体验升华到以道德与理性的审美领悟为特征的"悦志悦神"的最高境界。后者则包括经济效应、文化效应和政治效应等等，对国家和人民有多种实利性的推动调节作用。

8.3　旅游审美心理

旅游者的审美态度会直接影响旅游审美的质量，从而影响他们对旅游服务、产品的评价。因此，研究旅游者的审美态度，有利于根据他们已有的态度进行相应的旅游服务，有利于将他们已有的态度引导、改变至有利于旅游供给者操作的方向。旅游资源开发规划者的审美心理，对旅游者的审美有直接的引导作用，而一些美学原理对旅游资源的规划和开发具有很强的指导意义。作为审美对象的一种，旅游工作者的审美心理直接影响到他们所体现出来的美的质量。因此，旅游工作者审美能力的培养和提高也是一项非常重要的任务。在本部分，我们将分别就旅游者审美、旅游资源开发规划者审美、旅游工作者审美等核心问题进行分析。

8.3.1　旅游者审美

1. 审美态度说、审美趣味说与审美距离说

（1）审美态度说

美学家们多从主体的特殊心理态度，即审美态度的角度来探求美的根源，认为这是鉴赏的根本原因。美国当代心理学家阿尔波特认为："态度是一种精神和神经准备就绪的状态，它通过经验组织起来，并对个人所面临的客观对象和与之有

关的情景做出反应，产生一种起指导作用或能动作用的影响。"[①]因此，它是外界刺激与个体反应之间的中介因素。

一个事物能否成为审美对象，从根本上说取决于观赏者对它采取何种心态。例如，同样面对一株兰花，甲一看到它就在想它有什么用处、能卖多少钱，这是一种实用的态度；乙一见到它就想起它的学名是什么、属于哪一门哪一类等等，这是一种科学研究的态度；丙见到它就为其婀娜的身姿，娇嫩的花瓣所打动，并把自己全部的心理活动都投入到无限的想象中去，无所为而为地欣赏它，这才是审美的心理态度。主体的审美态度是审美鉴赏的起点。

陶水平（1991）认为，审美态度理论在西方美学史上源远流长，其源头可追溯到古希腊柏拉图的"迷狂说"，但真正形成流派并流传至今,则是在近代以后。近代西方的审美态度论者发现并研究了审美欣赏中许多重要的鉴赏态度类型，例如游戏的态度、孤立的态度、移情的态度、距离的态度等等。他还认为，审美态度作为一种最基本的审美经验，包含三个心理层面：审美情景注意、审美心理时空以及审美人格倾向，这三个层面由表及里，层层深入。[②]

总之，审美态度具有个体差异，具体到不同的审美对象上也会表现出不同的特点，审美态度说成为审美心理学研究的重要组成部分。

补充阅读

关于审美态度理论

审美态度学说，在西方最早可追溯到柏拉图，在东方可追溯到庄子。而最早以"态度"一词来标示这种特殊的审美心理状态的则是英国美学家、新柏拉图派代表人物夏夫兹博里（Shattesbury，1671～1713）。自其之后，康德（Kant）、叔本华等人又对此作了特别详细的阐述。经现代美学家布洛（Bullough，1880～1934）的系统解释，它便成了现代美学的主要支柱，其影响之大、延续时间之长、范围之广，是任何别的学说所无法比拟的。在这些学说中，叔本华的"审美静观说"、康德的"审美无利害关系说"以及布洛的"心理距离说"是最有代表性的。

（2）审美趣味说

审美趣味说的主要观点是，只有有趣的东西才能吸引审美主体的注意，从而获得较好的审美感受以及审美愉悦。

据此观点，在进行旅游产品及旅游活动项目设计时，应该增强趣味性和参与性，而不应该秉承过去的纯观光的旅游方式。在导游讲解时，也应该注意科学性和趣味性的结合，以提高旅游者的审美兴趣。在某些特定场合，可以设计一些具有地方特色的餐饮，从而增强吃饭过程的趣味性，多角度地调动旅游者的审美积

---

① 弗里德曼，等.1986. 社会心理学. 高地等译. 哈尔滨：黑龙江人民出版社，321

② 陶水平.1999. 审美态度心理学. 天津：百花文艺出版社，10、37

极性。

（3）审美距离说

瑞士心理学家、美学家布洛（Bullough）在其 1912 年发表的《"心理距离"作为一项艺术因素与审美原则》一文中提出了审美"距离说"。他认为在审美时，主客体之间要保持一种无功利、非实用的心理距离，功利一旦介入其中，就得不到美感。我国著名美学家朱光潜先生的距离理论则认为，分析审美者与审美对象应该保持怎样的审美距离才能达到最佳审美效果，即那种"不即不离"的最佳审美距离。审美距离说发展到今天，仍有不少学者对"距离"有各种新的理解。在笔者看来，今天的审美距离说更成熟和完善了。

1）审美距离有物理距离和心理距离之分。审美的物理距离是指审美主体与审美客体之间的空间或时间距离。在审美时，审美主体与审美客体之间的空间距离既不能太大，也不能太小。距离太小，主体离客体太近，会使得客体的局部相互遮挡，只有退到较远的距离，相互遮挡消失，主体才能领略到审美对象的整体风貌和气势。另外，距离太近，可能会使感知的角度过偏，审美对象在感受中会扭曲变形，致使主体看不到它的本来面目。

审美的心理距离是指审美中主体对客体功利性的淡漠超越程度。审美时，主客体之间要保持一种无功利、非实用的心理距离。布洛举了个在海上行船发生大雾时心理距离与审美的例子来说明心理距离对审美而言的重要性。心理距离也要适度。距离过大，主体没有与客体发生过利害功用关系，会使得主体的求知欲大于审美欲，美感就很难产生。而且，在审美活动中，客体最能打动主体的感情时，主体和客体往往融为一体，"距离"又是最近的。但是，心理距离过小，主体可能只考虑对象的实用性，而对超功利的美的属性则可能漠视。这就是"距离的矛盾"。

审美距离对于分析客流的形成、旅游者的需求等问题有非常重要的意义。

根据"距离的矛盾"，我们知道，最可能产生客流的地方是距离旅游目的地的半径适中的地方。因为，距离太远，旅游者所要付出的时间和精力太大；而距离太近，又无法满足他们出行的愿望和对远方崇拜的心理，两者都不是最好的审美距离。以上是从物理距离考虑的情况。从心理距离来看，客流产生的距离不是纯粹的空间距离，而是考虑了时间、精力等因素在内的心理距离。

旅游者旅游动机的产生和他们的需求密切相关。一方面，旅游者喜欢追求稀奇独特的事物，也就是那些在日常生活中难以见到的事物，即异质文化。另一方面，他们对于自己比较熟悉的东西又有安全感和认同感。最明显的例子是云南的旅游者喜欢到海南、北海这些有海的地方旅游，因为云南没有海；而日本、韩国的旅游者喜欢将中国作为自己的目的地，是因为他们某些方面的文化与我们具有同源性。

2）距离说也可以运用于艺术活动。因为艺术本身就是一种审美、创造美的活动。从这个意义上说，旅游资源开发规划者们的工作也是一种艺术创作。他们在规划时，首先要在远处对资源有一个总体把握，对规划地的相关资料进行收集，这样才能找出重点，形成一定的概念。但是，这种远距离的把握毕竟没有实地的感知真实、生动，也许还会有很多潜在的美被掩盖，因此还要到实地进行资源调查，即近距离地了解旅游资源的美。只有将两者很好地结合起来，才能对旅游资源情况真正有一个比较完整的认识。

在规划设计时，规划者从心理上不能说完全是无功利性的，因为规划设计是要指导实际工作的，必然具有实用性。但是，在设计时，理想的想法也是可以表现的，也许现阶段还做不到，希望在将来能做得到。

> "诗人对宇宙人生，须入乎其内，又须出乎其外。入乎其内，故能写之；出乎其外，故能观之。入乎其内，故有生气；出乎其外，故有高致。"
>
> ——王国维在《人间词话》

2. 旅游者审美态度

旅游者的审美态度，是指旅游者在旅游购买决策和旅游活动中对旅游商品及有关事物在审美层面上形成的反应倾向。旅游者的审美态度一旦形成，就会导致他们在审美上的某种偏爱或某种方式的行为倾向。这种偏爱和行为倾向的形成会影响旅游决策，并进一步影响旅游者的审美体验。

旅游者的个性、知识、经验、所处文化环境、需求、组织群体等因素都会影响旅游者的审美态度的形成。

（1）个性

俗话说，"仁者乐山，智者乐水"，旅游者的个性差异往往表现在其审美对象与审美态度的差异上。个性开朗的旅游者也许能从雄美、壮丽的景色中获得审美愉悦，而个性比较内向的旅游者也许更能从幽美、灵秀的景色中获得审美愉悦。

（2）知识

旅游者的知识结构对形成旅游审美态度的影响显而易见。人们比较倾向于感知他们熟悉的事物，因而旅游者在审美时对自己熟悉的东西也会特别关注，也特别容易从中获得美感。比如，在同样面对张艺谋的大型原生态舞蹈《印象刘三姐》时，有些游客关注的是动听的山歌，有的游客关注的是华美的服饰，有的游客关注的是营造出良好氛围的灯光，而有的游客则关注的是舞台效果……

（3）经验

对某一旅游地有所了解、有很多旅游审美经验的旅游者，相对于对旅游地一无所知、没有太多审美经验的旅游者而言，对旅游地美感的感知会更容易，因为前者在旅游之前就对该旅游地形成了一定的印象，甚至是一定的态度。此外，具有丰富经验的游客与不具备丰富旅游经验的游客相比，往往会有更强的审美能力与审美意识。

（4）所处文化环境

旅游者所处的文化环境对其审美态度的影响范围更广，旅游者追求与他们同质或异质的文化。比如日本人、韩国人曾一度很喜欢来中国旅游，就是因为他们的文化和中国文化有很多相似性。而一些欧美人来中国旅游，并不会对高楼大厦有太高的审美评价，反之，他们更欣赏原始古朴的风貌。

（5）需求

人们往往对自己需要的东西感兴趣。比如说同一旅游目的地，有的旅游者看重的是当地的休闲氛围，有的旅游者看重自然风光，有的却欣赏当地的人文美，这都是由旅游者自身的心理需求所决定的。

补充阅读

需要层次理论新解

马斯洛的需要层次论认为，人类的需要分为五个层次，从低到高依次为生理需要、安全需要、爱与归属需要、尊重需要、自我实现需要。后来，他对该理论作了补充，认为人们还有认知需要和审美需要。在该理论中，他认为人们对美的需要也是一种基本的需要。比如，希望行动的完美，对于事物的对称性、秩序性、闭合性等美的形式的欣赏，对于美的结构和规律性的需要等，都是审美需要的表现形式。

（6）组织群体

因为从众心理的存在，旅游者所在的组织群体对他们的审美会有影响。例如，在进行旅游商品购物时，人们往往会征求随行者的意见。另外，如果群体中的大多数人都说某一个风景是美的，那么很少会有人持反对意见。

8.3.2　旅游资源开发规划者审美

在旅游资源开发与规划中，规划者的审美心理会影响未来旅游景观（人文、自然、社会）的开发品位、旅游基础设施建设以及旅游人力资源建设等。因此，研究旅游资源开发规划者的审美心理和审美态度意义深远。

1. 旅游资源开发规划者审美的特点

（1）专业性

旅游资源开发规划者大多都是旅游管理、规划等方面的专家，他们的审美往往带着专业的眼光。例如一些偏远地区保存完好的古村寨在很多旅游者看来可能并不是很美，也缺乏娱乐性，可达性差，接待设施条件也不好。这些因素如果叠加起来，也许旅游者就会觉得没有太大的旅游价值。而在专家们的眼里，尤其是一些旅游人类学的专家，可能就会从专业角度出发，认为这些古村寨不仅有很强的审美价值，而且有很高的社会价值。

然而，也正是由于规划者在审美时带着比较专业的眼光，因此他们的审美有时候会缺乏大众性，这样的例子在规划中并不在少数。在利用专家意见评价法对旅游资源进行评价时，得出的结论很有可能会和旅游者意见有所差距。这种情况实际上是合理的，因为每个亚人群审美的重点、偏好等都不一样，解决之道就是多做旅游者调查。

（2）全面性

规划者的审美是从全盘上进行把握的。仅仅觉得某个资源点美就把注意力全盘放在这上面，肯定无法设计好一个旅游产品。因为旅游服务是全方位的，任何一个环节出了问题，都会影响整个产品的质量，乃至影响到该旅游目的地的整体形象。所以规划者不仅要考虑把景区景点的美充分展现出来，还必须考虑到生态环境美、用餐环境美、住宿环境美、服务人员美等等。

（3）引导性

规划者审美的引导性是指他们的审美具有引导作用。在开发规划时，规划者不能仅仅以游客的喜好为己任。在强调绿色的今天，在强调可持续发展的今天，规划者应该考虑得更多的是能够把什么开发出来给旅游者，而不是旅游者想要什么就开发什么。比如，丽江宁蒗摩梭人的走婚习俗在一些经营者眼里具有很大的商机，而某些旅游者也希望有这类旅游产品。但是作为开发规划者，这些关乎民族习惯等文化核心的事物，笔者认为应该采取保护的态度，必要时还要倡导拒绝一些不正当的商业炒作行为，还泸沽湖的宁静与神秘。

2. 审美心理评价标准和美学原则与旅游资源开发规划

（1）审美心理评价标准

由于各种资源评价方法都不免带有主观色彩，虽然现在的评价方法也引入了一定的定量评价模型，但是操作者毕竟是人，因此一个简单实用的审美评价标准就显得尤为重要了。在旅游资源开发与规划中，应主张以客源市场为标准，以旅游者的审美心理需求为核心，以历史标准和社会标准为导向的旅游资源综合评价体系。在评价过程中采取定量与定性相结合的方法，着眼于研究旅游客源动态的审美需求心理变化及旅游资源对客源市场的吸引力。因为旅游资源自身在变化，自然资源可能会发生风化，受自然灾害的影响，也可能会受到人为的破坏；人文资源的脆弱性以及文化的可变迁性又使得它们极其容易改变。而旅游资源转化为旅游产品后，也有其生命周期，从进入到成长、成熟、衰退或者复苏，是一个必然的过程。

而对旅游者而言，他们从一种类型的旅游吸引物中得到足够的情感与心理满足之后，受求新、求异等心理的支配，他们的偏好会发生转移，去寻求新的心理满足。因此规划者要研究的不仅是现状，还要对变化有着敏锐的洞察力，对未来的需求变化有一定的预测，这样做出来的规划才有生命力。

因此，旅游资源的吸引力一方面是其自身所具有的美学价值、实用价值、文化价值等属性所决定的，另一方面也是旅游者主观效用的反映。此外，人在社会化的过程中必然会受到社会、所处环境的影响，可能形成一些心理定势，加上从众心理等其他因素，使得审美标准必然受到历史的、社会的影响。因此，在资源评价时必须充分考虑到这些方面的平衡。

综上所述，在规划中要根据客源市场的情况，有针对性地进行开发，要深入分析客源市场中旅游者的心理需求，综合考虑到历史、社会的因素，才能设计出有吸引力的产品。

（2）美学原则与旅游资源开发规划

在进行旅游资源开发规划时，应该遵循一定的美学原则，并在此基础上做到因地制宜、因时制宜。

1）形式美法则。就是对形式构成及其韵律的审美标准。这是人们经过长期审美实践，概括出来的能引起审美快感的形式的共同特征。主要有整齐、对称、比例、节奏、韵律、调和、对比、和谐、统一等。

对称与均衡。两者都是视觉平衡的形式，前者是中心点两边对应的关系，后者则是不对称形态上的视觉平衡。在规划设计时，要充分掌握好两者之间的关系。比如说同是园林，中山陵就是对称的居多，而苏州园林则更多的强调不对称中活泼生动的均衡。

对比与调和。在规划时要把握好对比和调和的关系。对比可以形成鲜明的对照，使主次分明，但使用时应慎重。因为对人而言，和谐的感受更容易接受。我们尤其应该重视自然与人文资源的调和。比如树林中的房子，外形最好和绿树和谐，体量也不能过大，以免破坏自然的美景。

多样与统一。多样体现的是不同事物个性的差别，统一则是多种事物共性的协调或整体、局部之间的融合。比如苏州园林，占地面积不大，但其精心多变的布局却使旅游者感到迂回曲折、错落有致、小中见大，做到了丰富多样而又和谐不乱。在进行项目规划设计时，我们要考虑的必然是个多环节，各个环节都有各自的特点，即使是同样性质的东西，比如餐厅，也可以设计成多样的风格以满足不同旅游者的需求。而在多样化之中，我们又应该寻找到他们内在的一致性或者是可融合的地方，努力做到丰富而不杂乱。

过渡与呼应。通过渐变把强烈对比的部分形成和谐自然的形态，就叫过渡。呼应则是将某些相同或相似的形式要素恰当地放在不同部位，形成互相呼应、照应的效果。在规划设计时通常要进行功能区的划分，在各个功能区之间，应该有比较好的过渡，才不会使旅游者产生难以适应的变化。在行程设计上，也应该有过渡，不可能时时高潮，更不能处处平淡。这样才能使旅游者得到最好的旅游审美效果。在某些景区，适当的设疑、呼应能够提高旅游者游览兴致，使审美心理更好地发挥作用，获得美好的旅游审美体验。

2）意境美法则。这是对形象之间、形象与环境、社会、文化之间的比较抽象的描述。

规划者在进行旅游资源开发和产品设计时，从形象的东西入手，并同时充分挖掘资源、产品的内涵，创造优美、深远等美好的意境，从而使旅游者受到更高层次的精神熏陶。比如，在开发红色旅游产品时，就应该把英雄人物、历史事件很好地挖掘出来，塑造整体旅游形象。又如在设计乡村旅游产品时，要安排一些参与性的项目，比如篝火晚会，在一个抬头星星满天、放眼麦浪滚滚的空地上和在一个用瓷砖贴墙的农家小院里进行，旅游者所能体会到的意境美肯定是不同的。

另外，在旅游资源规划和开发中还应当坚持突出独特性原则、民族性原则、"因地制宜、因景制宜"原则。

8.3.3 旅游工作者审美心理

旅游工作者常常与旅游者直接接触，他们不仅是旅游审美信息的传递者，也是旅游审美行为的协调者，也可能会成为旅游者的审美对象。因此，研究旅游工作者的审美心理也很重要。

1. 作为审美对象存在的旅游工作者

（1）仪表美

旅游工作者的服饰、仪容、仪态等都是旅游者自觉不自觉就会注意到的，是旅游者判断服务质量的一个重要标准。

仪表：仪表是人的精神面貌的外在体现，整洁大方、自然礼貌的仪表能够吸引旅游者，营造信赖、亲近感等心理效果，给旅游者留下良好的第一印象和最后印象。

服饰：服饰能够营造一种旅游氛围，给旅游者带来一些审美暗示。例如，在一些景区景点，身着民族服饰、打扮得很漂亮的导游小姐受到旅游者选择的机率就比较大。又比如，在餐厅里，服务人员清爽、美观、素雅卫生的服饰能够给人一种淡雅明快的感觉；而传统以白色作为主色调的服饰，体现的则是洁净之美，能让旅游者产生愉悦感，从而增进食欲。

仪容：例如，餐厅的服务员容貌端庄、精神饱满、发式整洁规范、手部卫生美观，就会给旅游者带来一种该餐厅的食品肯定也是卫生的感觉。

仪态：例如，导游在车上进行讲解服务的过程中，如果导游员斜靠在座位上，不注重仪态的保持，就会给旅游者一种很懒散的感觉，自然无法达到旅游者的审美需求。又如在饭店服务中，大到站姿、坐姿，小到一个手势，都会影响旅游者的审美心情,只有规范得体的操作以及优美的姿态,才能令旅游者获得美的感受。

(2)语言美

语言是人们沟通信息、交流思想和感情的媒介。服务人员的语言会直接影响旅游者的心理活动。例如,导游的语言在用词、声调等方面讲究语言艺术,如果做到言之悦人、言之畅达、言之文雅,就能够给人以美的享受,使旅游者产生美的移情。又如,在宾馆饭店中,从门卫到大厅,从总台到行李运送、电梯、电话服务等人员,主动热情而得体的欢迎、问候,诚恳的致谢、道歉,衷心的告别等,都可以使宾客们心情愉悦。不规范、不灵活、不恰当的语言对宾馆饭店的服务、经营都会带来不良的影响。

补充阅读

服务用语的规范性与灵活性

[案例 A] 在一家酒店的客房服务台,一位女服务员正在值班台服务。这时,一位美国小姐从她的房间走出来。服务员一见,就用中文问了一句:"小姐,您好!您出去呀?"这位美国小姐略通中文,她说:"你说的'小姐。您好'我懂。那'您出去呀'是什么意思?"这位服务员解释道:"我们平时见到朋友,习惯问'你出去呀,你去公园,你去工作呀等。"这位小姐只听懂了几个词"出去、公园、工作",其他就不懂了,立即翻了脸,说服务员侮辱她。服务员反复解释,由于语言不通,越解释客人越恼怒。该小姐一气之下找到总经理投诉,说服务员侮辱她的人格,说她是去公园工作的妓女,要求饭店做出解释。总经理出面了解事情真相,并代表酒店向客人道了歉。

[案例 B] 某宾馆一位姓王的常住客人,最近突然从本宾馆迁到对面的一家饭店住宿。客房部经理知道后,亲自去拜访客人,问其原委。这位客人说:"客房服务员是'鹦鹉',每次见到我只会'鹦鹉学舌'地说'您好,先生'。而对面饭店客房服务员是'百灵鸟',我每次碰到服务员时,总能听到曲目不同的悦耳歌声,这使我心情舒畅。"

[案例 C] 酒店服务员在一位客人清早离店时说了一句"请慢走",没想到客人立即回敬她:"小姐,你不是存心让我迟到吗?我走着去开会,你请我慢走到什么时候?"弄得这位服务员很尴尬。

(3)行为美

> 人是因为可爱而美丽,而不是因为美丽而可爱。
>
> ——契诃夫

旅游工作者的仪表美只有配合着行为美才能给旅游者带来较为全面的审美感受。如果举手投足文雅而富有教养,符合服务程序、要求和规范,符合礼仪礼貌,就能给旅游者很好的审美感受。

例如，在请客人入座时，左手或右手应轻轻扬起，做"请"的姿势。如果手抬得太高，会显得过于随意、不够谦恭；手抬得太低，又会显得过于局促、太拘谨。只有扬起的手臂与身体之间形成合适的夹角，才会美观。而扬手的速度也应该快慢适中。过快，显得过于随便，漫不经心；过慢，又会显得有气无力，无法体现出饱满的精神面貌。因此，要做到行为美，就要做到行为的速度、角度、规范性等方面都很协调。又如，旅游工作者的站姿——站如松，要求挺直腰杆，两手自然下垂贴紧裤子边缝，双脚笔直站立。这种要求也是有利于审美的。因为这种姿势要求身体处于紧张的状态，表面看起来是静止的，实际上在静止的形态内蕴蓄的是一种力拔山河的气势，包含着一种无形的张力。松树的树冠形状，呈锐角三角形，在人们的意念想象中像火箭，具有气冲云霄的意味；而松树的形象也会在人们的视觉审美中获得高耸入云的意味。所以，旅游工作者的站姿如松，其审美原因就在于：以静寓动、动感升腾、高耸蓝天、气贯长虹。

（4）心灵美

如果说仪表美、语言美、行为美是旅游工作者通过自己的身体语言来给旅游者传达美的话，那么心灵美则是旅游工作者的美能够更为深刻表达的必要条件，也是更具有感染性的人格美的体现。

旅游工作者的心灵美包括健康的工作心理、良好的职业道德等方面。

健康的工作心理是提供高服务质量的保证。人在一个环境中工作久了，难免会产生心理疲劳，对自己的工作产生许多消极的情绪以及单调和厌烦感。另外，由于旅游工作是服务性的工作，要抱着"顾客总是对的"的态度，时间长了心理肯定容易不平衡。因此，只有学会自我调节，有一个健康的工作心理，才能按质按量的提供服务，才能把自己的美展现给顾客。

良好的职业道德是旅游工作者们提供高品位、高品质服务的心理基础。比如，一个具备良好职业道德的导游不会不考虑旅游者的利益，明知一些商品不适合某些旅游者，或者甚至质量都不合格，还向旅游者推销或给予一些心理暗示。又如，一些有良好职业道德的餐厅服务员，就不会在顾客点菜时一味推销高档菜，甚至利用信息不对称变相地欺骗顾客。

补充阅读

崔经理请几位教授到北京某星级宾馆的中餐厅用餐。服务小姐很有礼貌地把他们请到餐桌前入座后，便开始请他们点菜。老朋友见面聊个没完，崔经理接过菜单看了一眼，便把它递给旁边的孙教授请他点。孙教授对一些菜名不太熟，便请服务员讲解，边点菜。点了几个中高档的菜后，孙教授又对小姐说："我们年纪都大了，很想要一些清淡的汤菜，像粟米羹之类的东西。"

"我们这里今天没有粟米羹，但有'燕窝鱼翅羹'，这是我们的特色羹汤。"小姐不失时机地推荐到。此时，崔经理正在和其他人谈话，孙教授见菜单上没有这道羹汤，以为价钱不贵，就点了点头："请给我们 10 个人每人要一碗吧。"

过了一会儿，酒水和菜就上桌了。大家边聊边吃，非常高兴。席间服务小姐给每人端上一小罐羹汤，并告诉大家这是"燕窝鱼翅羹"，当时大家并没有在意，就用小汤匙喝了起来。孙教授几口就把羹汤喝光了，嘴里还嚷嚷着："好喝，味道很鲜，只是有点像粉丝汤。"结账时，小姐告诉崔经理，餐费共 6000 多元人民币。大家一听都傻了眼，以为自己听错了。崔经理忙让服务员把账单拿过来，一看"燕窝鱼翅羹"一项就记录着近 5000 元。"小姐，这羹多少钱一碗？"孙教授忙问道。"498 元"小姐回答说。"你在介绍时怎么不告诉我价钱呢？"孙教授有些张口结舌了。小姐微笑着默默无语。由于现金不够，通过协调，最后，餐厅同意崔经理留下身份证明天再来交钱。

2. 旅游工作者审美能力的培养和提高

旅游工作者本身会成为旅游者的审美对象，他们肩负着沟通、传递旅游审美信息的重任，对旅游者的审美起着引导作用，因此旅游工作者的审美心理对旅游者的审美心理有着很大的影响。旅游工作者审美能力的培养和提高，关系着旅游者审美体验的质量，是旅游业发展的关键一环。比如说导游员，在前文中提到过，有相关知识以及审美经验的旅游者更容易获得审美愉悦。导游就是把旅游地、景区景点的各种信息传递给游客，很多时候还进行审美引导。例如在游溶洞时，导游会指点着旅游者观看一些需要想象力的石钟乳。他们自身的知识沉淀影响着能够传递信息的程度。他们讲解时多种修辞手法的运用，对旅游者的审美唤起有着重要作用。另外，在讲解的过程中，导游本身会对审美对象形成某些态度，这样，他们传达给旅游者的信息在一定程度上说已是经过主观过滤的，对旅游者的审美影响就不言而喻了。另外，导游还是旅游审美活动的协调者。他们控制着审美的节奏，为旅游者选择审美地点和角度，引导旅游者进入审美意境。

那么，如何对旅游工作者的审美能力进行培养和提高呢？我们从旅游企业和员工两个方面进行分析：

对于旅游企业而言，首先应该重视对员工的培训。培训的内容应该丰富化，不仅包括业务技能培训，还应包括职业道德素质、礼仪规范、审美等方面的培训；其次，在企业文化氛围的引导下，提高企业形象的审美层次，树立一些榜样，对员工的审美起到示范效应；再次，应该合理设计工作环境，丰富工作内容，在适当时进行轮岗，以保证员工工作心理的健康，只有这样，才能保证员工做到心灵美；另外，应该了解员工的心理状态，及时进行引导，帮助他们调节某些失衡心理；最后，在适当时组织员工进行一些审美活动。例如参观美术馆或者进行一些绘画、歌唱比赛等等，潜移默化地培养和提高他们的审美能力。

对于旅游工作者本身而言，首先，应该有审美意识的自觉性，了解自己对旅游者审美的影响作用，从而有意识地从仪表、言语、行为、心灵等方面将自己的美充分展现给旅游者；其次，应该认识到自己对旅游者审美的引导作用，从而想方设法地为旅游者设计好旅游审美的时间、角度等方面的内容；再次，进行自我心理训练和调节。这是运用思维、情绪等心理因素的作用，对自己进行良好的心理暗示，使大脑产生美好的想象，这样有利于有效地解除工作疲劳，使自己心情愉悦，才能把自己最美好地一面展现给旅游者，也才能更全心全意地为旅游者服务；最后，应该自觉地培养自己的审美能力，通过进行一些审美性较强的活动，甚至是参加一些专业性的课程，主动培养自己的审美素质，提高自己的审美欣赏水平。

总而言之，旅游审美心理的研究，是运用心理学的方法来研究美学，以及审美心理在旅游企业和旅游活动全过程的运用，是个综合有机的系统工程。

本 章 回 顾

关键术语

1. 美（beauty）
2. 美感（aesthetic feeling/the sense of beauty）
3. 审美（aesthetic）
4. 审美对象（aesthetic object）
5. 审美经验（aesthetic experience）
6. 旅游审美（tourism aesthetic）
7. 审美心理学（aesthetic psychology）
8. 精神分析学派（phychoanalysis）
9. 格式塔心理学（Gestalt psychology）
10. 审美心理要素（mental factors of aesthetics）
11. 旅游审美态度（tourism aesthetic attitude）
12. 审美趣味（aesthetic taste）
13. 审美距离（aesthetic distance）

小结

本章较为系统地阐述了旅游审美心理的相关内容。在第一节审美心理要素中，首先说明了审美心理学的相关概念、审美心理学的发展历程，主要的现代审美心理流派（精神分析学派和格式塔学派），并分析了这些学派的理论在旅游审美中的体现和运用。其次，总结了主要的审美心理要素，着重分析了感知觉和想象、联想在旅游审美中的作用。在第二节旅游审美对象中，较为系统的介绍了旅游审美的主要对象，并讨论了有关旅游审美效果的问题。在第三节旅游审美心理中，首先介绍了审美态度说、审美趣味说以及审美距离说。在此基础上，从旅游者、旅游开发规划者、旅游工作者三个角度，对旅游审美心理进行了总体上的把握，着重说明了旅游者审美态度的形成，旅游资源开发规划者审美心理的特点以及审美心理评价标准和美学原则在旅游资源开发规划中的运用，旅游工作者的审美心理及其对旅游者的影响，以及对他们审美能力的培养与提高等问题。

案 例 分 析

天更蓝了，水更清了，人也更可爱了

　　丽江旅游区是云南省持续发展的旅游热点地区之一。丽江古城有着高原姑苏的美誉，潺潺的流水，被打磨得光滑的石板路，长着青草的石桥，古香古色的纳西民居，林立的小商铺，精致而风格迥异的酒吧，走进深巷偶然可见的穿着披星戴月服饰的纳西老奶奶，神秘的东巴文字，散发着古朴气息的纳西古乐……吸引着不同的旅游者。美丽的玉龙雪山，雄险的虎跳峡，恬静泸沽湖，神秘的摩梭风情……牵动着游客的心。他们有的是对美丽景色感兴趣，有的是对纳西古乐、东巴文字、情有独钟，有的纯粹只是被古城小桥流水人家的休闲氛围所吸引。无论是那种原因，到丽江去的游客络绎不绝，即使是丽江本地居民，都很喜欢到古城中休闲消费。

　　有一位很久以前到过丽江的旅游者说，他至今仍然无法忘记他在丽江度过的那些有着纳西姑娘在水边洗衣服的清晨，无法忘记热情淳朴的纳西人民递给他的纳西粑粑，无法忘记那些颤巍巍的老奶奶的背影。

　　一位刚从丽江回来的游客说，他住在一户纳西人家开的家庭旅馆，有一个很漂亮的小院子，处处透出精致与典雅，才 30 元一间，所谓的标间也才 50 元，非常舒服。每天早上起来，可以边烤太阳边看报纸。进出时主人家都会打个招呼，若是碰到吃饭时间，还会热情地邀请你一块吃饭。整个氛围，让人感觉一切都是那么安详、和谐、美好，仿佛天也更蓝了，水也更清了，人也更可爱了。

问题讨论

　　1. 旅游审美对象可以包含哪些方面的内容？

　　2. 运用所学知识，谈谈为什么旅游者的审美态度会有所区别。在旅游经营时，应该如何很好地利用这种区别？

　　3. 旅游工作者如何影响游客审美心理？

小李的游览解说

　　小李是石林景区的导游员，她的工作服装是经过改良后的阿诗玛服饰，游客们都说她微笑着进行导游讲解时就像真的阿诗玛。这天，她又带着一批游客在景区内游览：

大石林（石林湖傍，指石林湖内一巨石）

看，这是石林的第一个景点，叫"出水观音"。你看那巨石，状如观音，手捧柳枝瓶徐徐出水，因此得名。若从东岸看，此景最为形象。

……

（剑峰池）

这就是剑峰池，我们在这里观赏一下吧。看那池中巨石，酷似一把宝剑，剑柄插在水中，剑锋直指云霄。可是，一请看那剑是秃的，那剑锋在一次地震时震断，已落入水中。池中的水来自地下暗河，早季不涸，雨季不涨，或涨落甚微，池水清澈透凉。（指一边石头上一脚状石门和另一边小峰上一个如拳头打出的洞）请看这两个石洞，传说很久以前，有一个勇士和天神搏斗，宝剑被天神打断落入水中。他的宝剑就是池中那把宝剑，倒插在水中，没有剑刃。勇士来到剑峰池寻找，天神追赶到此。勇士急中生智，朝这边石头上蹬了一脚，结果蹬出了一扇门；又朝另一边的小石峰上打了一拳，结果打出了一个洞，很像拳头的形状。天神被惊得目瞪口呆，勇士立即从打出的洞中钻了出去，远走高飞了。他把他的宝剑，踢出的门和打出的洞通通留在了人间。

……

（望峰亭）

现在我们到了望峰亭。望峰亭初建于 1931 年 5 月，1971 年重建，建在高约30 米的石峰顶上，分为两层。我们现在站的这里是顶层，下面为底层。大家现在可以看到石林的主要游览区李子箐石林。它的面积约 12 平方公里，游览面积约1200 亩。主要由石林湖、大石林、小石林和李子园几个部分组成，游路有 5000多米。

……

（犀牛望月）

看远处那巨石，酷似一头犀牛凝视太空，仰天长啸，似在呼叫伴侣。它显得那么寂寞，那么孤独，赢得不少游人的同情。此景若在月明星稀之夜观看，效果最佳。犀牛仰视明月，发出阵阵叹息，游人也难免怅然泪下。

……

小石林

现在我们已经出了大石林，很快就要到小石林了。小石林在大石林的东北面。大石林与小石林风格各异，大石林气势磅礴，小石林玲珑别致。进入小石林你就会发现，层层石壁犹如道道屏风，把小石林分成若干多姿多彩的石峰林园。一个个林园内，怪石林立，有的形如走兽，有的状若古人，有的像飞禽伫立，这些天然造型栩栩如生，惟妙惟肖。大家马上就可以亲自领略到小石林的风采。

现在我们来到了石林最有名的景点——阿诗玛。现在阿诗玛就在大家眼前这片范围内，大家可以找找看我们美丽的阿诗玛在哪里。可以给大家一点提示：她穿着黄色的衣服，背着一个四方篮子。看到了吗？（然后让游客发挥想象力和观察力，寻找阿诗玛。）

我们找到了阿诗玛，在她身上也有一个非常凄美的故事……（讲阿诗玛的传说）

……

走到一块平地上，小李介绍了当地的舞蹈，并邀请团友一起跳，大家非常开心。结束之后，小李将团友带出小石林，宣布游览结束。全程游览时间为两个半小时。

问题讨论

1. 谈谈导游如何运用审美心理学的原理对旅游者进行导游服务工作。

2. 在石林景区的设计时是如何体现旅游资源开发规划者的审美态度的？试用审美心理评价标准和美学原则，评价石林旅游资源开发。

思考与练习

思考题

1. 如何理解美、美感与审美之间的关系？

2. 试举例说明审美心理要素与旅游审美之间的关系。

3. 旅游者的审美态度对其旅游活动会产生什么影响？

4. 在旅游规划者对旅游资源进行开发规划的过程中应考虑到哪些审美心理的内容？其作用何在？

第9章 旅游活动中的人际关系

引导案例

汽车旅馆经理的遭遇

一个从几百里外的城市来的家伙刚刚入住你的汽车旅馆。他的表现让人觉得他是什么了不起的政府官员似的。他去了自己的房间没一会儿，就怒气冲冲的闯进你的办公室，大喊大叫的说他房间的空调有毛病。你最近才花了75美元来修他房间的那台空调机。你敢肯定他刚才用拳头狠狠砸过它，他才该为这台机器的问题负责，你才不会让他随意摆布。

旅行者的遭遇

你刚刚住进了一家破破烂烂的汽车旅馆。正值8月中旬，气温高达40度。你打开空调的开关，却只有一阵嗡嗡的声音，接着空调机的通风口开始冒烟。在你用拳头砸了它几下以后，烟倒是止住了，可空调机还是不工作。你又热又累，真希望自己刚才挑的是一家好一点儿的旅馆。于是，你冲进了旅馆经理的办公室，冲他说旅馆又脏又破，管理糟糕透顶。你要求他立刻到你的房间去给你把空调修好。

问题讨论：

1. 旅行者和旅馆经理的沟通中存在什么障碍？
2. 旅行者和旅馆经理应如何来解决问题？

在旅游活动中，各种各样的人相处在一起。那么，对于旅游活动中的人际关系，你了解多少呢？

旅游活动是人们的社会活动之一。在旅游活动中，既有旅游者之间的交往，又有旅游者同旅游工作者之间的交往，还有旅游工作者之间的交往；既有个人之间的交往，又有个人与团体之间的交往，还有团体之间的交往。由此可以看出，旅游活动是一种人际关系比较复杂的社会活动。

通过本章的学习，可以了解到人际关系的基础理论、人际交往中的原则和技巧影响人际关系的因素以及改善人际关系的方法等知识。并通过了解人际沟通的障碍和有效沟通的技巧，掌握在旅游活动及生活中更好地与他人交流的技巧。

9.1　人际关系的建立与发展

在社会生活中，人们与他人保持着各种各样的人际关系，了解人际关系相关内容可以促进人际交往的顺利进行。本节将介绍人际关系的基础知识，包括人际关系的形成原因、人际关系建立和发展的过程以及人际关系的基本形态和类型等。

9.1.1　人际关系概念与构成

古希腊哲学家亚里士多德曾说：一个生活在社会中、同人不发生关系的人，不是动物就是神。在现实社会中，每个人都生活在各种关系之中，人与人之间不可避免地相互联系、相互影响、相互作用。

人际关系是指社会活动中人与人之间的心理关系、心理距离。

人际关系主要由三种心理成分构成。一是认知成分，指人与人之间是相互肯定还是相互否定，以认识上的一致为相互选择的标准；二是情感成分，指人与人之间是相互喜爱还是厌恶，以情感上的倾慕为相互选择的标准；三是行为成分，指人与人之间是相互交往还是相互隔绝，以行为上的共同活动为相互选择的标准。三种成分共同构成了错综复杂的人际关系状态。在这三个因素中，情感因素起着主导作用，制约着人际关系的亲密程度、深浅程度和稳定程度，一般所说的"友情"、"亲情"、"人情"都着重人际交往中的情感因素。可见，情感的相互依存关系则是人际关系的特征。但在实际情况中，一般来讲，在正式组织关系中，行为成分是调节人际关系的主导成分；而在非正式组织关系中，则是情感成分承担着主要的调节功能。

9.1.2　人际关系的需求类型

人际关系的产生基于人们都具有人际关系的需求。舒茨（Schutz，1958）认为，人际关系的模式大致可以通过三种人际需要来加以解释，即包容的需要、支配的需要和情感的需要。

人人都有希望与别人来往、结交、愿意与别人建立并维持和谐关系的欲望，这就是接纳别人和被别人接纳的包容的需求。具有这种需求的人希望与别人交往并建立和维持和谐的关系。包容需求存在于人的任何一个年龄阶段以及任何一个职业中，它是人际关系最基本的要求。由这种需求产生的待人行为有交往、沟通、容纳、参与等。与这种需求相反的对待他人的行为特征是孤立、退缩、排斥、疏远、忽视、对立等。这种需求的性质和强度不同，交往的深度和维持的时间也不相同。

控制的需求表现为希望在权力和权威上与别人建立并维持良好关系的欲望。它是社会的每一个成员都有的，并非身居高位的人才有这种需求。其人际关系对应的特征是运用权力、权威、威信，去影响、支配、控制、领导他人。与此相反的人际关系特征则是抗拒权威、忽视秩序、追随他人、模仿他人、受人支配等。

感情的需求是指在感情上愿意与别人建立并维持良好的关系的欲望，在人一生的心理发展过程中是贯彻始终的。其行为特征是同情、喜爱、热情、友善、热心、照顾、亲密等。与此相反的行为特征是冷漠、疏远、厌恶、憎恨等。

旅游中的人际关系需求既包括旅游者之间的需求，也包括旅游工作者与旅游者之间的需求，同时还包括旅游工作者之间的需求，他们共同影响人际关系的建立和旅游活动的开展。

9.1.3　人际关系的建立和发展

人际关系的建立形式是多种多样的，人际关系的发展速度也是有快有慢的。但无论形式怎样、速度如何，从互不相识到形成人际关系一般总要经历一个逐渐深化的过程，人际关系的形成和发展遵循着一定的心理规律。一般说来，人际关系的形成要经历三个共同的心理阶段。

1.　单相识阶段

这种类型的人际关系只包含交往双方十分微小的接触。我们的社会性关系大多属于这种类型。单相识阶段的人际关系是短暂的、表面性的，例如街道上擦肩而过的行人，你喜欢的电影明星等。尽管这一阶段的人际关系是微弱的，但它是更复杂的人际关系发展的基础。

2.　表面接触阶段

当互相之间开始了面对面的交往，人际关系从不相识进入相识状态，这就进入了人际关系建立的初期。但这时相互间的交往还多是角色性的接触而非感情上的融合，人际关系体现角色性接触而无进一步感情上的融合，比如客人同售货员、服务员等人所发生的接触等。这也是人际间最为普遍的关系。

3.　亲密阶段

随着双方在接触上越来越频繁，关系越来越密切，彼此了解加深，心理上越来越贴近而逐渐产生一种情感上的依赖和融洽，就形成了亲密互惠的人际关系。在这一水平上，交往双方彼此之间在情感、认识和行为上存在着一种亲密关系，或多或少的具有同样的感情、想法和行动。　亲密阶段可分为三种水平：

（1）合作水平

人们由于经常的共同活动或某种自然的联系，彼此互相帮助而融洽相处，从而结成互惠关系。但这种以共同行为连结起来的人际关系感情依赖性并不很强，外部接触成分还大于内心沟通。分开后可能彼此就淡漠了，只是在共同活动过程中能互相融洽相处。

（2）亲密水平

这时双方不仅积极参与共同的活动，心灵上也有较大相交，在一起活动时会感到充实、愉快。但这时还未达到两心如一，情感依赖性大而内心沟通不足。

（3）知交水平

这时可以说是到了人际关系的最高层次，不仅有共同的活动，无话不谈，感情强烈依恋，而且在观点、态度、志向、目标上都趋向一致，彼此在对方心目中占有较高的地位。李叔同先生著名的《送别》里那句"天之涯，地之角，知交半零落"的话，描写了至交好友离别的伤感之情。

> 人之相识，贵在相知；人之相知，贵在知心。
>
> ——孟子

人际关系发展的三个阶段并非对每一个旅游者都是一样的。有的人相互之间顺利地渡过了三个阶段，并达到了知交水平，有的人相互之间却始终超越不了表面接触阶段。当然，这也受到接触时间和频度等因素的影响。

9.1.4　人际关系的基本形态

人际关系的形态，是人际关系在不同阶段上和不同交往中的表现。人际关系在建立与发展的过程中会呈现出不同的形态。

1. 稳定形态

人际关系的稳定形态是人际关系在其功能发挥得最好的阶段上的存在形式，一般出现在较长时间的相互交往之后，往往存在于多年患难与共的夫妻之间、经过长期考验的朋友间、相互配合默契的同事间、彼此坦诚相待的同学间等。在稳定形态中，人际交往的频率高，双方对对方的吸引程度高和需要程度高而且稳定，人际关系的自我调节功能强而稳定。

2. 互补形态

人际关系的互补形态是一种良好的人际关系形态。它是指关系双方在交往中相互依存，彼此吸取对方有利于自己的因素，通过思想、情感的交流和物质、能量的转换而使各自的需要得到满足。这种形态中的情感基础不如稳定形态的人际关系稳固。关系双方各自的期待与奉献基本持平，关系的自我调节功能主要表现在各自对自己期待与奉献的评价和衡量上。

3. 互利形态

人际关系的互利形态也属于良好人际关系的表现。但它缺乏较好的情感基础，交往双方相互的需要比较单一而明确，往往以物质的交流为主，交往的频率不规则。通常情况下，这种人际关系是由具体、明确的共同需要产生的，因而也是随着共同需要的变化而变化的。关系双方大多以互惠互利为交往原则，以满足利益要求为交往动力，情感与吸引往往表现为外部象征性的礼仪和相互尊重的行为。

4. 强制形态

强制形态属于一般形态的人际关系。它是人们基于一定利害牵扯或外部压力而在不得已的情况下非自愿的进行交往所结成的关系。在这种形态中，交往双方或一方已失去对对方的吸引，甚至存在一定程度的厌恶之情，但相互需要尚在且背景往往比较复杂，所以彼此还保持着关系并表现出一定的主动性和克制精神。

5. 冲突形态

冲突形态是人际关系不正常发展的严重阶段，是人际关系内部矛盾激化的结果。在这种形态中，关系双方的情感基础已恶化至彼此不能容忍的地步，进而演化为冲突。这种形态的人际关系往往出现自我调节功能的反作用，亦即不能把现有障碍排除或淡化，相反倒常把已经过去的双方交往的问题同现实障碍相互联系，使障碍加大，交往更加困难。

6. 封闭形态

人际关系的封闭形态，是人际关系中相互交往停止和人际关系功能处于丧失或休眠的状态。在这种形态中，相互间的需要、吸引和情感基础都处于交往的动力水平以下，彼此尽力避免接触，或者是怕触动旧事而引起痛苦的回忆，或者是怕引起周围的非议而带来新的压力，或者是对交往对象厌恶至极而不愿提起。

9.1.5 人际关系的类型

按照不同的划分依据，可将人际关系划分为不同的类型。

1. 按照范围进行划分

按照范围，可将人际关系划分为两个人之间的关系、个人与团体之间的关系以及团体与团体之间的关系三类。

（1）两个人之间的关系

如朋友、夫妻、师生、同事关系等，旅游者与接待者、旅游者之间、旅游接待人员之间，都属于两个人之间的关系。

（2）个人与团体的关系

如个人与家庭、学生与班级、旅游者个人与所属旅游团、接待者与旅游团的关系等。

（3）团体与团体的关系

如工作部门之间、旅游团与接待部门之间、旅游团体之间、接待部门之间等关系。

2．按照交往双方的关系进行划分

按照交往双方的关系，可将人际关系划分为合作型、竞争型、分离型三种类型。

（1）合作型

这种类型的人际关系以相互容忍、帮助、给予为特征，交往双方遇事会为对方着想，具有团结、协作、支援、友谊的关系。

（2）竞争型

这种类型的人际关系以敌对、封锁、相互利用为特征，双方遇事只为自己打算，希望胜过对方，人际关系较为紧张。

（3）分离型

这种类型的人际关系以疏远他人、与世无争为特征，人际关系较为冷淡。

3．按照时间进行划分

按照时间的长短，可将人际关系划分为长期的人际关系和短期的人际关系两种类型。

1）长期的人际关系。如家庭关系。

2）短期的人际关系。如在旅游活动中，旅游工作者与旅游者的关系。

当然，长期的人际关系与短期的人际关系并非绝对的。在一定条件下，短期的人际关系可能转化为长期的人际关系。

9.2　人际交往的原则及作用

人际交往是人们运用语言和表情传达思想、交换意见、表达感情和需要的沟通过程。人际关系的作用或影响不是无缘无故产生的，它是一定的人际间交往内容、交往形式、交往条件构成的结果。如果想要发挥人际关系的积极作用，就要从正确的人际交往原则和方式入手。

9.2.1　人际交往的原则

1．平等原则

平等是人与人之间建立情感的基础，是人际交往的一项基本原则。没有平等待人的观念，就不能与人建立密切的人际关系。每个人都希望得到别人的平等对待，试想一下如果你在与人交往时对方总是自视甚高，什么事情都是趾高气昂的，你愿意与他有进一步的交往甚至成为好朋友吗？

补充阅读

英国著名戏剧家萧伯纳（Bernard Shaw）对"平等"就有很深的体会。一次他访问苏联，在莫斯科街头漫步，遇到一位聪明伶俐的苏联小姑娘，便与她玩了很长时间。分手时，萧伯纳对小姑娘说："回去告诉你妈妈，今天同你玩的是世界有名的萧伯纳。"小姑娘望了他一眼，学着大人的口气说："回去告诉你妈妈，今天同你玩的是苏联小姑娘安妮娜。"这使萧伯纳大吃一惊，立刻意识到自己太傲慢了。后来，他常回忆起这件事，并感慨万分地说："一个人无论有多大成就，对任何人都应该平等相待。要永远谦虚，这就是苏联小姑娘给我的教训，我一辈子也忘不了她！"这不仅是安妮娜给萧伯纳的教训，也是给我们每个人上了一课，她告诉我们在交往中坚持平等原则是多么重要。

在处理平等原则时，我们要学会尊重他人，这是平等的前提。在人际交往中，只有尊重了别人，自己才能得到别人的理解和尊重。

2. 真诚原则

真诚原则是指在与人交往时要以诚相待。真诚是做人的一项基本准则，《中庸》里说："至诚无息"，"君子诚之为贵"，可见真诚对人的重要。根据信息反馈原理，有良好的信息输出，才会有良好的信息反馈。这个原理运用在人际交往中就是：我们只有在交往中向别人输出真诚的信息，才会有真诚的信息反馈回来，彼此才能以真心相待。

社会中的人都有安全的需要，人们会在进行一切社会活动的时候自觉不自觉地使自己在物理环境和社会环境上都处于一个安全的境地。具有真诚品格的人，人们对他的行动可以有预见性，而不真诚或欺骗则意味着有可能受到侵害。在心理上，一件不幸事情的发生不是最令人恐惧的，最恐惧的是要随时担心一件事情的发生，在这种情况下，人会强烈地焦虑与不安。对这样不真诚的人，人们往往会选择拒绝和逃避，而不是与之交往。

在人际交往中，双方应该坦白相待，不能只让对方知道自己的优点，自己的缺点和短处也要如实相告。对对方的优点要谦虚的学习，但发现对方的缺点时也不能阿谀掩盖，要如实地指出，帮助对方改正。

真诚地对待别人，不能因为自己或对方的境况有所改变而使本来的关系变得面目全非。历史上有很多得势后背弃亲友的例子，这种人恰恰不会有好的结果。俗话说"贫贱之交不可忘，糟糠之妻不下堂"，讲的就是人无论在什么环境下都要真诚地对待身边的人。真正的友情是在朋友困难的时候去帮助他，而不是在他得意的时候去逢迎他。

> 我希望自己具有必要的自信和品德，保持我认为是最令人羡慕的称号，那就是"一个诚挚的人"。
>
> ——美国第一任总统乔治·华盛顿

3. 信用原则

人与人交往的时候，要通过各种方式来沟通，相互之间会有言语、事件的往来，这就不可避免地出现或大或小的相互允诺的现象。这些允诺是否能够如实且如时地兑现就关系到信用的问题。从古到今的人际交往中信用都被看得非常重要。

补充阅读

《论语·学而》说："与朋友交而不信乎？"。孔子曾说："人而无信，不知其可也。""鸡黍之约"讲的也是信用的故事。汉代张元伯与范巨卿二人友善，同游太学，告别时，范巨卿约定过两年后某月某日去拜会张元伯的母亲。到了期限，张元伯告诉母亲，杀鸡备饭等待。张母说："二年之别，千里之约，怎能那样准时呢？"元伯说："范巨卿是信士，必然不会失约的。"范巨卿果然千里而来，风尘仆仆，上堂拜见张母。

要做到讲信用，首先不能轻易许诺。所谓轻易许诺，就是毫无把握的许诺，结果往往是诺言不能实现，结果失信于人。不能轻诺，但是一旦许下诺言，答应别人的事情就一定要做到。如果与人有约，就要守时守约，苏联教育家马卡连科说过，时间的准确性，"是对自己和同志的尊重"。受别人欢迎的人有很多共同的优点，其中一点就是他们在任何时候都诚实守信。

4. 相容原则

相容即宽容，相容原则即指在与人交往时要宽宏大量，容人之短。"海纳百川，有容乃大"，不仅在自然界中如此，在人际交往中更是如此。"宽以待人"才能赢得更多朋友，建立良好的人际关系。人们在交往过程中不可避免的会发生矛盾，这时你是豁达地淡然处之还是仇深似海的以牙还牙？每个人都希望生活在一个平和、温馨的环境中，如果因为一点小事就得理不饶人、斤斤计较，使得人们之间的关系剑拔弩张，那么这种人是不受欢迎的。

补充阅读

福特是美国石油大王洛克菲勒（Rockefeller）的好友，也是帮助他创建标准石油公司的伙伴之一，但是有一次，由于福特投资失误造成了巨大损失，这让福特很过意不去，以至于一直回避老友。可是让福特感到意外的是，洛克菲勒并没有抱怨、责怪他，反而找出一堆赞美的话来安慰他："我们能做到那样已经很难能可贵了，这全靠你处理得当，使我们保存了剩余的 60%，这完全出乎我的意料之外，谢谢你!"洛克菲勒本该责备福特的投资错误，但是他却宽容的原谅了他。很多成功人士正是因为对别人宽容赢得别人的信任和尊敬，同时也为困难时多赢得了一条出路。有人说过这样一句话"谁若想在困厄时得到帮助，就应在平时待人以宽"。

有人误以为，相容就是懦弱。实际上，相容是一个有自信心、胸怀宽广、意志坚定、开朗、豁达的人对人的谦让。心理学证明，自信心越高的人，相容度就越高。

　　5. 双赢原则

人们进行人际交往是希望通过交往活动满足自己某方面的需要。因此，交往行为对双方都有利是交往活动的一项基本原则。如果交往行为只对其中一方有利而损害到另一方的利益，交往活动就不能顺利进行下去。

旅游心理学中的双赢原则是指旅游工作者应该让自己与自己服务、推销、谈判和管理的对象双方都成为胜利者[①]。双赢原则提倡让人际交往的双方都成为交往的胜利者，即交往的结果是对双方都有利的。在人际交往中，只有让别人成为胜利者，你才能成为真正的胜利者。有一个简单的道理：如果没有人与你合作，你就不可能获得成功；如果没有人爱你，你就与幸福无缘。

但是双赢原则并不意味着在每一件事中人与人之间没有差别。人们都在扮演着不同的社会角色，在人际交往中，"双赢"应该以双方所扮演的社会角色为基础。作为一名旅游服务者，在服务过程中满足了游客的需要同时又得到游客对自己工作的肯定就实现了双赢原则。在这种情况下，就不能坚持认为服务者要得到和客人一样的待遇才是"双赢"。

9.2.2　人际交往的作用

　　1. 信息沟通作用

人们在交往中可以通过信息的沟通了解社会行为规范，了解各种不同社会角色的行为和标准，以便在各种社会活动中与其他社会成员在行为上保持和谐一致。通过交往增加对别人的了解，有利于与他人建立与发展和谐友好的关系。

心理学家认为，一个人除了睡眠的八小时之外，其余时间 70%要花在人际间的各种直接或间接的沟通上。一般的沟通中，9%以书面写作形式进行，16%以阅读形式进行，其余 75%则分别用以听取别人和自己说话的交谈方式沟通。沟通方式的分配当然不是绝对的，而是因人因情境而异的。

---

① 吕勤，郝春东. 1999. 旅游心理学. 广州：广东旅游出版社。

2. 身心保健作用

人们都有人际关系的需求，这种需求的满足是保持心理平衡、保证身心健康的重要条件。人在社会生活中会产生喜、怒、哀、乐的情绪变化。在愤怒和忧伤的消极情绪下，心理会失去平衡，产生心理负担。通过人际交往向朋友诉说自己的心情，可以降低和消除消极情绪的影响，恢复心理平衡。

补充阅读

心 理 实 验

美国心理学家沙赫特（Schachter）曾做过这样的实验：他以每小时 15 美元的酬金先后聘请了 5 位志愿者进入一个与外界完全隔绝的小屋，屋里除提供必要的物质生活条件外，没有任何信息进入，以观察人在与世隔绝时的反应。结果，其中 1 个人在屋里待了两个小时就出来了，3 个人待了两天，最长 1 个人待了 8 天。这位待了 8 天的人出来说："如果让我再在这里面待一分钟，我就要疯了。"实验证明，没有一个人愿意与他人隔绝。一个人一旦脱离社会群体，失去社会交往的可能，会对人的心理产生巨大的伤害。

良好的人际关系有利于身体健康。医学界对大量高血压病人进行调查发现，70%的高血压患者的人际关系不好，处于紧张状态，特别是家庭不和、夫妻关系紧张。在一项著名的研究中，研究者花了九年时间追踪调查加利福尼亚的 6900 名成年人，以婚姻、朋友和其他的社会联系为指标进行分析。结果发现，在每一年龄组中，社会依附最脆弱的人最容易死亡，经常与人发生联系、关系良好的人，其死亡率要低于较少发生联系的人。

3. 自我认识作用

人的自我意识的发展，并不是一个自然成熟的过程，而是通过交往，在与别人的相互作用中发生和发展的。首先，人以他人为镜，从与别人的比较中认识自己。儿童最初并不知道如何评价自己，他们的自我概念直接来自人际间的交流与沟通，来自成人对他们的评价。社会学家、心理学家库利认为，通过这种途径形成起来的自我概念为镜像自我。人们正是在具体的交往情境中，从对别人的认识中来形成自我表象。对人的认识越全面，对自己的表象也就越清楚。其次，人们还通过他人对自己的态度和评价以及自己与他人的关系认识自己的形象。人们通过交往，尤其是共同的活动，开始懂得自己与别人是处于相互作用的关系中，考虑问题不能仅从自己的角度出发，还必须考虑他人的意见，别人是否会赞成等。正如达赖尔·贝姆所言，"个人部分地通过观察自己公开的行为以及自己行为发生的环境来了解自己的态度、情感和其他内在性格的"。人们正是从别人对自己的态度和评价中了解自己在他人心目中的形象和在社会中的地位，并参照别人的评价标准来客观地认识自己。这些认识标志着自我意识的成熟。

4. 人际协调作用

交往是人类社会在改造自然界中协作的产物。个人在自然界面前是软弱的，而集体的力量则是无穷的。正是通过社会交往，使单独的、孤立无援的个体，结成为一个强有力的集体，共同征服自然。在人的生产关系中，不仅个人与个人交往，而且是作为社会成员的个体与群体、群体与群体的交往，使每个社会成员自然地发生相互联络、相互协作的关系。社会交往不止是协调人际间的生产关系，而且在日常生活中更重要的是协调人际间的亲密关系。各种各样的联谊会的目的就在于使互不相识的人结为朋友，"愿天下有情人皆成眷属"。

补充阅读

曾经使克莱斯勒公司起死回生的企业家艾柯卡（LeeIacocca）在他的著作《反败为胜》中写道："酝酿构想的最佳方法是通过你的同事相互琢磨。这一点可以使我们确认团队精神与人际关系的重要性。事实上，我个人的成功大部分归于此。因此，我个人十分鼓励主管人员花些时间相聚在一起谈谈，不一定是正式的会谈，随便聊天也好，这对彼此提供意见来解决问题，是有助益的。"

9.3　人际关系的吸引、测量及改善

人们之间之所以会产生不同的人际关系是由于人际之间的吸引受到众多因素的影响，这些因素在人际关系的不同阶段发挥着不同的作用。在本节中，还介绍了测量人际关系的一些方法。通过人际关系的测量，可以发现一些人与人之间以及团体中的人际关系状况及存在的问题，并通过专门培训及提高个人修养等方法来改善人际关系。

9.3.1　影响人际吸引的因素

在人际交往中，往往会产生性质和程度各不相同的人际关系，这取决于不同因素的作用和影响。人际关系的心理因素既有认知成分，又有情绪成分和行为成分。其中情绪成分也就是对人的喜爱或不喜爱，表现为人际吸引。了解人际吸引问题，对于建立良好的人际关系有重要作用。

1. 邻近因素

人与人生活空间的距离越小，越容易形成彼此之间的密切关系。人们总是习惯随着自己生活空间的变化，在临近的人当中选择、结交新的朋友。这是因为空

间距离上的接近为人们交往提供了机会。地理上的接近使相互接触的机会更多，更容易熟悉对方，尤其在交往的早期阶段更是如此。空间上的邻近性决定了人们将会认识什么人，将被其中的哪些人吸引，逐渐喜欢并接纳他们。

有研究者曾经进行过这样一项研究：在一些类似夏令营或培训班的情况下，按照学员名字的笔画排列顺序确定教室座位和宿舍安排。这样，名字的笔画接近的学员在课内外接触的时间就较多。一段时间以后，研究者要求每个学员写出他们在这一段时间中，自己认为最要好的朋友。结果发现，这些学员所列举的要好的朋友，大部分是与其名字的笔画相近的人。实验证明，同住一个房间或者是教室座位上的接近，确实可以建立比较密切的关系。

但是，随着时间的推移，这一因素发挥的作用将越来越少。由于各种因素的影响，有时候距离相近也可能产生消极作用，特别是当双方产生矛盾或有利益冲突时，距离相近更容易引起摩擦。

2. 相似因素

在人际交往中，如果双方在各个方面相似的地方越多，就越容易产生吸引。这些方面包括受教育水平、经济收入、社会地位、思想成熟水平、年龄、籍贯、职业、兴趣、态度、理想、世界观、价值观等。

日本心理学家古钿和孝认为，人们喜欢与自己相似的人有三个原因。一是人们都希望自己在态度上与大多数人保持一致，从而使内心得到一种稳定的感觉；二是在一个与自己相似的团体中活动，阻力比较小，预期目标也容易得以实现；三是相似的东西常被作为一个统一体而感知，从而使自己与其他类似的人组成一个团体。

补充阅读

美国社会心理学家西奥多·纽科姆（Theodore Newcomb）曾作了一个试验，他公开招募了 17 名大学生，提供给他们四个月的免费住宿，作为交换条件，他们要定期接受谈话和测验。研究者事先测定他们关于经济、政治、审美、社会福利等方面的态度和价值观以及他们的人格特征，然后按照相似或相异的将他们安排在几个寝室。在一起生活了四个月后，调查其中哪些人成了朋友。结果发现，在相处的初期，空间距离决定了人们之间的吸引。但到后期，态度和价值观相似的人逐渐成了朋友。

3. 互补因素

互补性是指在需要、兴趣、气质、性格等方面存在差异的人，可以在交往中相互吸引的关系。在现实生活中，我们发现不仅相似会使人相互吸引，彼此之间存在着较大差异的人也能建立密切的关系。试着观察一下我们的身边，你会发现自己除了有一些个性相似的朋友，还有一些跟自己个性相反的朋友。

当交往双方的需要、与对方的期望成为互补关系时，就会产生强烈的人际吸引。具体来说，有互补性的双方在交往中可以互取所长，互补所短，结成亲密友好的人际关系。

互补性因素增进人际吸引往往发生在感情深厚的朋友之间，特别是异性朋友或夫妻之间。美国社会心理学克克霍夫（Kerckhoff，1962）对建立了恋爱关系的大学生进行了研究，结果表明，对短期伴侣来说，相似的价值观是推动吸引的主要动力；而对长期伴侣来说，互补性因素是发展更密切关系的主要动力。

4. 个体因素

除了以上这些方面，个人本身所具有的一些特点也是影响人际吸引的重要因素，包括个人的仪表、人格特征和能力。

仪表包括个人的容貌、穿着、仪态、风度等。这些因素在第一次见面时尤其影响人们彼此间的吸引。在人际交往的初期，人们总是更容易被漂亮的人吸引，而在其他条件大致相同的情况下，漂亮的人更容易被人喜欢。俗话说"人不可貌相"，但人们还是在不知不觉中受到外貌的影响。此外，美貌还会产生"光环效应"，人们容易认为外貌美的人也具有其他的优良品质。但是当人们交往了一段时间后，容貌的作用会降低。

除了容貌，人们也容易被那些有才能、有智慧的人吸引。个人在能力与特长方面比较突出，其本身就有一种吸引力，使他人钦佩并欣赏其才能，愿意与他接近。但是，一个表现得十全十美的人会令人敬而远之。美国心理学家阿伦森（Aronson）的研究表明（见表 9.1），一个看起来很有才华的人，如果表现出一点小小的过错，或暴露出一些个人的缺点，反而更能吸引人们喜爱的目光。

表 9.1　能力与吸引

能力高低	吸引力高低
能力高超	20.8 分
能力高超，有小差错	30.2 分
能力平庸	17.8 分
能力平庸，有小差错	-2.5 分

随着交往的深入，仪表因素的作用减小，人格特征成为人际交往中起重要作用的因素。要想在人际交往中保持持久的吸引力，就要使自己具有良好的品质和个性。一个和善、宽厚、有同情心、会体谅他人的人，容易受到他人的欢迎；一个孤僻、自大、冷漠而又虚假的人就难以和他人形成融洽的人际关系。美国心理学家诺曼·安德森（Norman Anderson，1968）将 555 个描绘个性品质的形容词列成表格，让大学生按喜欢的顺序由高到低排序，结果可以看出人们喜欢和讨厌的是哪些个性品质（见表 9.2）。

表 9.2　影响人际关系的主要个性品质

最令人喜欢的品质	中间品质	最不令人喜欢的品质
真诚	固执	古怪
诚实	刻板	不友好
理解	大胆	敌意
忠诚	谨慎	饶舌
真实	易激动	自私
可信	文静	粗鲁
智慧	冲动	自负
可信赖	好斗	贪婪
有思想	腼腆	不真诚
体贴	易动情	不善良
热情	羞怯	不可信
善良	天真	恶毒
友好	不明朗	虚假
快乐	好动	嫉妒
不自私	空想	不老实
幽默	追求物欲	冷酷
负责	反叛	邪恶
开朗	孤独	装假
信任	依赖别人	说谎

资料来源：申荷永．1999．社会心理学：原理与应用．广州：暨南大学出版社

9.3.2　人际关系的测量

在群体中，每个成员因为兴趣爱好的不同会选择不同的交往对象，但个体对对方的"喜欢"是一个重要的前提。而群体力量的大小由群体内成员之间的人际关系决定，因而通过人际关系的测量了解群体内部的心理结构和存在的问题对发挥群体的力量有重要的作用。

1. 贝尔斯测量法

美国社会心理学家贝尔斯（Bales）提出了一种分析团体内部人际关系的方法。他在实验和研究中把团体内人与人相互作用的行为表现分为 12 种，即恭维、同意、帮助、给予指示、给予方向、给予资料、问资料、问方向、问指示、问帮助、不同意、有些敌意。贝尔斯指出，这 12 种行为表现发生在团体中的每一次人际交往过程中，但是在不同阶段这些动作的强度不一样。对于不同性质团体中的人际交往和人际关系，这些动作的分布具有不同的特点。

2. 社会测量法

人与人之间的关系是无形的，第一个把人际关系变为可度量的是美国精神医

学家莫雷诺。莫雷诺创立了一个测量和评价群体内人与人之间心理上关系的方法——社会测量法。

社会测量法的具体做法是，制定由群体成员自行填写的调查表，让他们回答诸如以下这些问题："你最喜欢的人是谁？其次是谁？第三是谁？"、"你愿意和谁一起工作？首先是谁？其次是谁？第三是谁？"，还可以照此方式提出愿意和谁在一起学习、旅游等。提出的人数可以根据具体情况确定。为了便于计算，通常把选择人数控制在三人之内。

在获得调查资料以后，可以采取如下两种方式进行资料整理和统计分析。

（1）人际关系矩阵

人际关系矩阵是一种标识人际关系状况的行列表，表内记入各成员的选择关系和排斥关系。喜欢的赋正分，排斥的赋负分。根据各人的得分，就可以知道他在团体内的受欢迎程度（见表9.3）。

表 9.3　人际关系矩阵

被选择者	A	B	C	D	E	F	……
A		3	2	1	-1	-2	
B	3		2	1		-2	
C	2	1		-2	3	-1	
D	2	-1	1		3	-2	
E	3	2	-1	1		-3	
F	1	-1	2	-2	-3		
分类合计	+11	+6	+7	+3	+6	-10	
		-2	-1	-4	-4		
总计	+11	4	6	-1	2	-10	

资料来源：孙喜林. 2002. 旅游心理学. 广州：广东旅游出版社

从上表中可以看出，A 的分数最高，是最受欢迎的人；F 的分数最低，是最不受欢迎的人。

（2）人际关系图

人际关系图是把彼此之间喜欢和不喜欢的关系用图来表示。途中小圆圈内的字母是群体内成员的代号；箭头表示选择的方向；实线表示喜欢，虚线表示排斥。如图9.1所示。

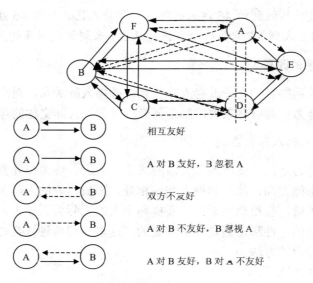

图 9.1　人际关系图

资料来源：时蓉华. 1998. 社会心理学. 杭州：浙江教育出版社

　　通过人际关系图，可以清楚地看出群体内的人际关系。被实线箭头指向最多的就是在群体中最受欢迎的人，而被虚线箭头指向最多的就是最受排斥的。

3.　行为测量法

　　人们主观意愿上愿意结成的关系和实际结成的关系往往不是完全相同的。因为存在着种种可能会阻碍人们主观意愿的客观情况。因此，为了把握人们相互关系的真实情况，应该对人们实际结成的关系进行客观的测量。而人们之间的现实关系是通过相互之间的交往行为体现出来，对人们的交往行为进行测量，就能够把握人际关系的实际状况。

　　行为测量法是通过对人们交往行为的各个方面进行客观的观察、统计、分析、测量，来了解人际关系的密切程度及其表现出来的规律性。美国心理学家霍曼斯（Homans）最早进行了"交往的测量"。他发现，通过对人们交往的频率、方向和层次的测量，可以发现人际关系的疏密程度、人际交往中的主动和被动关系、人们相互关系的性质和类型。一般说来，交往次数较多、双方都是主动者、同级或层次比较接近的，人际关系也比较融洽。

　　有研究发现，人们在交往中保持的相互之间的空间距离也是衡量人际关系密切程度的一个重要因素。

补充阅读

　　人类学家霍尔根据人们互动的距离，把人际关系的范围分为四个区：①亲密区，从身体的直接接触到约 46 厘米的距离；②熟人区，从约 46 厘米到 1.2 米；
③社交区，从 1.2 米到 3.7 米；④公众区，从 3.7 米到视线所及的范围内。

9.3.3　人际关系的改善

测量人际关系的目的在于改善人际关系。改善人际关系，对个人来说，是要
提高人际关系能力；对群体来说，则是要形成有利于人际交往的环境和氛围。

1. 提高个人的人际关系能力

人际关系能力是指个体对人际关系的感受、适应、协调和处置能力的总和[①]。
个人的人际关系能力高，就会和他人和谐相处，形成良好的人际关系，否则就会
常与他人发生矛盾，显得孤立无援。要提高个人的人际关系能力，加强自我意识
修养、形成良好的个性和习惯是非常重要的。这里介绍两种社会心理学家提供的
培养人际关系能力的方法。

（1）感受性训练

感受性训练是把受训者置身于一个可以充分表达自己思想和感情的环境中，
去体验平时无法获得的心理感受的训练。受训者会发现，他们在无拘无束的环境
中的心理感受与日常生活和工作环境下的心理感受大不相同。因此，他们会对别
人的心理状态以及自己的行为后果变得更为敏感，从而提高了对人际关系的感
受性。

（2）角色扮演

角色扮演作为一种训练，就是模拟某些现实的问题情境，让受训者扮演不同
的角色，站在不同的立场上处理所面临的问题，通过体验此时的心理感受，去了
解别人的需要与感情，切实理解自己处在对方情境中的心理状态和行为模式，以
期领会别人的需要、感受和行为，从而改善自己待人的态度[①]。

实际上，人本来就生活在一定的社会关系中，都处于一个特定的位置并承担
一定的角色。人们与他人的交往和由此形成的人际关系，都受到其所处的社会位
置和所负担的社会角色的影响。人的一生要扮演很多角色，要与不同的关系群体
相处，每个人都必须明确自己应当扮演的角色，并尽力使这一角色得到社会普遍
认同。美国的社会学家帕克曾经这样谈论人们的角色生活："每个人无论在什么地
方，也无论多少，总是有意在扮演一个角色……正是在这些角色当中，我们才能
互相了解；正是在这些角色当中，我们才能认识我们自己。"

2. 改善群体内的人际关系

对于一个群体来说，群体内部人际关系的状况是影响群体力量的重要因素。
改善群体内部的人际关系，首先要有一个作风良好、善于协调处理人际关系的领

---

① 孙奎贞，曹立安，丁青，苏甦，尹钢. 1990. 现代人际心理学. 北京：中国广播电视出版社.

导团队。对于现在的管理者来说，业务能力、管理能力、人际关系的协调能力是必备的基本能力。只有具备这三种能力，才能既处理好企业的业务关系，又改善好员工之间的人际关系，使集体气氛和谐、融洽；其次，要建立合理的组织机构并采取必要的组织措施。组织机构合理才能使信息沟通快速有效。同时采用明确的"责—权—利"机制才能使权责分明，每个人各司其职、各负其责、各尽所能，人际关系自然比较和谐；最后，要推行参与管理。员工参与管理可以增强他们的主人翁意识，提高他们的满足感，还有利于意见沟通，增加相互之间的信任与理解。这对改善管理者与被管理者之间的关系以及协调员工之间的关系都有很大作用。

9.4　旅游活动中的人际交往

旅游活动是人际交往频繁、人际关系复杂的社会活动，需要良好的人际沟通才能顺利进行。本节将介绍旅游活动中人际沟通的障碍及人际沟通的技巧，并针对旅游工作者提出了一些提高人际交往能力的方法。

9.4.1　旅游活动中的人际沟通

人际沟通是指人与人之间的信息和情感相互传递的过程[①]。通过人际沟通，人们交换彼此的思想、观点、态度、意见和情感。在旅游服务中，旅游工作者与旅游者之间、旅游工作者之间以及旅游者之间都是通过人际沟通建立起一定的人际关系。良好、通畅的人际沟通可以让旅游工作者与旅游者相互体谅，使旅游工作者更好地为旅游者服务；而旅游者之间能避免矛盾，从而相处融洽，培养良好的团队精神。

1．旅游活动中的人际沟通方式

人际沟通有两种基本的方式：语言沟通和非语言沟通。

（1）语言沟通

语言沟通包括口头与书面两种方式。

1）口头方式。口头方式是指人们通过口头语言对话、会谈、讨论，直接、及时地交流信息、沟通意见，是一种直接沟通的方式。口头方式是日常生活中应用最广且收效最快的人际沟通方式。

通过口头方式进行沟通的优点是快捷和反馈及时。信息发出者在发出信息的同时，信息接受者的反馈几乎同时发生。如果接受者对信息发生疑问，能够及时

---

①时巨涛．2003．组织行为学．北京：石油工业出版社/民主与建设出版社．

反馈，信息发出者也能够及时更正。但是因为每个人都按自己的方式理解并传递信息，因此以口头方式传递的信息经过的人越多被曲解的可能性就越大。

在旅游活动中，口头方式也是人际沟通最普遍的方式。无论是导游向旅游者讲解，还是旅游者之间的互相了解和交流，大多是通过口头方式来进行。

2）书面方式。书面方式是一种间接的沟通方式，它通过通知、信函、公文等用文字和符号的形式来传递信息。书面方式不受时空条件的限制，可以更详尽、丰富地表达信息发出者的意见和情感，并且更为准确。书面方式传递的信息更为具体和直观，能够被永久保存，如果一旦对该信息的内容有疑问，非常便于查询。

书面沟通方式存在的缺点在于它比口头方式要花费更多的时间，并且缺乏及时的信息反馈。书面沟通不能确保信息接受者是否接收到了信息，也不能保证接受者能正确的理解信息。

在内容比较正式或信息需要保留时，通常采用书面的方式，比如旅游合同、旅游公司的文件等。

在旅游活动中，书面沟通是人际沟通的辅助方式，一般较少使用。

（2）非语言沟通

不通过语言文字方式传递信息的方式为非语言沟通[①]。非语言沟通可以伴随口头沟通发生，也可以单独存在。在进行口头沟通时，非语言信息可以更好的表达说话者的意思。在一定场合，一个眼神、一个动作或一种表情都可以传递信息。非语言沟通研究领域的权威美国人类学家伯德惠斯特尔（Birdwhistell）就人际沟通中非语言沟通发生的数量进行了令人惊讶的推测。他估计一个人平均一天说话的总时间仅有 10~11 分钟，平均每个标准句子仅占 2.5 秒钟，在两个人的沟通过程中，语言所传递的信息不到全部传递信息的 35%，而 65%以上的信息是由非语言的形式传递的。

非语言沟通一般有以下几种形式：

1）人体动作。人们常常会有意无意地运用身体动作和姿势来传达信息或强调所说的话。

2）面部表情。面部表情可以清楚地表明一个人的情绪。当我们怀有某一种情绪的时候，它最直接的反应就是产生各种各样的面部表情。在一般情况下，表情是随意性的、自发的，但有的时候人们也会刻意地控制自己的表情以掩饰情绪。在人际交往时，不仅要注意观察对方的面部表情，还要善于通过表情看出对方真正的想法。

3）目光接触。人们常说，"眼睛是心灵的窗户"。在沟通中，目光接触确实是一种广泛应用的非语言交流形式。目光接触也就是人际互动中视线的交叉，它可

---

① 时蓉华. 1998. 社会心理学. 杭州：浙江教育出版社。

以帮助交谈的双方言语同步。目光接触的情况还可以显示出双方的关系。

4）辅助语言。辅助语言是指说话时的音质、音幅、声调以及语言中的停顿、语速、附加的咳嗽、哭或笑等。辅助语言能够强化信息予以的分量，具有强调、迷惑、引诱的功能。言语本身的字面含义加上辅助语言的功能能表达出不同的意思。

在旅游服务中，旅游工作者不仅要热情、耐心地和旅游者交谈，使双方的口头沟通通畅、准确，而且还要注意观察旅游者的身体语言和面部表情，了解他们的潜在意愿和实际需要，以便更好地为旅游者服务。

非语言信息及其典型含义如表 9.4 所示：

表 9.4　非语言信息及其典型含义

非语言信息	典型含义
目光接触	友好、真诚、自信、果断
不做目光接触	冷漠、紧张、害怕、说谎、缺乏安全感
挠头	迷惑不解、不相信
咬嘴唇	紧张、害怕、焦虑
跺脚	紧张、不耐烦、自负
双臂交叉在胸前	生气、不同意、防卫、进攻
抬一下眉毛	怀疑、吃惊
眯眼睛	不同意、反感、生气
鼻孔张大	生气、受挫
手抖	紧张、焦虑、恐惧
身体前倾	感兴趣、注意
懒散地坐在椅子上	厌倦、放松
摇椅子	厌倦、自以为是、紧张
驼背坐着	缺乏安全感、消极

资料来源：时巨涛. 2003. 组织行为学. 北京：石油工业出版社/民主与建设出版社

2. 旅游活动中人际沟通的障碍

旅游活动中出现的人际沟通障碍主要表现在语言障碍、认知障碍、习俗障碍与个性障碍等方面。

（1）语言障碍

语言是表达思想感情的最基本的沟通工具，也是最复杂、最容易产生歧义的工具。知识水平、文化修养、思维方式等的差异会引起语言沟通障碍。特别在旅游活动中，旅游工作者接待的是来自全国乃至世界各地的游客，语言障碍尤其明显。这首先表现为语言不通。世界上每个国家使用的语言不都是一样的，如果旅游接待者不懂得游客的语言，双方交流就会出现障碍。即使是面对国内的游客，全国各地种类繁多的方言也会造成沟通的障碍。其次表现为语义不明。汉语能很方便的表达丰富的含义，但沟通双方有时也会对相同语句有不同的理解，导致沟通障碍。

（2）认识障碍

认识障碍是由沟通双方认识失调引起的。每个人看问题的角度都不同，导致对同一问题会有不同的理解。人们思想里往往还存在某些先入为主的观念，在人际沟通的时候，这些先入为主的观念容易使信息接收者还没有听完别人的话就按照自己的想法来理解别人的话。当发生旅游纠纷时，旅游工作者和旅游者都容易从自己的角度来思考问题，从而造成矛盾一发不可收拾。这就要求旅游工作者多从旅游者的角度出发，多替旅游者着想，以减少双方沟通的障碍。

（3）习俗障碍

习俗即风俗习惯，是指在一定历史文化背景下形成、具有固定特点、调整人际关系的社会因素。来自不同地方的游客往往具有不同的习俗，不同的旅游目的地也具有自己的习俗。对旅游服务者来说，克服习俗障碍就是要根据不同游客的风俗习惯和禁忌提供不同的服务。对旅游者来说，去到不同的旅游目的地就要服从当地的风俗习惯，"入乡随俗"，以免引起误会和不快。

（4）个性障碍

个性障碍是由双方在兴趣、习惯、信念、性格等方面存在的差异引起的。不同的个性倾向和个性心理特征会对沟通产生不同的影响。在旅游活动中，旅游服务者和旅游者之间、旅游者之间或旅游服务者之间的个性不可能是完全相同的。外向型的旅游工作者在遇到外向型的旅游者时就易于沟通，但是遇到内向型的旅游者时，通常的沟通方式可能会不适用，这就要求旅游工作者根据情况改变自己原来的沟通方式，克服和旅游者之间因个性不同造成的沟通障碍。

3. 旅游活动中有效沟通的技巧

有效的沟通意味着：在我们谈话的时候，你和我指的是同一件事物，对一件事情有共同的理解。由此可见，有效沟通包含了两层含义：信息的成功传递、信息被双方正确理解（见图9.2）。

旅游活动是一个充满人际沟通的过程，沟通的有效性决定了旅游服务的质量和旅游者心理感受的好坏。当旅游工作者和旅游者接触时，双方都希望能够理解对方的意思。因此有效的沟通尤为重要。而实现有效沟通的方式是有迹可循的，我们可以采用一定的交际技巧，实现有效沟通。在此我们主要讨论的技巧包括：成功表达、有效聆听和准确理解。

（1）成功表达

人际沟通的过程就是信息传递的过程。在人际沟通中，最基本的要素是信息发送者、信息、传送渠道和信息接受者。要完成有效的沟通，首先信息应该被发送者成功的表达。

科特·汉克斯（Kotte Hanks）认为，交流就是一个翻译的过程。从本质上来说，所有的交流都是一个将听众不理解的东西转化为他们理解的东西的过程。他认为，信息的发送总是有三个步骤：①发送者听到或了解到他将要表达的观点；②发送者将这些观点转化为听众能够真实理解的词语和表述；③发送者将这些观点向听众传达。

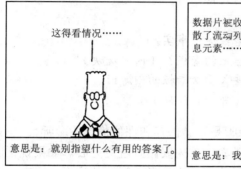

图 9.2　理解技术人员

要想成功地传达这些信息，发送者需要组织好信息表达的顺序，并且引起听众的兴趣。有时候还需要将要传达的信息放到别的内容里面才能使听众接受。同时对于不同水平的听众，要采用不同的表达方式来传达信息。比如，在讲解某些生物遗迹的时候，如果面对的是高水平的学者，就可以从学术的方面深入地讲解；如果面对的是一般的旅游者，就要用通俗的语言以及从他们能够理解的角度来介绍。

保持简单是沟通中常用的一个方法。复杂的交流会使听众不得要领，很难记住听到的内容，因此也难于理解信息发送者要表达的意思。

（2）有效聆听

莱曼·史戴尔认为，我们清醒的时间里有 80%用来与人交流，而其中 45%的沟通时间用来聆听。有效聆听包括聆听、释义、评估、反应。人们聆听上的错误经常会造成工作上的失误。我们通常所作的两种类型的聆听分别是支持性聆听和记忆性聆听，改善这两种聆听的技巧有助于人际交往时的有效沟通。

1）支持性聆听。支持性聆听是一种表示支持、鼓励对方继续谈话的基本技术，目的是要集中聆听对方的话以便了解对方的思想[①]。如果人们开始说话并得到了积极的反应和听者的支持，他就会希望继续讲下去。要实现支持性聆听，倾听者必须真正关心对方并对他的话题感兴趣，否则说话者会辨别事实，拒绝与听的人合作。

补充阅读

支持性聆听由三种反应组成：开放式问题、"嗯哼"、内容反映。下面的对话说明了支持性聆听是怎么进行的：

艾里斯：凯蒂，你觉得这个部门如何？（开放式问题）

凯蒂：在这个部门工作特别困难。

艾里斯：嗯。（"嗯哼"）

凯蒂：我的意思是我和汤姆处得不好。

艾里斯：哦。（"嗯哼"）

凯蒂：他不肯接受我是他老板这个事实。

艾里斯：汤姆不能接受你当他的老板？（内容反映）

凯蒂：没错！他总是说一些关于女老板的刻薄话。

艾里斯：他都说了什么？（开放式问题）

2）记忆性聆听。记忆性聆听是为了保存和评估信息的聆听[①]。史戴尔认为，要想成为有效的、记性好的聆听者，首先要做到避免分心。如果说话的人单调乏味，要强迫自己保持清醒，尽量找出与说话者之间的共同兴趣。在说话者说话的时候，要辨别他的目的并相应的调整自己。比如：说话的人是在通知、劝说，还是说笑？在倾听的时候要注意谈话的主题而不是个别细节，同时还要培养作笔记的技巧。

4. 准确理解

人们在学会有效倾听后，还必须判断他们是否理解所听到的内容。准确理解的技巧有助于人们相互理解。这里的准确理解是指用自己的语言复述对方的话，然后让对方判断你的理解是否符合他的原意，从而了解对方的意图。

补充阅读

"法兰克：主修管理真是太棒了！

安妮：你的意思是管理系的教授们上课都特别有趣？

---

① Paul R. Timm & Brent D. Peterson. 2004. 人的行为与组织管理. 钟谷兰译. 北京：中国轻工业出版社.

法兰克：是的，至少一部分是这样的。不过，学习如何使别人更好的完成他们的工作，这本身就是一件有趣的事。

安妮：这么说来，你认为管理专业不仅可以帮助人们在自己的生活中做出改变，还能使他们帮助他人在工作中获得更大的成功？"

在上述对话中，我们发现，陈述你对于对方的准确理解时，可以采用以下原则：

（1）用你自己的语言复述多方表达的意见和感受。

（2）在你的话全面加上一个试探性的引入语。例如：

"你是说……"

"你的意思是……"

"你感到……"

"你认为……"

"在你看来……"

"你觉得……"

（3）避免做任何赞同或不赞同的表示：不要指责，不要表达排斥或强烈的支持态度，不要给人忠告或劝说。

（4）等待对方做出反应。

（5）有必要时复述对方的回答，确保最准确的理解。

（资料来源：Paul R. Timm & Brent D. Peterson. 2004. 人的行为与组织管理. 钟谷兰译.
北京：中国轻工业出版社。）

9.4.2　人际交往的技巧在旅游服务中的应用

在旅游服务过程中，由于旅游者与旅游接待者角色的差异，往往会产生一些冲突。那么，在旅游服务过程中，如何与旅游者建立良好的人际关系呢？首先，旅游接待者应建立正确的自我认知；其次立主动增强与游客的交流，从而根据游客的需要提供相应的服务。此外，旅游接待者还可以展示个人魅力，以实现与游客的融洽交往。

（1）建立正确的自我认知

首先，旅游接待者要建立正确的自我认知。在旅游接待者和旅游者发生矛盾时，经常会出现这样的情况：旅游者强调"我是客人，你是服务人员"，而接待者强调"你是人，我也是人"。

应注意，人际交往的平等原则强调的是人格上的平等，并不是无条件的事事平等。旅游接待者应当认识到，在旅游活动中，工作者与旅游者的关系是主客关系。在工作中应该扮演好自己所承担的服务者的角色，用行动去赢得游客的尊重，而不是在应当为客人提供服务时去和客人强调"平等"。

（2）主动增强与游客的交往

社会心理学的研究说明，在人际交往的初期，空间距离和交往频率对人际关系的发展起着重要的作用。但是，旅游接待者和旅游者的交往是一种短期的、暂时的关系。在这种短暂的交往中，旅游接待者更应该提高主动性，增加与旅游者的交往频率并提高交往深度。主动增强与旅游者的交往可以及时地互相沟通信息、互相接近和建立友谊，这不仅对旅游活动中良好的人际关系氛围十分重要，同时也为旅游者的重游和旅游者对旅游企业、旅游地的宣传打下基础。

（3）根据游客的需要提供服务

美国最有影响的演讲家之一和最受欢迎的商业广播讲座撰稿人托尼·亚历山得拉博士（Toni Aristotle）和人力资源顾问、训导专家迈克尔·J.奥康纳博士提出人际交往的白金法则：别人希望你怎么对待他们，你就怎么对待他们。旅游者到了陌生的环境，易产生兴奋、激动的情绪，而且这种心情又伴随着惶恐、孤独、不安全的心理，希望得到周到的服务。因此，旅游接待者应该正确认识自己工作的性质，不仅要帮助游客解决旅游中各方面的实际问题，还要在心理上对旅游者施加影响，使他们觉得旅游活动一定能够顺利进行，并且能够享受到作为消费者应有的待遇。

（4）显示个人魅力

作为旅游者了解旅游目的地的窗口，旅游接待者个人的魅力对树立旅游地形象和旅游活动的顺利进行都十分重要。因此，旅游接待者应该具有整洁端庄的仪容仪表、亲切文明的礼节礼貌，给旅游者留下良好的第一印象。旅游接待者所做的工作就是为来到异地的旅游者服务，因此，具有丰富的知识、处理各种事务和关系时能力超群的旅游工作者是最受旅游者欢迎和尊重的。随着旅游活动的进行，旅游者会发现接待者更内在的品质。如果旅游工作者具有真诚、善良、宽容等优秀的品质，则会进一步赢得旅游者的好感和信任。因此，旅游工作者应该从各方面提高自身修养、文化素质，在旅游者面前展示出个人的魅力。

本 章 回 顾

关键术语

1. 人际关系（interpersonal relations）
2. 人际需求（interpersonal demand）
3. 邻近性（proximity）
4. 相似性（similarity）
5. 互补性（complementarity）
6. 仪表（appearance）
7. 人格特征（personality characteristics）
8. 人际沟通（interpersonal communication）

9．语言沟通（verbal communication）
10．非语言沟通（non-verbal communication）
11．聆听（listening）
12．信息（information）

小结

生活在社会中的人不可避免地要与他人发生人际关系。而旅游活动中的人际关系大多数是短暂而重要的。旅游者追求在旅游的过程中获得的充分愉悦，需要在旅游中有良好的人际关系；旅游接待者要维持旅游活动中的良好人际关系，使游客在旅途中获得满足，同时留下良好的印象。因此，双方都应该充分运用人际交往的原则和人际沟通的技巧处理好旅游活动中的人际关系。

案 例 分 析

曼纳小组对于抱怨处理的评论

标准的服务交往通常涉及一个抱怨者和一个接受抱怨的人，通常一方代表着商业机构的利益。曼纳小组观察到这里有两个必需的角色。

一个人会说出一些这样的话，"这是曾经发生过的最无耻的事情，我无法想象这里的每个人会这样愚蠢，我将准确地找出这是怎么发生的。相信我，我将立即就此事采取一些行动。"

另外一个人会说，"瞧，发生了点小过失（错误），并不很严重，心烦意乱也是没有任何用处的，因为这些事情总是在发生，真的不是任何人的过错。"

现在就有了特殊的角色：那个被抱怨所指向的人选择了他或她所愿意扮演的角色，抱怨者只好去扮演另外一个角色。

曼纳小组意识到这是一个错误的概念。确实是这样，因为那些被迫接受抱怨的人，或是偶尔或是作为一种消极的方式来谋生，并不理解可能发生的骤变。

下面是一般的发展态势：

抱怨者（用不大正常的声音，同时措辞有些尖锐）："这是不道德的行为。"

被抱怨者（用厌倦的语调）："噢，平静一点，不是任何人的过错，这仅仅是偶然发生的，现在做任何事（来补救）都晚了。"

抱怨者（尖叫）："你的意思是以前没有发生过？这里的每个人都是白痴？我这一生中也没有见过这种拙劣的工作。这是没有任何借口，无论任何人也没有借口。"如此等等。

同样的情况，只是被抱怨者决定抛弃陋习，于是就占据了有利地位。

被抱怨者（用可怜的近似绝望的语调）说："当然是的，我不能想象这怎么会发生，你应该确信我一定会对此事采取行动的。我无法向你道歉（足够使你原谅），我们以我们做事正确而自豪，这个过错是无法容忍的，请给我另外一个机会——让我看看我能给你采取什么样的补救方法。"

抱怨者（起初挺勉强的，但最终还是放弃继续用同一语调威吓，他被抱怨者的想法打动了）："噢，那好，我们都会犯错误的，并不是那么严重。"

评析：实现这种转变的基本要素是道歉和去做些补救的承诺，但是他起作用的是语调，两人不会坚持像前两位那样幼稚的争吵。但是曼纳小组很惊讶地发现，竟然只有很少的人会利用这个简单的技巧来避免令人作呕的事情发生。

（资料来源：詹姆斯·A.菲茨西蒙斯，莫娜·J.菲茨西蒙斯. 2003. 服务管理：运作、战略与信息技术.
张金成，范秀成译. 北京：机械工业出版）

问题讨论：

1. 在人际交往中，产生矛盾时应该采用什么语调与人交流？

2. 在发生争吵时，除了语调还应注意控制自己的哪些方面使矛盾可以更好地解决？

成为一个更好的听众的六种方法

要让员工、朋友、顾客和亲人感到你关心他们所说的话，用什么方法最好？倾听他们说话！尽管这不是什么令人意外的回答，但聆听的确是我们每个人都应当改善的一种技能。

那么，你可以做些什么来提高自己聆听的有效性呢？这里有六种方法：

1）让对方把话说完，鼓励他/她说下去。最好的听众是那些等你说完才开口的人。他们会等待，会让你把话说完。他们不会打断你，不会插嘴，不会顺着他们自己的思路把话题扯开，也不会不等你开口就自以为他们知道你将要说什么。相反，他们会向你表示他们希望听到你将要说的话——他们表示的方式就是让你来说。除此之外，还应该：

给说话者口头信息，表明你在专心听他/她说话。比如，可以使用诸如"嗯唔"、"我明白了"，以及"是这样吗？"等表达方法。

不要提太多的问题、给予忠告或转移话题到你想谈的题目上。这些都会影响对方的表达。

在对方说完一段话以后要保持沉默。不要以为别人就没有更多的要说了，沉默可以鼓励说话人接着讲下去。

2）用你的肢体语言来表明你在聆听。按照史蒂文·科维在《高效能认识的七个习惯》一书中的说法，沟通专家们估计：我们的话语只占我们沟通量的 10%，我们发出的声音占了另外 30%，而我们的肢体语言却占了 60%。要使用所有方式，使人们愿意对你敞开心扉。尤其是：

面对并直视他们，给予他们你的全部注意力，一点儿也不要分心。要记得当你自己对某个人说话而他/她却不注意你时，你心里是个什么滋味儿。

保持令人舒服的视线接触。要直视他们的眼睛，但别瞪着他们，也要自然地往别处看看。

顺从对方的肢体语言。你不会希望对方不得不仰着头或者垂着头对你说话。所以，他/她要是已经坐着了，你也应当坐下。

使用肢体动作来鼓励沟通。例如，点头表示理解，挥舞手臂来体现你的热情，还要避免用手玩弄任何东西。

通过你的语调语气来鼓励沟通。比如说，改变你的声调，使对方听出你的关切、支持和兴趣。

3）把注意力集中到对方所说的话上，而不是你自己的回答上。要是你真想听到并理解别人说的话，你就要注意他们在说些什么。这听上去很简单，却常常难以做到，因为我们在听的时候往往还容许自己想别的事情，而我们注意的常常是自己的回答。可以这样来改善这种状况：

在脑子里复述别人说的话。

思考有哪些内容对你来说是前所未闻的。你学到些什么？有什么有趣的地方吗？

不要自以为是，认为你知道人家接下来要讲什么。

核实自己的理解。别人讲的到底是你以为他们在说的事情，实际上在说另一回事？

4）控制你作评判的倾向。当我们开始下判断、对别人的话表示赞成或不赞成的时候，我们实际上就关上了真正聆听的大门。我们常常主观臆断、急于下结论而停止了全神贯注的倾听。与此相反，我们应该做的是：

在听的时候，尽量不要去判断或评估对方所说的话。你越是去评价，你就越会被自己的观点所左右，也就越不会去真正聆听。举例来说，你要是在还没有听完某种想法以前就得出结论说这种想法是荒谬的，那么你就不太可能听得到说话人所说的一切，因为你的脑子已经在忙着思索理由来证明这个想法不对了。

尽量从对方的观点去理解他/她所说的话。使这对谈话内容保持一种头脑开放的态度。就像这世界上的人是形形色色的一样，这个世界上的观点也是多种多样的。

要知道：当我们的感情被卷进去时，我们进行评判的倾向就会更为突出。因此，要注意你自己的情绪和感受。特别要当心别让你的情绪影响到你聆听的能力。要知道破坏有效沟通——使之中断或激起反驳——最快的一种方式就是对一个人的话作否定的评论。

5）尝试从说话者的角度来看问题。不要仅仅停留在话语的内容上。一个好的听众不仅会聆听谈话，还会试着去理解"说话者的背景"。好的聆听者知道：我们使用的言词，哪怕是经过精心挑选的，常常也只能粗略的表达我们真正的意思。因此要注意：

认识到说话的人是从一个与你不同的角度来看问题的，尽量去理解他/她。

想想对方有什么样的感受。他/她感到害怕吗？受伤害吗？生气吗？沮丧吗？

考虑一下对方真正想要表达的意思是什么。

思考一下对方是如何来感知事物的。要记住：人们看事情的方式常常和你不一样。

6）让说话者知道你听到并且理解了。但要成为一个真正的好听众，你所要做的还不仅仅是聆听和理解。你要让对方感受到他/她被聆听和理解。把对方说过的话进行复述、澄清和总结就可以达到这样的效果。但不要因此而取代对方占据谈话的主导地位，你只要理解对方的意思就够了。例如，试试重复对方所用的关键词。注意一下会引起什么样的不同，将如何有助于使对方感到被聆听和被理解。以下提示摘自《与人交往的技巧》——一本由罗伯特·波尔顿所著的关于人际沟通的书：

对说话者所说的部分内容进行反映。反映的意思就是对说话者复述其谈话内容、情感和意图的要点部分。比如："那么说来，你只好一切从头开始了。"

反映说话者的意图。你能否更加简明扼要的复述对方想要表达的基本思想？例如："他们把这事儿搞砸了，是不是？"

反映说话者的情感。你觉得说话者对于他/她告诉你的事情有什么样的感受？例如："那一定很令人痛苦。"

进行必要的澄清和补充提问。例如："那会牵扯到一些什么事情？"

可以考虑对整个谈话进行总结。例如："真是痛苦！"

如果你遵循以上六种方法，你就会向说话的人表明你在聆听、关注并理解他/她。谁知道呢？说不定你因此而保住了一个员工一天的好心情、一份友谊、一位客户、乃至一段婚姻。

（资料来源：Paul R. Timm & Brent D. Peterson. 2004. 人的行为与组织管理. 钟谷兰译，

北京：中国轻工业出版社）

问题讨论

1. 你觉得以上哪些方面的技巧在旅游活动的人际沟通中起的作用更大，为什么？

2. 回想一下平时与人交谈时你能做到以上六点中的几点？今后要怎么改善没有做好的方面？

思考与练习

1. 举例说明旅游活动中人际关系的复杂性。

2. 你认为影响人际关系最重要的因素是什么？联系自己的情况，说明你应该采取什么措施改善你的人际关系。

3. 你认为为了人际沟通的顺利进行，在沟通过程中信息发送者和信息接收者应该怎么做？

实训练习

人际关系自测

尽管人际关系技巧不像其他专业技能那样容易辨别或量化，但他们对于你的事业发展却至关重要。你越是多练习、建立良好的人际关系，你的同事和上司就越不会对你的行为或目的产生误会。因而也就会给予你更多的支持。

下面列出了 20 天对人际交往能力的描述，只给那些你每天都做到的项目打钩"√"。这个练习会说明我们为什么很难成为一个"人际关系通"。

我总是：

以诚实、合乎伦理道德的方式对待所有人。

哪怕是跟消极的人一起工作，也保持积极向上的劲头。

在一切与人交往的过程中，包括打电话时，传达出的言语和肢体信息都是积极的。

拒绝参加任何可能有损于他人的活动。

与工作场所的所有人都建立和保持一种开放、健康的工作关系，不搞裙带关系。

对每一个人，无论她/他的种族或社会经济背景如何，都表示尊重。

无论他人的性取向是什么，都能与他们进行有效的合作。

愿意与他人修复受损害的关系，不记仇。

跟我的顶头上司保持稳固的关系，但不因此而疏远同事。

工作表现杰出，并能与他人高效合作。

不制造或传播流言蜚语。

保持良好的出勤纪录，包括准时上班。

表明我能充分发挥自己的生产潜力，但并不因此而使那些达不到目标的同事与我疏远。

承认而不是隐瞒自己的过失或错误判断。

不让小烦恼变成大麻烦。

善于倾听。

在家庭和事业之间保持良好的平衡，不让其中任何一方受损。

寻找并赞赏别人身上的优点。

严格区分工作和个人的关系。

对不在场的人只作正面的评价。

得分：

（每个对钩算5分）

如果你的得分在 70 分以上，说明的具有相当可观的人际关系技巧；50 分以下则表明你可能需要检讨一下你的日常做法了。

（资料来源：Elwood N. Chapman. Winning at Human Relations. Crisp Publications，1989）

第10章　旅游服务心理

引导案例

个性化服务

某天，酒店大堂走来一位全身上下均为红色的 VIP 客人，就连小包也是红色的。在客人办理完入住手续后，她说要出去办点事就走了。总台旅游工作者小张发现客人的这身打扮，立即打电话通知客房部，将客人订好的房间内的窗帘及其他用品全部换成红色。两个小时后，当客人走进房间，看到自己的房间的布置，激动地对旅游工作者说："谢谢，谢谢！以后，我会经常来的。"

这个颇具戏剧色彩的个性化服务为酒店赢得了忠实的顾客。当我们赞叹这种个人关注式服务为客人和酒店带来双赢时，我们会感谢那位总台的旅游工作者。每一名酒店的管理者都希望我们的酒店多出些像这位服务细致入微的员工。

旅游服务不仅是旅游业的重要组成部分，而且是旅游业中"人性"味最浓的因素。有饭店业鼻祖之称的斯塔特勒曾不止一次地强调：酒店出售的产品只有一种，那就是"服务"。把心理学原理引入旅游服务，不仅可以避免冒犯客人，而且可以投其所好，起到事半功倍的服务效果。

问题讨论：

1. 为什么说旅游服务是旅游业中"人性"味最浓的因素？
2. 如何将心理学的原理引入旅游服务中？

通过本章的学习，了解旅游服务的基本含义与性质，以及旅游服务的基础。职业心理素质是旅游工作者提高服务技术水平、获取工作成就的决定因素，因此需了解旅游工作者应具备的职业心理素质和职业意识；旅游服务质量是旅游业的基石，服务质量是通过服务态度、服务语言、服务技术等体现出来的，因此旅游企业的每个员工必须把它掌握在手中。

10.1　旅游服务概述

通常，把为他人做有益的事叫做服务，这里的服务指的是一种活动，或是一种职业；在日常生活和商业活动中，为了在经济上获得利益而提供方便也叫服务。由此可以说"服务"一词是一个非常广义的概念。旅游服务不同于一般的服务，它是有形的物与无形的服务行为的综合体。具体说，旅游服务是旅游工作者通过各种设施、设备、方法、手段、途径和热情好客的种种表现形式，满足客人的物质和精神需要，创造一种人与人之间接触和交流的和谐气氛，使客人产生惬意、幸福感，从而促进旅游消费的过程。

要研究旅游服务，首先要解决两个问题：一是旅游服务的概念，二是旅游服务的先决条件，二者是实现优质服务的两个最基本的问题。

10.1.1 旅游服务的特点

旅游服务除具有一般接待服务的共同特点外，还有以下四方面的特点。

1. 广泛性

现代旅游业是一项综合性强、跨度大的服务性行业，因此旅游服务涉及的范围和领域也比较广泛。对旅游者而言，旅游服务贯穿于旅游活动的全过程，包括：① 潜在旅游者需要的宣传、咨询服务；② 准备阶段的旅游者需要办理签证、购买机票、车票、办理包机、订房、准备有关资料等旅行社服务和交通服务；③ 旅游途中的旅游者需要海关、服务、宾馆饭店、车（船）、景区（点）、游览、购物、饮食、康乐等一系列服务。直到旅游结束，无时无刻都离不开旅游服务。

旅游服务是以客人的旅游活动过程为主线提供的。旅游者在旅游活动的不同阶段和不同环节，所需求的各种接待服务是相互联系、互相依存、互为条件的，只有加强行业管理，搞好宏观调控，注意各行业间的协调与衔接，才能适应旅游者的需求。

2. 多样性

现代旅游者的消费需求具有多样化的特征，因此提供的旅游服务也必须多样化。不仅旅游过程的"六大要素"实现过程中接待服务方式不同，就是同一要素过程的接待服务也各有不同。如同样是"食"，就有"中式"、"西式"、"风味小吃"等饮食服务内容的不同；同样是"住"，就有公寓饭店、商务饭店、度假饭店等住宿服务内容的不同；同样是"行"，就有飞机、火车、轮船和汽车等交通服务方式的区别。更不用说"游"、"购"、"娱"等旅游活动的主要内容所表现出的名目繁多的服务内容了。

3. 复杂性

旅游服务过程非常复杂。客人层次不同，其经济条件、消费水平及结构、风俗习惯及要求各有所异；旅游服务面对个人消费，他们的消费需求各不相同，而且多变，再加上旅游者既是旅游服务消费者，又是旅游服务质量的最终评判者。此外，旅游服务过程中随时可能发生意外情况，如宾馆饭店的电梯出故障；车船事故，餐饮食物中毒等。因此，有必要对客人提供针对性服务，并且每一个旅游工作者必须具备应对各种突发事件的能力。

4. 动态性

旅游服务是一个发展着的动态的概念，它随着社会政治、精神、文化价值的变化而变化。随着人们生活质量的普遍提高，旅游逐渐成为人们生活中不可缺少的组成部分；随着交通工具的发展，时间和空间不再是人们旅游的障碍。旅游业的发展，旅游供给范围扩大，供应商增多，交通速度加快，新设施和新项目的增添，人们对旅游服务的要求也会越来越高和越来越强烈。在此情势之下，旅游服务作为一种观念、传统、手段、途径必然要受到冲击且与之适应。因此，旅游相关部门及企业在研究和设计服务产品时，必须考虑这些因素。

补充阅读

大多数客人晚上休息时，喜欢将客房的遮光窗帘拉合好，这样才会睡得香甜，因而通常客房服务程序中规定对住客房间开夜床时必须把窗帘全部拉上。然而有的客人却因一天的工作劳累常常一觉睡到天明，为了不致起晚而影响第二天的工作，希望将遮光窗帘中间留出一条缝，因此一些饭店针对这一情况，在夜床服务时略做改进，提供客人满意的服务。

10.1.2 旅游服务的先决条件

由于旅游服务是客我双方相互作用的过程，因此旅游工作者熟悉主客之间的角色关系、人际关系和旅游活动关系的全部内容，并努力创造和谐的交流气氛是提供优质服务的前提条件。旅游服务实践可以证明：主客之间只要宽容、谅解和友好，旅游者的陌生感和戒备心会很快消除，任何事情都更容易解决。

1. 客我交往的含义

"客我交往"是指旅游工作者与客人之间的交往，它是旅游工作者与客人之间为了沟通思想、表达意愿、解决旅游活动中共同的问题而相互影响的过程。旅游服务活动是双向的，主客双方必须有双向的交流。

客我交往有以下两种类型。

（1）直接交往

直接交往指面对面的接触，它是运用口头语言、面部表情、身体语言等人类自然交际手段进行的，其优点是反馈迅速而且清楚。

直接交往必须具备以下条件：①交往双方的一方想发出某种信息，另一方想收到这种信息；②交往双方期望获得一定的效果；③双方都有意或无意的力争相互了解；④双方各自支配着对方的反应。

（2）间接交往

间接交往是借助于书面语言、大众传播媒介或通讯技术手段所进行的心理接触。间接交往的反馈联系比较困难。

心理学家通常把直接交往简称"交往"，而把间接交往称为"沟通"。旅游服务中两种交往形式同时存在，多以直接交往为主，它是影响服务效果的主要因素。

2. 旅游服务中的客我交往

在旅游服务行业中，由于旅游工作者的特定角色以及客人所处的特定地位，决定了旅游服务与一般的服务不同。其特殊性表现如下。

（1）不对等性

旅游服务在客我双方的接触过程中，旅游工作者所扮演的角色是主人，旅游者所扮演的角色是客人。主人必须服从和满足客人的意愿，只有客人对旅游工作者下达指令、提出要求，而不存在相反过程的可能。只要客人的要求是正当的、合理的，旅游工作者就无权拒绝客人的要求。一些旅游工作者常常不能正确理解和处理这种不对等关系而陷于自卑或产生逆反心理，给旅游企业管理和服务质量造成不良影响。

（2）短暂性

旅游交通与市场经济的迅猛发展，使旅游者有条件并频繁往返于各地，形成了旅游服务客我交往频率高且时间短的特点。客人在目的地逗留的时间不会很长，因而客我之间接触的时间也相应短暂，客我之间相互熟悉了解的机会也随之减少。

（3）公务性

在一般情况下，旅游工作者与客人的接触只限于客人需要服务的时间和地点，交往关系只限于公务而不涉及个人关系，更不可能了解对方的全部历史，增加了旅游工作者了解对方的难度。

（4）个体与群体的兼顾性

旅游工作者接待的是个性相异、具有不同消费动机和消费行为的旅游者个人。因此，依据每个旅游者的个性消费特征向他们提供服务，就成为客我交往的主要方面。但一些同一社会阶层、同一文化、相同或相似职业的人会聚集在一起组成旅游团，在消费过程中出现从众、模仿、暗示、对比等群体消费特征。因此，旅游工作者在客我交往中必须注意个体与群体的兼顾。

10.2　旅游工作者心理素质和职业意识要求

服务质量是旅游企业的生命。服务质量从根本上说是由旅游从业人员的素质决定的。在旅游服务工作中，旅游工作者是工作的主体，旅游工作者是否具有良好的心理素质和良好的职业意识，是旅游企业提供优质服务的基础条件。因此，旅游企业要发展和壮大，就必须造就一支具备良好职业心理素质的员工队伍。

10.2.1　旅游工作者心理素质要求

旅游工作者的心理素质是其综合素质的一个组成部分，它由从事旅游服务工作所必需的各种心理素养品质所组成。

1. 气质的要求

气质是心理活动的动态特征，具体表现为心理过程的强度、速度和灵活性，就是我们平常所说的性情、脾气。要做好旅游服务工作，旅游工作者必须具备以下的气质特征。

（1）感受性适中

感受性是指人对外界刺激产生感觉的能力。一个人对引起感觉所需要的刺激量越小，他的绝对感受性就越大。人的感觉器官能觉察出的最小刺激量是不相同的。例如有的旅游工作者对客人特殊的外表、举止可以马上觉察到，而有的旅游工作者却觉察不到。

旅游工作者的感受性不可太高。在工作中，由于接待的客人来自四面八方，形形色色，各个阶层、各个年龄段、各种文化程度的客人都有，如果旅游工作者的感受性太高，则注意力会因外界刺激的不断变化而分散，从而影响服务工作的有序开展。当然，旅游工作者的感受性也不可过低，否则将对客人的服务要求熟视无睹，会怠慢客人，降低服务质量。

（2）灵敏性不宜过高

灵敏性主要是指旅游工作者心理反应的速度。它包括两类：一是不随意的反应性。例如，有的旅游工作者可忍受工作中的委屈，有的旅游工作者稍有委屈就受不了。另一类是指一般的心理反应和心理过程的速度，如说话的速度、记忆的速度、注意力转移的灵活程度、一般动作的反应灵活程度。旅游工作者的灵敏性要求不可过高，否则，会让客人产生不稳重的感觉，也无法使旅游工作者保持最佳的工作状态。

（3）耐受性强

耐受性是指人在受到外界刺激作用时表现在时间和强度上的耐受程度和在长时间从事某种活动时注意力的集中性。有的导游员长时间陪团，仍能保持注意力的高度集中，而有的导游员陪团时间稍长，就感到力不从心。显而易见，前者耐受性强，后者耐受性弱。

（4）可塑性强

可塑性是指人适应环境的能力和根据外界事物的变化而改变自己行为的可塑程度。凡是容易顺应环境、行动果断的人，表现为有较大的可塑性。而在环境变化时，情绪上出现纷扰，行动缓慢，态度犹豫的人表现为较弱的可塑性。例如，有的导游员每到一个新地方总是能很快适应，遇到困难仍然保持较坚定的态度和灵活的处理方法：有的导游员则表现出犹豫和无所适从。在旅游服务中，旅游工作者必须掌握一定的服务程序和服务规范，但在具体服务过程中，旅游工作者还必须根据客人需求的变化进行灵活的调整。要满足客人不同的需要，旅游工作者必须具备较强的可塑性，只有这样方可做好有针对性的服务，真正提高服务质量。

2. 性格的要求

性格一般是指一个人在活动中所形成的对现实的稳定态度，以及与之相适应的习惯化的行为方式。不同人之间性格差异很大，如有人热情开朗；有人深沉多虑；有人大胆自信有余而耐心细致不足；有人谨小慎微，做事认真，却显得朝气不足，等等。性格对一个人行为的影响是明显的，因此，作为旅游工作者应具备以下几方面性格特征。

（1）友善、诚实、谦虚

旅游业是一个"高接触"行业，旅游工作者不可避免的要频繁地与各种各样的客人打交道。就工作而言，良好的性格特征可以使旅游工作者始终保持最佳服务状态，使客人感到被尊重，使主客关系变得融洽；对旅游工作者个人而言，良好的性格特征也可以使自己从客人满意中获得个人心理的满足。如果旅游工作者对人冷淡、刻薄、嫉妒、高傲，就容易使主客关系紧张，使工作热情降低，令客人产生不满。

（2）自信、热情

自信是对旅游工作者心理素质的基本要求之一。古人云："自知者明，自信者强"。充满自信的旅游工作者，往往能在客人面前充分展现出其出色的服务技能和技巧，给客人以优雅、稳重、大方之感，让客人感受到安全、可靠和愉悦，从而树立旅游工作者及旅游企业良好的形象。旅游服务工作不完全是程序化的工作，旅游工作者必须在对客服务过程中体现出一定的灵活性。如果旅游工作者缺乏自信，面对突发事件，显得手足无措、一脸慌乱，这样的情绪必然会给客人带来消极的影响。如果旅游工作者充满了自信，则会以稳定的心态，积极寻找解决问题的方案。

从事旅游服务工作的员工还应当充满热情。由于旅游服务工作比较单调、辛苦，服务时间弹性大，容易使旅游工作者产生疲劳。如果没有全身心地投入，是无法为客人提供优质服务的。热情能使旅游工作者兴趣广泛，对事物的变化有一种敏感性，且充满想像力和创造力。如果一个人对工作缺乏应有的热情，对任何事物都没有兴趣，对一切都很漠然，那就无法胜任旅游服务工作。

（3）恒心、责任心

具有以上性格特征的旅游工作者在工作中，表现为积极努力，认真负责，同时具有较强的服务意识，工作效率较高。相反，缺乏良好性格特征的旅游工作者在工作中，往往表现懒散，缺乏工作的主动性和创造性，服务效率低下。

当然，从具体的服务工作要求上分析，不同岗位的旅游工作者对性格的要求也有所侧重。如餐厅服务旅游工作者应具有热情外向、沉着自信、负责、当机立断等性格特征；客房旅游工作者应具有认真细致、自律严谨等性格特征。

性格主要是在后天环境中形成的，因而性格比气质容易改变。环境影响不同，人的性格也各异。塑造旅游工作者的良好性格，改造员工的不良性格是旅游企业的一项重要工作。

补充阅读

塑造良好性格的主要原则和途径如下：

1）注重治本。改造不良性格，不仅需要重视矫正不良的行为习惯，更要重视改变与这些不良的行为习惯相应的基本态度。治标与治本结合，重在治本。

2）因人施教。性格有共性也有个性。因此，改造不良性格，要实行点面结合，既要做好面上的培养和改造，更要针对每个人的持点因人施教。

3）参加实践。良好性格的塑造离不开生活实践的锻炼。这项工作应贯穿于人们的学习、劳动、服务以及日常生活的一切活动中，坚持在活动中培养，在活动中塑造。

4）扬长避短。任何一个人必然有性格上的优点与长处，管理人员应努力寻找其性格中的"亮点"，加以耐心引导、发掘、利用，以达到扬长避短的目的。

5）加强修养。自我修养或自我教育，是培养和改造性格的重要途径之一。自我修养包括自我分析、自我控制、自我努力、自我鼓舞、自我誓约、自我监督等。

6）持之以恒。性格具有相对稳定性，不是一朝一夕能形成或改变的。因此，培养或改造性格，必须从根本做起，从基础抓起，从点滴教育入手，耐心培养，长期保持。

3. 情感的要求

旅游工作者的情感与情绪是由旅游活动中的客观存在引起的。当旅游工作者工作顺利时，他就可能产生高兴、喜悦、满意等情感与情绪；当旅游工作者工作不顺利时，他就可能产生生气、不满、愤怒等情绪与情感。情感状态在旅游工作者的工作中有着很大的意义，如果对不良情绪不加以有效控制会造成行为的失控。通常，旅游工作者工作中的情感形式是多种多样的，主要表现为心境、激情、应激等。

（1）心境的要求

旅游工作者在工作时应努力使自己的心境处于平衡状态。处于顺境时，要保持冷静，不喜形于色；处于逆境时，要进行克制，不把情绪表现出来。

引起心境的根本原因是个人的意愿和欲望是否得到了满足，因此，正确认识和处理主观与客观之间的关系，对于保持良好的心境有着积极的作用。

首先，旅游工作者要善于把握自己，做心境的主人。人是自己心境的主人。同时，应正确认识自己的需要、理想，正确分析自己的能力、性格以及环境，树立较为实际的奋斗目标，这样，才能不断强化良好心境，抑制不良心境。

其次，旅游企业要为旅游工作者创造保持良好心境的氛围。心境产生的原因有多种。不良心境的产生，有的是受个人生活中重大事件的影响，有的是因健康方面的原因，有的则是受天气等自然因素的影响。但一经产生，却可以有大致相同的方式表现出来。因此，旅游企业领导应注重掌握旅游工作者心境的类型，以及产生的原因，有针对性地做工作和分配适合其特点的工作任务。

（2）激情

旅游工作者对于不良的激情需要动员意志力，有意识地控制自己，转移注意力，以冲淡激情爆发的程度。有些激情是积极的，它可以成为动员人们积极地投入行动的巨大动力，如旅游工作者在紧急情况下，做出维护国家利益和集体尊严的壮举。在这种场合，过分地抑制激情是完全不必要的，从个性培养的观点来看也是不利的。

（3）应激

应激是在出乎意料的紧急情况下所引起的情绪状态。如客人在住宿期间突发疾病，又如，旅行途中，客人与他人发生误会，引起争斗等。这时需要旅游工作者迅速地判断情况，在瞬间就做出决定。提高旅游工作者的应激能力是做好旅游服务工作的重要条件。

应激能力首先取决于旅游工作者的经历与经验。有丰富阅历的旅游工作者在突发事件面前能临阵不慌，迅速做出准确判断，积极采取有效措施，化险为夷。其次，应激能力取决于旅游工作者的责任感。有高度责任感的旅游工作者，每遇突变总会产生一种积极的态度，自觉地控制和调节情绪，以保持适中的应激能力。最后应激能力取决于旅游工作者的个性。一般地说，身体健康、思维敏捷的旅游工作者会急中生智，调动一切有利因素；相反，身体虚弱、反应迟缓的旅游工作者则可能惊慌失措，甚至产生幻觉，使事态变得更为复杂化。

4. 意志的要求

旅游工作者在旅游服务过程中，有意识地去支配自己的行动，以达到顺利完成旅游服务工作的目的，这就是心理学中所说的意志过程。作为旅游工作者，要想在接待服务环境中，不断地克服由各种主客观原因造成的各种障碍，就要不断发挥主观能动作用，增强自己的意志素质。旅游工作者良好的意志品质表现在以下几个方面。

（1）自觉性

这是指旅游工作者在服务工作中具有明确的目的性，并充分认识服务工作的社会意义，使自己的行动服从于社会的要求。一个自觉性较强的旅游工作者，往往具有较强的主动服务意识，在工作中能不断提高业务水平，并积极克服所遇到的困难。

与自觉性相反的特征是受暗示性和独断性。具有受暗示性的人，只能在得到指示、命令、建议时才表现出积极性，而且他们很快屈从于别人的影响，对别人的思想、行为会不加评判地接受。

（2）果断性

这是一种明辨是非，迅速而合理地采取决定，并实现决定的品质。具有果断性的旅游工作者在面对各种复杂问题时能全面而又深刻地考虑行动的目的及其达到的方法，懂得所做决定的重要性，清醒地了解可能的结果，能及时正确处理各种问题。

与果断性相反的品质是优柔寡断和草率从事。优柔寡断的主要特征是思想、情感的分散，解决问题患得患失，踌躇不前。草率从事主要是由于懒于思考而轻举妄动，这些都是意志薄弱的表现。

（3）坚韧性

坚韧性是指在实现目标时能坚持到底，在行动中能长期保持充沛的精力、坚韧的毅力，勇往直前，顽强地克服达到目的途中的重重困难方面的品质。具有坚韧意志的旅游工作者能排除不符合行动目的的主客观诱因的干扰，做到面临纷扰，不为所动，同时能围绕既定奋斗目标做到锲而不舍，有始有终。

和坚韧性相反的品质是顽固、执拗。顽固的人只承认自己的意见、自己的论据，一意孤行，或者一遇到困难就不能控制自己的行动。

（4）自制力

自制力是指能够完全自觉、灵活地控制自己的情绪，约束自己的行动和言谈方面的品质。有自制力的旅游工作者能克制住自己的消极的情绪和冲动的行为，无论在何种情况下，无论发生什么问题，无论遇到多么刁难的客人，都能克制并调节自己的行为。一般具有自制力的旅游工作者，组织性、纪律性特别强，情绪较稳定。

旅游工作者的意志品质是可以培养和锻炼的，其培养和锻炼的主要途径是：

树立正确的认识论和方法论。顽强的意志源于正确的思想基础和奋斗目标，只有如此，才能平衡心理，并选择最佳的行动手段，战胜困难，坚定不移地实现预期目的。

加强技能培训和体育锻炼。旅游工作者必须不断更新知识，才能使意志行动有可靠的保证。旅游工作者的服务是脑力劳动和体力劳动的结合。意志行动与克服困难联系在一起，其基本物质条件是人的身体状况。因此，加强体育锻炼，提高身体素质，十分必要。

5．能力的要求

能力是顺利完成某项活动所必备的心理特征。能力是一种综合的整体结构，一名合格的旅游工作者的基本能力应由以下几个方面所组成：

（1）较强的认识能力

高水平的服务应该是旅游工作者尽量把服务工作做在客人开口之前。这就要求旅游工作者有较强的认识能力，能充分认识和把握服务对象的活动规律。旅游工作者较强的认识能力包括三方面内容：

1）观察能力。观察力是指能在不显著之处看到事物的特性和特征的能力。旅游工作者要善于观察客人的特点，并养成勤于观察的习惯，从而全面、迅速地把握情况。

2）分析能力。分析是将观察到的感性材料上升到理性的高度，揭示事物的本质和规律。在旅游企业中，旅游工作者应善于透过现象看本质，分析客人的好恶倾向以及引起情绪变化的原因，并善于因势利导，采取恰当的方式和措施。

3）预见能力。预见能力是根据事物的发展规律，推断和预测未来的能力。有较强的预见能力，工作才能主动，才能根据事物的发展规律提早决定自己应采取的行为方式。在服务工作中，预见能力还可以提早消除各种不利因素，防患于未然。

（2）良好的记忆能力

良好的记忆力对于搞好服务工作是十分重要的。良好的记忆力能帮助旅游工作者及时回想出在服务环境中所需要的一切知识和技能。良好的记忆力是旅游工作者搞好优质服务的智力基础。为此，强化旅游工作者的记忆力是提高服务能力的重要方面。

（3）较强的自控能力

自控能力是旅游工作者必须具备的优良品质之一。旅游工作者的自我控制能力体现了他的意志、品质、修养、信仰等诸方面的水平，尤其在与客人发生矛盾时，能否抑制自己的感情冲动和行为，以大局为重，以客人为重，真正做到"宾客至上"，这是对旅游工作者心理素质优劣的重要的检验标准之一。

（4）较强的应变能力

旅游工作者的应变能力是指处理突发事件和技术性事故的能力。它要求旅游工作者在问题面前，沉着果断，善于抓住时间和空间的机遇，排除干扰，使问题的解决朝自己的意愿发展。同时，在处理问题的过程中，既讲政策性，又讲灵活性，善于听取他人的意见，从而正确处理各种关系和矛盾。

（5）较强的语言表达能力

语言是旅游工作者与客人沟通的媒介。没有较强的语言表达能力，旅游工作者就无法有效地与客人沟通。旅游工作者要特别注重口头表达能力的培养，要能在任何情况下用简洁、准确的语言表达自己的意向，说出应该说的话。选用合适的语句，准确、恰当地表达自己的思想是与客人进行顺利交往的首要一环。"言不在多，达意则灵。"

（6）较强的人际交往能力

旅游服务工作就某种意义而言，是一种与客人打交道的艺术。旅游工作者要有同各种客人打交道的本领，除了与客人交往之外，还必须协调好与旅游部门和其他相关部门之间的关系。一个缺乏社会交际能力的人，往往会人为地在自己与社会、自己与周围环境、自己与他人之间筑起一道心理屏障，这样的人是与旅游服务工作的要求格格不入的。

总之，能力是具有复杂结构的各种心理品质的总和。旅游工作者应具有的能力素质，作为一种互相制约的多元化的能力系统，其构成要素之间是相互联系、紧密结合在一起而发挥作用的。

10.2.2　旅游工作者的职业意识

意识是存在的反映，同时意识也对客观存在产生强大的反作用。职业意识一旦形成，就会成为制约旅游工作者行为的一种积极力量。

1.　角色意识

人是社会人。每个人在某一社会和团体中都有一个标志自己地位和身份的位置，即社会角色，而社会也就对占有这一位置的人抱有期望并赋予同他所占有的社会位置相适应的一套权利、义务和行为准则，并以此来评判他的角色承担情况。

在旅游活动中，旅游者的角色是客人，而旅游工作者的角色是接待者、服务者。因此，旅游工作者与旅游者之间同时存在着"平等"和"不平等"的关系。从心理学角度来看，人与人之间的"平等"主要是指"互相尊重"，从这个意义上说，旅游工作者与客人是平等的，因为旅游工作者与客人应该互相尊重，客人不应该瞧不起旅游工作者，旅游工作者也不应该怠慢客人。"不平等"的含义是角色不一样，旅游工作者不可能与客人"平起平坐"。客人有权利要求旅游工作者为自己提供服务，而旅游工作者有义务按照客人的要求为其提供服务。作为旅游工作者，要树立正确的角色意识，使自己在心理上和行为上适应自己所充当的角色。既然选择了这一社会角色，就要努力去学习角色、实现角色，必须恭恭敬敬地为客人服务，尊重客人，这是社会角色的规定，是合理的。如果旅游工作者在心理上不能适应他们所充当的角色，不善于处理自己与客人之间的角色关系，就会带来服务质量上的问题。

补充阅读

经常听到有些酒店员工发牢骚，说："酒店这碗饭难吃。"这主要是因为员工常觉得在客人面前受委屈，常常横竖不讨好，里外不是人，自尊心受到严重挫伤。这种现象的产生，归根结底还是没有角色意识。有些年轻人爱到高档酒店去当旅游工作者，以为越是高档酒店就越享受、越舒服，事实恰恰相反，对旅游工作者来说，酒店越高档，纪律越严，劳动强度越大，受委屈越多。因为那豪华漂亮的酒店不是供你享受，而是要你更竭尽全力为宾客服务的。角色不清，就把自己的位置完全放错了。以致一旦受挫伤，就无法忍受。正如下例：

一个下雨天，两位衣着入时的青年进入某四星级酒店，大声问应接的旅游工作者："伞放在哪里？"旅游工作者感到客人不甚礼貌，就漫不经心地往身后的伞架方向一指。两位青年找了一圈未找到，就又转回来，恼怒地质问："你在跟我们开玩笑吧？"旅游工作者一听更不高兴，一声不吭地把他们领到拐角处伞架旁，转身走时，憋不住轻声嘟囔两字："瞎子"。两青年听见了旅游工作者的骂声，就上前与之争吵。在一阵唇枪舌剑后，客人怒不可遏地投诉。

这位旅游工作者就是由于没有摆对角色位置。她是以社会上人与人之间"平等"观念来处理这件事的。她的标准是，人与人要相互尊重。客人一进来就不礼貌，后来又出言不逊。"客人不尊重我，我为什么要对他服务好"，最终由角色的错误认识导入了服务的误区。

2. 质量意识

服务质量是指旅游服务在精神上和物质上适合和满足宾客需要的程度。人是质量诸要素中的关键。

旅游工作者要明白质量就是旅游企业的生命，质量就是效益。服务质量好，企业才能生存和发展。旅游工作者在思想上要纠正"抓质量是管理者的事"的错误认识，确立提高服务质量是旅游企业每位员工应尽的职责的观念，形成整个企业上下都来关心服务质量的良好风气，把"质量第一"的意识落实到每一个服务过程中，为提高服务质量创造良好的思想条件和物质条件。

质量意识是旅游工作者做好服务工作的思想基础，也是体现旅游工作者职业道德和素质的标志。旅游工作者要不断强化自己的质量意识，就必须做到热爱自己的工作，努力提高自己的工作能力，严格执行服务标准和规范，自觉地在工作中为客人提供最满意的服务。

3. 形象意识

在现代社会中，企业形象直接影响企业的生存和发展。可以说，它是企业最重要的无形资产。因此，许多企业都把塑造良好形象当作企业管理的重要目标。

任何一个旅游企业都处在一定的舆论环境之中，它的政策、行为及其产品或服务，必然给人们留下某种印象。从而产生某种评价。这些印象和评价，就构成了旅游企业客观的社会形象。影响一个旅游企业形象的因素很多，它不仅包括设施、设备、经营方针、管理效率以及店容店貌等，还包括旅游工作者的素质及服务行为。

作为旅游工作者应当树立良好的形象意识，明确自己所做的工作都是企业形象的重要组成部分，从而全面提高自己的知识和技能水平。可以说，旅游工作者的一举一动，都会成为一个企业形象的标志。热情友好、彬彬有礼，有渊博的知识和积极工作态度的旅游工作者，会给客人愉快的感受，继而使客人及社会公众对整个旅游企业产生好感。

4. 信誉意识

一个信誉好的旅游企业，能为客人创造一种消费信心，使客人产生一种信任感，并乐于光顾。强化旅游工作者的信誉意识，就是要以维护旅游企业的声誉为出发点，努力提高自己的业务能力，自觉履行企业的服务承诺和服务标准，以增强客人对企业的信任感。

旅游产品的信誉取决于旅游工作者的服务行为。要实现旅游企业承诺的高标准优质服务，必须依赖于旅游企业建立完善的服务规程，保证服务质量的稳定性。如果服务水平波动很大，对重要客人尽心竭力地提供服务，而平时服务松松散散、随心所欲，给客人的印象就是服务不规范，服务质量差，企业可信度低。

国际上许多著名旅游企业的服务规程虽然看起来刻板苛刻，甚至有点"吹毛求疵"，然而，正是这种严格的规程保证了服务质量的统一和稳定。因此，旅游工作者接受按服务规程服务的观念，一丝不苟地执行服务规程，才是信誉意识的有效体现。

补充阅读

康纳德·希尔顿（Conrad Hilton）先生是一位世界杰出的饭店企业家。他为希尔顿饭店联号创建的行之有效的科学管理模式，时至今日仍被视为最有效、最科学的饭店管理方法，并被广泛应用着。他在提高服务效率和服务质量方面采取如下措施：

1）时间和服务方式：一切服务，如总服务台、客房、餐厅、门卫迎宾员、中厅杂役员、问询中心、公共服务部、商务服务中心等，都必须按照规定的服务程序，不准随意更换服务方式。同时每项服务的完成都有时间限制，这也是希尔顿饭店联号的服务质量。例如，总服务台迎送客人，客人在总服务台等待开房住宿的时间不得超过 2 分钟，如果让客人在那里久等，超过 2 分钟无人理睬和服务，就是不礼貌，就是践踏希尔顿饭店联号的声誉。

2）工作标准：希尔顿先生的工作标准就是今天各个饭店的服务质量标准，其中包括服务的量和质的标准。例如，在服务质量标准的量方面，希尔顿先生规定，同是客房旅游工作者每人每天的工作虽是负责整理、清扫 16～18 间客房，而且要达到和符合希尔顿饭店联号客房卫生标准。也就是说，每位客房旅游工作者要每 25 分钟整理好一间客房。显而易见，客人离开后前去总服务台结账，该房间在 25 分钟以后又要重新出租。如果没有按时整理完，就要追查领班和该客房旅游工作者的责任。

希尔顿先生也强调，餐厅服务必须有一定的质量标准。每位餐厅旅游工作者每天要接待服务多少位客人，都要有明确规定。当然今天还基本明确，每位餐厅旅游工作者每小时要接待服务20位客人，即每3分钟要完成一位客人的点菜和送客服务。

5. 服务意识

服务意识是指旅游工作者有随时为客人提供各种服务的积极的思想准备。

服务有主动服务与被动服务之分，主动服务是指在客人尚未提出问题和要求之前，就能够根据客人的心理，提供客人所需的服务。如导游人员把客人带到一个观光点，除了介绍有关景点知识外，还能提前将厕所、饮料点的位置，观光的路线和路程，掉队后的补救办法，集合的时间、地点等事项告诉给客人，这种主动式服务就比在服务过程中逐一答复客人的询问好得多。它使客人有一种安全感和信任感，自然也会收到良好的服务效果。

图 10.1　被动服务（摘自《春城晚报》1995.4.18）

被动服务是指客人提出问题或要求之后，才提供相应的服务。例如，图 10.1 是钟振林的一张漫画。画中的顾客显然遇到了很多问题。在此情况下，旅游工作者的服务再好，客人也只会认为这是旅游工作者的本职工作，是分内的事，服务稍不及时，就可能招致客人的不满和抱怨。又例如旅游工作者把客人带到饭店后，由于事先没有将饭店的地理位置及内部设施讲清楚，客人就轮番向旅游工作者提出一连串问题：离市中心有多远？交通方便吗？餐厅在哪儿？换钱在什么地方？……这样，不仅延长了工作时间，增加了工作量，也难以得到客人的理解和满意。由此可见，同样是服务，如果方式不同，服务的效果会产生很大的差异。

良好的服务意识是提供优质服务的基础，有了强烈的服务意识，即使条件不充分，也能主动地为客人提供优质服务。自我尊重是做好服务工作最重要的心理条件，如若旅游工作者不能正确对待自己所做的服务工作，那他就不可能有强烈的服务意识，更不会主动热情地为客人服务。如果一个旅游工作者认为自己干服务工作不光彩，低人一等，他必然因自卑感而厌恶服务工作。当他身感客人有不尊重自己的迹象时，他会以维护自己的尊严为由，与客人发生争执，或态度粗暴或表现出不耐烦等。所以，必须强化旅游工作者的服务意识，加强对旅游工作者的职业教育。

补充阅读

北京某四星级宾馆。几位西装革履的先生在宴会厅门口交谈，似乎在等同伴。他们一面交谈，一面开始吸烟，其中一位客人开始东张西望。来回忙碌的旅游工作者不少，但没有人注意到客人有什么需求。实习生小李看到客人手里的烟，马上意识到客人在找掸烟灰的地方。小李马上拿起一个烟缸给几位客人送过去。客人非常高兴，向经理称赞了小李这种热情、细致、周到的服务。这虽是非常小的一件事，但却准确及时为客人提供了服务，体现了旅游工作者应具备的服务意识。

10.3　旅游服务的实施

旅游者对服务质量的心理预期可以分解为服务态度、服务技术、服务语言、服务时机和服务方法等方面，只有这些方面都达到和超过了预期，服务质量才能得到正面评价。

10.3.1　旅游服务态度

旅游服务态度是旅游工作者针对客人和服务工作状况产生认识评价、情感体验和行为倾向的心理过程，它对客人的心理和行为产生重要影响。

1. 服务态度的心理功能

服务态度对做好服务工作具有重要的心理功能，这已成为旅游业界的共识。由于态度方向和强度的不同，服务态度对客人的影响具体表现在以下两个方面。

（1）正向：感召功能和感化功能

服务态度的正向功能是指良好的服务态度对客人所产生的吸引力，即感召功能和感化功能。感召功能与感化功能在心理作用上是柜似的，只是感化功能轻于感召功能，感召功能犹如粘合剂，使客人和旅游工作者更加亲近；犹如催化剂，促使客人加快实现由动机向行为的转化；犹如磁铁，吸引客人再次惠顾；犹如美容师，为企业塑造光辉的形象，赢得顾客好评。

感化功能与感召功能相比，虽不能使客人产生较强的趋向力，但它却能起到化解客人不满情绪和转变客人对企业和服务看法的作用。在旅游市场上我们常见到某些客人对某些旅游产品并不十分满意，但由于旅游旅游工作者的热情好客、诚恳待人之举，使得这些客人转变了看法，这就是态度的感化功能所起的作用。

（2）负向：逐客功能和激化功能

服务态度的负向功能是指低劣的服务态度作用于顾客所产生的恶劣后果。

逐客功能是指给客人造成的心理反感和心理"惧惮"。旅游工作者服务态度低劣，对客人不尊重，不一视同仁，甚至冷嘲热讽，挖苦斥责，出难题，设障碍，使得客人心灰意冷，或望而却步，把客人赶跑。

激化功能是指在服务工作中旅游工作者本身工作上的不热情、不主动、不耐烦，致使客人产生情绪波动，理智失控，心理冲突加剧的心理作用。

2. 表现良好的服务态度的方法

旅游工作者怎样才能让客人感受到良好的服务态度呢？这个问题很复杂，它既涉及到旅游工作者自身意识，也涉及到社会和周围的环境条件。因此，必须综合考虑以下因素。

（1）建立良好的第一印象

良好的第一印象是服务初始阶段的主要工作目标。由于旅游工作者与客人的交往一般都是"短"而"浅"的，所以客人的良好第一印象至关重要，它不仅能在服务工作一开始就给客人一个好印象，还为以后各阶段的服务打下坚实的基础。要建立良好的第一印象，提高旅游工作者的心理素质是关键。建立良好第一印象的心理素质包括：

1）明确的角色意识。旅游工作者必须摆正自己在服务活动中的位置，要使旅游者感受到充分的尊重。

2）敏锐的观察力和准确的辨别力。旅游者的职业、身份、动机、目的的不同，导致他们想要得到的具体服务存在细微的差别。旅游工作者应用敏锐的观察力和准确的辨别能力，在与旅游者接触的较短时间内从旅游者的着装、表情、物品、语气、词汇、气质等方面做出准确的判断，从而决定具体技巧。

3）出色的表现能力。旅游工作者与旅游者的交往是短暂的，旅游工作者要在接触的初期，通过第一时间的语言、表情和动作，把自己的专业能力和对旅游者的关心、体贴表达出来，建立良好的第一印象。

4）较强的感染力。旅游工作者要想在服务初始阶段给旅游者留下良好的第一印象，必须情绪稳定、精神饱满、乐观开朗、表情可亲、语言精炼、动作轻盈，要有端庄的仪表、优雅的姿态、诚挚的笑容、热情的语言、熟练主动的操作技能。

总之，第一印象对搞好服务工作很重要，但也不能把第一印象的作用盲目夸大。客人并不仅仅满足于良好的第一印象，在以后的交往过程中，还会继续对旅游工作者寄予较高的期望。因此，旅游工作者既要给客人留下美好的第一印象，又不能仅凭第一印象去同客人打交道。

（2）自我提高

旅游工作者要提高自己的文化修养、职业修养和心理素质。因为一个人的文化知识与职业知识能使一个人眼界开阔，理智成分增强，从而影响其职业观念和处事态度。良好的心理素质，如忍耐力、克制力和稳定乐观的心境，能使一个人主动自觉地形成和保持良好的服务态度。

（3）完善服务行为

旅游工作者的服务行为常表现在服务形象、服务举止和服务语言三方面。

1）形象美。在给人们形成深刻印象的各种刺激中，视觉印象占大部分，而仪容仪表是形成视觉印象的主体。旅游工作者在和客人接触和提供服务时，首先给客人形成视觉印象的就是仪容仪表，所谓"未见服务，先见其人"。为此，旅游工作者应做到修饰整洁，化妆淡雅，饰物适当，服饰美观，讲求形象美。

2）举止美。旅游工作者站立姿势要挺直、自然、规矩，行走时要平稳、协调、精神。

3）语言美。旅游工作者要有良好的语言表达能力，可通过语言表达来表示对客人的关心和尊重。

（4）改善服务环境

环境影响情绪，情绪影响态度。良好的环境会使旅游工作者产生愉快的情绪，愉快的情绪会使旅游工作者表现出良好的服务态度，如果一个旅游企业环境条件差，设备简陋，用品陈旧，或客流量大、工作无秩序、上下级之间不协调、同事关系紧张，必然会使旅游工作者情绪低落，并把这种情绪转嫁给客人。为此，旅游企业就应想方设法改善工作条件，协调人际关系，改进领导作用，密切干群关系，科学地进行企业管理，为确立良好的服务态度创造良好的工作环境和条件。

10.3.2　旅游服务技术

服务技术是旅游工作者对服务知识和操作技能掌握的熟练程度。服务技术有高低之分，一般来说，服务技术水平高的旅游工作者，不仅有娴熟的操作技巧、高超的服务技艺，而且还有丰富的知识和信息。

1. 服务技术的心理功能

服务技术可以影响旅游者的心理预期和信任感。

（1）对旅游者心理预期的影响

旅游者在接受服务前有预期，会把实际的服务技术和预期的进行比较，实际的服务技术达到或者超过预期，会使旅游者在心理上产生满足感，反之则不满。

服务技术也会影响旅游者对以后得到的服务的预期。服务技术高会提高旅游者对未来服务的心理预期，从而对服务提出更高的要求，而企业要满足提高了的心理预期就要付出更多努力。反之会降低预期，低至一定程度旅游者会放弃该服务。

（2）对旅游者信任感的影响

服务技术的高低，也直接影响旅游者对旅游工作者和旅游企业的信任，丰富的服务知识和熟练的操作技能会使旅游者对服务结果和企业的管理水平产生信任。

2. 提高服务技术的途径

提高服务技术既是旅游企业管理的重点之一，也是旅游工作者自身发展的需要。旅游企业应当建立有效的激励机制、培训机制、考核机制，完善各种规章制度，创造良好的环境条件和竞争氛围，引导旅游工作者自觉学习，把强制提高和旅游工作者的自觉行动结合起来。

旅游工作者则要努力提高自身的综合素质，端正对提高服务技术水平的态度，把在岗操作和岗下练习结合起来，把经验积累和书本知识结合起来，积极参加组织培训，主动学习和掌握相关专业知识，不断提高操作的熟练程度。

10.3.3　旅游服务语言

对以语言交往为主要工作内容的旅游工作者来说，服务语言如何表达是事关服务质量的重大问题。

1. 服务语言的心理功能

服务语言影响客人的心理和行为，也影响客人对服务工作的评价。旅游服务中，服务语言适当得体、清晰、纯正、悦耳，就会使旅游者有愉快、亲切之感，反之，服务语言不中听，生硬、唐突、刺耳，客人会难以接受。强烈的语言刺激，很可能会引起客人强烈的不满和对抗，严重影响企业的信誉和客人对服务质量的评价。

2. 服务语言的特性

旅游服务语言不同于一般的语言，它具有自身的特点，应充分加以发挥。

（1）灵活性

旅游服务工作面对的是不同的客人，服务语言一定要因人而异。服务语言最基本的出发点就是尊重客人，只有语言符合客人要求，才会使客人有亲切、自然、顺耳、满意之感。如果使用语言不考虑对象，会使客人产生误解。比如说："您上哪儿"是中国人常用的问候语，而外国人则认为你干涉了他的私事。

语言交往要适合特定的交往环境。语言交往都是在特定的交往环境中进行的。一般包括谈话的对象、时间、地点、场合、情绪等。

（2）浓厚的职业特色

旅游服务语言具有鲜明的职业特点——服务性。旅游服务语言是典型的职业用语，它的语言主体大都是由职业词汇构成。旅游工作者在与客人讲话时就要注意多使用恭敬和谦让、道歉和致谢、赞扬和祝愿、理解和安慰、顺耳且亲切等富于人情味的语言。

旅游服务用语是相当丰富的。由于服务工作的特殊性，要求旅游工作者在服务中正确使用礼貌用语。常用的有："对不起"、"别客气"、"谢谢"、"您好"、"再见"、"欢迎再来"等。

"对不起"，包含着道歉、赔礼的意思。旅游工作者与宾客双方在服务与被服务的过程中不够默契的时候，旅游工作者就应主动地表示歉意。

"别客气"，体现了旅游工作者的虚心和谦逊。

　　"谢谢"本该是客人的常用语，但旅游工作者也应常常向客人说声"谢谢"。这是因为在服务过程中，如果没有被服务者，没有被服务者的光顾相配合，就没有了服务对象，也达不到服务的目的，更谈不上企业的经济效益和社会效益。

　　客人离店时，旅游工作者说的"再见"、"欢迎再来"等用语，亲切而热情，表达出依依惜别之情。

补充阅读

　　旅游企业常用的服务敬语有：

1）欢迎语：欢迎光临／欢迎您来这里用餐／欢迎您住我们饭店。

2）问候语：您好／早上好／下午好／晚上好。

3）祝愿语：祝您旅途愉快／祝您玩得开心。

4）告别语：再见／祝您一路平安／欢迎您再次光临。

5）征询语：我可以帮忙吗?／可以开始点菜了吗?

6）答应语：好的／是的／马上就来。

7）道歉语：对不起／很抱歉／这是我们工作的疏忽。

8）答谢语：谢谢您的夸奖／谢谢您的建议／多谢您的合作。

3.　提高旅游服务语言表达效果的基本方法

（1）运用表情和动作的力量

　　表情、动作与语言的表达力和感染力之间的关系是极为密切的。适当的表情，优雅得体的动作，会增强语言的感染力量。旅游服务实践证明，只要配合服务语言的表情、动作明确，意向清楚，就会使客人的听觉和视觉同时得到良好的刺激，使大脑兴奋起来，迅速产生共鸣，收到增强语言感人程度的效果。

（2）注意说话技巧

　　为使旅游服务语言达到良好效果，旅游工作者在与客人交谈时，语言应准确精炼，想说什么，想表达什么意图，应紧紧抓住中心，绝不能使人不知所云，抓不住要领，听不出所以然，影响客人的情绪。如果为追求语言美而乱用词汇，或使用冷僻字，将会出现误解现象。交谈时要慎重地斟酌措辞，不要造成歧义，使客人误解。

（3）使用礼貌用语

　　恭敬和谦让。这反映了旅游工作者的服务态度。旅游工作者在客我交往中要做到不抢话，不轻易插话，使用文明礼貌用语等。"请"字如果用的诚恳并且带有郑重的含义能够产生很大的魅力。

　　迎合和委婉。出门在外的旅游者会异常敏感，都不愿意听"逆耳"的话，所以，旅游工作者应迎合客人的这种心理需要，尽可能地顺着客人说，或者委婉地说。一般情况下，用肯定的语气说话比用否定的语气说话会使人感觉更柔和一些，在客我交往中，特别是在表达否定意见时，要尽可能使用那些"柔性"的话语。比如，当旅游工作者要对客人提出某种要求时，最好用肯定的说法，如"请您……"，而不要用否定的说法，如"请不要……"。

道歉和致谢。旅游服务中的道歉与日常生活中的道歉有所不同。旅游工作者并不一定是在自己有过失时才向客人道歉。比如："很抱歉，客房已经满了"。旅游服务中的感谢主要用于客人的惠顾和关照。因为客人的到来为我们带来了财源，所以应对客人心存感激。

理解和安慰。"在家千日好，出门一日难"。旅游者在外旅游感到紧张、失望、无助时，特别需要旅游工作者的安慰和理解。这时员工如果能够设身处地说些安慰的话，就会使客人感到莫大的欣慰。

赞美和祝愿。赞美是人们普遍需要的一种心理服务，是赢得对方好感最简单的方法。旅游工作者要使客人高兴，就要多讲赞扬和祝愿的话。当然，赞美要真实、具体、有分寸，否则虚假的、夸张的"奉承"会使客人很反感。

总之，语言在塑造良好的客我关系中是极其重要的，旅游工作者可以通过训练改进说话方式、速度、语调及词句的选择，使客人觉得和蔼可亲。

4. 旅游服务时机

服务时机是指旅游工作者在某一次具体的服务过程中，为旅游者提供服务所选择的时间点。要想使服务达到最佳效果，必须把握好服务时机。

（1）服务时机的心理影响

旅游者对自己得到的服务有非常明确的时间要求，虽然大多数人不会明确地从语言中表露出来，但他们在不同的时间点得到的服务会有不同的心理感受，这种感受会通过神态、表情、行动表现出来。

一般说来，如果旅游服务时间和客人的消费需求时间基本一致，客人就会感到便利和满足。在此时间里客人就会愉快地接受服务，进行消费。如果旅游服务时间和客人的消费时间的需求不一致，客人就会感到不便和失望，在行动上也很难接受其服务，即便是接受了服务，在情绪上也会是不愉快的，后续行为会受到很大影响。

1）服务适度使人轻松。多年来，热情服务一直被作为提高服务质量的重要手段，但是过分的热情会使人厌烦。许多旅游者在接受服务的过程中，需要有时间独自思考、比较和选择，他们并不希望被打扰。如果旅游工作者的热情服务过度了，在不需要服务的时候打扰旅游者，轻者使旅游者感到不快，重者会产生逐客作用，使旅游者在思考未成熟的时候放弃接受服务。

2）服务适时使人愉快。旅游者思考成熟、想要得到更多信息而需要帮助的时候，最佳的服务时间点就出现了。这时出现在身边的旅游工作者使旅游者心情愉快，旅游工作者的言行也就有了更强的说服力，对旅游者的消费心理和行为能够产生较强的良性影响。在实际的服务过程中，常常发现客人对服务的"适时"非常满意。"适时"即恰到好处，会使客人产生愉快的心情。如果服务时机"超前"，客人会产生厌烦情绪。如果服务时机"拖后"，客人会产生不满情绪。

3）等待服务使人不耐烦。最佳的服务时机出现了，可旅游工作者没有出现，旅游者虽然不是很高兴，但也不会有太多不满，他们会自行寻找和召唤旅游工作者。如果寻找和召唤的过程很顺利，服务也能顺利进行；如果寻觅无人，或者召唤得不到响应，这时的等待会使旅游者不耐烦，等待的时间和不耐烦的强度成正比。依照旅游者性格的不同，可能出现抱怨、离去、争吵、投诉等不良后果。

（2）科学的服务时间策略

不同类型和不同情况的服务应该采取不同的时间策略。

1）正常服务时间稳定不变。在正常情况下，旅游服务时间是固定的、有保证的。客人有计划的活动也都依服务时间长短来安排，从而保证活动在时间序表中顺利进行。

2）特殊情况服务时间灵活安排。服务时间的稳定性是相对的，但在季节变化、客流量变化以及节日的情况下，服务时间就必须做适当的调整。比如，冬天和夏天白天时间是不同的，如果夏天的服务时间和冬天的服务时间没有区别，那么，夏天里将有较长的时间不能被利用，客人是不会满意的。因此，服务时间的灵活安排，是满足客人需求的上策。

3）各种服务项目的服务时间安排要多样。客人兴趣的广泛性是不一样的，对各种服务项目的要求在顺序上也有先有后。因此，在支配消费时间上彼此都存在着较大的差异。在此情况下，如果各种服务项目的服务时间"起始点"和"终结点"都相一致，那么，就极大地限制了客人对不同活动项目的消费要求，客人自然不满意。为此，各项服务项目的服务时间应针对这一特点实行多样性策略。

（3）服务时机的把握

在旅游服务工作中，常常发生这种情况，旅游工作者满腔热情地为客人提供了服务，但客人有时反而流露出厌烦或不满的情绪。一个很重要的原因就是旅游工作者没掌握好服务的时机。那么，如何把握服务时机呢？服务时机的把握不是机械地靠钟表所能做到的，它凭的是旅游工作者的直觉，往往需要多年丰富经验的积累，以及个人的灵性才能悟到。要随时观察并揣摩旅游者的需要，旅游者通常希望旅游工作者在不需要的时候隐形，需要之时立即出现。旅游工作者应广开视听，尽量观察客人当时的举止表情，并将所得到的印象归纳成对自己有利的具体线索。

1）将旅游者置于观察之中。保持服务距离并不意味着将旅游者置于自己的视线之外，旅游工作者要充分训练自己的注意能力，同时注意多个目标。个人的注意数量毕竟是有限的，所以在管理上需要合理安排和分配，保证旅游工作者数量充足、照顾到位。

2）判断旅游者的气质和性格。旅游者的气质和性格决定了在其选择和决策阶段是否需要旅游工作者的参与，有的是希望和期待，有的则是不信任，有的无所谓，他们对提前介入的反应也不相同。旅游工作者需要掌握基本的知识，同时结合经验积累，迅速判断旅游者的气质和性格，这有助于准确掌握服务时机。

3）留心观察客人当时的体态语言。旅游者需要旅游工作者帮助的时候，首先会在体态语言中表露出来，然后会以语言提示，旅游工作者的响应就是主动把握和被动把握的区别。

主动把握是旅游工作者主动自觉地去寻找和发现接待服务时机，以便提供相宜的服务。在大多数情况下，旅游者的体态表情是他心理活动的真实反映，需要帮助和独自思考的差异是显而易见的。被动把握是旅游者一旦提出某种合理的要求，旅游工作者就立即帮助其解决，毫不拖延地为其提供服务。旅游工作者没能在第一时间发现旅游者的需要时，旅游者会用语言提出自己的要求，旅游工作者就应迅速响应。主动把握和被动把握这两种情况常常是并行的。在为客人提供服务中只要旅游工作者有寻找服务时机的意识，就可以从中发现客人新的服务需求，从而"变被动为主动"。

10.3.4　旅游服务方法

美国管理心理学家赫茨伯格曾运用"双因素论"来分析客人对服务的心态和评价。他指出服务有两类因素：一类是"避免不满意"的因素，称为服务的必要因素；另一类是"赢得满意"的因素，称为服务的魅力因素。就旅游服务而言，必要因素是指规范化、标准化、程序化的服务。规范化的服务使客人感到"一视同仁、平等待客"，不会有"吃亏"的感觉；魅力因素是个性化、针对性和情感化的服务。

1. 标准化服务与个性化服务结合

客人在接受服务的过程中都有一个共同的心理：即希望旅游工作者对自己能不另眼相看，同时，又希望旅游工作者能对自己另眼相看。这两种心理要求看似矛盾，实际所指不同。前者是指旅游工作者不能歧视、怠慢客人，对所有的客人应一视同仁，提供标准化的服务；后者是指旅游工作者应了解每一个客人的独特个性与需求，将每位客人与其他客人区分开来，使客人有受到特别优待的感觉。

按照"双因素"理论，旅游工作者既要对客人做到"一视同仁"，又能体现出"特别关照"。"一视同仁"的服务要求是坚持尊重每一位客人，决不随意"偷工减料"，提供标准化的服务。仅仅做到"一视同仁"虽能够避免客人不满意，却还不足以赢得客人的满意；旅游工作者只有做到对每一位客人提供"针对个人"、"突出个人"的服务，使客人产生"受优待"和得到"特别关照"的感觉，才能使客人感到特别满意。

如果说，一视同仁的标准化服务是满足客人共同的需求，使客人感到基本满意的基础。那么，特别关爱的个性服务则是体现对客人尊重，满足个性需求的条件。个性服务是20世纪70至80年代国外饭店在管理方面提出的一种服务理念，个性化服务也可以理解为特色服务，由于服务的对象千差万别，客人的一些特殊需求往往不是按标准服务所能完全解决的。它是用超出常规的方式满足宾客偶然、个别、特殊的需要。个性化服务源于却又高于规范化、程序化、标准化的服务，它更多地体现于精心、细心、微小、细微的服务。只有个性化的服务才能达到甚至超过客人的预期，真正赢得客人的满意。因此，必须根据客人的具体特点，灵活地提供针对性强的、细致的个性化服务。

2．提供个性化服务的方法

为了让每个客人都得到他所满意的服务，旅游工作者必须根据每个客人的个性特点，确定合适的服务方式，提供适宜的个性服务内容。

（1）积极诱导

诱导出客人适宜的自我状态，能够顺利解决问题，是提供个性化服务的有效方法。加拿大学者柏恩所提出的相互作用分析理论认为，一个人有三个"自我"，即"儿童自我"、"家长自我"和"成人自我"。这三个"自我"就是内心世界的三个不同的行为决策者。

"儿童自我"是一个"感情用事"的行为决策者，它不会根据社会的、他人的利益和自己的长远利益来考虑"合理不合理"、"应该不应该"的问题，而只是考虑"喜欢不喜欢"和"高兴不高兴"的问题。

"家长自我"是一个"照章办事"的行为决策者，它的章程就是头脑中所记录的那些由权威人士提供的行为准则。

"成人自我"是一个"面对现实"的行为决策者，它既不像儿童自我那样感情用事，也不像"家长自我"那样只会照章办事，它善于独立思考，善于根据实际情况做出明智的选择。

在行为决策中，不同的"自我"占优势，就会做出不同的反应。人的行为方式主要有六种，见表 10.1，这六种主要行为不存在好坏之分，而只有是否运用恰当的问题。

表 10.1　自我状态及行为方式

自我状态	类　型	行为特征
儿童状态	天真型	自发
	任性型	反叛
	顺从型	驯服
家长状态	威严型	训导
	慈爱型	关切
成人状态	理智型	通情达理

"诱导"是指在主客交往中，善于从客人可能采取的行为中诱导出自己所期待的行为。诱导行为体现了旅游工作者处理好主客关系的技巧。在旅游服务中，客人的行为除了满足自己的需要外，还与旅游工作者的服务行为相联系，不同的服务行业会导致客人产生不同的行为反应。因此，旅游工作者要善于从客人可能采取的各种行为中"诱导"出其所期待的行为。

旅游工作者对客人行为的积极诱导，体现了服务的根本精神，是旅游服务过程中的一项重要服务。"诱导"的重点是不强制人们去做，而是促成人们自发选择。就旅游服务而言，旅游工作者不能单纯地给客人强加限制，或单纯地将已经准备好的东西强加给客人，而是要有意识地使之成为"被选择的东西之一"，使之生辉增色，使之产生魅力。

1）诱导成立的条件。诱导是一种能适应客人需要的活动，其成立的基本条件是客人有这种行为的愿望。如果没有需要，行为便不会发生，一旦发生，那么，必是强制的。所谓能"诱导"的需要，基本上是日常没有充分得以满足的东西。

2）诱导所需的气氛。"诱导"追求的是自发行动，所以创造出以下环境气氛是至关重要的：尊重自主性；创造兴趣，引发趣味性；有参加的愿望；能建立新的交往；与时间条件和空间条件很协调；愉快感。

3）诱导是发挥旅游工作者个性的活动。对客人进行怎样的诱导，是各有差别的。它表现在旅游工作者的观念和态度上，它与服务活动的性质有关。当规范化比例较高时，诱导要采取有组织、有计划的方式进行，以获得较完整而全面的印象。当个性化比例较高时，旅游工作者的个性发挥更具有市场。

同时，旅游企业和旅游工作者也必须选择自己最恰当的行为，而且在行为决策中，一定要让"成人自我"起主导作用。由"成人自我"决定并不意味着只能采用"成人行为"。在服务过程中，旅游工作者都希望客人能表现出"理智型行为"、"慈爱型行为"或"顺从型行为"，而不愿意客人采取"威严型行为"或"任性型行为"。如果旅游工作者希望客人表现出关切的"慈爱型行为"，则需要用驯服的"顺从型行为"去诱导，而以反叛为特征的"任性型行为"多半只能诱导出以训导为特征的"威严型行为"。同样，要客人表现出"顺从型行为"，需要旅游工作者用关切的"慈爱型行为"去诱导，如果旅游工作者用训导的"威严型行为"去"压"客人，换来的只会是客人用反叛的"任性型行为"做出"顶"的反应。因此，旅游工作者要处理好与客人的关系，应该掌握"诱导"的技巧，要学会有意识地从客人可能采取的各种行为中去诱导出自己所期待的行为。

（2）尊重客人

人都有自尊心，大多数人还有虚荣心。客我交往中最敏感的问题也是与客人的自尊心有关的问题，旅游者对尊重的要求是非常强烈、非常敏感的。因此，旅游工作者在为客人提供服务时，不仅要能够保护客人的自尊心，还应以恰当的方式发扬其长，隐藏其短，增加客人的自豪感，让客人得到心理上最大的满足。相互尊重是融洽主客关系的桥梁。

旅游工作者对客人的尊重体现在方方面面。尊重一个人会使他表现出他最好的行为，而贬低一个人只会使他表现出他最坏的行为。尊重客人的方法有：

1) 时时处处体现尊重。

尊重客人，首先要做到态度谦恭。谦恭是一种良好的行为方式，是指对客人的感受非常灵敏，避免言行上的任何不必要的冒犯。比如，当旅游工作者没有听懂客人的问话时，不要简单地问："你说什么？"而应这样问："请原谅，您能重复一遍吗？"或者："请您再说一遍，行吗？"尊重客人，就要在任何细微之处都礼貌待客。旅游工作者不仅要在道理上懂得尊重客人，更要善于通过言行和各个服务环节在细微之处体现对客人的尊重。比如，客人在商场购物，由于旅游工作者一时忙不过来，不能立即为他服务，就要先向他打个招呼。尽管对客人来说，有这句话是等，没这句话也是等，但是有了这句话就表现出旅游工作者对客人的尊重，具有"安定人心"的作用，反之就会使人产生被轻视、冷落的感觉。

尊重客人，就不能要求客人"入乡随俗"。旅游工作者应熟悉客人的风俗习惯、宗教信仰等，避免因为不了解客人的喜好和忌讳而莫名其妙地得罪客人。

尊重客人，还要注意为客人"扬长隐短"。扬长是为了增加客人的自豪感，隐短是为了避免触动客人的自卑感。所谓的长处和短处，包括相貌、衣着、言谈举止、知识经验和身份地位等。"扬"客人之"长"包括赞扬客人的长处和提供一个机会让客人表现他的长处，但是也要避免为了扬某些客人之长而伤害其他客人。"隐"客人之"短"，要体贴入微地、不露痕迹地、十分自然地去做，一方面是绝不能对客人的短处感兴趣甚至嘲笑他的短处，另一方面是应在众人面前保护客人的"脸面"，在客人可能陷入窘境或已经陷入窘境时，帮助客人"巧渡难关"。

尊重客人，还要对有过失的客人表现出尊重和耐心。如客人在餐厅吃完饭忘记结账，或客人退房时误拿客房的物品，或客人对旅游工作者的工作非常挑剔，在类似这样的情况下，旅游工作者如不能妥善对待，在大庭广众之下，当面责备客人，或据理力争，将使客人大失体面和自尊。相反，旅游工作者如能表现出对客人的尊重，为客人改正自己的行为和态度提供一个无损其脸面的理由，以给客人一个能够维护自己脸面的"台阶"下，这样，既能使客人改正不恰当的行为，又不失面子。

最后，尊重客人的自尊心。尤其在人的价值遭受贬低，人格尊严受到伤害时，自尊心更为明显地表现出来。客人的虚荣心实际上也是自尊心的一种表现。虚荣心尽管不是好事，但对旅游工作者来说也应给予保护。在服务中，也常发现客人会"出洋相"，如把洗手水当作茶水饮用等，在这种情况下，无论客人出什么洋相，旅游工作者绝不能去嘲弄他。否则他会找借口发泄他的怒气，即便不发泄，他也会心怀不满。但也不要当面议论或指出，而应当装作没看见，否则客人会感到你不尊重他或羞辱了他。客人外出旅游，不只是为了领略湖光山色、品尝美酒佳肴而来，在很大程度上多是为了在人际交往中获得友情和显得高贵而来。因此，在服务工作中，只要客人感到自己受到了尊重，其余的不足之处都能得到他的谅解。如果在某一件事情上让客人感觉到自己被轻视、被贬低，其他的努力也就会被否定。

补充阅读

　　在服务工作中，常见到一些有虚荣心的客人，本来经济不富有，但遇到有好的菜品、好玩的活动项目、好看的东西时，却以冠冕堂皇的话说自己"不喜欢吃"，"不愿意玩"，"不想买"等来掩饰内心的欲望。其实，在旅游工作者眼里都能够明确地看出是客人的财力不足所致。在此情况下，旅游工作者若以"吃不起"、"玩不起"、"买不起"，把客人不愿说的话说出来，或变相说"这个菜便宜点"、"那个项目价不高"、"这个商品价更低"等，等于揭穿了客人的老底，客人会不满意的。因此，对旅游工作者来说，能看穿，但不要"说穿"。如果旅游工作者能巧妙地用"这道菜更合适您的口味"、"那个项目更有利您的身体"、"这个商品更好看"之类的话为客人解脱的话，客人会感谢你保住了他的面子。

　　2）礼貌地接待客人。

　　对客人的礼貌就是对客人的尊重，对客人的尊重是通过旅游工作者的言行和在各个服务环节上表现出来的。比如说客人来了，接不接行李，打不打招呼；进客人的房间，是否敲门，是否得到客人的允许；对客人的风俗习惯和宗教信仰是否尊重；对客人的客人是否热情接待；对客人的询问是否耐心倾听和重视等，都能表现出对客人的礼貌和尊重。

　　在旅游服务中，旅游工作者要有礼貌地接待客人。表示对客人的尊重，就必须要加强自身修养，做到临辱不怒，自重自爱。临辱不怒，即要求旅游工作者面临急难时，不变脸发火，沉着大度，能以妙语应粗俗，以文雅对无礼，从而摆脱尴尬。自重自爱，即要求旅游工作者在服务操作时要稳重、规范而不失态，态度要平静、热情而有分寸，语言不乱有分量，论理处事有理有节。

　　3）客人总是对的。

　　客人就是上帝，这是旅游业提出的一个较为响亮的口号。这一口号表示了对客人的一种尊重。但客人也有不对的时候，旅游行业有"客人总是对的"这一口号，是要在"客人不对自己对"的时候，让旅游工作者尊重客人，把"对"让给客人。

　　在旅游服务中，把"对"让给客人的方法很多，比如说旅游工作者包容客人的过错，自己把责任主动承担起来；或大事化小，小事化了；或对客人的言行从好的方面解释；或在某项服务中还不能肯定是谁对谁错的时候，先假定是自己的错，然后再去进一步核对事实，以求找到有力的证据等等。但旅游工作者必须明白，把"对"让给客人是有条件的：当他是"客人"的时候，他"总是对的"。如果他的行为已经严重"越轨"时，就不能把他当作客人来看待，那就另当别论了。

我们强调"客人总是对的"，强调旅游工作者应当尊重客人。这并不是说旅游工作者不应当受尊重，或由于"强调"而使人产生客人与旅游工作者不平等。这一问题若不弄清楚，旅游工作者心理存有疙瘩，在行动上就会很难对客人表现出尊重。社会心理学研究认为，在社会交往中，人与人之间有着双重关系：一方面是人们所扮演的社会角色之间的关系，另一方面是人与人之间的关系。作为旅游工作者这一社会角色，他就必须恭恭敬敬地为客人服务，对客人要尊重，这是社会角色的规定，是合理的。如果认为这是"不平等"，这就否定了社会的存在，否定了服务，否定了主客之间的关系。

3. 针对性服务

个性化服务是效果最好、最能使旅游者满意的服务，但普遍推行有一定的难度。一是个性资料难以获得。旅游交往的特点决定了大多数旅游者只会与旅游企业发生短暂联系，个性资料的收集非常困难；二是经济上的可行性。资料的获得成本与保存价值之间的权衡，使普遍为特定个人提供服务的经济可行性值得商榷。

折中的方法，即在经济上可以普遍推广的方法是实行针对性服务。针对性服务是把旅游者分成不同类型，按照各类型的特点，分门别类地制定服务的具体标准。

4. 情感化服务

旅游者是具有丰富感情色彩的人。优质的旅游服务除了为客人解决各种实际问题外，更要提供情感化的服务，让客人得到心理上的满足，给客人以"满意加惊喜"。情感化服务的质量主要取决于旅游工作者是否具有爱心、满腔热忱、善解人意和具有一定的表现能力。

（1）超常服务

旅游工作者应针对每一位客人的特殊需要，客人的特殊需要有时是主动提出或者暗示性的，在不违背原则的前提下，满足客人"超常服务"的要求。"超常服务"若是由旅游工作者主动提供的，将会极大地感动客人，从而赢得满意的评价。在很多情况下，客人本人并没有提出特殊要求，但他有这方面需要，这就需要旅游工作者用心发现，然后提供特别关照。还有就是遇到某些特殊情况，如特殊的客人（活泼好动的小孩子、年高体弱的老年人、残疾人等），赶上客人的生日、结婚纪念日等或者客人遇到麻烦，如丢失钱物、生病、受伤等时，也都是我们提供无微不至的特别关照的良机。

（2）超前服务

超前服务即主动服务，就是服务于客人提出要求之前。旅游工作者事前考虑周到，能预测将会发生的情况，制定较周到的行动方案，可避免服务的简单化和机械化。优秀的旅游工作者往往在客人尚未发出"请为我提供服务"信号时，就能察言观色到客人的需要。主动服务能体现对客人由衷的尊敬，会让客人倍感亲切、自豪，使服务更具有人情味。

（3）重视语言的魅力

语言是表达一个人的情感及思想的手段和工具。充满"人情味"的旅游服务，是一门艺术。旅游工作者应掌握语言艺术，以语言的魅力来感动、吸引客人。语言包含了用语和声调两个因素。客人不仅希望旅游工作者常用礼貌用语，还要求旅游工作者在声调上能够做到恰到好处。声调的变化往往比用词更加重要。有时"非常抱歉"可能让客人误解为"我对你表示同情，可是我也无能为力"，而"谢谢"可能被认为是一种讥讽。由于语调的不同，任何言辞都可能产生正面或负面的效应。例如，旅游者进店时，希望旅游工作者在说"您好"、"请进"时，声调响亮而有朝气，以示对旅游者的热烈欢迎。如果声调太小太低，旅游者会误认为旅游工作者态度傲慢，如果声调过大过高，会让人觉得过于做作。

称呼客人姓名。大多数客人都喜欢旅游工作者能够称呼自己的名字，因为当人们听到别人尊敬地称呼自己名字时会感到亲切、受尊重和被突出。旅游工作者应避免拼错客人的名字，否则会被认为是粗心和不礼貌。尤其在初次见面之后，就能用姓名来称呼客人，会使客人感到他是一个"举足轻重"的人。同时，也会使客人感到自己在这个地方并不是陌生的，有一种"宾至如归"的感受。特别是那些以自我为中心的人，旅游工作者用姓名来称呼他，他更有被承认、受重视感，更感到个人价值的存在，从而有一种亲切、友好的感受。现代酒店的营销专家十分推崇"姓名辨认"，认为酒店员工如在第二次或第三次见到客人时，便能在先生或小姐之前冠以姓氏，将会使客人感到异常亲切，这是一种人情味极浓的服务。

补充阅读

一位美国客人住进了北京建国饭店。中午，他约了几位朋友来到建国饭店的中餐厅共进午餐。接待他们的是一位刚上岗不久的男旅游工作者。这位旅游工作者一边问候客人们，心里边暗暗着急，他怎么也想不起这位美国客人的名字。因为建国饭店要求员工提供"姓名辨认"服务。他仔细观察，忽然看到了客人放在桌边的房间钥匙牌，灵机一动，就想好了办法。当他去取热水时，利用这个空隙向总台查询了这位先生的姓名，等到回到桌前为客人服务时，就亲切地称呼这位美国先生的名字了。客人一听，十分惊喜，问道："你怎么知道我的名字？"原来这位美国客人是第一次住进建国饭店。客人得知了旅游工作者的用心，非常高兴，在惊喜之余，倍感亲切和温馨。

10.4　旅游者投诉心理

旅游投诉是冲突的一种表现形式。从旅游者的角度来讲，首先是一种主观上的判断，认为自己的旅游权益受到损害，或者认为被投诉者的工作有进一步改善和提高的必要，而向有关人员和部门进行反映或要求给予旅游服务工作者处理。投诉是不可避免的，旅游企业积极解决投诉能够消除客人不良情绪，并提高今后服务和管理的水平。

10.4.1　旅游投诉原因的心理分析

旅游投诉，从旅游者的心理感受来讲，主要是因为旅游者在旅游消费过程中遇到了风险，而且这种风险足以使旅游者感到精神失落、心情不畅。为了弥补和平衡这种心理上的不适，他们要向有关部门进行投诉。

1. 旅游投诉原因

旅游投诉中，因服务方面的原因而引起的投诉主要有以下这些。

（1）自尊心受到伤害

旅游者外出旅游，都有受尊重的需求。但在旅游实际过程中，由于各种原因，旅游者有意或无意间觉得自己的自尊心受到伤害。例如，有的旅游工作者不愿主动与客人打招呼，或者对不同的客人礼遇有别，严重的甚至冲撞客人，从而引起部分旅游者的反感和心理不适，他们觉得自尊心受到了伤害，情绪激化，便决定进行投诉。

（2）人格受到侮辱

因人格受到侮辱而进行的投诉很多，如客人被无端怀疑取走宾馆的物品，被误认为没有付清账目就离开餐厅，旅游者因身体或生理上的缺陷而遭到歧视等，都可能会引发旅游者的投诉。

（3）服务水平低，服务态度差

旅游服务水平低，旅游服务态度差，是一种比较普遍的现象，由此而引发的投诉也很多。例如，旅游工作者言语粗鲁，工作马虎了事，不认真，卫生习惯不好，服务工作不热情、不规范等，这些都是旅游者经常投诉的内容和原因。

2. 旅游者投诉时的心理特征

旅游者感到不满而投诉，实际上是一个循序渐进的发展过程：先是因不满而产生感情抵触，产生情绪反应，如闷闷不乐、爱理不理等，这是冲突的潜在阶段。然后会因心理上的挫折和损伤无法得到补偿而愤愤不平，感情抵触终于爆发为行为抵触，或投诉、或冲突，到达纠纷的爆发阶段和高潮阶段。从旅游投诉的原因中，我们不难看出，旅游投诉具有明显的心理特征，具体可以概括为以下 4 个方面的内容。

（1）寻求保护的心理

旅游者的旅游投诉，是旅游主体的觉醒，是旅游者自我法律保护意识增强的具体体现。旅游者敢于并勇于拿起法律的武器进行旅游投诉，从根本上而言，主要出自于旅游者寻求法律保护的心理需要。

（2）寻求尊重的心理

旅游者因为没有受到尊重，没有得到解释，没有得到赔礼道歉，没有辩明是非曲直，所以，他们希望通过投诉或上诉的方式，求得尊重，获得同情。

（3）寻求发泄的心理

旅游者一旦遇到心理挫折，会愤愤不平，心情抑郁。他们希望通过投诉，使自己的不满和抑郁情绪得到发泄，以便让自己久已沉重的心情有所缓解。

（4）寻求补偿的心理

寻求尊重的心理和寻求发泄的心理，主要属于精神方面的内容，而寻求补偿的心理则主要属于物质方面的内容。旅游者在旅游过程中，因旅游经营单位的过错或过失造成了一定的经济损失，如意外交通事故，保管财物被盗，吃了不洁食品等，就希望通过投诉，获得经济和精神上的补偿。

10.4.2　旅游投诉的处理

旅游工作者应该记住：接待客人投诉的过程也是向客人进行补救性的心理服务的一个重要组成部分，所以，我们必须耐心而诚恳地接待客人的投诉。

1. 旅游投诉处理的功能

（1）消除不良情绪

通过解决旅游投诉，可以消除投诉者的不良情绪，达到为旅游者构造美好经历的目的。

（2）改进服务工作

旅游者的投诉可以使我们知道企业的服务与产品在哪些方面尚有待提高，有助于我们提高服务质量，最终赢得客人的满意。

2. 旅游投诉处理的原则

（1）热情接待

旅游投诉，无论是电话投诉，还是上门投诉，被投诉单位都应该热情接待。特别是上门投诉，投诉接待人应该请他坐下，或者陪伴客人到宁静、舒适和相对隔离的地方去，如总台办公室或宾客关系部办公室，以避免顾客投诉的激烈情绪在公共场合的传播。为了使顾客有平等的、亲切的感觉，要与顾客一起坐在沙发上，彼此之间不要有写字台的间隔，以创造促膝谈心的气氛。有可能的话，可以给顾客倒一杯茶，使顾客有一种受尊重的感觉，建立易于沟通的基础。接待旅游投诉的工作人员尽可能不要安排小青年，否则容易给投诉者以敷衍了事的感觉。如果遇有一些重要的投诉，还可以让被投诉单位的高层领导亲自接待，使旅游投诉者有受到尊重的感觉。经验表明，旅游投诉接待是否热情，是否重视，是能否妥善处理旅游者投诉的基础。如果旅游投诉接待得好，旅游投诉者会因为受到尊重，心情就变得轻松和舒畅。

（2）耐心倾听

旅游投诉者大多性格外向，性情急躁，仿佛有倒不尽的苦水，说不完的委屈，加上投诉时大多心情激愤，所以，难免出现说话颠三倒四的现象。对此投诉接待人员应该予以理解，耐心而又认真地倾听，弄清楚事情的来龙去脉，必要时还可以用适当的手势和表情来表示你对顾客讲话的内容很感兴趣。

让客人说话，鼓励对方把事情经过说出来，决不要打断对方的诉说。要有礼貌，有耐心，专注地聆听，千万不要让客人感到他的投诉无足轻重。要敏感地洞察对方感到委屈、沮丧和失望之处，不能无视对方的情绪。要设身处地为客人想一想，不要只是站在自己的立场上，用自己的观点来看问题。要使客人相信你是站在他的一边的。有效引导对方懂得，如果想使问题得到解决，与其和你争吵，不如与你建立起在互相支持、互相宽容的基础上的合作。

（3）书面记录

为了表示对旅游者投诉的尊重，旅游投诉接待人员还可以进行必要的书面记录。这样，既可以让旅游投诉者感到他的意见得到重视，同时也可以让旅游者急躁的情绪因记录速度的放慢得到缓解和放松。进行记录，必要时可以用自己的语言重复一遍客人的投诉，重复对方的话有几个好处：首先可以使客人知道你在认真倾听他的谈话，并了解了他的问题；其次可以避免冲突，平息客人的不满情绪；还可以为自己赢得思考问题的时间。这样的反馈能够降低客人的抱怨，为顺利解决问题奠定基础。

（4）保持冷静

在整个旅游投诉的接待中，旅游投诉接待人员应该自始至终抱着冷静和沉着的态度，做一个"忠实"的听众。不要过多地打断审话，更不要轻易地分辩、反驳或顶撞客人，即使客人态度蛮横，出言不逊，也要以容忍的态度保持冷静。我们相信，即使旅游投诉者脾气极端暴躁，但只要旅游接待人员始终以冷静和诚恳的态度对待，久而久之，旅游投诉者也会觉得自讨没趣而不得不压抑自己过于激动的情绪。

（5）恰当处理

旅游者投诉，总要有个结果，有些当场可以有结果，有些却要等真相弄清以后才能给出，但不管什么时候，恰当是原则。只有处理恰当，旅游投诉者才会愤愤而来，满意而去。处理有些投诉，不但要向客人道歉，而且还要做出补偿性的处理，而这种补偿性处理必须符合客人的意愿。例如，客人投诉菜肴变质问题，你就不能简单地向客人道歉之后就自作主张换上一盘。应该先征求一下客人的意见，并提出几个方案，如换一盘，或退掉，或免费赠送，或双倍赠送等，以供客人选择参考。

3. 旅游投诉处理的步骤

（1）立即向客人认错、表示道歉

旅游者投诉，无非是为了讨回一个公道，讨回一点面子，他们既然来了，被投诉者就应该想办法满足他们的这种心理需要。假如投诉事实比较清楚，是非分明，而且的确错在自己，被投诉者的领导和上级主管部门，就应该主动诚恳地向客人道歉，并对客人表示感谢。美国人际关系学专家戴尔·卡内基指出：假如我们知道我们势必要受责备了，先发制人，自己责备自己岂不是好得多？听自己的批评，不比忍受别人口中的惩罚容易得多吗？

有些投诉常常起因于误会，如果是客人误解了，旅游工作者仍然可以表示歉意，不要阻拦对方提出自己的要求，更不要指责或暗示客人错了，也不要马上进行自我辩解，与客人争吵是绝对不会取胜的。客人比较容易接受旅游工作者采取表示歉意的态度。即使客人真的错了，辩解也毫无益处，而道歉是不需成本的，道歉使投诉者觉得你的态度诚恳，能够消除客人的怨气，怒气消下去了，客人是会认识到自己的不对的。不管如何，客人的意见总是对我们改进工作的一种帮助，因此，同样应该向客人表示感谢。

补充阅读

一位客人在结账时，认为自己没有打过长途电话，但结账单上有长途电话费，他有意见，就向大堂经理投诉。大堂经理首先对顾客道歉，因为出现了这种引起客人不愉快的问题。后来事情真相大白，原来是他的朋友用了长途电话。这位顾客表示歉意，而大堂经理说："不要紧，你帮助我们发现了服务中的不周到，希望您下次再来"。

在表示道歉时，要表示出一种诚意。心中如果不服气，虽然口里说着道歉的话语，脸上还是会流露出不满的表情，所以道歉必须是发自内心的才能使客人接受。

（2）对客人表示安慰和同情

前来投诉的客人一般总是觉得自己受到了伤害，要求主持公道的。这时，旅游工作者必须对客人表示安抚和同情，这是抚慰其已经受伤的心灵的最好办法，也是把他的注意力引向解决问题而不是拘泥于令人烦恼的细节和令人沮丧的情绪的唯一途径。

投诉者所说的事情有时可能不是真实的，但他仍然希望旅游工作者能够对他表示同情和理解，对于那些夸大其词、喋喋不休的投诉者仍然可以给予他们适当的关注，以安抚他们的情绪。如果他们还要纠缠不休，可以把他们带到上级主管部门，而不能把客人晾在那里置之不理。

如果客人大发雷霆，旅游工作者一定要镇定，保持冷静，不要计较客人过激的辞令，对他们的某些过激的态度表示宽容，要理解他们气愤的感情，让他们宣泄不满的情绪，并设法平息事态。

能够说服客人的往往不是严密的逻辑推理或滔滔不绝的大道理，对客人的情绪做出一些同情和安慰的表示，才能唤醒客人的理性，引导事态向着对双方都有利的建设性方向发展。

（3）抓住申诉的核心内容

失望的客人进行的陈述可能是侮辱性的，不客观的，也可能不那么具体和不好理解。在这一阶段，旅游工作者应倾听客人的陈述并正确理解客人讲的话，要想办法使客人申诉得具体一些，客观一些，要抓住客人申诉的核心，并可以提出一些问题来澄清事实。旅游工作者要对客人对他的信任表示感谢，此外还应把客人的申诉内容提纲挈领地总结和重复一下，看看他的理解是否和客人的申诉相一致。

（4）采取积极的行动，尽快找到解决问题的办法

一个失望了的客人期待着他的问题能立即解决，至少会要求在谈话末了能听到一个具体的好消息。应在尽可能短的时间内处理好客人的投诉，让失望的客人能得到满意的回答。包括以下步骤：

1）分析和评价客人的申诉。这一阶段的特点是对客人的申诉进行思考和分析，判断客人所申诉的服务缺陷是否真的存在。如果真的存在，是一般还是严重缺陷。客观地确定事实的真相，如果事实是本企业的服务质量出了问题，在可能的情况下，要对客人进行赔偿，并立即执行。

2）比较各种解决办法的利弊。旅游工作者要能提出多种解决办法，进行比较和判断，确定最佳方案。如果同时有几种办法可采用，那么旅游工作者应把这几种办法都提出来供客人选择。能够从几种可能性口进行选择的客人会更加相信最后决定的办法是正确的。如果还需要时间考虑，就应把为什么还不能做出最终决定的理由告诉客人。

3）向客人通知决定。要考虑好用什么方式、方法把决定通知给客人。尤其是向有关客人解释其申诉要求未能接受时不仅要讲究方式方法，还应努力争取客人能同意这一决定。

如果服务只需短时间的考虑，或者客人正当地限定两个小时的期限，旅游工作者应在谈话结束时把下次碰头的地点和时间告诉客人。如果不能立即提出解决办法，那旅游工作者必须设法弥补客人等待的时间。为使客人能很好地度过此段等待的时间，旅游工作者应提出有吸引力的建议，如参观名胜古迹、展览馆、博览会、看体育比赛、逛市场等。

如果客人对旅游工作者提出的建议仍然不满意，旅游工作者要尽可能地给予满足，直到客人满意为止。如果自己解决不了，可以请上级领导来处理。

（5）妥善解决问题，继续服务

解决问题后，要把解决问题的方法、步骤和最后结果用书信、便条或电话通知有关客人，要确保诺言的兑现，并追踪一下，确定客人是否真正满意了事情的处理结果。

若已圆满解决投诉，应感谢客人的谅解和协作，继续为旅游者提供热情周到的服务；对那些无理取闹、故意挑剔者，事后也不要冷落他们，而应继续为他们提供各类服务。旅游工作者对每一项投诉都要感谢客人，因为投诉本身表明，尽管发生了故障，客人还是对服务寄予信任，客人并没有因此灰心丧气地对服务表示冷淡和不予理睬。

（6）事后总结，做好记录

总结分析对积累经验、改进工作大有好处。妥善处理了旅游投诉，并不意味着旅游投诉处理工作的结束。被旅游投诉的对象，无论是个人还是单位，都应该清醒地认识到自己工作中存在的问题和不足，不断加以改进，只有这样，才会使服务质量大大提高，避免投诉，增强满意度。

遵循以上投诉处理的原则和步骤，大多数投诉即可圆满解决。对于旅游者的投诉，作为被投诉者的主管部门和旅游投诉管理机构，应该把它看作是改进自己工作中存在的不足的推动力和促进力，持以诚恳而又欢迎的态度，而不应敷衍了事。如果投诉时处理不当，旅游纠纷不仅不能和解，而且还会进一步激化，甚至最后不得不走上诉诸于法律的道路。为避免上述情况的发生，旅游企业和旅游工作者必须慎重处理投诉。

本 章 回 顾

关键术语

1. 客我交往（intercourse with guest）
2. 心理素质（psychological qualities）
3. 气质（temperament）
4. 性格（character）
5. 情感（emotion）
6. 意志（volition）
7. 能力（ability）
8. 职业意识（vocational consciousness）

9. 角色意识（roll consciousness）

10. 质量意识（quality consciousness）

11. 形象意识（visualize consciousness）

12. 信誉意识（standing consciousness）

13. 服务意识（services consciousness）

14. 服务态度（service attitude）

15. 服务技术（service skill）

16. 服务语言（service language）

17. 服务时机（service time）

18. 服务方法（service method）

19. 旅游投诉（tourist complaint）

小结

服务质量是旅游企业的生命，也是旅游企业相互竞争的主要方面。旅游服务除具有一般接待服务的共同特点外，还具有广泛性、多样性、复杂性、动态性等特点，因此，做好旅游服务，既要把握好客我交往这一先决条件，同时又要求旅游工作者具有良好的心理素质和职业意识。此外，要重视服务态度、服务技术、服务语言、服务时机和服务方法等技能技巧的应用，在实践中不断提高服务水平。

案 例 分 析

租借的不仅仅是物品

几位来自北方的客人到云南南部旅游，下榻到某酒店。客人从集市上买回了一种南方特有的水果——菠萝蜜，足有 12 斤重，对这些客人来说，还是第一次见到这么大的长在树上的水果，非常惊喜。带回房间后，他们打电话给客房服务中心，借一把水果刀。3 分钟后旅游工作者小李把水果刀送来了，但几位客人却犯难了，不知道如何下手。看到客人面露难色，小李就主动向客人说道："先生，你看这菠萝蜜又叫牛肚子果、树菠萝，被称为水果之王，恐怕在客房内你们不太好处理，如果可以的话，我拿到餐厅去帮你们处理好吗？"几位客人听后非常高兴地答应了。过了会儿，小李一手托着切好并用果盘盛放的菠萝蜜，盘里还放有水果签和餐巾纸，另一手提着用保鲜袋装着的未切完的菠萝蜜进来了。旅游工作者轻轻地把果盘放在了桌子上，礼貌地对客人说："先生，菠萝蜜已切好了，请慢用。"随后又把剩下的菠萝蜜放到了冰箱，并对客人说："先生，剩下的我放在冰箱里，要吃的话再给我们打电话。"客人边吃着甜美的菠萝蜜，边向小李致谢，小李向客人说道："不客气，这是我们应该做的，请慢用。"接着退后几步，关上房门，转身离开了房间。

问题讨论

 1. 衡量饭店优质服务的最终标准是客人的满意程度。小李的服务对你有何启示？

 2. 小李的整个服务过程做到了标准化服务与个性化服务的完美结合。试进行详细分析。

洗手间里翻花样

 某餐厅晚餐高峰期已过，一桌客人酒兴正浓。其中一位小伙子站起来朝洗手间走去，客人还未走到门口，洗手间的门便"自动"打开，旅游工作者小匡随即问好致意。客人便后洗手，小匡主动打开水龙头，先后滴上两种不同功效的洗手液，随后又送上毛巾，这些动作衔接自然，配上诙谐的语言，客人的醉意已去一半。

 "先生今天用餐一定很愉快。"小匡打开另一条毛巾，"请让我为先生在这块洁白如雪的毛巾上滴上四滴神奇的清凉液，保先生事事（"四"是"事"的谐音）如意"。话音未落，毛巾已经轻轻送到客人的手上。就在客人擦脸的瞬间，小匡已一转身到了客人的身后，右手握着小玲珑的健身锤，不无幽默地说："请允许我在先生左右两边用这把功效特好的小锤子轻轻敲上几下，把您一天的辛劳统统敲光。"一忽儿又抽出健身球，在客人的背部、腿部上下滚动，亲切地对客人说："先生现在一定有一种神仙般的飘飘然感觉吧。"几乎就在同时，小匡又出现在客人面前，取出一瓶清脑液。"请再允许我在您的太阳穴上滋上这种妙不可言的药水，包您万分舒适。好，先生，让我再在您的额头正中央也滴上一滴，效果将会更好。最后一滴我要滋到您神经系统高度集中的人中处。"所有这些动作都是环环相扣，一气呵成。

 说时迟，那时快，小匡又迅速递上梳子，再用刷子刷去衣服上的屑物，然后用电剃刀为客人刮胡子……客人正待举步要走时，小匡又从一溜儿鞋油中取出一支，蹲下给客人擦鞋。

 "你在洗手间工作，何以这般卖力？"客人感到不解。

 "孔子曰：'有朋自远方来，不亦乐乎？'来客都是我的朋友，我当然要为朋友热情周到地服务喽！"小匡笑着回答。

问题讨论

 1. 你对小匡的服务有何评价？为什么？

 2. 你认为酒店公共洗手间服务标准制定的原则应该是什么？

思考与练习

思考题

1. 一个合格的旅游工作者应具备哪些心理素质？
2. 为什么旅游工作者树立正确的角色意识非常重要？
3. 提高旅游服务质量应该从哪些方面入手？
4. 根据投诉心理分析，怎样才能圆满解决旅游者的投诉？

实训练习题

自己联系一家旅游企业，体验一次旅游服务接待工作。

第 11 章　旅游工作者的心理保健

引导案例

刘小姐的辞职

刘小姐自一所知名大学毕业后，来到一家旅游公司从事旅游商品销售工作。工作不到半年，她便向经理递交了辞呈，任何挽留都无济于事。她无限沮丧地说："我再也撑不住了，看见那些客户名单心里就烦，一拿起电话脑袋就要爆炸。"

伴随着社会的发展和进步，人的社会交往和社会需求更加复杂，生活也更加紧张。现代人必须应付交通堵塞、噪音、拥挤、竞争和其他人为的紧张环境。中国社会和中国的企业正面临着前所未有的剧变，这个巨大的压力源对人们的影响是毋庸置疑的。根据体改委 1996 年的调查表明，有 68.5% 的居民觉得生活有压力；与 1995 年相比，有 68.3% 的居民觉得压力在增大。调查和研究发现，在美国和一些发达国家中，由压力造成的精神失调已成为企业经营管理人员发展最快的职业病。每年，公司中有 25% 的劳动力会出现焦虑症或与受到压力后感到紧张有关的疾病。

问题讨论：

1. 试述你在工作、学习中曾经历过的精神压力，你是如何解决这一问题的？
2. 作为旅游企业管理人员，你如何解决旅游工作者的心理压力？

旅游企业中旅游工作者的心理健康是旅游管理中一个重要的内容。要让旅游企业中员工积极有效率地工作，旅游工作者的心理健康是一个必要和重要的前提。

11.1　旅游工作者的心理健康标准

维护旅游工作者的心理健康已普遍为各国的管理者所重视，成为管理工作的主要内容。只有保证旅游工作者的心理健康，才有可能使旅游工作者在工作中发挥出极大的积极性和能动性，同时为企业创造出更大的经济效益和社会效益。

11.1.1　旅游工作者心理健康的内涵与标准

早在 1978 年，世界卫生组织在前苏联阿拉木图召开的国际会议上，就重点讨论了与"健康观念"有关的问题，发表了著名的"阿拉木图宣言"。宣言声明，到 2000 年，世界上所有的人都应该获得"卫生保健"。从那以后，各国政府都分别做出了响应，把 2000 年人人享有卫生保健，作为对本国人民和联合国的承诺。在"阿拉木图宣言"中，还有一个重要的内容——会议重申，健康是生理的、心理的和社会适应的完美状态，而不仅仅是没有疾病和缺陷。健康是一项基本人权，获得最高水平的健康，是全世界最重要的社会目标。从此，心理健康成为属于"健康"概念和范畴中的必然而重要的因素。

1．心理健康的内涵与标准

1974 年，联合国世界卫生组织（WHO）提出了一个关于健康的经典定义："既没有身体上的疾病与缺陷，又有完整的生理、心理状态和社会适应能力。"该组织还提出不同文化、不同种族、不同社会、不同时代的人格健康有一个共同的标准：自我控制的能力；正确对待外界影响的能力；保持内心平衡和满足状态的能力。

判断心理是否健康的原则是看其心理与环境是否统一，心理与行为是否协调，人格是否稳定。也就是说，心理健康的人有一定的适应能力，能承受一定的挫折，有自我控制与调节的能力，意识水平清晰，社会交往良好，情绪愉快等。心理健康标准归纳起来，主要包括以下 9 个方面。

（1）智力正常

智力正常是人们生活、学习和工作的基本心理条件。智力一般是指人的观察力、记忆力、想像力、思考力和操作能力的综合。研究显示，人群的智力呈正态分布，即天才与智力低下者仅是少数，大多数人处于中间状态。心理健康的人智力是正常的，智商（IQ）多数在 85～115 分之间，他们能够适应生活，与周围环境取得平衡。智力低下者社会适应能力差，常常不能适应集体生活与学习，心理压力大，健康难以维持，需要特殊教育和护理。

（2）情绪稳定

情绪稳定表示人的中枢神经系统活动处于相对平衡的状态，愉快的情绪反映出人的身心活动和谐与满意。心理健康者情绪稳定，愉快、乐观、开朗、满意等积极情绪状态总是占优势，能协调、控制自己的情绪，合理地宣泄不良情绪；而情绪异常往往是心理疾病的先兆。

（3）意志健全

意志是自觉地确定目的、并根据目的来支配和调节自己的行动、克服困难的心理过程；意志健全表现在意志行动的自觉性、果断性和顽强性上。心理健康者在活动中有明确的目的性，并能适时做出决定而且自觉去执行，还能够保持长时间专注的行动去实现既定目标。意志不健全的人挫折容忍力差，怕困难，违拗，做事三心二意，注意力不集中，缺乏自控力。

（4）行为协调

行为协调是指人的思想与行为统一协调，行为反应的水平与刺激程度相互协调。心理健康的旅游工作者，其行为有条不紊，做事按部就班，行为反应与刺激的程度和性质相配。而心理不健康的人往往在行为表现上前后矛盾，思维混乱，语言支离破碎，做事有头无尾，行为反应变化无常，为一点小事就大发脾气，或是对强烈的刺激反应淡漠。

（5）社会适应良好

心理健康的人能面对现实，接受现实，并能与现实环境保持良好的接触，主动地适应现实、改造现实；对周围事物和环境能做出客观的认识评价，并能与现实环境保持良好的接触；对生活、工作中遇到的各种困难和挑战都能妥善处理。心理不健康的人往往不敢面对现实，没有足够的勇气接受现实的挑战，总是怨天尤人，因而无法适应现实生活。

（6）个性良好

个性是人独特的心理特征，具有相对的稳定性。性格是人的个性中最本质的表现，性格良好反应了个性的健全与统一。心理健康者个性相对稳定，性格开朗、热情、大方、勇敢、谦虚、诚实、乐于助人；而心理不健康者个性多变，性格不良，表现出胆怯、冷漠、吝啬、孤僻、敌意、自卑、缺乏自尊心等。

（7）自我意识正确

要健康地对待他人，首先就要健康地对待自己。善待自己要求个体能正确地认识自己、评价自己和控制自己。心理健康的人往往能正确认识自己、正确评估自己的情感体验、正视现实、悦纳自己，即使对自己无法补救的缺陷，也能安然处之。心理不健康的人则缺乏自知之明，容易过高或过低估计自己，总将自己陷于自傲、自卑的漩涡中，心理无法平衡，这样的人不可能很好地胜任自己的工作岗位，也不可能真正具有集体协作精神，更不可能与他人建立良好的人际关系。

（8）人际交往和谐

人总是处于人际关系之中的。人际交往和谐是指能与人友好相处，关系协调。人际关系和谐是心理健康的一条重要标准，代表着人的心理适应水平。个体适应社会，首先就是对人际关系的适应。心理健康的人乐于帮助他人，也相应地得到他人的帮助，能认可别人存在的重要性和作用，在与人相处时，积极的态度总是多于消极的态度，因而在社会生活中有较强的适应能力和较充分的安全感；人际关系紧张的人，不能与人合作，对人漠不关心，缺乏同情心，斤斤计较、猜疑、嫉妒、退缩，不能置身于集体之中，与人格格不入，往往随时担心别人会坑自己，心理压力大，负担重。人际交往不良常常是心理疾病的主要原因。

（9）心理特点与年龄相符

不同年龄阶段的人有其独特的心理行为特征。心理健康者应该有着与多数同年龄人相一致的表现，否则可能要考虑是否有心理不健康的问题。另外，心理健康的人，其心理行为还应与角色特征相吻合。

总之，由于心理健康涉及社会因素，因而，心理健康的标准受文化和社会背景的制约，不同文化、不同民族、不同社会背景之下的心理健康标准，实际上并不完全相同。

2. 旅游工作者心理健康的标准

参照心理健康的一般标准，并结合旅游企业中员工的心理特征及其特定的社会角色，我们认为，旅游工作者心理健康的标准可概括为以下四个方面。

（1）正确认识自己，接纳自己

一个心理健康的旅游工作者，应该能够体验到自己存在的价值，既能了解自己又能接受自己，对自己的能力、性格和特点能做出恰当、客观的评价，并努力发展自身的潜能。

（2）能较好地适应环境

心理健康的旅游工作者能够面对现实，并能主动地适应现实；对周围事物和环境能做出客观的认识评价，并能与现实环境保持良好的接触；对生活、工作中的各种困难和挑战都能妥善处理。

（3）和谐的人际关系

心理健康的旅游工作者乐于与人交往，无论与同事交往还是进行客我交往，都能认可别人存在的重要性和作用。在与人相处时，积极的态度（如友善、同情、信任）总是多于消极的态度（如猜疑、嫉妒、敌视），因而，在工作和生活中有较强的适应能力和较充分的安全感。

（4）合理的行为

心理健康的旅游工作者，其行为应该是合情合理的。具体包括：行为方式与年龄特征一致、行为方式符合社会角色、行为方式具有一贯性、行为受意识控制等。

现代医学研究也表明：心理的、社会的和文化的因素同生物学因素一样，与人的健康、疾病有非常密切的关系。因此，一个人要成为真正健康的人，讲求心理健康就有着十分重要的意义。特别在旅游企业中，旅游工作者往往面对的是长时间、超负荷的工作，有时甚至还要承受巨大的心理压力。因此，旅游工作者的心理健康问题在旅游管理中是一个不可忽视的问题。

11.1.2　旅游工作者心理健康的意义

现代科学技术的高速发展，从根本上改变了生产力结构，促进了社会劳动智能化，同时对旅游工作者的体力要求相对降低，对心理水平的要求迅速提高。人对现代化机器、社会环境、人际关系等适应的复杂性在加剧，心理疾病的发病率大大提高，直接损害着旅游工作者的健康。根据联合国劳工组织 2001 年的一份调查显示，工作中的抑郁是继心脏病之后第二个使人失去工作能力的疾病，如果不加干预，到 2020 年，心理疾病、神经性疾病和行为失调将超过交通事故、艾滋病、暴力事件，成为因过早死亡和残疾而导致工作年限减少的主要原因。而且单从经济的角度来看，旅游工作者的心理问题对旅游企业造成的损失很大。由于健康状况较差和缺乏动力的旅游工作者生产力较低，而且由于心理问题导致旅游工作者流失，使得重新招聘和训练旅游工作者的费用增加，也会使旅游企业遭受严重损失。

11.1.3　影响旅游工作者心理健康的因素

研究表明，工作压力与心理紧张以及挫折感是影响旅游工作者心理健康的重要因素，此外，下列因素也会影响旅游工作者心理健康：

1. 心理因素

（1）人格因素

人格因素涉及的内容非常广泛，包括性格、气质、世界观、人生观等。其中最重要的是性格。抑郁、孤僻、急躁、自私、虚伪、胆怯、嫉妒、敏感、多疑等不良性格最容易导致心理健康问题。例如，孤僻的性格往往很难和他人建立良好的人际关系，很难适应社会。多疑的人由于经常没来由地担心，往往心理上处在不安全和痛苦的状态，这样的人怀疑领导不信任自己，怀疑同事议论自己，怀疑自己患了很严重的疾病甚至不治之症，这不仅造成人际关系紧张，而且自己也处在紧张状态。长此以往，会产生严重的心理疾病，并进而导致生理疾病的发生。对于这种具有多疑人格的旅游工作者，领导要多给予关怀，使其有安全感，同时要引导他正确认识事物，开阔其心胸。

（2）适应不良

人只有很好地适应周围的环境，才可能心理健康。这种适应包括三个方面：物质环境、人际环境以及文化环境。例如，新员工进入公司，首先得适应这里的物质环境，还得适应公司的企业文化，更要适应公司的人际关系。这种适应也不是单向的、被动的，而是双向的、主动的。

人际关系的协调是个体适应环境最主要的方面。人与人之间总是存在一定的心理关系，每个人都与各种人存在人际关系，一个旅游工作者与他的领导、同事、亲属、朋友存在各种各样的人际关系。良好的人际关系使人心情舒畅，体验到安全感与友情感，有助于身心健康。不良的人际关系，特别是长期持续的不良人际关系，使人心情苦闷、烦恼，降低机体的抵抗力，容易导致疾病。人际关系紧张也容易抑制人的创新动机，阻碍个体的创新行为，降低工作效率。因此，管理者要及时调整旅游工作者的人际关系，旅游工作者自己也应认识到人际关系紧张的危害性，学习一些基本的人际沟通技巧，积极主动地去构建良好的人际关系。

（3）情绪、情感因素

忧郁、愤怒、恐惧等情绪、情感因素也是导致心理问题的重要因素之一。忧郁是一种消极的心理状态，它使人的工作欲望与创造欲望降低，人的生理功能与心理功能水平下降，因而使人体的抵抗力降低，在一定的条件下会导致疾病。长期的忧郁会降低人体的免疫能力，可造成胃溃疡等疾病。因此，作为旅游企业管理工作者要及时了解造成旅游工作者忧郁的原因，要给予旅游工作者温暖与关怀，使其心胸开阔，消除忧郁。同时，旅游工作者要努力采取措施，自我排解，特别要多与自己的知心朋友谈心。友谊的温暖感是排除忧郁的强大心理力量；适当地参加各种社会活动，对于防止与消除忧郁也很有效的。

愤怒是个体的意愿与活动遭到挫折而发生的一种情绪紧张的反应。产生愤怒的原因各种各样，愤怒的程度也各不相同，它从轻微不满、生气、愠怒、愤愤不平到激愤、大怒、暴怒。大怒、暴怒或持久愤怒不但可使人的心理能力降低，思维广阔性、深刻性、灵活性、反应准确性降低，而且对人的心血管系统、肠胃系统、肌肉驱动系统影响很大。

恐惧是在可怕的、危险的情况下发生的紧张的情绪反应。在恐惧的情绪下，人的生理与心理都会发生很大的变化，强烈的恐惧或持续的恐惧对人体的身心健康都会产生危害。恐惧会让人心跳加快、血压升高、呼吸急促、身冒冷汗、脸色苍白、四肢无力，也会让人的智力水平下降，记忆准确性降低，行为失调，甚至有可能产生某种疾病。有的旅游工作者在工作岗位上发生事故，与恐惧情绪状态有着密切的关系。

人们的某些恐惧与缺乏某个方面的知识也有密切的关系。人们对某个方面的事物不了解，往往就会产生恐惧感。而当人们完全掌握了这个方面的知识，对这个方面的恐惧感就会自然消失。因此，管理工作者对旅游工作者特别是青年旅游工作者要通过各种途径使他们掌握所从事工作的知识与技术，防止产生对工作的恐惧感。

总之，管理者应及时了解旅游工作者忧郁、愤怒、恐惧的原因，及时化解旅游工作者心中的"结"，与旅游工作者建立良好的人际关系。

（4）长期应激状态

应激是人体在遇到出乎意料、紧张的情况下所引起的情绪状态。应激与心理健康是相互影响的，应激对心理健康有很大的影响力；相反，心理健康也能改变个体的抗拒或应对能力。管理心理学中研究得最多的是工作应激。所谓工作应激，是指由旅游工作者的行为或工作环境所引起的旅游工作者生理、心理反应的综合状态。由于应激会使人体内产生一系列生理和化学反应。因此，如果这种因素持续作用，会使一些器官或系统对某些疾病的抵抗力降低，并导致一系列的心理、行为症状。

（5）认知因素

很多心理问题都来自个体的认识不对，创立理性情绪疗法的埃尔斯就坚持认为个体所产生的诸多情绪障碍并非是由其一诱发性事件本身所引起，而是由于经历了这一事件的个体对这一事件的认识、解释与评价所引起的。人们的情绪问题往往和人们对事物的看法有关。不合理的情绪来自不合理的信念，这种不合理的信念有三个特征：绝对化、过分概括以及偏激。只有认清并最终放弃这些不合理的信念，个体才可能走向真正的健康。

2. 生理因素

生理与心理是交互作用的，不单单心理因素会影响生理健康，生理因素也会影响心理健康。事实上，生理健康是心理健康的基础。

肾上腺素分泌过多，会导致躁狂症；肾上腺素分泌过少则导致抑郁症。又如，甲状腺功能亢进者，神经系统兴奋性增强，易激动、紧张、烦躁、多梦、失眠等，而甲状腺功能低下者，条件反射活动迟缓，智力下降、记忆力减退、联想和言语减少、嗜睡等。现代医学研究已经深入到基因，基因和心理健康也许存在一些关系。

3. 社会因素

如果说个体的心理因素是影响心理健康的内因的话，则社会因素是引起心理问题的直接因素和诱因。这种诱因往往来自三个方面。

（1）组织因素

组织因素是影响个体心理健康的一个重要诱因。组织因素包括工作环境条件、工作性质、组织结构、工作中的人际关系等。工作条件包括物理危险、超载工作、工作单调、倒班工作等。单位人际关系紧张、工作单调乏味、组织结构僵化、工作角色模糊、职业发展不顺等都容易引起烦躁、压抑、焦虑等心理障碍。因此，管理者应注意营造一个良好的工作环境，为旅游工作者进行良好的职业设计，对工作流程进行重新改造，采取一系列安全保障措施。

（2）家庭因素

家庭是个体生活的重要场所。家庭正常结构的破坏、家庭主要成员不良行为的直接教唆或间接暗示、家庭关系不融洽、家庭主要成员的不良性格等都会对个体的心理健康产生影响。埃里克森曾指出，个体从小在家庭遭受忽视、抛弃、敌视，成年后也往往不信任别人，不信任周围环境，尤其是不信任自己的能力，并持续感受焦虑。家庭关系也会影响到个体的工作效率，企业如果适当地关心旅游工作者的家庭生活，往往会取得意想不到的效果。

（3）社会风气、社会变迁、生活节奏等也会影响到个体的心理健康

现在，随着我国改革开放的持续深入，社会竞争加剧，生活节奏加快，使得人们的心理压力也逐渐加大。社会政治、经济、文化生活中的一些不健康的因素都会给个体心理健康带来不利的影响。

11.2　旅游工作者的挫折与心理防卫

"人生逆境十之八九，顺境十之一二。"人们在生活的道路上，随时都会遇到

各种各样的难以克服的困难。人们的需要产生动机，动机一旦产生便引导人们的行为指向目标。但这种指向目标的行为，由于受到社会、政治、经济的制约，并不是任何时候都能达到目标的。就是说，行为的结果受到阻碍，达不到目标的情况是常有的，这就是挫折。研究挫折理论，对改变人的行为，提高人的积极性是很有意义的。

11.2.1　旅游工作者的挫折及其产生的原因

补充阅读

19 世纪末，美国心理学家曾做过一次有名的青蛙实验，他们把一只活蹦乱跳的青蛙，丢进沸水里，这只青蛙在千钧一发之际突然跳出了沸腾的水面，死里逃生了。半个小时后，他们使用同样的锅，放入了大半锅凉水，又把这只逃跑的青蛙放进了锅里，然后慢慢加热，青蛙开始悠然自得地享受着温水，等到水温已使它熬受不住时，它已欲跳无力了，终于葬身于热水之中。

这个实验告诉我们两个道理：一是当青蛙被放到沸腾的水中时，它不能接受这个与自己原来生活环境反差很大的环境，它表现出极大不适应，为了生存便死里逃生。二是当这只青蛙被放到凉水里，然后慢慢升温，它逐渐适应了这种升温而产生了对环境的麻木，当水温高到它不能忍受时，它已欲跳无力了，最后葬身在这种环境中。这个实验预示着一些固守环境的人，跳不出自己的"舒适圈"，最终将被"舒适圈"葬送。

1. 挫折的定义

人的行为总是从一定的动机出发，并指向一定的目标。而在行为的过程中，常常会遇到障碍，因此会产生四种情况：第一，改变行为，绕过障碍，达到目标；第二，改变目标，从而改变行为方向；第三，一种动机正在进行时，后一种较大的动机取代该动机；第四，在障碍面前，既不能改变目标又不能改变行为，无路可走。正是在第四种情况下，人才会感到挫折、沮丧、失意，这就是挫折感。

因此，挫折是一种情绪状态，在心理学上指当个体从事有目的的活动时，在环境中遇到障碍或干扰，致使动机不能获得满足和实现，从而产生焦虑和紧张不安的情绪状态。通俗地讲，挫折就是"碰钉子"。

人们的需要是随着社会的发展、随着社会生活条件的改善、随着年龄的增长而不断发展变化的。由于各种各样的原因，人的需要也不可能完全得到满足，当需要未能得到满足时，就会产生不愉快的心理反应，这时人们就会产生挫折感。

挫折通常有两方面的作用。从积极的方面看，挫折可以帮助人们总结经验教训，促使人提高解决问题的能力，引导人们以更好的办法去满足需要，即所谓的"吃一堑，长一智"。从消极的方面看，如果心理准备不足，挫折可能使人痛苦沮丧、情绪紊乱、行为失措，甚至会引起和种疾病，这无疑将大大挫伤人的积极性，影响工作效率。

挫折是人的一种主观心理感受，一个人是否体验到挫折，与他自己的抱负水平密切相关。所谓抱负水平，是指一个人给自己要达到的目标规定的标准。规定的标准越高，其抱负水平越高；规定的标准越低，其抱负水平也越低。由于各人的心理状态、需要动机以及思想认识的不同，在遇到挫折时的表现也会大不一样。

2. 产生挫折的原因

产生挫折的原因很多，但归结起来，一般可分为以下三类。

（1）内在原因

内在因素包括个人的生理条件与动机的冲突。

1）个人的生理条件。这是指个人具有的智力、能力、容貌、身材以及生理上的缺陷疾病所带来的限制，导致个体活动的失败。例如，因身体缺陷无法从事某项工作、因体力不好不能圆满完成任务，从而无法实现自己确定的目标而带来的挫折。一个身材矮小的人很难成为一个优秀的篮球选手，一个色盲者无法进医学院念书，或担任某些特殊工作。

2）动机的冲突。这是指个人在日常生活中，经常会同时产生两个或两个以上的动机。假如这些并存的动机无法同时获得满足，而且互相对立或排斥，其中某一个动机获得满足，其他动机受到阻碍，则产生难以做出抉择的心理状态，称为动机的冲突。例如，想得到领导的提拔，但又担心新的职位无法胜任，而形成"进退两难"的心境。

（2）外在原因

外在因素可分为实质环境与社会环境两方面。

1）实质环境。包括个人能力无法克服的责任因素的限制，严重的，例如无法预料的天灾地变、衰老、疾病、死亡；轻微的，如下雨无法去郊游等。

2）社会环境。包括所有个人在社会生活中所遭受到的政治、经济、道德、宗教、风俗习惯等人为因素的限制。例如，因种族、宗教或省籍不同，使一对相爱的男女无法结婚。或由于考试制度的关系，使一个具有特殊才能的人，无法发挥其潜力。在现代文明社会里，社会环境对个人动机所产生的阻碍，往往比自然环境所引起的来得多，且其影响也更深远。

（3）组织原因

造成旅游工作者挫折的原因除了上述一般性的因素外，还有下列几种属于组织特有的重要原因：

1）组织的管理方式。传统的组织多采用 X 理论，主要用权威、控制、惩罚的方法管理旅游工作者，形成组织规范（要求旅游工作者服从）与个人动机（要求自我实现）之间严重的冲突。霍桑研究指出，以生产成绩为中心的个人奖励制度，即按件计酬的生产方式，迫使旅游工作者在金钱的需要与社会需要之间作以抉择，而产生内心的冲突。行为科学家阿吉里斯在《人格与组织》一书中，甚至认为现代人神经病的主要根源是组织与管理的环境不良，阻碍了个人需求与人格的发展。

2）组织内的人群关系。组织内上司与部属间的沟通关系如属单向方式，即旅游工作者没有向上反映自己意见的机会，则影响其人群关系，导致产生不满的情绪甚至仇视的态度。过分强调竞争与责任的人群关系会造成不必要的紧张气氛，有害于心理健康。

3）工作性质。工作对个人心理具有两种重要的意义：①表现出个人的才能与价值，获得自我实现的满足；②使个人在群体中表现自己，以提高个人的社会地位。

但如果工作的性质不适合个人的兴趣及能力，则反而成为心理上的负担。分权的不当，大材小用或小材大用，都将构成旅游工作者的挫折。又如现代的工业管理，过分强调分工精细和自动化，工业工程师在设计工作时，多以生产过程为中心，而忽视人的因素，以至工作对旅游工作者显得单调、枯燥与重复，使人在生产过程中退居为次要的地位，从而损害了旅游工作者的自尊心。

4）工作环境。如果工作场地的通风、照明、噪音、安全措施及卫生设备等实质环境不理想，不但会直接影响旅游工作者的身体健康，也会引起情绪上的不满。在此特别要一提的是工作的性质已属单调、枯燥，如果实质环境的设计又缺少变化，则人们将面临类似感觉丧失的心理状态。人们在极端缺乏刺激变化的环境里，容易引起挫折，注意力无法集中，情绪烦躁不安。

5）其他。如工作与休息时间安排不适当，强迫加班或恶性延长加班时间，以及偏低的薪资、不公平的晋升制度，都足以影响旅游工作者的情绪。

3. 挫折的容忍力

人随时都有可能受到挫折，有的挫折是短暂的，有的挫折是长时间的，有的比较严重，有的则较轻微。人们遇到挫折时所表现的反应各不相同，有人能向挫折挑战，百折不挠，克服挫折；有人却一蹶不振，精神崩溃。这种对挫折的适应能力，即受到挫折时避免行为失常的能力，叫做挫折容忍力。在日常生活中，人们会遇到各种各样的挫折，但是人们对挫折的容忍力是有很大差别的，由于挫折的个别差异很大，所以能引起某个人产生挫折的情境不一定是能引起其他人产生挫折的情境。

从心理学的角度来考察，挫折容忍力的高低，主要受下面三种因素的影响。

（1）生理条件

一般来说，一个人身体是否健康、发育是否正常、生理是否健全将决定这个人的挫折容忍力。一个身体健康、发育正常的人，对生理需要的挫折容忍力比一个有疾病缠身，生理上有缺陷的人来得高。

（2）过去的经验与学习

挫折容忍力与个人的习惯或态度一样，是可以由学习而获得的。如果一个人从小娇生惯养，很少遇到挫折，或遇到挫折就逃避，他就没有机会学习如何处理挫折，这种人的挫折容忍力必然很低。

（3）对挫折的知觉判断

由于个人对世界认识的不相同，因此，即使客观的挫折情况相同，个人对此感到的威胁也不同，对每个人所构成的打击或压力也不同。在同样的情况下，一个人认为是严重的挫折，而另一个人可能认为是无所谓的事情。例如，小秦、小严两人同时向迎面走过来的主管打招呼，而主管却没有回应，小秦会觉得这是主管瞧不起自己，或故意跟他过不去，大大地伤了他的自尊心；而小严则可能不把事情看得那么严重，他想也许主管正在思考某一个问题而没有注意到自己。

一个人如果从小在生理上的需求都获得适当的满足，即在温暖的环境里长大的话，他所面对的世界是较令人满意的，较易预测控制的，因此容易形成乐观的性格，而不会把挫折看得非常严重。反之，如果在缺乏安全的环境中长大，其面对的世界充满了威胁，就很难乐观，自我的防卫就特别强。

对挫折的容忍力还与个人的政治素质、性格特点、个人兴趣、生活经历和心理状态等因素有关。所以，只有不断加强学习，在挫折面前鼓起勇气，不断地提高自己的适应能力，才能永远保持饱满的情绪。

11.2.2　挫折后的行为表现及心理防卫机制

1. 受挫后的行为表现

挫折具有两重性。当一个人遭受挫折以后，不管是由外在因素还是内在因素引起的，在心理和行为上总会产生两种反应：一种是理智性反应；另一种是非理智性反应。当人们受到挫折时，有的人能正确对待，冷静分析，做出理智的反应，寻找克服障碍的办法；有的人把挫折看作是考验，鞭策自己不屈不挠；有的人能从挫折的悲痛中振作起来，在新目标的实现中获得成功。这些都是积极的、理智性反应。

但有不少人在受挫折后情绪反应很大。或悲观失望，一蹶不振；或焦虑不安；或沉于幻想；或出现退化性反应；或固执对抗，甚至攻击他人，危害社会。这些都是非理智性反应。在心理学上非理智性反应又称消极反应。它是指对挫折采取一种消极适应的态度和行为。它的后果常常是很严重的，具有破坏性。所以，在旅游企业的组织管理中，应特别重视旅游工作者受挫折后的非理智性反应。认识和了解这些反应的表现形式，对于做好思想工作和搞好管理都是极为重要的。这类反应主要有以下几种形式。

（1）攻击

又称侵犯或对抗，是一种常见的对挫折采取公开对抗的行为，往往伴有强烈的敌对性情绪反应。美国耶鲁大学心理学家蓝德及其同事于1939年提出了"挫折

—攻击"假说。这种假说最初认为，任何挫折必然导致攻击行为，以后他们根据研究结果对这种假说进行了修改。他们得出的结论是：攻击行为的产生依赖于四种因素：①受挫折驱力的强弱；②受挫折驱力的范围；③以前遭受挫折的频率；④随着攻击反应而可能受到惩罚的程度。按照挫折—攻击假说，挫折是产生攻击行为的主要原因，因此，攻击行为也就成为挫折反应的主要表现，也可以说就是有意伤害他人的行为。

攻击又表现为两种形式：一种是直接攻击，另一种是间接攻击。

1) 直接攻击。个人受到挫折后，引起愤怒的情绪，对构成挫折的人或物直接攻击。例如，一个人如果受到同事无故的指责，他可能会怒目而视、反唇相讥或还以拳头；人事处没有给他提工资，他就找人事处大吵大闹，这就是直接攻击。一般来说，对自己的容貌、才能、权力及其他各方面较有自信者，容易将愤怒的情绪向外发泄，而采取直接攻击的行为。

2) 间接攻击，也称为"替换"或"转向攻击"。当受挫折后，因不敢或无法攻击直接对象时，人们往往倾向于通过替换的方式，寻找替代者来发泄自己的攻击情感。这种攻击往往采取寻找"替罪羊"的形式。转向攻击常在下列三种情况下表现出来：①对自己缺乏信心，有悲观情绪，易把攻击的对象转向自己，责备自己；②当个人觉察到引起挫折的真正对象不能直接攻击时（如对象为自己的上司、重要顾客等），则会把愤怒的情绪发泄到其他的人或物上去（如同事、下级、家人等）；③当挫折的来源不明，可能是日常生活中许多小挫折的累积，也可能是个人内在的因素，如内分泌失调或疾病。在此情形下，个人找不到明显的对象可以攻击，于是便将此闷闷不乐的情绪，发泄到与真正引起挫折不相干的人或物上面，此时遭受攻击的对象便是替罪羊。例如，当旅游工作者受到上级的训斥后，慑于其权威不敢反抗，只能对下级发脾气。如果没有下级，又不能对同事发脾气，那只能回家对家人发泄。替换对象可以是与直接攻击对象类似者或有联系者，如与直接对象关系好的人；或者是间接者；或者弱者、不被尊重的人。当人们受挫折后，又无法确定受挫的原因，从而没有明确的攻击对象时，往往会找"替罪羊"来发泄自己的愤怒，理想的替罪羊当然是弱者。

总之，攻击是挫折后的一种明显的破坏性反应，而且很消极并产生不好的影响，有时后果很严重，因此，我们必须对这种反应给予高度重视。

（2）焦虑

挫折后引起的最直接反应是攻击，但有时攻击非但不能解决问题和消除挫折，甚至会因攻击而引出更大的挫折。即使是一个充满自信的人，如果一而再，再而三地受到挫折和失败，也会慢慢失去信心，对某些情况产生茫然的预感，而在情绪上出现一种由紧张、不安、焦急、忧虑、恐惧等感受交织而成的复杂状态，这种状态称之为焦虑。同时在生理上也出现头昏、冒冷汗、心悸、胸部紧缩、脸色苍白等反应。焦虑不仅影响身心健康，也使人无法正常工作和学习。

（3）冷漠

如果一个人对引起挫折的对象无法攻击，又无适当的替罪羊可以攻击时，便将其愤怒的情绪压抑下去，在表面上表现出一种冷漠、无动于衷的态度，失去了喜怒哀乐的表情。在表面上看来，他似乎对挫折情境不关心，表现出冷淡退让。但实际上，其内心的痛苦可能很深。一般来说，内向型的人比较容易采取冷漠这种形式来对待挫折。长期严重的冷漠容易变成忧郁型精神病。冷漠者对一切都心灰意冷，要燃起他心中的希望之火，激发其工作热情是很困难的。

（4）幻想，也称为逃避

当一个人受挫折后，无力面对现实，而躲入一种非现实的想像境界，企图以虚构的方式来应付挫折、寻找满足，即为幻想。最常见的幻想方式就是做白日梦。心理学家认为，白日梦偶尔为之，并非失常，而且有时对缓冲紧张情绪或增加解决问题的想像力会有帮助。但是，企图以幻想来代替实际问题的解决，那是不正常的行为。再比如，挫折产生后，个体避开挫折，转向其他的活动，使自己陷入忙忙碌碌的工作、嗜好或娱乐甚至生理疾病之中，我们很多人都可能或多或少有过这样的体验。

（5）退化，又称倒退或回归

它是指当人们受到挫折后表现出与自己年龄身份不相称的幼稚行为，这种现象称之为退化现象。对于那些人格上不很成熟的成年人来说，在受到挫折后也会表现出退化反应，如有的人在工作中遇到挫折或受到批评时，会像小孩子那样又哭又闹、骂人耍赖、装病或蒙头大睡；或为一点小事暴跳如雷，甚至挥动拳头等；旅游工作者因遇到挫折而对顾客发脾气也属于退化之列。

退化的一种表现形式是像小孩子那样，容易受到暗示性。最经常的表现是人们受挫折后会盲目地相信别人，盲从地执行别人的指示，不能控制自己的情绪，缺乏责任心，轻信谣言，甚至无理取闹。领导者有时也会出现这种退化现象。例如，在遇到挫折后不愿意承担责任或敏感性降低，不能区别合理要求与不合理要求，甚至会盲目地忠实于某个人或某个组织等。这些现象都属于退化之列。

（6）固执

它是指当个体一而再、再而三地遇到同样的挫折时，他就可能表现出无动于衷，并且总是采取一种不变的反应方式来对待挫折。由于这种行为具有强制性的特点，它们往往不能被更适当的反应取代。心理学实验证明，领导采取一种严厉的或长期惩罚的方式对待受挫的旅游工作者或者采取一种僵化的单一的管理模式进行管理是导致固执的重要原因。一般来说，在挫折情境较少的企业中旅游工作者的士气较高。

（7）妥协

人们受到挫折后会产生心理或情绪的紧张状态，这种紧张状态往往令人很难承受。这种状态在心理学中称为"应激"。人们长期处于过度应激状态会引起各种疾病，因此需要采取妥协性的措施，以减少在受挫折时由于心理或情绪的过分紧张而给身体造成的损害。妥协能起到保护受挫折的人免受过分紧张压力的损害的作用。妥协性措施有下面几种表现形式：

1）文饰作用（又叫合理化或自我安慰）。在某些情形下，当个人的行为不符合社会的价值标准，或者在失败后，为了维护个人的自尊和减低失败所造成的焦虑痛苦，总是给自己的行为找个理由，原谅自己或者为自己的失败辩解。文饰作用起着自我安慰的作用。这种现象类似于我们平常所说的"阿Q精神"。

补充阅读

伊索寓言所说的酸葡萄的故事，就是典型的文饰作用。狐狸想吃葡萄，但又够不着。为了避免承认自己够不着是无能的表现，从而使自己遭到否定，同时减轻由吃不到葡萄而产生的痛苦，它只好说葡萄是酸的，自己本来就不想吃。文饰作用由此也被称为"酸葡萄机制"。

2）投射作用（又叫推诿）。当一个人的欲望得不到满足或受到压抑时，会潜意识地将这种欲望移到别人或周围事物上，这种现象称之为投射作用。一般而言，当一个人具有不被社会所认可的欲望、行为和人格品质时，他往往会加以否认，并无意识地加到别人身上，借以保护自己，为自己的行为辩护。投射作用是一种无意识的反应。把自己的不良品质投射到别人身上，会减轻自己的内疚、不安和焦虑。

3）替代作用。当一个人确立的目标与社会的要求相矛盾，或者受到条件的限制而无法达到时，他会设置另一个目标取代原来的目标，这就是替代作用。升华是替代作用的一种主要表现形式，把升华理解为人们受挫折后的行为表现，则是经常可见的事实。例如，个人生活中的不幸往往会使人在事业上取得突出的成就。

4）反向作用。反向作用是指个体受到挫折之后，为了掩盖自己内心的愤怒、憎恨或敌视情绪，而表现出的与内心的真实感情完全相反的行为，即做出违反自己意愿和情感的行为。这种反向作用是为了防止某些自认为不好的动机可能会表现于外在行为上而采取与动机相反的行动，企图用相反的态度与行为来掩饰自己并抑止内心的某些动机。

5）表同作用（又叫模仿）。表同作用是与投射作用完全相反的一种表现。投射作用是把自己不良品质强加到别人身上，而表同作用则是把别人具有的、使自己感到羡慕的品质加到自己身上。这往往表现为模仿别人的举止言行、思想、信仰，以别人的姿态风度自居。

6）压抑。压抑是指当个体受到挫折后，用意志的力量将愤怒、焦虑和紧张不安的情绪抑制下来，排除在意识之外，从而显得若无其事。比如，有的人和别人吵架之后，虽然内心很不安宁，但他表面上却丝毫也没有流露出来，还是同平时一样谈笑风生，似乎什么也没发生。

应当指出，上述种种妥协措施并不能从根本上消除人们的挫折和应激状态。

但是，如果我们把上述种种妥协看成是人们受到挫折时的行为表现，则会对于我们了解受挫折者的心理状态和行为特点有一定的意义。

2. 受挫后的心理防卫机制

不论是何种原因造成的挫折都会给个体带来情绪上的痛苦。为了避免和减轻这种痛苦，个体从经验中掌握一些应付挫折的适应方式，称之为防卫机制，也叫防卫方式。防卫的目的，一是为了维护自己的自尊；二是为了躲避或减轻挫折所引起的焦虑，以保护身心健康。

（1）预防挫折

人的生活和工作不可能是一帆风顺的，人生遇到各种挫折是不可避免的。因此，我们对于生活和工作中可能遇到的困难和失败应有充分的心理准备。对于生活和工作中的困难和失败做好充分准备的人，面对挫折时会冷静地分析失败的原因，总结经验教训，继续改进。而对于困难和失败毫无准备的人，面对挫折时会惊惶失措，进而灰心丧气，失去继续前进的勇气和信心。在旅游管理工作中，一方面，应尽量消除引起旅游工作者挫折的环境，避免使旅游工作者受到不应有的挫折；另一方面，当旅游工作者受到挫折时，应尽量减低挫折所引起的不良影响，提高旅游工作者对挫折的容忍力。预防挫折的方法有以下几种：

1）消除产生挫折的因素。对于自然因素，有些虽然是不可避免的，但有些还是可以采取措施加以预防的，如准确地进行地震预测、暴风雨预报、台风警报等。对于社会因素，应尽量引导旅游工作者适应环境，遵守法令、社会秩序、公共道德、人们的风俗习惯等，加强法制观念。对于生理因素，应考虑其个人的生理特点、使生理有缺陷的人受到尊重，不受歧视。

2）改善人际关系。加强个人差异管理，使旅游工作者互相信任、互相帮助、互相支持、互相尊重，建立"同是一家人"的情感，尤其要注意改善领导与部属、管理者与被管理者的关系，发挥集体智慧，建立"平等"关系，如果旅游工作者之间矛盾尖锐一时无法解决，可暂时调动一下工作岗位。

3）改善管理制度和管理方式。如适时调整组织结构，取消有碍发挥旅游工作者积极性的不合理的管理制度，改善人事劳动制度和工资奖励制度，实行参与制、授权制、建议制等，不使旅游工作者有受到严格监督和控制的感觉。

（2）正确对待受挫折人

一般来说，面对受挫折者的攻击行为不应采取针锋相对的反击措施。有修养的管理人员会采取容忍态度，这并不表明他软弱，而是表示他有比反击更好的办法来应付攻击。在这方面，关键在于对受挫折者应抱有正确的态度，要把受挫折者看成是一个需要帮助的人，这样才能造成一种解决问题的气氛。而正确对待受挫折的人应该注意以下几点：

1）采取宽容的态度。对领导者来说，对受挫折者的攻击行为采取宽容的态度是最重要的。帮助受挫折者是领导者的责任之一，应耐心细致地做思想工作，要以理服人，不应该采取针锋相对的反击措施来对付攻击行为。因为以反击对付攻击不仅是不符合互助友好原则的，而且收不到良好的效果，严重者还可能使矛盾激化。领导者应当把受挫折者看成像生理上的病人一样的心理上的病人，他们非常需要得到医生一样的领导者的帮助。

2）提高认识，分清是非。宽容的态度并不等于不分是非，领导者应当在受挫折者冷静下来的时候，以理服人地热情帮助他们提高认识，分清是非，只有这样才更有利于促使受挫折者变消极行为为积极行为。

3）改变情境。应付挫折的有效方法之一是改变引起挫折的情境。改变环境的办法有两种：一是调离原工作和生活的环境，到新的环境里去；二是改变环境气氛，给受挫折者以同情和温暖。这样，可以帮助旅游工作者在新的情境中克服原来的对立情绪，重新树立良好的人际关系，放下包袱，轻装前进。同时，为了更有效地把受挫折者的消极行为转化为积极行为，领导者必须尽量地少采取惩罚性措施，因为这样会加深挫折。例如，对于犯错误的旅游工作者要创造一种情境使他们感到集体的温暖，感到自己不会受到集体的排斥，可以成为集体的成员。在企业中，要加强对管理人员进行处理人群关系的训练，这样也可以避免使旅游工作者受挫折的情境出现。

4）采用精神发泄方法。这是一种心理治疗方法。它是通过创造一种情境，使受挫折者可以自由表达他们受压抑的情感。因为人们处于挫折情境时会以一种非理智的情绪反应代替理智行为。如果能使这种紧张情绪发泄出来，则能达到心理平衡，恢复到理智状态。

在日本，许多企业和公司创立了一种独特的精神发泄方式，这就是"精神健康室"（情绪发泄控制室）的方式。比如，日本松下电器公司的各个企业中都设有"情绪发泄控制室"，即所谓的"出气室"。如果某个职员受挫了，对他的老板有"气"，他就可以到"出气室"去发泄一番。"出气室"的墙上挂着老板和蔼微笑的照片，室内放着几个模拟老板的橡皮塑像，旁边还放有打人的棍子，受挫者可以尽情地打个痛快，发泄出怨气，发泄完了再回车间劳动。美国著名的威尔逊培训中心也建立了类似的"精神健康室"。

5）心理治疗。心理咨询是心理学家帮助人们治疗"心病"的方法。人们因各种主、客观原因，造成了心理上的苦恼，小则情绪不好和行为不当，大则导致精神病和神经病。为了治疗这些"心病"，除了需要很多临床心理学家从事心理治疗外，还必须有相当一批心理学家从事心理咨询工作，即与得"心病"的人磋商、交换意见，以提高其现有的认识水平，帮助他们消除心理上的痛苦，从而在工作上取得更大的成就。

心理咨询与心理治疗有极其密切的联系，有时甚至很难分开。近几年来的研究成果表明，各种紧张刺激所引起的情绪改变和不良的个性特征是导致高血压、冠心病、支气管哮喘、癌症等的原因之一。实践证明，只有解决了各种心理问题，才能使身体的疾病获得较好的治疗效果。

11.3　维护旅游工作者心理健康的途径

旅游工作者通过自我心理调节来维护自身心理健康至关重要。以下将介绍几种科学有效的旅游工作者自我心理调节的方法。

11.3.1　旅游工作者自我心理调节的方法

据 1991 年统计表明，美国每百万人口中有 550 个心理学家，其中，87% 以上具有心理学或哲学博士学位。我国 1997 年调查数字显示，每百万人口只有 2.4 个心理工作者，其中具有硕士或博士学位的不足总数的 2%。我国的心理学专家严重不足，难以为每个普通人都提供良好的服务。因此，旅游企业有必要对旅游工作者进行教育与培训，让旅游工作者掌握基本的心理调节方法，解决自身的轻度心理症状。事实证明，这种做法是行之有效的。旅游工作者自我心理调节可以从以下几个方面着手。

补充阅读

某银行招聘了三名储蓄员。他们经过三个月培训后，走上工作岗位。

甲开始工作时有种新鲜感，干得挺欢，可是不久，面对单调而忙碌的工作，他便厌烦了。在他的眼里，干这一行是不会有什么出息的；另找工作吧，又没那么容易。于是他消极地对待工作，能拖则拖，能少干就少干。由于心态不好，他心情很烦躁；而心情一烦躁，错账就多；错账一多，心情就更烦躁。因此，他常常陷入这个恶性循环的怪圈里。

乙工作了一段时间后也觉得储蓄工作实在是单调，不过他想，当今社会分工越来越细，什么工作干久了都会感到单调。于是，他耐下心来，认真学习储蓄各项业务，苦练储蓄各种技能。因而，他不但整天乐呵呵的，还很快成为业务尖子。

丙熟悉储蓄业务后，发现储蓄工作还有不少地方需要改进。于是，他一项项地琢磨。不久，他摸索出了一种新的点钞法，大大地提高了点钞速度。一年后，他设计出一种"自动分币机"——不同硬币放进该机后，币筛一摆动，就能将不同面额的硬币分捡出来。三四年后，他与人合作，发明了便携式点钞机和液压式捆钞机等。

八年过去了，甲仍然是一名业务水平低下、心情糟糕的储蓄员；乙是该部门颇有成绩的业务主管；丙已离开银行，开了一家公司，专门研制、生产银行和邮政储蓄业务所需的各种用具，生意红火。

人生就是这样，不怕工作平凡，就怕心态不好。

1. 宣泄负面情绪

这是指创造一种情境使受挫折者把压抑的情绪自由地表达出来，这样可以恢复理智行为，达到心理平衡。

宣泄的方法很多，但应以不损害工作和他人为前提。比如，找个僻静处喊叫一番，哭泣一场，或者对天空诉说苦衷，都可以使人情绪放松一些，减少一点心理压力；还可以给制造挫折的人写信，发泄不满，但信写好不要发出，以免伤害对方，造成更大矛盾，也可以找好朋友谈出内心积压的不满，恢复心理平衡。霍桑实验中的访谈实验就起到这种作用。

2. 建立积极的心理防卫机制

个体在受挫或应激时，常常会使用心理上的措施或机制，把个体与现实的关系稍作修正，从而减轻痛苦与不安。心理防卫机制大多是在潜意识中进行的，也就是不知不觉的。但心理防卫机制也可以进行有意识的训练与调整。建立积极的心理防卫机制，有助于处理好自身与现实的关系，消除心理的挫折。

在现实生活中，时时处处会遇到挫折与困难，无法也没有必要一一处理应付，此时便可依靠心理机制来适应。心理防卫机制也不能滥用，否则又可能阻碍个人对周围环境的适应，从而导致心理变态。

3. 自我暗示

在遇到心理问题时，要立即暗示自己切忌冲动，不要意气用事，要极力遏制自己的消极情绪和冲动行为。在情绪不冲动的平时，也要经常进行自我暗示训练，在冲动行为即将发生时，可以马上进行自我暗示。

4. 情境转移

在遇到心理问题时，一般都会产生相应的情绪反应。为了摆脱不良情绪的困扰和挫折情绪的纠缠，可以去参加一些愉快的活动，或赶快离开挫折情境，或去回忆愉快的往事，使自己的注意力从引起不良情绪反应的刺激环境中转移到其他愉快有趣的活动或事物中去。

5. 健全个性，培养良好的行为习惯

鼓励旅游工作者学习一些心理学知识，这样才能进行自我分析、自我教育。比如，了解自己是否自卑或自尊，是否内向或闭锁，行为是否偏离常态等，也就可以及时进行自我调节、自行矫正。如果过于内向、孤僻，那就应当训练自己正眼看人、大声说话、主动与人交谈，促使自己交往一些朋友，克服不良习惯。而过于外向、喜与人交谈、对人指手画脚，因此也会惹人讨厌等，这种情况下可以

训练自己克制、谨慎，不轻易与人闲扯，适当地多呆在房子里关一关，养成这种习惯。同时也要根据心理学知识，培养训练或强化自己的良好行为习惯，如勤奋、热爱工作、有同情心、能帮助别人、自信、大方、开朗、热情、幽默等。

6. 加强体育锻炼

体育锻炼不仅能够增强人的身体健康，而且还能促进人的心理健康。体育锻炼能促进人体生理的发展，主要表现在改善神经系统的功能、提高循环系统的功能、提高呼吸系统的功能、增强人体运动系统的功能、提高机体对外界环境的适应能力。然而，体育锻炼也能促进人体心理的发展，这主要表现在发展运动能力、提高心理素质、培养运动意志、增进健康情感、加强心理调节、发展健全个性、促进心理健康等方面。

11.3.2 有助于旅游工作者心理健康的管理方案

除了教育培训旅游工作者学会自我调节之外，一方面，旅游企业应给予旅游工作者一定的外界援助，使已产生心理问题的旅游工作者及早摆脱困境，重现自我；另一方面，企业内部还应营造一种有益于旅游工作者心理健康的氛围，即提供给旅游工作者一种良好的"心理环境"，从根本上降低旅游工作者因工作而导致的心理问题的发生率。

1. 提供心理咨询帮助

企业可以聘请职业心理学家为有心理障碍的旅游工作者进行心理疏导与心理治疗。这可以采用多种方式：演讲、开设专栏、通信、电话、面谈等。一对一的方式效果最好，如面谈、电话咨询、通信咨询，但费用较高且普及面较小。一般企业可以采用普及心理学知识（请专家作专题演讲；请专家利用各类渠道，如内部小报、黑板报等解答旅游工作者普遍性的心理问题等方式）以及采用一对一咨询（对高级管理人员、心理障碍严重的旅游工作者）相结合的方式。

近年来，聘请心理医生到单位"坐堂"，集体看心理医生，已成了我国一些企业，如银行、保险公司、外资公司等单位的新亮点。例如2000年3月，大连市联合心理诊所就接受邀请，给中国人寿保险公司庄河公司的全体员工进行了一次心理咨询。同年，平安保险公司在半年工作会上请来了心理医生，给中层干部做心理测试和诊断。心理医生从人际沟通和心理平衡等方面进行讲解，同时对40多个中层干部和团队主管进行问卷式心理测试，进行"一对一"的心理诊断，并整理出每个人的心理报告提交当事人。该公司还成立了"心理咨询中心"，定期组织对旅游工作者的心理咨询活动，并不定期举办心理讲座。

2．提高旅游工作者心理内驱力

帮助旅游工作者确立高层次的人生目标，不断激发其事业心、成就感，这有助于提高旅游工作者的心理内驱力。有理想、有抱负的人比没有精神支柱的人更能经受不幸，也能更好地领悟生活的意义。企业可以采取以下措施。

（1）职业生涯管理

把个人的生涯计划和组织的生涯管理两者结合起来，通过组织内生涯发展系统以达到组织人力资源需求与个人生涯需求之间的平衡，创造一个高效率的工作环境。职业生涯管理是企业为实现每位旅游工作者自主开发精神资源的有效管理方式，它能有效抑制企业与旅游工作者个体在目标整合上的偏差，并充分调动旅游工作者工作的主动性、积极性。

（2）参与式管理

旅游工作者参与管理、参与决策，以满足尊重与自我实现的需要，进一步激发旅游工作者的成就动机。

（3）鼓励旅游工作者不断学习

企业应采取各种方式鼓励旅游工作者学习新知识、提高技能水平。旅游工作者可以从求知欲中获得一种精神力量，摆脱一些物质生活的困扰。

3．意志锻炼

意志力是人的思想、情感、行动中全部精神力量的总和。意志力是各种心理障碍的大敌。意志坚强的人，其心理承受能力也较强。意志力是可以通过培养而提高的。一些企业家认为，意志的锻炼、精神的磨砺是对旅游工作者进行各项业务培训的基础，因而有些企业采用"魔鬼训练"方式对旅游工作者进行培训，这是注重旅游工作者素质的培训，重点是培养旅游工作者的敬业精神、毅力、品格、工作态度。如为了培训旅游工作者的意志，日本有的企业训练像军事训练一样进行越野拉练、野外生存训练，收效颇佳。

4．提高工作生活质量

工作生活质量概念的提出，反应了对工作介值的一种全新认识。工作不再是一种繁琐的、冗长的、沉重的劳作，而是一种具有丰富意义和乐趣，讲究质量的生活方式。企业可以通过工作设计，提高旅游工作者参与度等方法来提升旅游工作者士气，增加旅游工作者的工作满足感，使工作不再单调乏味而变得更有乐趣、更有意义，从而减少旅游工作者因工作而导致的精神不愉快，降低因工作而引起的心理问题的发生率。

5．情感管理

企业在旅游工作者管理上注重人情味与感情投入，给予旅游工作者家庭式的情感抚慰，管理人员最大限度地尊重旅游工作者，善待旅游工作者，关心体贴旅游工作者的生活，及时了解旅游工作者的困难并给予帮助，使旅游工作者感受到企业大家庭的温情与照顾，这样的环境同样可以有效降低因工作而引起的心理问题的发生率。

11.4　旅游工作者的疲劳心理

在现代旅游企业中，如何提高旅游工作者的工作积极性，提高旅游工作者的服务质量是旅游管理工作中最重要的问题之一。有时我们会发现：虽然旅游工作者有工作的主动性和积极性，但是服务工作的质量和效率并不高。影响旅游企业旅游工作者服务质量和效率的原因有很多，包括外部条件限制、旅游工作者个人能力限制以及旅游工作者疲劳问题等多种因素。在此我们主要探讨旅游工作者的心理疲劳问题。

人、物、环境是现代管理的三大要素，人与物、人与环境、人与人之间构成了这三要素的三种关系。其中，人是居于主导地位的。因此，研究旅游企业旅游工作者的心理，对于激励旅游工作者的积极性，提高劳动生产率和经济效益，有着重要的意义。

11.4.1　旅游工作者的心理疲劳分析

1. 疲劳的概念及种类

所谓疲劳是一种生理心理现象，就是人们自感不适和劳累。疲劳在本质上是一种生理现象，但它与人的心理问题关系密切。疲劳会带来工作效率下降、工作失误甚至事故增多，还可能引起旅游工作者的生理疾病。疲劳在心理上的表现一般为兴趣减退、厌倦、无聊、注意力不集中、易怒、攻击性增强等。这些表现会导致工作效率的降低，而旅游企业是与人打交道的工作这一特性，就决定了这些表现是从事旅游工作人员的大忌。因为旅游企业旅游工作者的精神状态、行为表现本身就是旅游产品的一部分，旅游者所购买的旅游产品，从心理学的角度来讲，可以看作就是旅游者获得的"经历"，而旅游工作者所展示出来的精神状态和行为则是旅游者构造其"经历"过程中非常重要的部分。基于这一点，研究旅游企业旅游工作者的疲劳问题，认识其规律，合理安排或调整工作程序，以做到减轻旅游工作者的疲劳甚至消除疲劳，便成为做好旅游工作的一个重要前提。

疲劳可以分很多种。按其表现形式可分为生理疲劳和心理疲劳两种；按时间的长短可分为急性疲劳和慢性疲劳两种；按疲劳的部位不同可分为局部疲劳和全身疲劳两种；其他还有环境疲劳和姿势疲劳等。在实际管理工作中应根据疲劳的不同表现，采取适当措施减轻疲劳、消除疲劳，以促进工作效率的提高和旅游工作者精神状态和生理状态的改善。

2. 产生心理疲劳的主要理论

关于产生疲劳的因素，心理学家们有着不同的看法。但归纳起来，主要由以下几种理论：

1）疲劳物质积累论。认为疲劳是由劳动中人体内废物质过多引起的。如正常人血液中的葡萄糖占 0.1％，而体力劳动后下降到 0.07％左右，大部分氧化成为乳酸，乳酸积累过多就会产生疲劳。

2）能量消耗论。认为人们在劳动中消耗过多的能量就会产生疲劳。

3）物理化学变化协调论。认为疲劳是人体内物质的分解与合成过程产生不协调所致。

4）中枢神经论。认为疲劳是中枢神经失调引起的。

其中，最后一种理论比较受到重视。

3. 心理疲劳的原因

（1）生理原因

人即使不工作也会疲劳，这是由于心脏和其他器官的活动，以及维持体力和消化等生命机能都需要消耗能量的缘故，这是生理上的疲劳。这里，我们所讲的生理疲劳，是指工作疲劳在生理方面的表现。由于人们从事的工作性质不同，生理疲劳又可分为体力疲劳和脑力疲劳两种。

1）体力疲劳。是指由于肌肉关节持久重复地收缩，造成能量减少，致使旅游工作者的工作能量降低甚至消失的现象。体力疲劳产生的原因是肌肉关节过度活动，体内新陈代谢的产物——二氧化碳和乳酸——在血液中积聚并造成人的体力下降的结果。通过测定血液中血糖和乳酸含量等生理指标，就可以测定疲劳的程度。

2）脑力疲劳。是指用脑过度、大脑神经处于抑制状态的现象。人的大脑是一个复杂而精密的组织，它具有巨大的工作潜力，也容易疲劳。脑力疲劳也就是我们通常所说的精神疲劳。在脑力劳动占比重较大的现代化工业操作活动中，精神疲劳往往先于体力疲劳。

体力疲劳和脑力疲劳是相互影响、紧密相关的。极度体力疲劳不但降低直接参与工作的运动器官的效率，而且首先影响到大脑活动的工作效率。同样，极度的脑力疲劳也会造成精神不集中，全身疲倦无力。影响操作的准确性。人们不可能长时间地以同样的状态、同样的效率工作，打消耗战，拼体力、拼时间不是最佳的办法。而恰当的休息，解除其疲劳，积蓄能量，最终消除疲劳是高质量完成工作的保证。由于旅游企业服务工作的特殊性，它要求旅游工作者必须以饱满的工作热情、良好的精神状态投入到工作中去，而这在疲劳的状态下是根本无法达到的，所以，对于从事旅游企业工作的旅游工作者来讲，了解疲劳的产生原因就显得非常必要了；也只有在了解的基础上找出办法，减轻和消除疲劳，恢复正常状态，才能真正做好旅游接待工作。

（2）心理原因

心理疲劳，是指工作疲劳在心理上的表现，心理疲劳主要反映在注意力不集中，思想紧张，思维迟缓，情绪低落、浮躁、厌倦、忧郁和行动吃力等方面。心理学家认为心理疲劳的心理原因是"倦于工作"，并非由于极度的体力或脑力疲劳所造成的。当然两者有密切的关系。

引起心理疲劳的原因很多，如问题长期不得解决、优柔寡断、思虑过度、情绪不安、内心矛盾冲突、心烦意乱、工作不称心、人际关系紧张，以及随着生理疲劳而产生的紧张、倦怠感和厌烦感，尤其是对工作产生不了兴趣，或因挫折而引起的精神抑郁和忧虑等。心理疲劳由于消极情绪的不良作用，影响神经活动的协调性，使反应迟钝，记忆衰退，动作准确性下降，感知灵敏度减弱，创造性思维丧失。其他心理机能也发生多种变化。如需要注意力高度集中的劳动，往往造成心理上的紧张，很快就会感到疲劳。另外，人们对工作的兴趣、热情等心理因素也都会影响疲劳。饱满的情绪、浓烈的兴趣，在主观上减少了疲劳，这叫"乐而不疲"。

心理疲劳产生的原因是一个十分复杂的问题，因此，减轻或消除心理疲劳也是十分复杂的。要消除心理疲劳，就需要加强思想政治工作，教育旅游工作者树立正确的人生观，激发旅游工作者工作的动机，增加旅游工作者的工作兴趣；尽量满足旅游工作者的合理需求，使旅游工作者的消极情绪转变为积极的情绪等；在工作设计方面也要采取相应的措施，如调整人事关系，工作丰富化，给每个旅游工作者在工作上有自我实现的机会等。

4. 心理疲劳的表现

一般情况下，生理疲劳持续时间相对较短，心理疲劳延续的时间较长。生理疲劳经过休息或睡眠就能消除，而要彻底消除心理疲劳极其产生的后果则很困难。人们一旦陷入心理疲劳之中，则他们在言行中就表现出压抑、性情急躁、冷淡、失去幽默感、对什么都不感兴趣、工作效率降低、患病率增加。心理疲劳常见的生理反应包括高血压、溃疡、心脏病、肺气肿、溃疡性结肠炎等；成人中常见的有粉刺、皮炎、无缘由的皮肤瘙痒、背痛、偏头痛等。

11.4.2　旅游工作者心理疲劳的预防与消除

尽管生理性疲劳具有防护性作用，但人在疲劳过程中会出现注意力涣散、操作速度变慢、动作的协调性和灵活性降低、误差及损耗增多、事故频繁升高等等现象。这些现象无疑会降低旅游工作者的工作效率。因此，有必要对预防与消除疲劳的措施进行探讨。

疲劳的预防与消除的具体方法有如下几种：

1. 合理安排休息

劳动者的中枢神经系统是主管集中注意力、思考、刺激等功能的，劳动者在劳动过程中产生疲劳，最先反映出来的是中枢神经系统的疲劳现象。为此，要消除人的疲劳，就需要适当地休息。从上文分析产生疲劳的因素中，可知我们是可以采取措施减少疲劳的。然而，疲劳总是要出现的，这就必须采取措施消除疲劳。休息乃是消除疲劳的重要措施，通过休息可以使疲劳消除：

1）休息的效果是随时间的增加而不断下降。

2）初期疲劳，通过休息，恢复很快；过度疲劳，恢复很慢。因此，对休息应做恰当的安排，一般应该在开始感到疲劳就安排休息，那种把休息时间集中使用而让旅游工作者较长时间连续工作，打疲劳战术的办法是不可取的。对于需要精力高度集中的工作，可以每隔半小时休息一次，每次 5 分钟。对于重体力劳动可以上下午各休息两次，每次休息 15 分钟。

3）休息不一定是静止不动，动中休息是积极的休息，叫做活动性休息，如果安排得当，效果是很好的。

综上可见，不论是体力疲劳还是脑力疲劳，都会影响人的身心健康，影响工作效率。因此，在劳动过程中适当安排休息，并且要辅以睡眠和其他积极性的休息，可使工作能力保持在某种稳定的、最优的水平，而极度疲劳时仍要继续工作，将导致各种不良的后果。

2. 合理设计工作环境

在工作环境的设计上，除了消除温度、噪音、粉尘等因素的不利影响外，工作台、工作座椅的合理设计对消除疲劳也是十分重要的。工作台过高或过低、工作座椅设计不合理，往往会造成操作者处在一种不舒适的姿势下工作，从而引起局部肌肉疲劳。例如，操作时如果工作椅的高度过低，则操作者的双腿将处于一种持续紧张的状态而引起疲劳。此外，让操作者在工作过程中变换姿势，使工作负荷由不同肌肉轮流承担，也是一种减轻疲劳的有效方法。

3. 进行气功锻炼

气功是中国医药宝库的重要组成部分，它有独特民族风格和丰富多彩的内容。气功不仅能治病，而且能防病；不仅能增进身体健康，而且也能增进心理健康，消除疲劳。目前，气功对于治理心身疾病与心理功能失调的效果较好。

4. 改善劳动条件

在劳动心理学中，有一系列方法可以降低甚至消除员工不愉快的心理状态。

这些方法不仅作为"反单调"的措施去运用，还与改善常见劳动条件结合起来应用。在这些方法中，首先，是色彩和音乐的应用，这是改善员工劳动条件非常重要和极其有价值的因素；其次，在设计操作工艺时，应充分考虑员工的生理和心理特点；再次，在工作中应随时通报旅游工作者的劳动成果；同时，要经常强调工作的目的；还要大力改善环境卫生等。这些都是很重要的因素。

5. 工作内容丰富化

使工作内容丰富化是用以减少单调感、厌烦感，调动旅游工作者积极性的重要方法。它可以使工作成为旅游工作者本身的一种享受和需要，从而具有内在的激励作用。

工作丰富化就是尽可能地使旅游工作者的劳动丰富多彩，也就是在工作中增加更有兴趣和更有挑战性的内容。在计划和控制工作中，给予旅游工作者更多的自主权，通过工作发展个人的成就感和创造力。实行工作内容丰富化之后，能消除工作设计上的错误，旅游工作者能够马上了解到自己的工作成果，感到工作是一种学习提高的机会。这样，工作中的单调感和厌烦感便会减少。

6. 自我心理训练

自我心理训练，也叫自我心理调节。这是运用思维、情绪等心理因素的作用，对自己进行良好的心理暗示，使大脑产生美好的想像，抑制大脑的紧张状态，从而有利于消除疲劳，强身健体，提高工效。

自我心理训练的主要方法是：闭目养神，脑子里思想意识集中，想像自己认为是最美好的事物，就会面带微笑，产生美好愉快的体验；或者以意领气，采用自我调节呼吸的方法，吸气时默念"松"，以这种"静"、"松"的意念来缓慢地调节呼吸。经过几次练习之后可使头脑入静，全身放松，全身的血液循环和呼吸系统的功能得到改善。运用自我心理训练入静之后，大脑的兴奋自然就转入抑制状态，常可入睡，而使人得到休息。

本 章 回 顾

关键术语

1. 心理健康（mental health）
2. 挫折（frustration）
3. 心理咨询（Psychology Consultation）
4. 疲劳（fatigue）
5. 心理疲劳（psychological fatigue）

6. 挫折的容忍力（the tolerance of setback）

7. 攻击行为（attacking behavior）

8. 宣泄（let out）

9. 心理防卫机制（psychology defending system）

10. 自我暗示（self-hint）

11. 自我心理调节（self-psychology regulation）

12. 焦虑（anxiety）

小结

本章论述了心理健康的标准，人的健康包括生理健康和心理健康两个方面。健康包含三个标准：身体没有疾病；具备完整健全的生理与心理状态；具有良好的社会适应能力。一个人必须身体与心理都健康，对社会环境适应良好，才称得上是健康的人。影响旅游工作者心理健康的因素主要包括心理因素、生理因素和社会因素等。挫折是当个体从事有目的的活动时，在环境中遇到障碍或干扰，致使动机不能获得满足和实现，从而产生焦虑和紧张不安的情绪状态。此外还论述了挫折的概念及其原因，产生挫折的原因是多方面的，包括内在原因、外在原因和组织原因。人在遭受挫折时容易出现许多消极的反应，如攻击、焦虑、冷漠、幻想、退化、固执、妥协等。挫折所带来的焦虑对人的身心有极大的伤害，要学会运用心理防卫机制进行自我保护；了解挫折的容忍力，掌握挫折后的行为表现与心理障碍的治疗，掌握如何维护旅游工作者的心理健康，重点掌握如何提高心理健康水平。掌握旅游工作者疲劳心理的种类及原因，掌握心理疲劳的表现，了解心理疲劳的生理学研究与心理学因素，掌握心理疲劳的预防和消除，了解工作疲劳的测定方法。

旅游工作者疲劳有生理疲劳和心理疲劳之分。疲劳的阶段性使工作效率呈现出阶段性。引起旅游工作者心理疲劳主要有生理和心理方面的原因。旅游工作者心理疲劳的预防与消除有以下几种方法：合理安排休息、合理设计工作环境、进行气功锻炼、改善劳动条件、工作内容丰富化、自我心理训练等。

案 例 分 析

让心情保持愉快[①]

小高是某酒店的普通员工。自认为长得不好看，又没有什么特长，家庭也非常普通，样样不如别人，心里老有一种抑郁的感觉。任何事情都无法让她快乐起

---

① 博爱博心体健康咨询台. 1998. 抚摸心灵. 北京：中国民航出版社。

来。工作之余，同事们有说有笑，她却一句话也插不上，即使偶尔鼓起勇气说上两句，也觉得词不达意，因此感到很自卑，总是躲开大家远远的。时间长了，她的情绪越来越不好，人也变得非常敏感。同事们与她相处都小心翼翼，生怕惹她不快。结果更加糟糕，她越发忧郁了。特别是最近领导很婉转地批评了她，她精神上的压力更加沉重，几乎不想活下去了。

小高的这种状况属抑郁性神经症。她因对自己失去了信心，而产生了自卑心理，并将之扩大化，觉得自己什么都不行。这种抑郁情绪逐渐扩散到整个生活中，出现压抑、懒散、社会性退离等症状。同时过度忧愁和伤感的情绪体验也表现在身体上，出现食欲下降、失眠等。

其实每个人在一生中，都会遇到一些不尽如人意的事情，引起内心的不快，但并不是所有的人都会产生这种强烈的抑郁情绪。所以，心理学家认为事件本身并不是引起抑郁的真正原因，真正的原因是由当事人对这些事件不正确的认识所造成的，即认知发生了错误。这些错误的认识常表现为对自我价值不合理的评价。由于小高过分看重了自己的不足，仅从言谈、容貌不出众等表面原因上就认定自己一切都不行，正好又受到领导的批评，更加证实了"自己不如别人"的想法，因此造成严重的心理失衡，完全丧失了自信。

小高的另一个问题是过于追求完美。一方面，因为自己有不足，就将所有方面全部否定，另一方面，总想表现得完美无缺，得到别人的好评，凡事都小心翼翼。结果弄得大家都不知如何才能让她不"神经过敏"，人际关系自然不会好，抑郁情绪也就难以摆脱。

在交谈中，我发现小高身上有不少优点，如对工作比较认真负责，别人不愿做的琐事她都能耐心细致地完成等。我对小高说："其实你并不像你所说的那样一无是处，你身上有许多优点，为何仅拿自己的弱点和别人的长处相比呢？"我帮她一一找出自己的优点，写在一张纸上，最后她惊讶地发现自己竟是个很能干的姑娘。我告诉她，每个人都不是完美无缺的，有长也必有短。工作中受到批评未必都是坏事，对磨炼人的意志、弥补自己的不足、提高自己的心理素质和承受力是有好处的，关键在于如何看待。

在抑郁情绪无法排解时，还应学会跳出自己固定的生活范围，转移自己的注意力，不要一味和自己过不去。如换一种环境，听听音乐，看看电影，到自己喜欢的地方去逛逛，看望自己的好朋友等，用这些方法来调整自己的情绪，尽量让生活丰富多彩。

评析

心情抑郁的人身体经常处于一种萎缩状态，如果改变了这种状态，也能有效地减轻抑郁情绪。方法是找一个安静的地方或房间，坐在沙发或躺在床上，使自己的身体放松，伸直双腿，闭上眼睛，慢慢进行深呼吸，渐渐让全身完全放松，细细体验肌肉处于松弛状态时轻松愉快的感觉。然后起身走出户外，在这种放松状态下漫步，逐渐过渡到昂首阔步行走，同时让心灵也随着肌肉的放松而开朗愉快起来。

问题讨论

1. 根据上述案例，谈谈如何走出忧郁的心境。
2. 你作为一个管理人员，怎样营造一种轻松、愉快的工作环境？

勇　者　胜

美国最权威的财经杂志《福布斯》1997 年度发布世界 500 大富豪排行榜，中国大陆唯一进榜的是四川希望集团董事长刘永好，名列 219 位，总资产 8 亿美元。

刘永好，46 岁，四川新津人，毕业于省电视大学，在省里当中学老师。他家兄弟四人均受过高等教育，他排行第四。1982 年兄弟四人开了三天三夜的家庭会议，决定共同辞职，砸掉铁饭碗，去当专业户，他们变卖了手表、自行车才凑了 1000 元资金，创办了良种场。谁知第一笔交易就栽了大跟头，一个养鸡专业户向他们订了 10 万只鸡苗，当发了 2 万只鸡苗时才发现支票是假的。当他们找到该专业户时，那人扑通一声跪在地上连连叩头说："怪我昧了良心，前天一场大火，一切全烧了。"面对一无所有的穷苦农民，刘氏兄弟无可奈何。他们只好每天早上 4 点钟起床，蹬 3 个小时的自行车，到鸡鸭集市去叫卖，20 多天下来 8 万只鸡苗总算销出去了，兄弟 4 人各掉了几斤肉。

15 年前兄弟四人的勇敢决定，是令很多人瞠目结舌的，当时丢掉铁饭碗去当鸡贩子是真需要壮士断腕的勇气的。当困难出现时，他们没有互相指责，而是彼此宽容、协作，终于成就了大业。刘永好以攻无不克、战无不胜的信心节节胜利，把投资仅 1000 元的良种场在 15 年间发展成为资产逾 10 亿元的希望企业集团，增值 100 万倍。1993 年刘永好进军上海滩时，中央政治局委员吴邦国为"希望城"提名，并听取了他的汇报。刘永好的成功，除了得益于他的经营战略外，很重要的原因是他有勇气跳出铁饭碗这一"舒适圈"，从而站在改革的风口浪尖上去做弄潮儿。这难道不是一种超常的勇气和智慧吗？

评析

这个例子说明，人们要生存，要满足更高的需求，就要跳出"舒适圈"，去追求新的目标。

问题讨论

1. 结合实际工作和生活，列举一个你自己或你知道的克服困难的例子。
2. 试述在逆境中，如何培养良好的心态？

思考与练习

思考题

    1. 谈谈如何提高旅游工作者的心理健康水平。

    2. 旅游工作者心理健康的标准主要包括哪些方面？

    3. 挫折后的心理防卫机制有哪些？

    4. 结合自己的情况谈谈影响挫折容忍力的因素。

    5. 怎样预防和消除旅游工作者的心理疲劳？

    6. 尝试运用自我心理调节方法，来战胜挫折感。

实训练习题

    走访一个旅游企业，了解该旅游企业的旅游工作者心理健康状态及其心理问题防治的方法。

第 12 章　旅游地居民心理

文章概要

　　旅游地居民心理是旅游心理研究中一个比较薄弱的环节，然而也正是因为研究的较少，就更需要我们的关注。在旅游业蓬勃发展的今天，各种问题随之而生，比如如何正确处理旅游地居民、旅游者、旅游开发商以及政府之间的关系等。而本章的研究将为这些问题的解决提供一定的理论依据。本章通过对研究旅游地居民心理的理论依据以及研究方法、旅游地居民分类、旅游地居民心理的影响因素、国内外不同的旅游地居民分类等四个方面的论述，对这一研究领域目前所涉及到的问题进行了概要阐述。

引导案例

村子突然活过来了！

　　记者：您曾经在宏村住宿，那里的村民给您留下何种印象？

　　龙应台：因为宏村太美，所以又回头到村子里特别去过了一夜，过夜就发现了一般旅游者看不见的现象。我们第一天去是白天的典型观光客。男人们种地或打工去了，孩子们上学去了，不去外面的人基本都躲到房子里，因为街道被大量的观光客占领，唯一露脸的是坐在门槛上卖纪念品的老婆婆们。

　　住下来以后，到了黄昏，赫然发现，哇，村子突然活过来了！旅客走了，居民都出来了，在街道上，在广场上，在池塘边，亲戚邻里们捧着大碗吃饭、洗衣洗菜、大声地聊天说笑。这时候，宏村人才夺回了属于自己的公共空间。第二天清晨，我到"月沼"边坐着，池边也都是人，整个天空响着村人的笑声和话语声。旅游者一开始涌入，这些生活场景就看不到了；空间被外来旅游者占领，因此外来人一般看不到宏村的自然生活情态。

　　在宏村过夜之后我才真正体会到，宏村人生活的自由空间其实受到了旅游者的干扰，来旅游的大多数是比较有经济基础的城市人，城市人占领了乡下人的空间，他们也许不觉得自己对别人有所侵犯，甚至认为旅游带来了经济效益，这些农民应该感谢我们啊，我觉得这其中深深隐藏着城市人的傲慢。

　　我不是在说不应该有文化城镇的观光；我是在说，政府发展观光要确实了解"被观光"人民的处境，作适当的补偿；而观光客更应该有一种谦虚收敛的基本态度，至少是带着一种抱歉的态度去"打扰"吧。

问题讨论：

1. 宏村人民的生活已经严重的受到旅游业发展的影响，试想为什么村民只是"不去外面的人基本都躲到房子里去了"，而没有表现出更明显的反抗行为？

2. 看完这段文字，你对"村子突然活起来了"这句话有什么样的感想？

众所周知，在旅游业发展的不同阶段，旅游地居民对旅游发展及其所带来的影响具有不同的感知，而这种感知又主导着旅游地居民对旅游业发展和旅游者的态度并且以不同的行为方式表现出来；反之，旅游地居民对旅游发展的态度也会影响到当地旅游业的发展。因而，在旅游者消费心理、旅游服务心理、旅游管理心理之外，对旅游地居民的心理进行研究也是十分重要和必要的。

对旅游地居民心理的研究，国内外主要是从如下方面进行：①研究旅游地居民心理的理论依据以及研究方法；②旅游地居民分类；③旅游地居民心理的影响因素；④基于态度和行为的国内外旅游地居民类型划分。

12.1 旅游地居民心理概述

12.1.1 什么是旅游地

旅游地又称旅游目的地，其首先表现为一个具有地理意义的概念，它有方位、空间、经纬度、地理地貌等等。与此同时，这一个确定的地理空间（地图标示）发生了两个基本人群——游客/东道主之间的各种各样的交流活动，包括身体的、心理的、文化的、社会的、观念的……因而呈现出一幅"文化风景"（cultural landscape）。

12.1.2 什么是旅游地居民心理

旅游地居民心理指旅游地居民因其居住地作为旅游地后，当地居民与旅游者的人际互动中出现的心理现象。这种心理是动态变化的，而非静止不动的。它会随着旅游地外部环境以及旅游地居民内在认知等因素的变化而发生变化。

旅游地居民心理又包括旅游地居民的社会心理和旅游地居民的文化心理。旅游地居民社会心理是指人在旅游环境中心理活动的发展和变化的规律；旅游地居民的文化心理是指此地因作为旅游地后，旅游地文化环境发生了巨大变化，这一变化促使当地居民所产生的不同于过去的文化心理。

12.1.3 旅游地居民的分类

由于国外对旅游地居民心理的研究开始的较早（始于 20 世纪 70 年代），故而关于居民类型的划分已经不在其现在的研究范围内，且由于旅游地居民本身就是一个比较模糊而不是很容易界定的概念，因此，很少有研究者对其进行概念界定和类型划分方面的特定研究。只有部分学者根据自己研究的需要，将其进行大致的类型划分：

刘丹青（2000）认为，旅游地居民至少可以分为三类：①旅游业及其相关行业的从业人员；②与旅游业无直接关系的人员；③政府决策和管理机关人员；

宣国富（2002）将旅游地居民划分为两类：①旅游部门居民（自己从事与旅游相关职业以及其家人、亲戚或朋友中有人从事与旅游相关职业的居民）；②非旅游部门居民；

章锦河（2003）将旅游地居民划分为两类：①旅游业居民（直接从事旅游相关工作者）；②非旅游业居民（不从事旅游业相关工作者）；

吴必虎（2001）根据旅游地居民与旅游者接触的程度和方式，将当地社区的人群划分为三种类型：①直接从事旅行社导游、饭店接待、餐饮服务、景区接待的旅游产业第一线就业者的当地居民；②家庭中有第一线就业者从而受到较多影响的当地居民；③其他社区居民。

综上所述，我们认为旅游地居民可以划分为四类：①旅游业及其相关行业从业人员；②家人、亲戚、朋友中有人从事旅游业及其相关行业工作；③与旅游业无直接或间接关系的人员；④政府决策或管理机关人员或者旅游业管理人员。

可以肯定的说，无论研究者对旅游地居民如何进行划分，都是为了自身研究的需要。但是，我们认为，政府决策和管理机关人员应该单独划分为一类，因为这是一个比较特殊的群体，其对旅游业的态度、感知、行为因其特定的身份而具有特殊性。

从上面的分类也可以看出，旅游地居民指的是居住于旅游地社区的居民，无论其是不是户籍上属于该旅游地，只要居住在旅游地一定时间，就被认为是属于这个目的地居民。故而，旅游地居民中除了传统的本地居民之外，可能还包括外来的管理人员、投资开发商、外来经商者等等。可见"旅游地居民"是一个比较宽泛的概念，可以说是一个地域性的概念。此外，旅游地居民，无论其有没有直接或间接地参与到旅游业中，其都是被旅游者作为东道主来看待的人群。

12.1.4　研究旅游地居民心理的意义

研究旅游地居民心理对于旅游地社区、旅游地居民、旅游者、旅游开发商以及政府都有重要的意义。

1）对于旅游地社区而言，研究旅游地居民心理有助于为良好旅游地形象的树立提供理论依据，有助于形成旅游地良好的人文环境，有助于促进目的地旅游业的良性发展。

2）对于旅游地居民和旅游者而言，研究旅游地居民心理有助于正确的引导居民和旅游者之间的关系向和谐的方向发展，有助于各国各族人民之间的团结和谐相处，有助于提高旅游地居民以及旅游者之间的心理承载力。

3）对于旅游开发商以及政府而言，研究旅游地居民心理有助于其在旅游开发的初期充分地考虑旅游地居民以及旅游地社区的利益，从而制定出可持续发展的旅游战略，避免"短期行为"的产生。此外，还有利于旅游地制定合理的旅游业发展方针、政策，指导旅游业发展规划和进行旅游承载量的测算。

12.2　研究旅游地居民心理的理论依据及其研究方法

12.2.1　研究的理论依据

早在 1975 年，Doxey 就在其"愤怒指数模型"中指出：旅游地居民对旅游发展的态度将经历一系列的阶段——从"安乐感"到"敌对反抗"。除此之外，还有一些与此相似的模型，但是都引起了一定的争议，因为它们都是依据于对旅游地居民反应的过于简单的理解，但是这些模型确实至少对旅游地居民的情感变化给出了一些说明。

现在，为国内外学者作为研究的理论基础而广泛使用的理论有：马斯洛的需要层次理论、旅游地生命周期理论、社会交换理论以及旅游地居民对旅游发展的态度变化过程理论，下面就分别对这四种理论的使用给出进一步的说明。

1. 马斯洛的需要层次理论

根据马斯洛（1943）的需要层次理论，人们的需求分为生理、安全、归属、爱与自尊以及自我实现等 5 个层次，只有满足了低级层次的需求，人们才会追求更高层次的需要。此后，马斯洛对这一理论进行了修正，认为人的需要还包括认知需要和审美需要，并将需要层次理论拓展为生理、安全、归属、爱与尊重、认知、审美、自我实现等 7 个由低到高的层次。

这一理论与旅游地居民心理的变化有着密切的关系。在旅游业发展的初期，旅游地居民因为旅游业表面上"一本万利"，满足了居民解决温饱、提高生活水平的需求而对该产业的发展持欢迎的态度。也正因为如此，旅游地居民对于旅游业发展中所出现的不合理情况会采取容忍、妥协的态度。国内外大量研究都指出了这类现象。而伴随着旅游业的良性发展以及旅游地居民收入的增加等，会让旅游地居民逐渐开始理性的思考旅游业对其居住地带来的各种影响，从而导致其对旅游业发展的态度发生变化等。

2. 旅游地生命周期理论

巴特勒（Butler，1980）的旅游地生命周期理论将旅游地的发展分为开发、参与、发展、巩固、停滞、衰落或复苏等六个阶段。

旅游地居民在旅游业发展的不同阶段，会表现出不同的心理特征：在旅游业发展的开发阶段，由于旅游地受旅游业的影响较小，当地居民在旅游业发展上处于好奇、摸索和观望的阶段，因而从经济收益的角度来看，他们很乐于见到旅游业的欣欣向荣发展。而随着旅游业的发展，伴随着旅游者的大量涌入，居民生活氛围和当地文化被破坏以及各种负面影响因素的出现，旅游地居民开始对旅游业产生厌恶、仇视的情绪，而能使他们暂时克服这种情绪的也只有伴随着旅游业的发展而来的巨大利润。

当然，旅游地居民对旅游业发展的态度变化与旅游地生命周期的六个阶段并不一定是一一对应的关系。旅游地的发展随着时间的推移而将经历其生命周期的全部阶段，而旅游地居民可能会停留在初期的参与阶段，为获取经济利益而积极地参与到旅游业中（图 12.1）。当他们的反对、仇视等情绪出现的时候，也就意味着他们已经脱离初级阶段，在实现个人的生理需求后，开始考虑影响到其生活质量的各种问题了。

图 12.1　景区里的新角色——"脚夫"（邓永进 摄）

3. 社会交换理论

社会交换理论已经越来越成为恰当地理解旅游地居民感知和态度的可接受的理论，这一理论提供了一个解释个体利益和经济发展感知的理论体系。

社会学中的社会交换理论认为，人们在社会交往中的互动行为，类似于经济交换中的行为，是一种计算得失的理性行为。人们的一切行为互动都是为了追求最大利益的满足。根据这个理论可以推断：旅游地社区原有的经济发展水平越低，从旅游业中获得的收入在居民收入结构中所占的比例相对越大，那么旅游地居民对于旅游业的依赖性就越强，并且他们还会将自己收入增加的希望寄托于旅游者数量和旅游支出的持续增加。因此，旅游地的经济发展水平越低，居民的心理承受力就会越大，他们会在较长时间内对旅游者的到来持欢迎的态度，并且对旅游业的发展持较宽容和欢迎的态度。

但是由于旅游业的发展只给旅游地一小部分居民带来收入的增加，而更多的并没有参与到旅游业中的居民却要共同承担旅游发展所带来的生活不便等负面影响，因而旅游地社区居民可能很快就会对旅游业发展以及旅游者的到来表现出厌恶和敌对的情绪，甚至采取一些措施来抵制旅游业的发展和旅游者的到来。

在应用于旅游地居民心理的研究时，社会交换理论保证他们在交换中寻找与付出的代价等同的利益，比如为旅游开发商、旅游操作者和旅游者提供资源。而旅游地居民在交换中还要额外提供的东西还包括他们对旅游业合理发展的支持、好客的氛围并且容忍旅游为他们带来的诸多不便，比如污染、交通拥挤、排队接受服务等等。

社会交换理论假设潜在收益可以产生对旅游发展的积极态度。但是，值得注意的是：不是任何条件下，以上的这些结论都是成立的，其中一个必备的条件是旅游地居民能清楚地意识到他们的潜在收益是大于潜在成本的。

问题讨论

三雕（木雕、石雕、砖雕）乃徽派建筑之一绝。然而，当手痒的游客抠摸“三绝”时，难得有人阻止，足见管理员之“宽容”。更有甚者，木结构的民居中，容许自由抽烟，游客其“神仙”、“上帝”也。

试用社会交换理论分析管理员以及居民为何有这样的心理。

4. 旅游地居民对旅游发展的态度变化过程理论

Ap 和 Crompton（1993）提出，旅游地居民对旅游业发展以及旅游者的态度会随着旅游业的发展而经历 4 个阶段：欢迎（embracement）→容忍（tolerance）→调整（adjustment）→排斥（withdrawal）。在这四个阶段中，旅游地居民心理的变化与旅游业在该地的发展阶段有密切关系。这个理论被称为“发展阶段：理解居民的反应”。上述四个阶段与 Butler 提出的旅游地生命周期理论相吻合。

Ap 和 Crompton 认为，随着旅游发展和旅游需求的增加，旅游对于旅游地的影响将逐渐变得明显而且作用更加消极。基本上，欢迎阶段是以旅游地居民直接而明显地接受旅游者进入他们所生活的社区为特征；容忍阶段可以描述为旅游地居民对旅游者的到来和旅游业发展持模棱两可的态度；在调整阶段，旅游地居民仍生活在自己的社区内，但是却都故意避免自己的社区成为旅游者频繁到来的旅游地；而在排斥阶段，旅游地居民加入到反对斗争的行列中，这意味着旅游地居民在旅游者大量涌入的时候离开自己所生活的社区。

以上就是在研究旅游地居民心理时广泛应用的四种理论。但是在应用的过程中，这四个理论并不是孤立的，而通常是两个或两个以上理论的交叉使用，这样才有助于更系统、更全面地对现象进行分析。

此外，除了以上四个理论之外，Allen 和 Butler（1991）等学者还曾经使用概念模型来解释居民对旅游影响的感知。Bystrzanowski 在 1989 年提出的消遣（play）、补偿（compensation）以及冲突（conflict）理论进一步解释了居民对旅游影响的感知和态度的概念体系。此外 Pearce 和 Priester 分别于 1989 年提出了分配理论（attribution）以及依赖理论（dependency）。

12.2.2　研究方法

到目前为止，所进行的关于旅游地居民心理的研究大部分都是以问卷调查为资料收集方法的，但是就旅游地居民对旅游发展的态度、感知以及行为而言，一方面由于旅游地居民人口社会属性不同而会导致旅游地居民阶层与地位等社会空间上的差异；另一方面，旅游发展会给旅游地不同的社会群体带来不同的影响，进而分化和改变旅游地的社会空间结构。因此，在对旅游地居民进行抽样的时候一定要充分考虑上述诸因素。

调查问卷的设计通常都包括以下内容：①受访者的背景资料，其中包括人口统计资料（如出生时间、性别等）以及社会属性（比如文化特征等）；②受访者对旅游业发展的态度调查，包括旅游地居民对旅游给当地经济、社会文化、环境等方面带来的影响的态度调查；③旅游地居民对旅游发展总体感知的调查；④对政府以及旅游部门的一些措施的态度调查等等。

问卷采用的基本都是李克特量表，要求受访者用 1（非常反对）～ 5（非常赞同）的等级方法来表明自己对各个表述的回复。

近年来，学者们基本都是使用 SPSS（software package of social statistics）软件包对调查收集到的数据进行分析的。

12.3　影响旅游地居民心理的因素

12.3.1　旅游者因素

1. 游居比（guest/host rate）

游居比是指旅游者与当地居民的比率。Pizam 等在 1978 年就提出了这一个影响因素。有关专家认为旅游者相对于旅游地居民的比例越低，那么旅游的社会影响就越容易被冲淡。

2. 旅游者类型对当地居民的影响

旅游者的类型影响着旅游地居民与旅游者之间接触的情况，而且似乎由于游居比以及文化差异对居民的态度而有复杂的影响。

一般来讲，民族文化旅游者往往是少数由于好奇心驱动的旅游者和精英旅游者，他们的旅游目标往往远离"旅游热点"。一般来说，旅游者较少的地方，主客间的影响就要少些。而对文化旅游者而言，他们与旅游地居民之间的相互影响就

图 12.2　远方的客人（邓永进　摄）

很大，因为许多到这些旅游目的地来的旅游者的目的就是为了观看当地居民的生活，有时他们会参与到旅游地居民的生活中（图 12.2），所以，两者之间更容易发生交互作用[①]。

居民和旅游者相互接触的类型决定着居民与旅游者之间接触的程度，这个因素和旅游者与旅游地居民之间文化的差异有很大关系。旅游地居民和旅游者之间的接触越深入，那么对旅游地居民的影响就越大，反之亦然。

3. 旅游景区和旅游地社区的相互关系

旅游景区与旅游地社区的相互关系，在很大程度上决定着旅游者与旅游地居民之间的接触方式，进而决定着旅游地居民受旅游业影响的程度，并最终影响着旅游地居民的心理及其对旅游业发展的态度。

如果旅游景区与旅游地社区联为一体，成千上万的旅游者就会很快渗透到社区居民的日常生活之中，引发心理上的冲击。虽然旅游者可以给一部分人带来收入上的增加，但是更多的没有参与旅游业的居民却要共同承担旅游所带来的生活不便（图 12.3）。随之，社区居民很会就会对旅游者表现出厌恶的情绪，甚至采取措施来抵制旅游者的到来。

而如果旅游景区与社区相对分离，旅游者与社区居民的接触就会限制在一定的时间和范围内。在这种情况下，旅游景区不属于社区居民的日常生活区域，社区居民在景区内参与旅游活动是处于其家庭的日常生活之外，相对而

图 12.3　人满为患（邓永进　摄）

言影响较小，社区居民从旅游业中获益，日常生活却几乎没有受到不利影响。在这样的区域，他们就希望旅游者能够不断增加，从而使得经济收入增加。

一般来讲，住房距离旅游中心地带近的居民比较支持旅游发展，而住房距离旅游中心地带比较远的居民则对旅游发展比较淡漠，这实际上反映了旅游经济利益对居民态度与行为的影响。居住地距离旅游中心地带比较近的居民，容易从旅游发展中获得利益；而居住地距离旅游中心地带比较远的距离，则相对不是那么容易从旅游发展中获得利益。

---

① 瓦伦·L.史密斯. 2002. 东道主与游客. 张晓萍，何昌邑等译. 昆明:云南大学出版社.

12.3.2　旅游地经济发展状况因素

1. 旅游地的经济发展水平

旅游地原有的经济发展水平越低，那么从旅游业中获得的收入在居民收入结构中所占比例相对越大，旅游地居民对旅游业的依赖性就越强，并且他们还会将收入增加的希望寄托于旅游者数量及其旅游支出的持续增加。因此，旅游地的经济发展水平越低，居民的心理承受能力就越大。他们会在较长时间内对旅游者的到来持欢迎的态度，甚至在旅游者行为不当时表现出极大的宽容。

补充阅读

位于黑龙江同江市街津口的赫哲民族乡，几乎家家涉及旅游业。由于旅游业的发展，使这里以前靠世代捕鱼、打猎为生的赫哲人尝到了甜头，获得了实惠。由于邻近地区总是有成批的人来这里钓鱼、品尝赫哲饭食、欣赏山林风光，世代以渔猎为生的赫哲人，已经吃上了余味不尽的"旅游饭"。许多赫哲人不摸猎枪，不摇船，却每日忙于为游客表演满族舞，制造并销售赫哲工艺品，并为游客提供各种休闲服务。

思考：如何认识赫哲人生活方式的转变？这种转变反映了赫哲人什么样的心理？

2. 旅游地经济对旅游业依赖程度

这通常与游居比有关，随着旅游地经济对旅游依赖性的增强，旅游者对旅游地居民的影响就增加，但是旅游地经济对旅游业经济的依赖和居民对旅游支持之间的联系却很难从任何简单的线性关系中总结出来，这是 Allen 等 1993 年提出的观点。他们同时还认为，低经济发展和低旅游发展趋向于引起居民对旅游业的积极感知：这些地区的居民对旅游收益有很高的希望和期望。而那些高经济发展地区趋向于对旅游不太热情：基于当地经济发展的强度，当地居民对旅游业的发展是有争议的。相反高旅游发展而低经济发展趋向于引起居民沮丧气馁，因为预期收益是无法实现的。Johnson 等（1994）通过纵向研究表明，居民最初对旅游发展的收益持很高的期望，但是对旅游发展的支持会随着时间减少，因为当地源于旅游发展的经济和社区变化是明显的。

12.3.3　旅游业发展状况因素

1. 旅游地生命周期阶段

旅游者对旅游地的影响随着时间的推移而增加，而旅游地居民对旅游业发展的态度则与之相反，支持会随着时间的推移而减少。随着旅游业的发展以及旅游者和当地居民接触的增多，当地居民对旅游者会表现出更多的仇视和敌对情绪。

由于完成纵向研究的困难，这个结论是基于处于不同的生命周期阶段的旅游地之间的比较而得出的。

2. 旅游地淡旺季

随着旅游业季节性的增强，旅游者对旅游地社会的影响增强。这也和游居比有关，关于这个因素的研究论证比较复杂，因为研究同时也表明，对于短期的旅游旺季，居民可以采取有效的措施进行调节，而相对较远的下一次旅游旺季的到来也给予了他们足够的时间来进行恢复和调节。

3. 旅游业给旅游地居民带来的经济利益状况

Ap 根据社会交换理论指出：与旅游业关系密切的居民由于从旅游发展中获得的利益超过了其承担的成本，在总体上对旅游业发展持更为积极的支持态度；相反，与旅游业关系不是很密切的居民由于没有能够从旅游发展中获得直接的物质利益，却还要承担一些社会和环境成本，对于旅游发展的负面影响感知较强。形成这个差异的原因是旅游业发展的利益和成本在旅游地居民中分配的不均。从旅游发展中获益的居民更可能支持它的发展并且不如其他居民那样容易看到旅游发展带来的不便。

旅游业在旅游地社区的集中程度越高，那么其发展对旅游地居民的影响也就越大。

补充阅读

近年来，阳朔镇利用县城附近农村丰富的旅游资源，在农村开展了各种特色旅游。据统计，每年到阳朔镇农村旅游的国内外旅游者多达 20 万人次以上，面对良好的商机，该镇农民普遍感到英语知识不够用，于是积极学习英语。当地不少农民怀揣着《使用英语 500 句》经商，遇到不懂得问题就当面向外国友人请教，做到了经商和学习两不误。他们的学习方式被途经阳朔镇的游客亲切的称赞为"阳朔镇一道美丽的乡村旅游风景线"。[①]

如何理解阳朔人学习英语的热情，它反映了什么样的旅游地居民心理？

4. 旅游地旅游发展的总体水平

这一点和旅游业对旅游地的重要性密切相关。旅游地旅游发展的总体水平越高，居民对旅游发展的感知就越强（包括正面和负面）。旅游业及其相关行业在旅游地社会经济整体中所占的地位和比重是决定旅游地居民旅游感知的关键因素。

研究表明，旅游地的旅游业越发达，对本社区越重要，那么居民感知强度就

---

① 姚若祥. 阳朔农民掀起"英语热". 中国旅游报. 2002 年 2 月 1 日，第 12 版。

越大（包括负面和正面感知）。以旅游业为主导产业的旅游地比起那些旅游业只是附带行业的旅游地来说，居民心理是有根本差别的。

12.3.4　影响旅游地居民心理的文化因素

Sheldon 等（1984）提出东道主与旅游者之间可觉察的文化和精神距离这一影响因素。他们认为，东道主和旅游者之间的文化差距越大，那么旅游者对东道主的社会文化影响就越大。相反，东道主和旅游者之间的文化越趋同，那么，旅游者对东道主的社会影响就越容易被冲淡、忽略。

12.3.5　旅游地居民的人口统计特征对其心理的影响

1. 年龄

不同年龄的居民对旅游经济影响的感知差异较大。中青年居民的旅游经济感知较为强烈，而对社会-文化影响的感知以及对环境影响的感知则相对一致。且年龄较小（20 岁以下）以及年龄较大（51 岁以上）的居民对旅游的负面影响有明显的感知，而中间年龄阶段层次的居民对旅游的正面影响有明显的感知。

2. 性别

不同性别的居民对旅游影响的感知及其对旅游业的态度总体上差异不明显。差异主要体现在男性居民对涉及到社区整体发展的积极影响有较强的感知，比如"加快了社区建设"等等；而女性居民则对影响到社区居民整体生活环境质量的负面影响有较强的感知，比如旅游业的发展"破坏了安静的生活氛围"等等。

3. 受教育程度

不同文化程度的居民对旅游影响的感知有一定的差异，具体表现为：随着文化层次的提高，其旅游感知的强度不断加强。较高文化层次的居民无论从旅游业发展带来的积极影响还是消极影响，无论是从经济影响、社会-文化影响，还是环境影响都要比较低文化层次的居民感知强。且文化程度越高的人，对旅游业带来的影响的感知越理性。

4. 对旅游影响知识的了解程度

受教育程度较高和对旅游影响较了解的居民对旅游发展有相对比较全面的认识，他们较了解旅游发展的现实利益和潜在代价，因而对旅游发展的评价和支持可能较为客观。因此他们对于旅游业的发展持较为理性的态度，对旅游知识的了解有助于居民对旅游发展全面公正的认识和评价，也有助于居民在理解的基础上采取理性的行为。

5. 民族、种族、文化倾向

Ver 等（1985）在对 Marmaris[①]进行研究时发现，不同民族、种族的人，由于其民族所固有的一些特殊品质，对旅游者的好客程度可能不会受到旅游业发展的影响。比如泰国，泰国是一个全民信教的佛教国家，由于其宗教国家的特性，泰国人们对旅游者始终展现出来的都是好客的一面，对旅游业发展也是持很积极的支持态度。生活在宽容的文化体系中的人们更容易接纳外来者或旅游者，相反，则会排斥外来者或旅游者。

6. 收入

随着收入的提高，旅游地居民旅游感知的强度也是逐渐增强的。一般来说，居民的收入越高，他们的态度就越趋于消极。

7. 是否出生于本社区

居住时间的长短和出生地是形成居民对旅游发展知觉的重要因素。出生地就是旅游地社区的居民，会对其出生地有强烈的归属感，因而更容易感受到其居住环境所发生的变化，所以对旅游发展的感知比不是出生在旅游地社区的居民要强，无论是正面还是负面感知。

8. 在旅游地居住时间的长短

居住时间较长的人群对所居住的社区有更强烈的归属感，他们经过长时间的人与人、人与居住环境的磨合，在社区形成了较为稳定的社会关系网络，而旅游发展冲击了这种业已存在的社区平衡，同时他们对社会生活环境变化的调整和适应能力也相对较弱。因此，更容易感受到旅游给其所居住的社区带来的消极影响，而居住时间相对较短的人群则更容易注意到旅游发展所带来的积极影响。研究表明：居住时间越短，对旅游的看法就越积极，且更能意识到旅游的消极影响和积极作用。

12.3.6　影响旅游地居民心理的其他因素

1. 旅游地居民的心理承载力

Allen 等（1988）的研究支持了旅游"承载力"阈值的观点。研究表明，一旦发展超出了某一特定点，居民对旅游的感知就不那么积极了。而 Long 等（1990）的研究试图用数量表示在过去的研究中"什么数量时消极影响开始超过最初的积极影响"。他们发现这个阈值是当 30%以上的零售消费来自于旅游业时，旅游地居

---

① 土耳其一地名，Ver 等 1985 年在此地进行了旅游地居民态度和行为的研究。

民对旅游收益的感知趋向于消极。

2. 旅游地居民对当地决策制定的控制力

Cooke 等（1982）研究发现，随着居民对当地决策制定控制力的减弱，居民对旅游的支持可能会减弱（这个因素是当地居民对决策者的交互关系）。

除了上述影响因素外，个别研究者还根据自己的研究提出了一些其他的影响因素，但是由于那些因素都是个案研究的结论，缺乏普遍性，因此不再赘述。

12.4 基于态度和行为的国内外旅游地居民类型划分

在过去十几年的研究中，大量的国内外研究者对基于态度和行为的旅游地居民类型划分进行了研究，并据此对旅游地居民进行了一系列分析，研究成果如表 12.1 所示。

表 12.1 旅游地居民类型划分

研究者	研究时间	研究地点	分 类 结 果
Davis Allen Cosenea	1988	佛罗里达，美国	热爱者（lovers）20%、憎恨者（haters）16%、谨慎热爱者（cautious romantics）21%、中立者（in-betweens）18%、有理由的热爱者（love'em for a reason）26%
Evans	1993	新西兰	热爱者 20%、憎恨者 12%、克制者（controlled）32%、自私者（selfish）37%
Ryan Montgomey	1994	Bakewell，美国	热爱者 22%、中立者 54%、恼怒者（somewhat irritated）24%
Madrigal	1995	亚里桑那美国约克，英国	热爱者 13%、憎恨者 31%、现实主义者（realist）56%
Fredline Faulkner	2000	黄金海岸澳大利亚	热爱者 23%、憎恨者 15%、有矛盾的支持者（ambivalent supporters）29%、现实主义者 24%、顾虑者（concerned for a reason）9%
Weaver Lawtin	2001	澳大利亚	支持者（supporters）27%、反对者（opponents）22%、中立者 51%
Williams Lawson	2001	新西兰	热爱者 44%、愤恨者（cynics）10%、中立者 25%、漠不关心者（innocents）20%
黄洁 吴赞科	2003	诸葛村长乐村（浙江）	倾乐观主义者 57.1%、乐观主义者 25.9%、现实主义者 17.0%
苏勤	2003	西递周庄九华山	矛盾的支持者 27%、淡漠的支持者 32%、热情的支持者 23%、理性的支持者 12%

资料来源：苏勤，林炳耀. 2004. 基于态度与行为的我国旅游地居民的类型划分——以西递、周庄、九华山为例. 地理研究，（1）

从表 12.1 可以看出：①国内外旅游地居民对旅游发展的态度都存在着明显的

分化，因而旅游地居民都不是单一类型的；②国内旅游地居民对旅游发展的态度较国外旅游地居民更为积极肯定。国外旅游地居民类型划分中都有反对者或者是憎恶者，而我国所研究的旅游地中目前还没有形成明显的反对者。

究其原因，主要是发达国家与发展中国家旅游发展的模式不同。发达国家的旅游业是一种常规的发展形态，其旅游发展的驱动力来自社会自身的内在因素；而发展中国家的旅游业发展是一种非常规的发展形态，其旅游发展的驱动力来自外在强加的力量。发展中国家的政府和居民对旅游发展有着强烈的经济偏好，这就容易导致当地居民弱化对其负面影响的感知，从而对旅游发展持有正面和支持的态度。

但是可以预计的是，随着我国旅游业和旅游地不断发展、旅游地生命周期的发展和居民成熟度的提高，旅游地居民的态度和行为将会进一步发生演变，其演变的方向可能是：理性支持者逐步增多，并将逐渐出现反对者。

本 章 回 顾

关键术语

1. 旅游地居民心理（residents' psychology of the tourism destination）
2. 心理承载力（psychology　capability）
3. 影响因素（influence factor）
4. 态度与行为（attitude and action）
5. 支持者（supporter）
6. 反对者（counter）
7. 分类（classification）
8. 感知（apperceive）
9. 理性的（rational）
10. 原因（reason）

小结

本章从旅游地居民心理的理论依据以及研究方法、旅游地居民分类、旅游地居民心理的影响因素、基于态度与行为的国内外不同的旅游地居民类型划分等四个方面对旅游地居民心理进行了系统地阐述。应当特别指出的是，旅游心理并不等同于旅游者心理，也不应该仅仅涉及旅游消费、旅游服务、旅游管理等方面，还应当将旅游地居民心理作为一个重要的方面加以研究。

旅游业的发展会对旅游地经济、社会、文化和环境等产生影响。居民是旅游地社区重要组成部分，提高旅游地居民生活水平是可持续旅游发展的核心目标之一。而旅游地居民的心理研究可以从一定程度上了解旅游业的发展对旅游地的影响程度和影响的性质，从而有利于协调旅游地居民、旅游者、旅游开发商以及政府四者之间的关系。有利于旅游地制定合理的旅游业发展方针、政策，指导旅游业发展规划，从而引导旅游业的良性发展，促进旅游地各方面的协调发展。

案 例 分 析

香格里拉——旅游开发项目遭质疑　村民集体打官司[①]

泽仁平措是云南迪庆藏族自治州香格里拉县吉沙村的村民。村子背后海拔3900多米的千湖山，被认为是世界上生物多样性最丰富的地方。当地民众视千湖山为神山。在1998年之前，吉沙村民收入的50%～70%来自木材砍伐。1998年，国家禁伐政策实施，吉沙村民收入骤减。

1997年，一些零散的自助旅游者开始来到吉沙，向村民提出租马和向导服务。村民们组织了马帮，为旅游者牵马、导游。导游的主要职责是监督旅游者，不要对神山圣湖有所亵渎和破坏。

后来，一家公司提出，以巨资购买千湖山风景区20多平方公里的开发使用权，并在香格里拉县成立了"千湖山生态开发有限责任公司"（以下称开发公司）。据说，公司为千湖山的开发做了一个可行性研究报告。但吉沙村民谁也没见过这个报告。8月9日，记者来到吉沙，村民给记者看了一份协议。据说，这份协议签署前，开发公司和镇政府多次组织村民大会讨论千湖山开发事宜。大部分村民反对出卖神山圣湖、水源和草场。而镇政府仍以千湖山在国有林场的管辖范围为由，决定与公司合作开发千湖山。

面对开发商越来越紧迫的开发要求，7月中旬，经过一整天的激烈争论，90%的吉沙村民终于决定聘请一位法律顾问，为他们在千湖山开发中争取合法权益。在7月19日的会上，开发商质问律师：开发千湖山，老百姓为什么要从中受益？

因为律师在场，村民们开始大胆地提出了他们最关心的问题：治污设施的规模、配置是怎样的？旅游将对吉沙村饮用水源造成怎样的影响？旅游开发将占用多少天然草场？

8月25日，平措告诉记者："开发商答应从2004年到2008年每年补偿村民25万元；2009年到2040年每年补偿40万元。以25万元计算，村民每天的补偿仅两元多。但是大部分村民已在协议上按了手印。"

对这种结果，平措很痛心，"我们把土地卖了，有了钱，我们的子孙后代怎么办？我们不能让子孙为我们今天做错的事承担后果。我们不想阻止旅游开发。解

---

① 张文凌. 2004. 香格里拉—旅游开发项目遭质疑，村民集体打官司. 中国青年报. 2004年8月30日，第6版.

决开发和保护的矛盾，最好的办法就是让村民参与管理，因为我们绝不会为了钱让开发商和游人毁了神山圣湖，商人就未必。"

开发公司在《总规》中将千湖山的很多地名重新命名，泽仁平措说，"我们的神山圣湖都是千百年的名字，命名都举行过隆重的仪式。"他说："丢了的垃圾可以捡起来，砍了的树可以重新种。但文化的断代却可能毁灭更重要的东西。"

他递给记者另一份按满鲜红手印的信纸，这是 2000 年他们为保护家园、保护生态而写下的倡议书。这份倡议书是他们对世代赖以生存的土地的承诺。

问题讨论

1. 本案例体现了旅游地居民什么样的心理？
2. 如何处理开发商与旅游地居民之间的关系？
3. 本案例涉及到了前面讲到的旅游地居民心理影响因素中的"旅游地居民对当地决策制定的控制力"，那么你认为应该如何看待这个问题？

龙门石窟：永久的残缺[①]

6 月 8 日，我们到达龙门石窟。这天，龙门石窟旅游区里异常安静，游人稀少。正午时刻，旅游区的商铺全部门户紧闭，商家们聚在一起打牌。闲散的是老人，坐在仅有的几棵杨树的树阴之下，他们的身下是老而旧的竹椅。在正午的街市，除了玩牌的人发出的喧闹，竟没有多余的声音。

我们走进一家店铺，询问寂寥的原因，一个抱着双臂坐在柜台前打盹的年轻人说：罢市呢。我们问原因。回答说："公家都把来旅游的人拿电瓶车拉走了，怕旅游的人来商业街买东西。公家有自己的地盘呢，他们的地盘俺们也沾不上。"

逡巡在石窟景区的商贩们流露出过人的精明。我们看中了一本《龙门流散雕像集》，把书翻来转去却找不到印刷的定价，定价的位置上被纸糊住。卖书的女孩子开价 480 元。我们在石窟研究所拿到这本书，封底印着定价：80 元。

到了石窟，首先看到的是窟前的铁栅。铁栅将石窟与旅游者拉开两米左右的距离。铁栅竖起来的部分很尖利，有个旅游者不小心被划了一下，手臂马上就渗出血印。最触目的是窟顶的水泥板，那是用来防风沙雨雪的，这是千年石窟之顶唯一的遮蔽物。

问题讨论

1. 案例第二段中"寂寥的原因"，说明了旅游地居民什么样的心理？
2. 你认为应当如何解决旅游地居民利益与当地政府利益之间的关系？

---

① 夏榆. 2004. 龙门石窟. 南方周末. 6 月 17 日，第 12 版。

思考与练习

1. 旅游地居民与旅游者相处的最佳模式是什么？
2. 旅游地居民心理承载力对旅游地居民心理有怎样的影响？
3. 经济因素对旅游地居民心理起着怎样的影响作用？
4. 社会交换理论以怎样的方式影响着旅游地居民的决策？

实训练习

1. 设计一个关于旅游地居民对旅游的文化感知的访谈提纲或者调查问卷。
2. 去三个处于不同旅游地生命周期的旅游地，分别对当地的居民进行访谈或者问卷调查，分析处于不同生命周期的旅游地居民心理的不同。

主要参考文献

保罗·彼德，杰里·C. 奥尔森．2000．旅游消费者行为与营销战略．韩德昌等译．大连：东北财经大学出版社

北京斯坦威管理咨询有限公司．2003．实用人才素质与能力测评．北京：企业管理出版社

曹红，方宁．2009．前厅客房服务实训教程．北京：旅游教育出版社

陈兰萍．2002．一本富有特色的《旅游心理学》．渭南师范学院学报，17（6）

陈筱．2003．旅游心理学．武汉：武汉大学出版社

陈仲庚，张雨新．1987．人格心理学．沈阳：辽宁人民出版社

程孟辉．2000．现代西方美学．北京：人民美术出版社

褚明德，王锐利，蒋素梅．1999．旅游服务心理学．昆明：云南大学出版社

崔凤军．1995．论旅游环境容量——持续发展旅游的判据之一．经济地理，15（1）

戴维·迈尔斯．2006．心理学．北京：人民邮电出版社

戴文远．2002．旅游审美差异对区域旅游开发的影响——以福州市为例．福建师范大学学报，（3）

德尔·I. 霍金斯．2000．旅游消费者行为学．符国群等译．北京：机械工业出版社

董志强．2001．成果丰硕的中西美学史研究．甘肃社会科学，（5）

范玉翔．2004．旅游地居民的旅游心理容量超载问题初探．山东省经济管理干部学院学报，（4）

冯绍群．2008．行为心理学．广州：广东旅游出版社

弗里德曼，等．1986．社会心理学．高地等译．哈尔滨：黑龙江人民出版社

富兰克·M. 戈，玛丽·L. 蒙纳彻罗，汤姆·鲍姆．2002．酒店业人力资源管理．大连：大连理工大学出版社

甘朝有，齐善鸿．1995．旅游心理学．天津：南开大学出版社

甘朝有．1998．旅游心理学．天津：南开大学出版社

高晓红．1996．餐饮服务心理学．北京：中国财政经济出版社

高玉祥．1985．个性心理学概论．西安：陕西人民出版社

国家旅游局人事劳动教育司．1994．旅游心理学．北京：旅游教育出版社

何兴民．1996．顾客心理学．北京：中国商业出版社

和丽君．2001．审美过程中功利与非功利的统一——布洛心理距离说新解．云南社会科学，（1）

贺为才．2002．徽州古村落旅游遭遇尴尬．中国旅游报，（13）

户晓辉．2000．民族审美心理研究的范式及其意义——兼评《民族审美心理学概论》．新疆艺术（汉文版），（1）

黄芳．2002．传统民居旅游开发中居民参与问题思考．旅游学刊，（5）

黄继元，李晴．2003．旅游心理学．重庆：重庆大学出版社

黄洁，吴赞科．2003．旅游地居民对旅游影响的认知态度研究——以浙江省兰溪市诸葛、长乐村为例．旅游学刊，
　（6）

黄希庭．1982．普通心理学．兰州：甘肃人民出版社

黄筱焯，范能船．2004．旅游地居民——特殊的旅游资源．上海师范大学学报（哲学社会科学版），33（2）

黄艺农．1998．旅游审美．湖南师范大学社会科学学报，27（1）

黄艺农．1998．中国古建筑审美特征．湖南师范大学社会科学学报，27（5）

黄中伟，胡希军．美的本质和旅游审美．江西师范大学学报（哲学社会科学版），37（1）

贾纵云．1996．宾馆管理心理学．北京：旅游教育出版社

蒋益．2002．中国传统旅游审美观的形成与发展．长沙大学学报，16（3）

柯特·汉克斯．2001．交流要诀．卢光盛译．昆明：云南人民出版社

李灿佳.1986.旅游心理学.北京：高等教育出版社

李红岩.1999.浅论"心理距离说".榆林高等专科学校学报，9（2）

李秋洪.1987.实用旅游心理学.南宁：广西大学出版社

李秋洪，潘志清.1997.走出心灵的阴影——人的异常心理及其矫正.北京：人民卫生出版社

李恕仁，张满堂.1996.旅游心理学.昆明：云南人民出版社

李小波.2004.快乐的质量——大峡谷旅游服务的启示.旅游学刊，5

厉新建.2003.旅游开发十点思考——兼议香格里拉旅游钦旅游开发.中国旅游报，8月15日，第6版

梁一儒，户晓辉，宫承波.2002.中国人审美心理研究.济南：山东人民出版社

林素君.2001.论审美距离.南昌高等专科学校学报，（4）

凌继尧.2003.美学十五讲.北京：北京大学出版社

刘报礼.1992.旅游对接待地的社会影响及对策.旅游学刊，7（3）

刘纯.2000.旅游心理学.天津：南开大学出版社

刘丹青.2000.论旅游地居民文化心理的生成和培育.湘潭大学社会科学学报，24（6）

刘淮南.2003.美学研究的期待.忻州师范学院学报，19（4）

刘启亮.2002.试论导游员在旅游审美中的作用.承德民族职业技术学院学报，（4）

刘永芳.2008.管理心理学.北京：清华大学出版社

刘远我.2004.职业心理健康自测与调节.北京：经济管理出版社

刘赵平.1998.再论旅游对接待地的社会文化影响——野三坡旅游发展跟踪调查.旅游学刊，（1）

刘正周，段万春.1997.组织行为学.昆明：云南科技出版社

卢盛忠.1988.管理心理学（第二版）.杭州：浙江教育出版社

陆林.1996.旅游地居民态度调查研究——以皖南旅游区为例.自然资源学报，11（4）

吕勤，郝春东.2000.旅游心理学.广州：广东旅游出版社.

吕勤.2001.旅游心理学.北京：中国人民大学出版社

吕宛青，仇学琴，等.旅游导游学.昆明：云南大学出版社

迈克尔·R.所罗门.1999.旅游消费者行为.张莹，傅强等译.北京：经济科学出版社

彭立勋.1999.20世纪中国审美心理学建设的回顾与展望.历史研究，（4）

全国八院校编写组.1990.社会心理学教程.兰州：兰州大学出版社

全国十三所高等院校编写组.1990.社会心理学.天津：南开大学出版社

秦明.2006.旅游心理学.北京：北京大学出版社

桑洋.1985.人的自我测验.上海：学林出版社

沙莲香.2004.社会心理学.北京：中国人民大学出版社

邵桂兰.2002.美的方式离不开感觉——兼评格式塔学派的知觉理论.齐鲁艺苑（山东艺术学院学报），（2）

申荷永.1999.社会心理学：原理与应用.广州：暨南大学出版社

沈荟.2003.人际传播——学会与别人相处.上海：上海交通大学出版社

沈祖祥.1998.旅游心理学.福州：福建人民出版社

时巨涛.2003.组织行为学.北京：石油工业出版社/民主与建设出版社

时蓉华.1998.社会心理学.杭州：浙江教育出版社

苏东水.2003.管理心理学.上海：复旦大学出版社

苏勤，林炳耀.2004.基于态度与行为的我国旅游地居民的类型划分——以西递、周庄、九华山为例.地理研究，
（1）

孙奎贞，曹立安，丁青，等．1990．现代人际心理学．北京：中国广播电视出版社

孙时进．2003．社会心理学．上海：复旦大学出版社

孙喜林，荣晓华．1999．旅游心理学．大连：东北财经大学出版社

孙喜林．2004．旅游心理学．大连：东北财经大学出版社

陶水平．1999．审美态度心理学．天津：百花文艺出版社

佟静．1997．旅游心理学．沈阳：辽宁师范大学出版社

屠如骥，赵普光，等．2000．现代旅游心理学．青岛：青岛出版社

屠如骥．1986．旅游心理学．天津：南开大学出版社

瓦伦·L．史密斯．2002．东道主与旅游者．张晓萍，何昌邑等译．昆明：云南大学出版社

汪雪兴．2001．管理心理学．上海：上海交通大学出版社

王长征．2003．消费者行为学．武汉：武汉大学出版社

王洁，杨桂华．2002．影响生态旅游景区社区居民心理承载力的因素探析——以碧塔海生态旅游景区为例．思想
　　战线，（8）

王明波．1996．导游心理学．北京：中国旅游出版社

王文博．2001．现代应用美学入门．北京：中国纺织出版社

王宪礼，朴正吉，黄永炫，等．1999．长白山生物保护圈保护区的社会影响分析．旅游学刊，14（2）

威廉·瑟厄波德．2001．全球旅游新论．张广瑞等译．北京：中国旅游出版社

文戈．2001．"距离"的作用——关于对布洛"审美距离说"的一点思考．高等函授学报（哲学社会科学版），14
　　（6）

文涛．旅游审美意象论——试析西双版纳的风情旅游．思想战线，26（3）

文彤．2003．旅游规划应面向社会居民——来自城市规划实践的启示．中国旅游报．1月3日，第6版

吴必虎．2001．区域旅游规划原理．北京：中国旅游出版社

向前．2003．论旅游心理与散客旅游管理策略．湖南第一师范学报，3（4）

小爱德华·J．梅奥，兰斯·P．贾维斯．1987．旅游心理学．南开大学旅游系译．天津：南开大学出版社

肖恩·史密斯，乔·惠勒．2004．顾客体验品牌化——体验经济在营销中的应用．韩顺平等译．北京：机械工业出版社

谢苏，王明强，汪瑞军．2001．旅游心理概论．北京：旅游教育出版社

徐云松．1999．旅行社服务案例分析．北京：高等教育出版社

许楠．2004．景区开发：谁为农民说话．中国旅游报，9月20日，第13版

许振晓．2002．生态旅游审美本质探析．社会科学家，17（1）

宣国富，陆林，章锦河，等．2002．海滨旅游地居民对旅游影响的感知——海南省海口市及三亚市实证研究．地
　　理科学，22（6）

薛群慧，田里．2000．旅游心理学．昆明：云南大学出版社

杨财根．2002．论旅游审美与故乡情结．南宁职业技术学院学报，7（1）

杨恩寰．1997．审美心理学．北京：东方出版社

晏鲤波．2004．中国旅游心理研究二十年述评．旅游科学，（3）

叶奕乾．1998．心理学．上海：华东师范大学出版社

游旭群．2003．旅游心理学．上海：华东师范大学出版社

岳扶东．2003．旅游心理学．上海：立信会计出版社

岳祚莆．1990．旅游心理学．上海：同济大学出版社

詹姆斯·A. 菲茨西蒙斯，莫娜·J. 菲茨西蒙斯. 2003. 服务管理：运作、战略与信息技术. 张金成，范秀成译. 北京：机械工业出版社

詹姆斯·O. 卢格，杰拉德·L. 赫尔希. 1988. 生活心理学. 陈德民等译. 哈尔滨：黑龙江人民出版社

张建萍. 2003. 生态旅游与当地居民利益——肯尼亚生态旅游成功经验分析. 旅游学刊，（1）

张梅. 2005. 旅游心理学. 天津：南开大学出版社

张琪亚. 2001. 论审美欣赏教育. 贵阳师专学报（社会科学版），（4）

张树夫. 2000. 旅游心理. 北京：中国林业出版社

张卫. 1993. 旅游消费者行为分析. 北京：中国旅游出版社

张卫. 1996. 旅游消费行为学. 北京：中国旅游出版社

张文建，王晖. 2001. 旅游服务管理. 广州：广东旅游出版社

张文喜，陈荣富. 2001. 旅游审美与导游. 商业经济与管理，113（3）

张文祥. 1998. 民俗文化的旅游审美. 桂林旅游高等专科学校学报，9（4）

张文祥. 1999. 当代中国旅游审美文化发展探析，社会科学家（4）

张文祥. 2000. 浅论可持续发展对当代旅游审美文化的影响. 桂林旅游高等专科学校学报，11（1）

张永宁. 1999. 饭店服务教学案例. 北京：中国旅游出版社

章海荣. 2001. 旅游审美三论：动态、参与和快感. 桂林旅游高等专科学报，12（4）

章海荣. 2002. 从哲学人类学背景管窥旅游审美. 思想战线，28（1）

章锦河. 2003. 古村落旅游地居民旅游感知分析——以黟县西递为例. 地理与地理学科信息，19（2）

赵艳辉. 2002. 旅游心理学教学改革的尝试与实践. 丹东师专学报，24（1）

郑晓边. 2002. 心理变态与健康. 合肥：安徽人民出版社

郑永廷. 1988. 人际关系学. 北京：中国青年出版社

周冠生. 2000. 审美心理学初探. 心理科学，23（2）

周向军. 2002. 人际关系学. 昆明：云南人民出版社

周晓虹. 1997. 现代社会心理学. 上海：上海人民出版社

朱宝荣. 2002. 现代心理学原理与运用. 上海：上海人民出版社

朱强，龙应台：不能只取鸡蛋，母鸡也需要照顾. http://www.ch nataiwan.cng/web/webportal/W4788086/A15930.html

庄玉海，程清祥. 1996. 现代旅游饭店管理. 深圳：海天出版社

庄志民. 1999. 旅游美学. 上海：生活·读书·新知三联书店

邹海燕，柳礼泉，张君. 2003. 社会心理学. 长沙：湖南大学出版社

邹统钎. 2004. 旅游景区开发与管理. 北京：清华大学出版社

Abraham Pizam, Natan Uriely, Arie Reichel. 2000. The intensity of tourist—host social relationship and its effects on satisfaction and change of attitudes: the case of working tourists in Israel. Tourism Management

Elwood N. Chapman. Winning at human relations. Los Altos: Crisp Publications

McCormick. 2002. Residents' perceptions of the culture benefits of tourism. Annals of Tourism Research, 29（2）

Claudia Jurowski, Dogan Gursoy. 2004. Distance effects on resident'attitudes toward tourism. Annals of Tourism Research, 31（2）

David B. Weaver, Laura J. Lawton. 2001. Resident perceptions in the urban—rural fringe. Annals of Tourism Research, 28（2）

Dogan Gursoy, Claudia Jurowski, Muzaffer Uysal. 2002. Resident attitudes—a structural modeling approach. Annals of Tourism Research，29（1）

Dogan Gursoy，Denney G Rutherford. 2004. Host attitudes toward tourism—an improved structural model. Annals of Tourism Research，31（3）

Dong-Wan Koa，William P. Stewartb. 2002. A structural equation model of residents'attitudes for tourism development. Tourism Management，23

Elizabeth Fredline，Bill Faulkner. 2000. Host community reactions—a cluster analysis. Annals of Tourism Research，27（3）

Elwood N. Chapman. Winning at human relations. Crisp Publication

George Taylor. 1995. The community approach：does it really work?. Tourism Management，16（7）

Graham Parlett，John Fletcher，Crise Cooper. 1995. The Impact of tourism on the old town of edinburgh. Tourism Anagement. 16（5）

J Cave，C Ryan，C Panakera. 2003. Residents'perceptions，migrant groups and culture as an attraction—the Case of a ProPosed Pacific Island Cultural Centre in New Zealand. Tourism Management，24

John Williams，Rob Lawson. 2001. Community issues and resident opinions of tourism. Annals of Tourism Research. 28（2）

Kreg Lindberg，Rebecca L Johnson. Modeling resident attitudes toward tourism. 1997. Annals of Tourism Research. 24（2）

Michael D Smith，Richard SKrannich. 1998. Tourism dependence and resident attitudes. Annals of Tourism Research. 25（4）

Paul Brunt，Paul Courtney. 1999. Host perceptions of socio—cultural impacts. Annals of Tourism Research. 26（3）

Pauline J. Sheldon, Teresa Abenoja. 2001. Resident attitudes in a mature destination: the case of Waikiki. Tourism Management，22（ ）

Peter Mason，Joanne Cheyne. 2000. Residents'attitudes to propesed tourism development. Annals of Tourism Research，27（2）

Randall S. Upchurch，Una Teivane. 2000. Resident perceptions of tourism development in Riga，Latvia. Tourism Management，21（ ）

Renata Tomljenovic，Bill Faulkner. 2000. Tourism and older residents in a sunbelt Resort. Annals of Tourism Research. 27（1）

R. W. Lawson，J. Williams，T. Young，J. Cossens. 1998. A comparison of resident' attitude towards tourism in 10 New Zealand destinations. Tourism Management，19（3）

Sigfredo A. Hernandez，Judy Cohen，Hector L. Garcia. 1996. Residents' attitudes toward an instant resort enclave. Annals of Tourism Research，23（4）

Tim Snaith，Art Haley. 1999. Residents' opinions of tourism development in the Historic City of York，England. Tourism Management，20

Sirakaya. 2002. Residents'Attitudes toward Tourism development. Annals of Tourism Research，29（3）

Yong-Soon Kang，Patrick T Long，Richard R Perdue. 1996. Resident attitudes toward legal gambling. Annals of Tourism Research 23，（1）